世局

借鏡猶太史，走出台灣自己的路

黃文局、藍弋丰 著

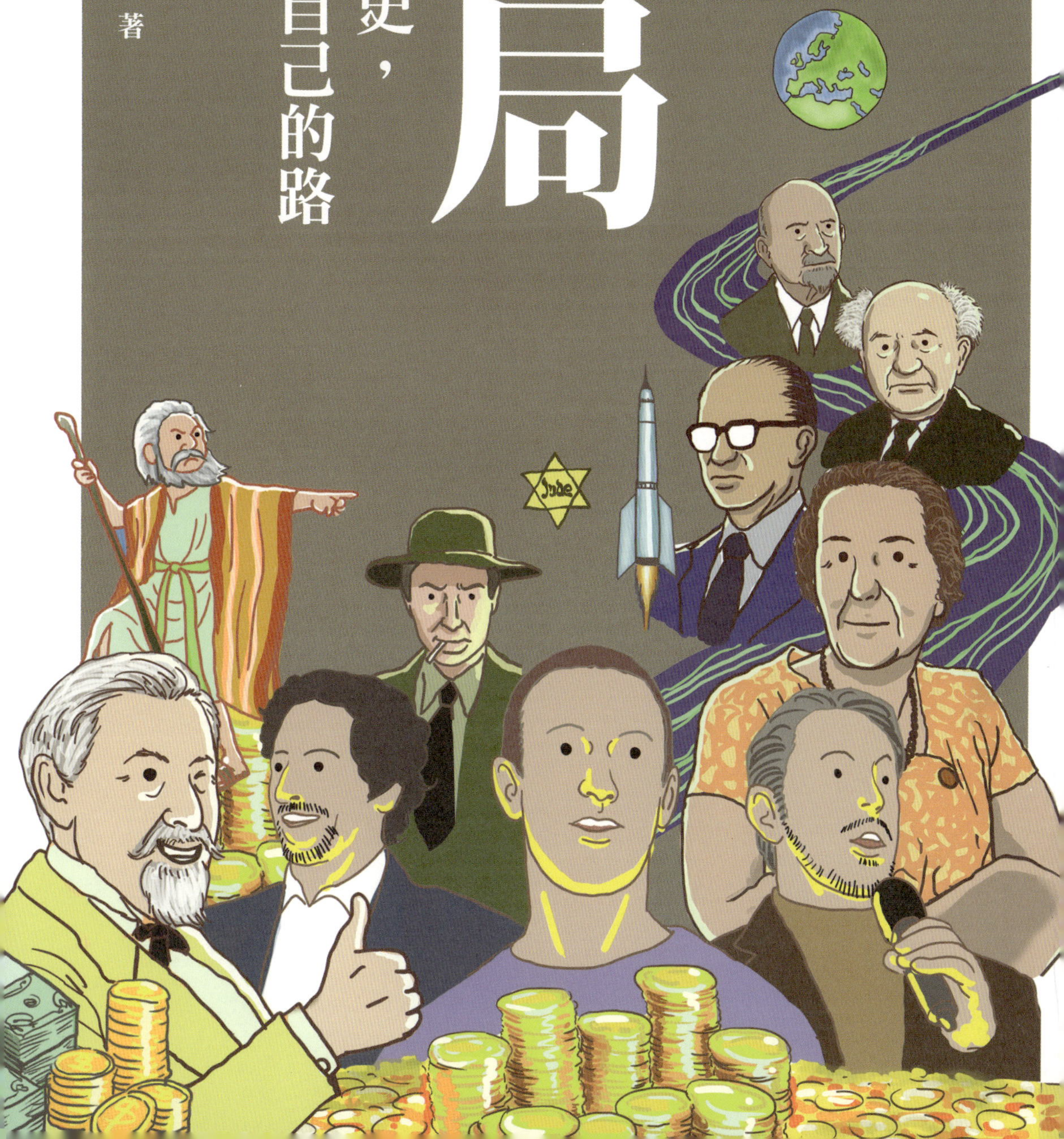

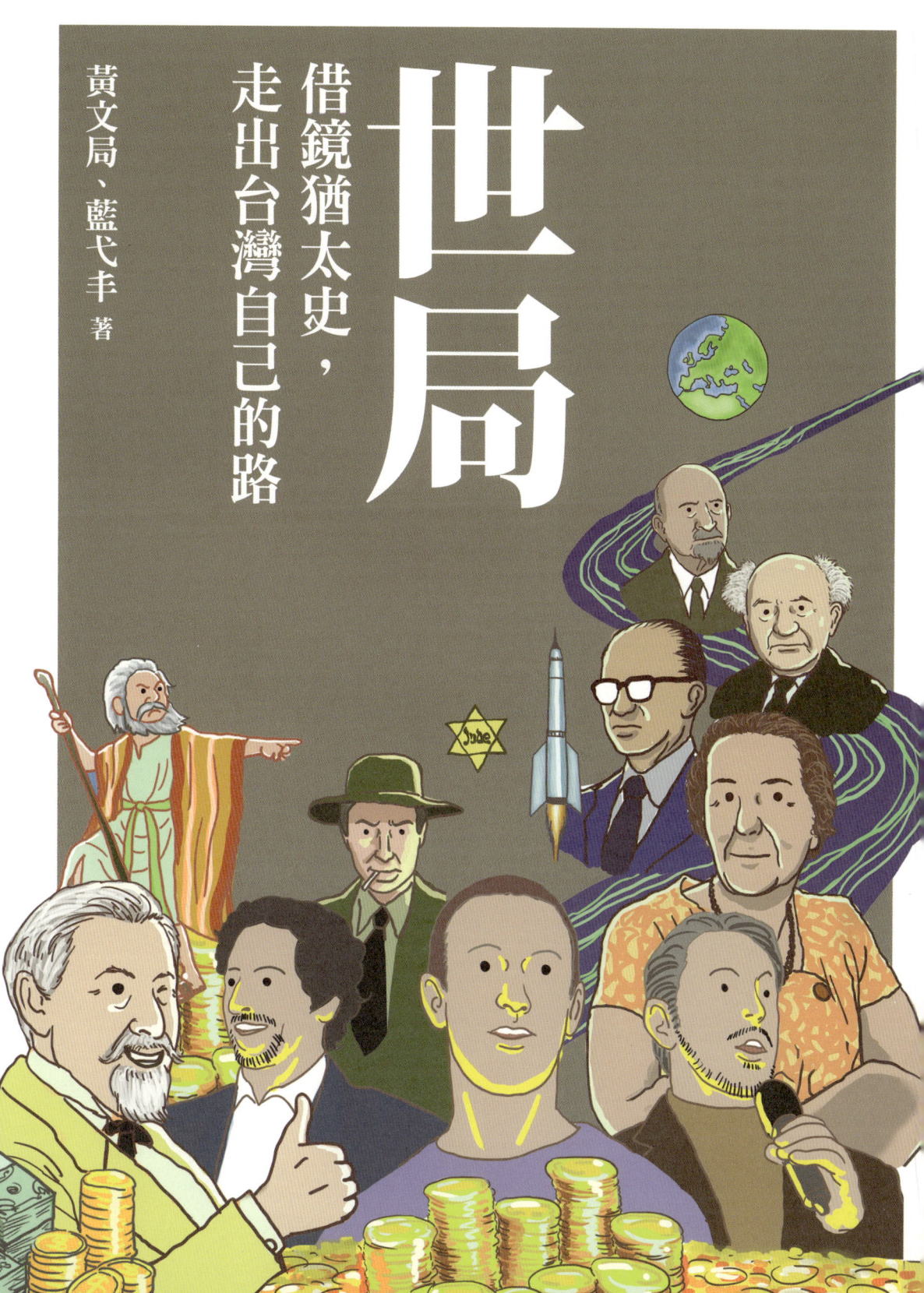

本書使用說明

因本書為直排版型，為方便讀者閱讀時不被原文或註釋中斷、干擾，特別設計將原文、註釋以色線標示對齊於上、下空白處，以利對照參考。

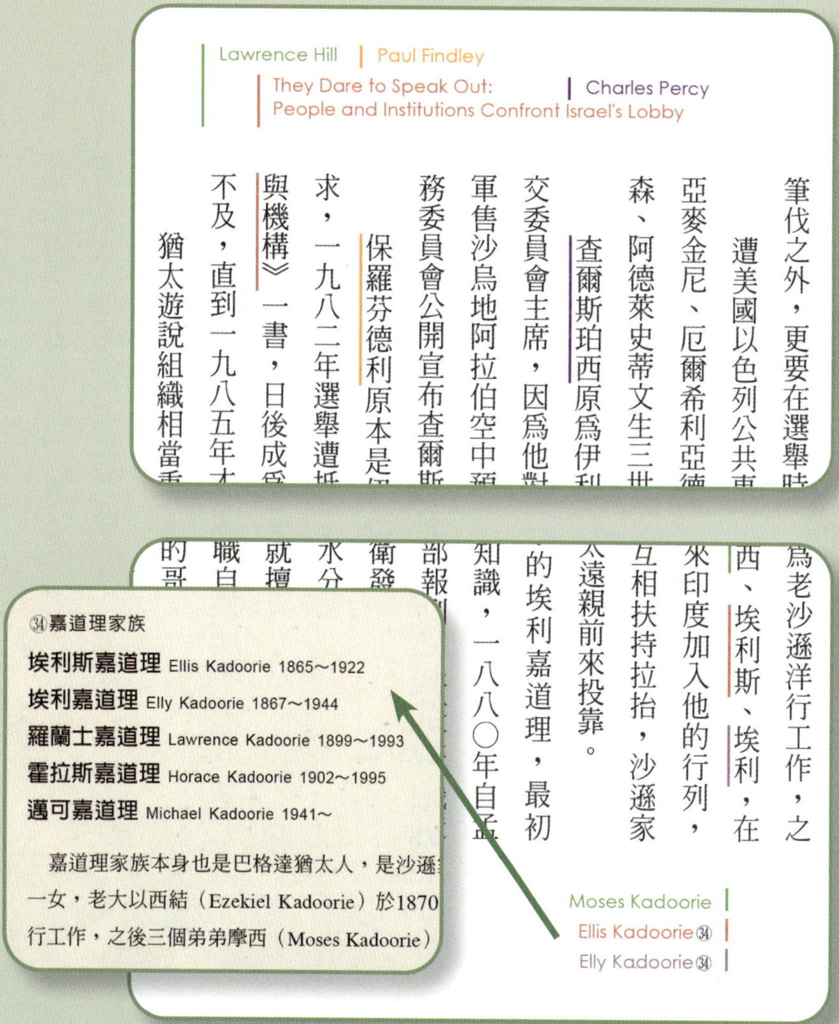

Lawrence Hill
Paul Findley
They Dare to Speak Out:
People and Institutions Confront Israel's Lobby
Charles Percy
筆伐之外，更要在選舉時
遭美國以色列公共事
亞麥金尼、厄爾希利亞德
森、阿德萊史蒂文生三世
查爾斯珀西原為伊利
交委員會主席，因為他對
軍售沙烏地阿拉伯空中預
務委員會公開宣布查爾斯
保羅芬德利原本是
求，一九八二年選舉遭抵
與機構》一書，日後成為
不及，直到一九八五年才
猶太遊說組織相當重
為老沙遜洋行工作，之
西、埃利斯、埃利，在
來印度加入他的行列，
互相扶持拉抬，沙遜家
遠親前來投靠。
的埃利嘉道理，最初
知識，一八八〇年自孟
Moses Kadoorie
Ellis Kadoorie㉞
Elly Kadoorie㉞
㉞嘉道理家族
埃利斯嘉道理 Ellis Kadoorie 1865~1922
埃利嘉道理 Elly Kadoorie 1867~1944
羅蘭士嘉道理 Lawrence Kadoorie 1899~1993
霍拉斯嘉道理 Horace Kadoorie 1902~1995
邁可嘉道理 Michael Kadoorie 1941~
嘉道理家族本身也是巴格達猶太人，是沙遜
一女，老大以西結（Ezekiel Kadoorie）於1870
行工作，之後三個弟弟摩西（Moses Kadoorie）

本書特別企畫「猶太人物誌」，收錄近代史上深具影響力的家族或個人，為方便讀者查找，同步於內文與書末的「猶太人物誌」中以序號標示，以利前後對照參閱。

自序　不了解世局，就無法布局　黃文局　007

引言　追尋猶太人歷史與台灣建國之路　黃文局　012

第一章
掌握自己命運更決定他人命運，無所不能的猶太人　025

猶太人之所以能有不成比例的政治影響力，是因爲綿密的掌控了人脈、錢脈和媒體，一層一層環環相扣。

第二章
問題多如牛毛，並非天生就是上帝選民的以色列　073

如今以色列看似可爲所欲爲，但是，當初也是從國際孤兒處境走出來的。以色列證明所有障礙都能克服，台灣當然也能克服。

第三章
從上帝的選民到流散四方　111

原本猶太人跟所有人類一樣，都是內鬥優先，結果造成一次次亡國，從悲慘的歷史學到血的教訓，才鍛鍊出現在堅忍不拔的民族性。

第四章
懷璧其罪，無根漂流落地又萌芽　165

國際上任何風吹草動，都會影響國運與個人，這也是爲何我們必須培養國際觀，並從歷史中學習賽局思維。

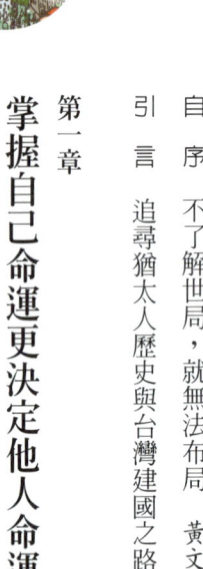

第五章
全球化先鋒開枝散葉 205
掌握關鍵知識才能安身立命，是猶太人的生存智慧，也是他們的致富密碼，猶太人至今也總是積極的去學習、發明，掌握關鍵知識。

第六章
破繭而出推動世界，可敬的猶太人 245
猶太人如何影響俄、美、英、法、德等世界主要國家，有心的台灣人見賢思齊：先壯大自己，再擴大網絡，是成功的不二法門。

第七章
沒有國哪有家，可悲的猶太人 289
歷經千年血淚教訓深刻體會，沒有國家保護，只能任人宰割，讓猶太人痛定思痛，必須擁有自己的國家，掌握自己的命運，才能確保有安身之處。

第八章
臥薪嚐膽絕地重生，可佩的猶太人 315
以色列的經驗告訴我們，獨立建國成功的三大要件是「國人強烈的意識、全民的奉獻努力、國際大國的支持」。

第九章
機敏如蛇永無止境的持續進化，可畏的猶太人 371
以色列與猶太人並非不會犯錯，有時還犯下相當嚴重的錯誤，但是每次犯錯總能迅速改進並持續進化，這就是如今所以強大的主因。

第十章
台灣比起猶太人的歷史，實在「三生有幸」 401
有人說台灣人的個性是「見風轉舵」，若能從猶太人的命運中學習，台灣人能「見風使舵」駕馭自己的命運，必能成為世人不敢小覷的國家。

後　記　寫給台灣人的一本勵志書　藍弋丰　417
推　薦　借鏡猶太人的成功之道　陳時奮　422
推　薦　大局作者觀世局，唯造局者能開新局！　楊斯棓　425
推　薦　一個獨行的「猶台人」壯大台灣的藍圖　鄭政秉　431
附　錄　紐約台灣會館演講講辭：美國猶太人如何改造與創造自己的命運　黃文局　436

特別企畫　猶太人物誌（請從封底版權頁前開始閱讀）

自序——

不了解世局，就無法布局

黃文局

約莫是一九九八年，我去葡萄牙里斯本看大航海時代的傳奇人物達伽馬在海邊的雕像，計程車司機開了十幾分鐘後突然停靠路邊。因爲，他聽到我提到猶太人，想跟我談談葡萄牙的猶太人。

他說，戰前，葡萄牙幾乎都被猶太人控制；戰後，一九四八年，以色列建國，多數猶太人移居以色列，剩下不到三十個留下來，而這三十個猶太人，仍然控制葡萄牙的經濟。我問爲什麼？他回問，計程車最大的開銷是什麼？我回，汽油。他說，對，還有保險，而汽油業與保險業都控制在猶太人手上，雖然你已經看不到戴著黑帽、穿著黑衣的猶太人在街上遊蕩。

「所以，我每天、每分鐘都在替猶太人賺錢。不只如此，葡萄牙天冷，要用很多石油熱屋，房屋也要買保險，至少是火險，所以，我的家也是每天、每分鐘都在替猶太人賺錢。」談話中，怒氣沖沖。

回想德國，戰前猶太人口僅占一％，柏林則占五％，而猶太人控制超過七十五％的經濟。文化業、音樂界、科學家等，也多被猶太人掌控。爲什麼希特勒提出反猶太人口號，得到廣大德國人響應，原因在此。納粹屠殺猶太人，是人類史上慘劇，必須譴責。但是，我們必須了解

Da Gama

Hyatt
Jay Pritzker
Zuckerberg
Barbie Doll
ToysRUs

事件發生的背景。

台灣的猶太人

其實，猶太人也幾乎籠罩台灣人的生活。譬如，年輕人一定會去信義區的華納威秀看電影，華納創辦人是猶太人；附近的五星級君悅飯店，創辦人也是猶太人。假日大部分人會去好市多補貨，老闆是猶太人。年輕人喜愛穿牛仔褲，發明人李維還是猶太人。最大咖啡連鎖店星巴克的創辦人，仍是猶太人。

每天早上，我們會溜覽臉書，看看朋友近況或訊息，臉書創辦人又是猶太人。新認識的朋友，用谷歌查查他的背景，創辦人也是兩個猶太人。人工智慧的重要公司的執行長奧特曼，也是猶太人。爸媽買給小孩的芭比娃娃，或帶小孩去玩具反斗城，發明人或創辦人都是猶太人。

台灣與以色列的比較

猶太人與台灣人淵源很深，譬如一九六三年，以色列核武計畫之父伯格曼來台灣幫忙建立核能發電廠。

台灣人與猶太人有很多相似之處，譬如科技立國、重視教育、強敵環伺。不過，台灣人與猶太人也有很多不同的地方，尤其是猶太人愛國心強烈，極爲重視對社會國家的貢獻。

目前華納兄弟影業已撤資，改名威秀影城。
Costco
Levi
Starbucks
OpenAI
Altman
Ernst David Bergman

Yad Vashem

台灣人顧個人，少顧社會國家。許多宗教團體，每年募款以百億計；但社福團體或國家大事的募款，相較卑微，不成比例。國家社福與我何干？國家大事應由國家承擔，為什麼是我？但求神拜佛，為求保護個人事業、兒女婚姻、家庭福祉，在所不惜。

可見台灣人重視個人，遠超過國家社會。猶太人也重視個人，但更看重國家社會。可能因為他們有三次被滅國的慘痛經驗，深知覆巢之下無完卵。猶太人認為，若有同胞受難，是國家的恥辱，社會也不得安寧。

以色列「大屠殺紀念館」，展示由初起猶太歷史到今日以色列的建國過程，一趟大約一個半小時，看完，愛國心油然而生，誓為以色列生存而戰。觀者有一般民眾，也有學生與士兵。

猶太人殉難紀念館，整館漆黑，僅有微微星光，必須扶著旁邊欄杆，緩步行進，沉重陰鬱，一片靜穆，僅有徐徐聲音唸出被納粹屠殺的一百五十萬個猶太小孩，一個一個名字沉重撞擊每個人的耳膜，好像在提醒所有猶太人，不要忘了，每個生命都是我們的同胞，他們不會白白犧牲，我們要永遠記得這個教訓。

台灣在國民黨的高壓統治，如二二八、林義雄、陳文成等事件，讓一般人民對政治產生恐懼心理，逃避參與政治與公共事務。久而久之形成奴隸性格。再加上黨國教育，國家認同混淆，有人只求自保不談，甚至認賊作父。兩岸分治七十幾年，歌舞昇平，人民幾乎已敵我不分，即使共軍已經擅自劃設演習區侵入我國十二海浬內，國人仍無危機意識。這在以色列，完全不可想像。我常被猶太人譏笑，你們不想被中國統治、甚至想要獨立，怎麼一窩蜂去中國做生意？猶太人就算能去阿拉伯國家賺大錢，我們也絕對不會去。很簡單，國家安全，高於一切利益。

台灣可以從以色列學到什麼

大概是一九八五年，李遠哲尚未獲得諾貝爾獎，張昭鼎博士帶他去見耶路撒冷市長。李遠哲問他，市長啊，你這個地方，種族、文化、軍事、經濟、語言等各方面都衝突，請問你如何解決？市長笑答，老兄啊，你剛剛提的問題完全正確；不過，你知道嗎？這些問題存在這個地方，已經超過千年。先聖先賢都沒辦法解決，我何德何能可以解決這麼複雜的問題。我告訴你，我的任務不在解決這些問題，而在如何與這些問題共生。

大哉斯言。

很多問題，時機尚未成熟，條件仍不足夠，硬要解決，可能必須付出不必要的代價，強行通關，可能會讓國家付出不可承擔的代價。

據說，陳水扁在第二任總統任期時，規劃在下任前進行破冰之旅，訪問中國。為了成就個人「功績」，莽撞行事，甚至可能葬送台灣前途。與上述耶路撒冷市長相較，猶太人的智慧，再度令人敬佩。

一些主張台灣獨立的前輩，勇氣與前瞻，令人感佩。但是，以史為鑑，如果時機或條件還沒成熟，硬行闖關，可能後果難料。那麼，台灣的時機或條件什麼時候才會成熟呢？

「國人共識」與「國際支持」都達到一定的比例之時。

這本書，其實是猶太人的歷史。主軸是把猶太人的歷史拉到全球的高度，並且提升台灣人的視野。

猶太人的歷史，等於是一部世界史；不了解猶太人的歷史，等於不了解世界局勢，也等於不了解「世局」。不了解「世局」，就無法「布局」，更無法掌控「大局」。那麼，台灣就只能隨波逐流，不能顧全自己的「格局」。這就是爲什麼本書取名爲《世局》的原因。

本來已經寫了兩三萬字，後來因爲創辦「台灣勵志協會」（ＴＩＡ），事務繁忙，只好請託藍弋丰醫師（台大醫學系畢業）代筆，以我的文底及過去的文章等彙整寫成。原來不掛他的名字，由我自負全責；但是，他學養深厚，又費力費時做細部研究，比我的原稿更爲細緻精采，不是爲了卸責，而是爲了感謝他，因此，才由兩人共同掛名。

塔木德有言：「行動勝於雄辯」。以色列第一任總理本古里安說：「猶太建國只有一個方法，不是空談，而是行動！」

台灣人，不管你做什麼，看完此書，都該捲起袖子，開始行動了！

自己的國家自己救。怎麼救？由你做起！

二〇二四年三月十四日

引言——

追尋猶太人歷史與台灣建國之路

黃文局

八〇年代，〈黃昏的故鄉〉這首台語歌在美國大為流行。因為，被國民黨列為黑名單的台灣人，數十年不能回台，聽到這首歌，內心激動，潸然淚下。

但是，猶太人的電影《出埃及記》的主題曲，氣勢磅薄，寓意深遠，更令我心澎湃。

「這塊土地是我的，上帝賜給了我這塊土地。雖然我只是平凡人，但只要上帝廻在我身旁，我知道我會變得堅強，將這塊土地變成我們的家園。」

兩首歌的調性，多少反映了台灣人與猶太人的個性差異。一自我哀淒，一絕不放棄！

很多人問我，你為什麼對猶太人那麼有興趣？研究猶太人有什麼用處？

其實，我跟大家相同，本來也只有一些模糊的概念。

後來才知道，影響宗教界最大的人物耶穌基督是猶太人，影響科學界最大的人物愛因斯坦是猶太人，影響心理學界最大的人物佛洛伊德是猶太人，影響社會學界最大的人物馬克思也是猶太人。

研讀之後，才了解千年猶太歷史，竟然充滿血淚。台灣人的歷史，雖然沒有那麼悲慘，卻也非常曲折。

猶太人獨特的歷史，任何人都會有興趣，只是太過複雜，了解不易。因爲，猶太人大流散之後，遍布世界，難觀全貌。單單了解俄、德、美、英、法等大國的猶太人歷史，可能就要窮盡一生。

個人三十多年來，爲了深入了解猶太人的歷史，走訪以色列、匈牙利、奧地利、摩洛哥、西班牙、葡萄牙、捷克、德國、法國、英國、俄國、美國等地的猶太博物館，甚至是烏茲別克斯坦的撒馬爾罕的猶太學校，印度科欽的猶太遺址，捷克布拉格的猶太墓園，中國開封的猶太會堂等地。

愈了解，愈加敬佩，甚至有點恐怖。這是什麼樣的一種民族？

因爲個人住在紐約四十多年，加上經商的關係，與猶太人多有往來，因此，對他們的歷史深感興趣，研究之後，更感震驚。

一個被滅國三次的民族，流散千年，竟然可以在一九四八年重新建國，而最大的力量來自美國的猶太人。因此，十多年前，感慨地寫了一篇長文〈美國猶太人如何改造與創造自己的命運〉（收錄於本書附錄）。

如今有機會寫《世局》這本書，用意在期待「台灣人也可以改造與創造台灣的命運」！

接著就來聊聊我個人的「猶太人探奇之旅」。

Pope Urban II

猶太網路

美國與墨西哥邊境的大生意人，也多是猶太人，他們多由東歐逃亡到阿根廷，再輾轉來到此地。猶太人近兩千年來，流徙各地，網路遍布世界，訊息特別靈通，哪裡有好康的，「食好鬥相報」（台語），親朋好友就往那裡聚集。

一〇九六年，教皇伍朋二世號召基督徒向回教徒奪回耶路撒冷的聖戰，拉開十字軍東征的序幕，結果，一路上屠殺猶太人，這是猶太人第一次被大量殺害。不像過去，只是地方的零星事件。

很多國家響應教宗的東征旨意，怕被搶劫的人就換了一些銀票，路上可以兌現，這些銀票多出自猶太人，因爲猶太人當時已被羅馬滅國八百多年，流散各地，形成「猶太網路」，所以可以經營「銀票兌換」。

英國國王獅心理查參加十字軍東征，兵敗被補，弟弟徵集贖金，有些猶太人送來銀票，他問這是什麼？可見當時已有銀票流通。由此可知，十二世紀時，「猶太網路」已經四通八達。

「猶太網路」最重要的是「情報網路」，可以應用在金融、軍事、政治、經濟等，取得先機，無往不利。

德國猶太人

俄國、法國、英國、奧地利等地的猶太人，也都舉足輕重。但是，重中之重的德國猶太人，除了愛因斯坦、海涅之外，多如繁星。譬如，仍然隱然操控世界金融的神祕家族羅斯柴爾德，以及對現代猶太人影響深遠的人物孟德爾頌。這些請參看內文。個人只能挑選一小部分供讀者參考。

中國猶太人

中國猶太人，第一批大約是一千年前的北宋時期來到河南開封。

二〇一二年，我特別到開封尋找猶太會堂，導遊費盡心思，花了兩天才找到。因爲猶太會堂已成廢墟，改建爲「第四人民醫院」，後稱「中醫院」。醫院邊的巷子，牌名「挑筋巷」，可能是爲了紀念雅各與天使摔角，傷了腿筋而禁吃得名，天使也要求雅各改名爲「以色列」，可見當地猶太人曉得聖經的故事。

我們走進巷子，找到最後一家猶太後裔趙映乘。房子破爛，家居簡陋，做了一個很粗糙的約櫃。我問，以色列猶太教師沒有贊助妳們？她們說，有派人來過幾次，調查後認爲，千年來，她們已被同化太深，所以不被視爲猶太後裔。

最早發現開封猶太人社區的是利瑪竇，當時猶太教被稱爲「一賜樂業教」，可能是「以色

Rabbi

synagogue

Israel

列」中文音譯。
一六〇五年，開封猶太人艾田到北京與利瑪竇會面，利瑪竇才把這訊息傳出去。原來，中國也有猶太人。

西班牙猶太人

西班牙猶太人在猶太人歷史占有非常重要的地位。
公元七五六年，白衣大食伍麥葉被黑衣大食阿拔斯滅亡，伍麥葉一位王子逃到西班牙哥多華建立後伍麥葉王朝，採取寬容政策，由此開啓數百年猶太人的「黃金年代」，尤其是九世紀時，猶太人醫生、學者、詩人、思想家輩出。
十世紀西班牙哈里發的御醫就是猶太人沙普魯特。
十二世紀，猶大阿爾法恰是托雷多王公的御醫兼財務大臣。
十二世紀，哥多華出現一位劃時代的猶太人，他是哲學家、神學家，同時也是醫學家的摩西邁蒙尼德。
一四九二年，哥倫布發現新大陸那年，也是西班牙猶太人最悲慘的一年。西班牙女王打敗阿拉伯，把猶太人趕出西班牙。大約有二十萬猶太人出走法國、義大利、希臘等地。
部分猶太人往北逃到葡萄牙，但在一四九五年，葡萄牙王子要迎娶西班牙公主，條件是必須趕走猶太人，猶太人再次逃亡。很多猶太人逃往安特衛普，再聚集在阿姆斯特丹，造就了荷

Judah Alfachar
Hisdai Ibn Shaprut
Moses Maimonides
Umayyad Caliphate
Abbasid Caliphate

蘭的繁榮，也創造了今日的金融業與保險業。

波蘭猶太人

十四世紀，波蘭爲了振興經濟，給予猶太人一些特權，猶太人大量湧入。沒多久就開始發光發熱。

波蘭有九個諾貝爾獎，猶太人占了四個。波蘭猶太人占波蘭人口比例只有五%，但在一九二一年，猶太人大學生占了二十四．六%，醫生占了五十六%，律師占了三十三%，可見猶太人已控制上層社會，也因此，一九三〇年代，反猶氣氛高漲，人民開始抵制猶太商店、律師及醫生。

一九三九年，德國納粹入侵波蘭，直到二戰結束，九十%波蘭猶太人被殺，大約三百萬人，悲慘難言。眞正是，滿招嫉，福禍相倚？

匈牙利猶太人

多數人知道德國猶太人很厲害，但是不知道匈牙利猶太人也不遑多讓。匈牙利人口才一千萬，獲得十四個諾貝爾獎，猶太人竟然占了十個。台灣人口有兩千三百萬，諾貝爾獎得主只有李遠哲一個人。

Caltech　George Soros　Edward Teller 63　Von Newman# 58　Bamberger

中國太空之父錢學森是加州理工學院畢業，老師是世界「太空之父」馮卡門，他是匈牙利猶太人。

貨幣投機家索羅斯，是出生在匈牙利布達佩斯的猶太人，到英國倫敦政經學院念書，是蔡英文總統的學長，主修哲學。一九九二年狙擊英鎊，獲利十億，一戰成名。因此，被稱爲「金融大鱷」，吃人不吐骨頭。但是，他同時也是大慈善家，至今已捐出至少八十億美元。八十億美元是什麼概念？沒錯，猶太人節儉，也可能吝嗇，但做事絕不小鼻子、小眼睛。一出手，絕不手軟。

絲路考古先驅之一，發現敦煌藏經洞文書與樓蘭遺址的英國考古學家斯坦因，也是出生在匈牙利布達佩斯的猶太人。

「氫彈之父」特勒也是匈牙利猶太人。

「天才中的天才」馮紐曼，出生於匈牙利的布達佩斯，六歲用古希臘語與父親交談，八歲自學微積分。一九三三年到普林斯頓高等研究所與愛因斯坦當同事，有人說他比愛因斯坦聰明。曾有一位普林斯頓高等研究所的同事去華府時在火車上碰到馮紐曼，並跟他說，兩三個星期前，曾請教愛因斯坦一個數學難題但沒有結果，你可以試試？回程火車上，馮紐曼就把答案給他。

順便一提，普林斯頓高等研究所與普林斯頓大學無關。那是在紐澤西開百貨公司的一對猶太兄妹班伯格，在一九二九年大蕭條前把公司賣給梅西百貨公司，用這筆錢設立的。

一九六三年諾貝爾物理獎得主維格納，也是匈牙利猶太人，高中早馮紐曼一屆，他在獲獎

Von Karman 43　Marc Stein 33　Eugene Wigner 56

感言說，我有個朋友馮紐曼比我更值得獲獎，聰明好像外星人，可惜罹患骨癌，五十三歲就去世。去世前，國防部長與陸海空參謀長，都到他的病床邊請教他問題。

英特爾創辦人之一葛羅夫，新聞界桂冠創立人普立茲，最偉大的魔術師胡迪尼，寫下令人陶醉的〈沉默之聲〉、《畢業生》等電影主題曲的作者塞門等，都是匈牙利猶太人。

Andrew Grove | Pulitzer[25] | Harry Houdini | Sound of Silence | Paul Simon

加拿大猶太人

加拿大猶太人也多來自匈牙利。一度爲加拿大首富的家族里奇曼，祖父原在匈牙利布達佩斯。納粹入侵匈牙利前逃到巴黎、倫敦。其中一個兒子愛德華移民加拿大蒙特婁，原先作地磚生意，一九九〇年，發展成世界最大的開發商奧林匹克與約克公司，計畫在倫敦附近廢棄的金絲雀碼頭建一城市取代倫敦，計畫太大，擴張太快，導致周轉不靈而倒閉，世界各大銀行與金融公司都受重傷。

Reichmann | Edward | Olympia & York

二〇一〇年，我由倫敦包車去參觀，規模驚人，因在海邊，景觀優美。地鐵等基礎建設也大都完成了。華人首富李嘉誠由中國撤出，大量投資此地，發展無可限量，李嘉誠的眼光與遠見，不得不令人佩服。

美國猶太人

一六五四年，二十三個猶太人由南美洲來到紐約，當時的紐約由荷蘭統治，總督史代文森不准他們進入，他們叫總督問荷蘭總公司，結果獲准，因爲猶太人是荷蘭印度公司的大股東。這是猶太人到美國的濫觴。

Peter Stuyvensent

曼哈頓島原來是印第安人的，一六二四年，荷蘭西印度公司用一串貝殼與他們換來的，命名「新阿姆斯特丹」。同年，荷蘭東印度公司來到台南安平第一沙洲，把台灣（大員）稱爲「熱蘭遮城」。

音譯Zeelandia，海中一小島之意。取名自荷蘭的西蘭省，與紐西蘭同一命名來源。

美國猶太人來到美國四百多年，貢獻良多，參與南北戰爭因而犧牲不少生命，但是美國移民八十%以上是新教教徒，一九二〇與一九三〇年代，興起反猶風潮。這促使美國猶太人在一九四〇年代反對猶太建國運動。因爲他們好不容易由反猶的俄國、歐洲等地逃難到美國，艱辛立穩腳根，如果同意歐洲猶太人倡議的錫安復國主義，會失去舒適生活，所以反對。

一九四八年，以色列建國，美國政界也不支持。因爲怕惹火供應石油的阿拉伯國家，當時石油是最重要的戰略物資。

一九六七年的六日戰爭，是美國猶太人命運的轉捩點。當時，以色列危在旦夕，竟能轉敗爲勝，簡直是奇蹟，美國因此轉變態度。

一九七三年的贖罪日戰爭，猶太人再度贏得不可能的戰爭，更使猶太人士氣高漲，信心大增。

猶太人在美國影響力愈來愈大，包括政治、學術、影劇、媒體、金融各界等，尤其是政治界，不管是共和黨或民主黨都要買單，最重要的是他們的捐款。

譬如，已世的前共和黨猶太人組織主席金沙賭場老闆，據說一場總統選舉，他自己就要花一億美元。

Sheldon Gary Adelson

美國台灣人有錢的人也很多，但與此相較，只能望洋興嘆。更何況，台灣人聽到政治馬上退避三舍，遑論出錢？

這與猶太人的個性，截然不同。

猶太人爲了建國，不惜犧牲一切代價。「會賺錢，甘開錢」（台語）的特質，是台灣人應該也必須學習的。

美國第一個猶太裔大法官是一九一六年由威爾遜總統提名的布蘭迪斯。一九四八年，第一間由猶太人成立的大學，就以布蘭迪斯命名。

Louis Brandeis

有一段時間，美國大法官只有九個，猶太人竟然占了三個，而他們人口只占全美國的〇．二三%。

美國猶太人如何翻轉自己的命運

美國猶太人翻身的主因是「投資教育」與「投入政治」。

投資教育，爲了提升自己的地位。投入政治，爲了保障自己的權益。

投資教育，才能擠入「上流社會」。投入政治，才能改變「上層結構」。

一九〇二年，才有第一批猶太人由紐約一家公立中學畢業。一九〇八年，已有十六％猶太子女達到中學水平。

一九六〇年，猶太人只有十名眾議員、兩名參議員；二〇二三年，分別有二十六名與九名。而且，幾乎每一位國會議員都至少有一位年輕猶太助理。薪水很低，但是可以累積經驗並建立人脈。猶太人的歷史經驗告訴他們，「人脈」才是成功的關鍵。

反觀美國台灣人二代，可能是受到父母影響，對政治似乎有恐懼症，不關心國家大事，也不顧公共事務，只管自已的前途。

二〇一五年，全球台灣研究中心共同創辦人楊明倫醫師帶我去見邁阿密大學的同事金德芳教授。她說，她勸Ｔ２（台灣人第二代）投入政治，進入體制，才能直接影響美國政策並保護台灣。可是，Ｔ２告訴她，他們想當醫生或律師多賺些錢。這種想法與年輕猶太人差異甚大。

Global Taiwan Institute

June Dreyer

芝加哥第一位猶太人市長則是伊曼紐，此人必須多做介紹。二〇〇八年，歐巴馬當選總統，第一個任命的官員，就是請伊曼紐擔任白宮幕僚長。因爲，他替歐巴馬募了很多錢。

Rahm Emanuel

重要的是，他在紐澤西出生，父親是醫生，生活優渥，他卻冒著生命危險，回以色列當兵兩年半。他的叔叔也回以色列打仗，不幸戰死。猶太人這種爲國家可以犧牲一切的「猶太意識」，令台灣人汗顏。

以上說了不少猶太人可敬的貢獻、可悲的境遇，但是，猶太人也有可議之處。

電視上，常常看到猶太人拿著機槍掃射阿拉伯人，而阿拉伯人只能拾起地上的石頭回擲的畫面，不禁令人義憤填膺。

尤其是，近期的以巴衝突，以色列轟炸加薩地區，無辜的婦孺死傷數萬。這種趕盡殺絕的舉動，連美國也看不下去，很多以色列的人也無法接受。

猶太人這種瘋狂行為當然不可取。但是，他們寧可犧牲一切，包括生命，只為榮耀以色列的精神，令人感動，更値得台灣人學習。

台灣人國家意識混淆，每天「涼涼的過」（台語），不知道歷史上各個國家，為了保衛自已的國家與生活方式，付出多少代價？烏克蘭、以色列等，不就是活生生的例子！

沒有錢，一切都是假的。

沒有國家，一切都是空的。

猶太人有猶太人的「巧門」，台灣人也有台灣人的「撇步」。雙手合十，期待台灣人創造出具有台灣特色的出路！

二〇二四年三月二十日

天佑台灣！

第一章

掌握自己命運
更決定他人命運，
無所不能的猶太人

大部分人對猶太人的印象，
就是「賺錢」。
勞倫斯艾利森
馬克祖克柏
謝爾蓋布林
在各大書店的財經書區，
滿是如何學習猶太人致富書籍，
好像猶太人是投資社團一樣。
MAKE MONEY
猶太人理財
致富宝典
HOW TO BE WEALTHY
猶太人在全球產業上成就，
比起這些書上所暗示的，
只多不少。
BOOKSTORE
猶太人
與我們相關的程度，
比想像的更高。
您是說歷史上、
戰略上嗎？

編註：為尊重版權，圖中商標已經由插畫重新處理。

Sol Price
Jeffrey Brotman
William Rosenberg
Mattus(65)
Levi Strauss(71)
Gerald "Jerry" Baldwin
Gordon Bowker
Howard D. Schultz

即使在台灣，日常生活也會見到無數猶太人相關企業：出門用谷歌查個路線，兩位創辦人都是猶太人；一早先到星巴克買杯咖啡，兩位創辦人和帶領星巴克成為世界品牌的推手霍華舒茲，統統都是猶太人。

上社群網站瞧瞧朋友都看什麼電影，臉書的祖克伯與另一位共同創辦人達斯汀莫斯科維茨，又同是猶太人；到電影院看了華納發行的電影，華納的創辦四兄弟，還是猶太人；要不，看名導演史蒂芬史匹柏的作品，他也是猶太人。

看完電影來逛街，這件凱文克萊看起來不錯，凱文克萊本人正是猶太人；帶一條李維斯牛仔褲，李維也是猶太人，當初他的合作夥伴，發明牛仔褲的戴維斯，同樣是猶太人；再帶一件雷夫羅倫馬球衫，雷夫羅倫還是猶太人；女性朋友要逛化妝品，在百貨公司一樓看雅詩蘭黛(64)專櫃，雅詩蘭黛本人又是猶太人；接著挑件性感內衣，一度為維多利亞的祕密母公司的有限品牌，創辦人李斯威斯納，仍是猶太人。

爸媽得幫小孩買玩具，逛玩具反斗城，創辦人查爾斯拉扎路斯是猶太人；買了芭比娃娃，是玩具大廠孩之寶的產品，創辦人是猶太人哈森菲爾德三兄弟；小孩走累了來吃個冰淇淋、甜甜圈？三一冰淇淋的兩位創辦人，也就是英文名稱的巴斯金、羅賓斯，哈根達斯冰淇淋的創辦人馬圖斯夫妻，當肯甜甜圈的創辦人羅森伯格，都是猶太人。且不說好市多創辦人之一傑佛瑞布洛特曼也是猶太人，從根本來說，促成整個量販店概念誕生的「量販店之父」索普萊斯就是猶太人。真是日常生活一整天下來，都離不開猶太人。

想要遠離日常生活去旅行，拿出新秀麗行李箱，創辦人傑西斯韋德仍然是猶太人；住進君

Burt "Butch" Baskin(66)
Irvine Robbins(66)
Hassenfeld(44)
Charles Lazarus
Dustin Moskovitz
Larry Page
Sergey Brin

Larry Ellison

Samuel Sachs㉘

Priztker⑩

悅酒店，是猶太人傑普立茲克於一九五七年創立的。日後普立茲克家族後代，也是君悅酒店負責人之一的潘妮普立茲克，還是歐巴馬的經濟顧問，並於歐巴馬總統時代擔任商務部長。

那麼就不提甲骨文創辦人艾利森，戴爾電腦創辦人，微軟前執行長巴爾默，英特爾前執行長葛洛夫，彭博社的彭博，「金融大鱷」索羅斯，高盛的兩位創辦人「高」馬可斯高曼、「盛」山謬盛克斯，飛利浦創辦人飛利浦家族，這些全球知名的企業領袖，都是猶太人。

大局觀

看到生活周遭被猶太人企業無所不包，可以理解很多繪聲繪影「猶太意圖統治世界」的陰謀論想法是從何而來，猶太人實在優秀到讓人覺得有些恐怖。猶太人的國家以色列，也是不遑多讓。

我們常聽到以色列是創新之國，聽說以色列有很厲害的水科技；以色列戰力、軍事科技上也是首屈一指，防空系統「鐵穹」名聞遐邇；你或許曾經聽說以色列情報單位莫薩德，也常聽到以色列的資安科技。

Iran Dome

Philips㉑

Marcus Goldman⑯

在大多數台灣人的想像中，以色列已經是無比強大的國家，但是，當今以色列厲害的程度，恐怕比我們的想像都還有過之而無不及。

創新之國，許多美國科技都仰賴以色列推動

美國科技業大量仰賴美國猶太人，不論是創辦人、投資人、初期員工、高階主管，處處是猶太人的身影，然而，不僅美國猶太人，以色列本身也同樣是美國科技業發展不可或缺的推動力。

在半導體產業界與以色列人相關最出名的故事，就是奔騰M。處理器龍頭英特爾因奔騰4高度耗電與發熱問題差點陰溝裡翻船，尤其是講求電池續航且散熱能力有限的筆記型電腦，幾乎完全無法使用奔騰4處理器，眼看當時快速成長的筆記型電腦市場即將落空，英特爾靠著以色列海法實驗室團隊打造奔

M-Systems Flash Disk Pioneers Ltd.
Dov Moran
PrimeSense
SanDisk
Thunderbolt
Mobileye
Onavo
Waze
Face.com
Sandy Bridge
Ivy Bridge
Cloverview
ARM Holdings plc.

騰M處理器，在耗電量與效能方面達成平衡，解決電池續航與發熱問題，才轉危爲安。奔騰M在研發時的代號「巴尼亞斯」正是取自戈蘭高地的地名。

日後英特爾基於奔騰M打造一系列雙核心處理器，包括酷睿2系列、賽揚，研發時的代號「梅隆」取自聖經中古以色列湖泊名。後續英特爾的「沙橋」「藤橋」中央處理器微架構，也同樣由以色列團隊所設計，二〇一一年時，沙橋架構占英特爾全球總營收高達四成。

英特爾之後又在平板電腦市場上吃癟，不敵安謀架構，面臨在平板電腦市場全面缺席的危機。這時，又是以色列團隊救援，打造結合通訊晶片的系統單晶片處理器，獲三星採用，當時產業界揶揄英特爾美國本部只能靠以色列，把英特爾的著名行銷宣傳口號「內建英特爾」改爲「內建以色列」。

不僅處理器，英特爾無線顯示、英特爾身分保護技術，都是由以色列團隊研發，連接線標準「雷電」以及其他連結技術也大部分是由以色列團隊研發。也就難怪英特爾需要自動駕駛技術時，選擇購併以色列自動駕駛技術公司行動眼。

美國科技業不只英特爾依賴以色列，蘋果第二大研發中心就位於以色列，負責打造處理器、晶片與感應器。蘋果也購併以色列公司原感取得立體空間掃描技術。記憶卡大廠新帝購併M系統快閃碟先驅公司，該公司創辦人達夫莫蘭正是隨身碟的發明者。

谷歌則買下以色列導航技術公司位智，搜尋建議也是由以色列工程師打造。臉書則爲了廣告相關技術購併以色列行動數據分析公司歐那沃與臉部辨識技術公司臉達康；臉書同樣也在以色列有研發團隊，開發網路連結相關技術以及臉書輕量版。

Merom｜取名自約旦河於加利利海北方約十英里處所形成的梅隆湖，《約書亞記》中記載，以色列人進入迦南時，與迦南城邦聯軍在梅隆湖附近大戰。加利利海位於以色列北部，約旦河注入其中，雖然稱為海，但其實是淡水湖。

Banias｜位於戈蘭高地黑門山腳下，泉水自潘洞窟中流出之處，名稱來自於希臘神話裡的牧神潘，巴尼亞斯即潘的音轉。

亞馬遜最初在以色列的研發團隊包括雲端運算服務亞馬遜網路服務、無人機研發，而亞馬遜數位語音助理則在以色列雇用上百位工程師與自然語言處理專家來開發。

軟體巨擘微軟一樣仰賴以色列人才，購併以色列雲端資安公司阿達倫，該公司創辦人阿薩夫拉帕波特也成爲微軟以色列研發部門主管，主掌雲端資安防護，任職期間擴大了微軟以色列研發中心五成，達成十億美元營運規模。他出身以色列軍情局所屬以色列情報軍菁英單位八二〇〇部隊，該部隊退伍弟兄創造了無數以色列資安企業，全球三分之一的資安獨角獸新創公司在以色列。

阿薩夫拉帕波特自微軟離職後，創辦雲端資安公司威資，很快就成爲估計市值超過十億美元的獨角獸新創公司，他的經歷體現了以色列爲何在世人眼中成爲「新創之國」，這個名詞源於丹恩席諾、所羅辛格合著的《新創企業之國：以色列經濟奇蹟的啓示》一書，當時書中指出以色列二〇〇八年人均創業投資是美國的兩倍半、歐洲的三十倍、中國的八十倍、印度的三百五十倍，在那斯達克上市的以色列新創企業總數超過日韓中印總和，也超過全歐洲總和。出書十多年之後，以色列的新創能量更是有增無減。

以色列的獨角獸新創公司數量多得驚人，在二〇二一年有一百家獨角獸公司，相較之下，整個歐洲僅有一百二十五家，就可知道以色列的新創能量有多強大。二〇二一年，以色列有超過六千五百家科技公司，平均每一千四百人就一家公司。

谷歌前執行長艾瑞克施密特稱美國是世界最適合企業家的地方，其次就是以色列。《改變世界的以色列創新》一書作者猶太人阿維尤利詩自傲的宣稱：「世界面臨的十大問題，一定會

Alexa
Adallom
Assaf Rappaport
Wiz
Dan Senor
Saul Singer
START-UP NATION
Thou Shalt Innovate: How Israeli Ingenuity Repairs the World
Avi Jorisch

有來自以色列的人在尋求解方。」

以色列已經不僅僅是新創之國，以色列新創公司往往能長成大企業，或出售而成爲全球大企業的一部分，《以色列時報》因而自豪的表示以色列如今已經從新創之國發展爲「規模放大之國」，也就是新創企業能長大成爲巨獸，以色列人才因此留在國內，成功後成爲新一批的創業家，又創造下一代的新創事業。在這樣的良性循環下，以色列經濟狂飆，科技帶動服務出口首次超過貨物出口，在高科技產業帶領下，以色列二〇二一年出口額創下一千四百億美元的新紀錄。

或許最驚人的一點是，以色列的整個高科技產業群聚，並非群集數十萬人才，據以色列產業顧問公司星火顧問集團訪問調查研究，以色列科技業員工有五成是與科技本身無關的行政與支援工作，剩下五成大部分是照表操課的普通工程師，眞正決定企業成敗的關鍵人才，僅占總員工的百分之六，約兩萬人。這說明以色列尖端人才的實力，也解釋了爲何小國寡民的以色列能創造如此多的新科技公司，爲全國所有人帶來豐裕的經濟成果。

加薩之戰鐵穹展現軍事科技力，還只是最基本款

世人早已耳聞以色列軍事科技不同凡響，實際眼見爲憑可說是在二〇二一年的加薩衝突，各國媒體拍攝下，全球看見哈瑪斯在白天射出火箭彈，以色列發射防禦系統鐵穹迎擊，在藍天畫布上畫出彎曲的白線與無數爆炸煙塵；晚上更是精采，白線轉爲一道道亮麗火光交織，若非

Israel Aerospace Industries

Rafael Advanced Defense Systems

Arrow-3

戰爭傷亡讓人悲傷，否則彷彿是一場華麗的煙火秀。

鐵穹的迎擊不是只有視覺上好看，射向以色列人口密集區的火箭彈，有超過九成被鐵穹攔截，輝煌實戰成果，讓哈瑪斯氣餒，只能放棄此波攻擊與以色列和談。

這並非鐵穹首次立功，前次二〇一四年加薩衝突，哈瑪斯一週內發射八百枚火箭彈，以色列卻是街上車照跑、酒吧照開、餐廳擠滿人、海灘上滿是遊客，主因就是鐵穹防禦系統將來襲的火箭彈一一擊落，原本造成大眾恐慌的火箭彈，只是無害的在藍空中爆炸化成一抹白雲、碎屑煙塵輕輕飄落。

二〇二一年加薩衝突全程直播下，鐵穹聲名大噪成爲以色列軍事科技的代表，但是，鐵穹只是以色列空層防禦系統中最低空層的基本款。以色列不只是打造鐵穹這樣的低空防禦系統，而是短中長程、高中低空全面規劃，短程有鐵穹，中長程有大衛投石索與箭式二型，在大氣外階段有箭式三型。

二〇二二年俄羅斯入侵烏克蘭，刺激西歐國家重新重視國防投資，德國考慮洽購以色列飛彈防禦系統，所看中的並非舉世聞名的鐵穹，正是箭式三型彈道飛彈攔截系統。芬蘭也同樣積極洽購飛彈防禦系統，要在兩家廠商中擇一，兩家都是以色列開發各空層防禦系統的相關企業：以色列航太工業、拉斐爾先進國防系統公司。

以色列的軍事科技之所以如此先進，可以用八個字來說明底層原因：生於憂患、未雨綢繆。在敵國環伺下，以色列對攸關生死存亡的國防科技高度重視，並提早規劃。冷戰中期，鄰近敵對阿拉伯國家一一取得長程地對地飛彈，以色列感到開發飛彈防禦系統的重要性，與美國

David's Sling

Arrow-2

MIM-104 Patriot

Raytheon Scud missile

共同發展箭式飛彈防禦系統。

箭式飛彈防禦系統開發計畫啓動不久，就遇上第一次波灣戰爭，以色列當時仰賴美製愛國者飛彈來攔截伊拉克射來的飛毛腿飛彈，效果雖可接受但不太滿意，這更強化了以色列開發箭式的決心，初期攔截對象以飛毛腿飛彈爲假想目標。最初的箭一型體積龐大笨重，概念測試可行後就轉爲開發最終實際生產使用的箭二型，於兩千年十月正式布署。

二〇〇六年起，拉斐爾先進國防系統公司與美國雷神公司合作，爲以色列開發中長程飛彈防禦系統大衛投石索，於二〇一七年正式布署。箭式與大衛投石索都沒有設想到日後以色列要應付的是不對稱作戰觀念下，以相對廉價的大量火箭彈盲目攻擊，爲了因應這樣的新挑戰，以色列同樣發包給拉斐爾，開發出後來成爲活廣告的鐵穹，二〇一一年開始布署。

有了這些基本防護，以色列進一步計畫開發針對長程彈道飛彈的太空防禦，以色列航太工業與美國的波音公司共同研發箭三型，與箭二型不同，並非採用爆炸以破片擊毀目標的方式，而是以直接撞擊來摧毀目標，如此需要更高的追蹤目標精確度，但也可以大爲減少飛彈所需的酬載重量，飛彈射程得以更高更遠。

箭三型可在大氣層外擊毀來襲核彈，攔截範圍之遠，不僅可避免核彈碎片有毒放射性物質飄落以色列國土，也讓以色列有更多應變時間，萬一第一發落空，還來得及發射第二發前往攔截。箭三型二〇一七年正式布署之後，以色列已經有完整的全空層防禦，但並不以此爲滿足，而是立刻開始構思下一代防禦武器，繼續與美國共同開發箭四型，以伊朗可能的各種飛彈威脅爲假想攔截對象，設計爲同一套系統就可攔截大氣圈內、外目標，也就是箭三型與箭二型的合體，以利更彈性應付更多元的威脅。

原本是因美國提供的防衛武器不完美，才需要自己打造，然而開發的過程卻是美國也一起出錢，至二〇一五年，美國出資箭式系統的總金額超過二十四億美元，大約占總開發經費半數。之後美國繼續出資箭三型開發，至二〇二〇年總額達十一點九億美元。美國目前每年資助以色列五億美元發展多層次防禦。

當然，美國也不是冤大頭，美廠波音、雷神也分一杯羹，並且讓以色列負責在實戰中實測這些飛彈防衛系統的能耐，實戰資料是多少錢都買不到的。

即使是名滿天下的鐵穹，以色列也還不滿意，因爲鐵穹攔截飛彈價格遠遠高於廉價火箭彈，對手會認爲能夠以小博大「以錢換錢」讓以色列受到財務上打擊。鐵穹射彈也有數量限制。因此，明明鐵穹才建大功，卻已經想把它換掉。

新的想法是改用高功率雷射擊毀射彈。發射雷射只需耗電，射擊一發的成本遠低於攔截飛彈，且發射次數無限沒有彈藥量限制，既經濟又實惠。最先想到用雷射打造射彈防禦系統的其實並非以色列而是美國，美國海陸空三軍都正在規劃雷射防禦，但是率先實戰中應用的又是以色列。

以色列研發數年，於二〇二二年四月實際測試攔截成功，此套雷射防禦系統繼承鐵穹的英名，稱之爲鐵射線，由拉斐爾打造，預定將大量布署在加薩邊界，取代鐵穹之後，雷射可無限發射，單發成本僅兩美元，遠低於哈瑪斯的火箭彈，若是哈瑪斯用大量火箭彈來挑戰鐵射線，結果將會是哈瑪斯遠比以色列花掉更多錢，欲哭無淚。

Merkava，מרכבה：以色列主戰車，希伯來文意思即古代的馬拉戰車，因此譯為馳車式戰車。或音譯為梅卡瓦戰車。

除了密不透風的全空層飛彈射彈防禦，以色列軍事科技還有許多袖裡乾坤，在軍武界相當有名，包括用於戰車防禦的戰利品主動防禦系統，系統配備電子掃描陣列雷達，一旦偵測到高速飛行物體逼近，就會以有如縮小版的多管火箭發射器來發射多重成形穿透彈，摧毀來襲的威脅，不論是反戰車飛彈、火箭彈、反戰車高爆彈、火箭推進榴彈、無後坐力砲或是無人機。這讓以色列戰車能應對民兵等級的大多數威脅，唯獨無法應付主力戰車的翼穩脫殼穿甲彈。

戰利品系統裝備於以色列主戰車：馳車式戰車。這輛戰車也在軍武界赫赫有名，由於設計上注重保護人員生命，譽爲世界防護能力最高的戰車。

Trophy Active Protection System

Multiple Explosively Formed Projectile，MEFP

SPIKE
Granite
Tzefa Shirion

針對步兵，以色列也提供許多法寶，在複雜的市街中作戰時，士兵可丟出網球大小的「眼球」系統，事先知道牆後或房間裡頭有無敵人；要對付敵方的戰車，以色列步兵有拉斐爾研發的長釘反戰車飛彈。戰場偵蒐方面，有花崗岩偵查系統，外觀上就是一輛輕裝甲越野車，內藏雷達系統，可偵測七公里外的人形大小目標，並將戰場資訊分享給友軍。

以色列也有多種不同的無人機，偵查攻擊各有所長。面對無人機看不到的地雷，以色列有盔甲毒蛇除雷索發射系統。

以色列軍事科技法寶可說讓人目不暇給，而且我們能稍窺堂奧的還只有已經發表與應用於實戰的部分，眞正研發中的最尖端科技，往往處於機密狀態，外人不得而知，強大的軍事科技實力，讓以色列不只得以自保，還能藉此成爲外交籌碼。

大局觀

以色列的軍事武器簡直都可以拍成軍武大觀節目，不過，若要說戲劇化，以色列的軍事科技讓人驚奇的程度，還遠遠不如以色列的情報作戰能力。以色列的情報作戰赫赫有名，不僅過去的知名事蹟屢屢被拍成電影，實際上的情報作戰運作，更可說是比電影還要離奇，其滲透工作無孔不入，不分敵友。

接下來，我們就來了解一下以色列情報作戰的可畏。

比好萊塢電影還要出神入化，伊朗首席核子科學家之死

二〇二〇年十一月二十七日，伊朗首席核子科學家穆赫辛法克里扎德，爲了趕上隔日要在德黑蘭的大學講課，從裏海濱度假別墅出發，坐上他的黑色日產天籟轎車駕駛座——儘管國家讓他配有保鑣與武裝車輛，他卻喜歡親自開車——駕車返回首都德黑蘭市郊區，愛妻坐在側座，保鑣的武裝車輛，前導一輛、後衛兩輛，前後護衛著。

車隊來到迴轉道，很自然降低車速，不論法克里扎德自己或是前後衛的保鑣，都沒有特別注意到路旁停著一輛故障車輛，掉了一個輪子，用千斤頂撐著，這在伊朗司空見慣。迴轉後右轉開上目標道路，前衛車輛先加速前行，以便先一步前往首席核科學家的住宅檢查確保安全，然而，這樣一來，法克里扎德的黑色日產天籟就成了車隊最前頭第一輛車。

車隊來到減速丘，理所當然的速度放慢，一輛藍色伊朗國產讚雅貨卡車正停在路肩，車斗上堆滿了建築材料。說時遲那時快，建築材料之間突然槍聲大作，日產天籟的擋風玻璃上頃刻間就多出三個彈孔，駕駛座上的法克里扎德肩膀中彈，他停車打開車門逃下車，想躲在車門後，槍聲繼續響起，子彈不偏不倚繼續朝著他招呼過來，命中脊椎，首席核科學家當場癱倒在地，側座上的妻子卻毫髮無傷，她奔向倒地的丈夫，法克里扎德催促她：「他們想要殺我，妳快走！」但妻子不肯離開，反而坐下地，讓重傷丈夫的頭枕在大腿上。

Mohsen Fakhrizadeh
伊朗首席核子科學家，革命衛隊成員，伊朗發展核武計畫關鍵人物。

Nissan Teana
日產汽車推出的中型四門轎車，主打中產階級客層。

Zamyad
伊朗的主要國產汽車公司之一，是伊朗國內相當普遍的貨卡車品牌。

偽裝故障
車輛上頭裝有攝影機以利確認目標
減速丘
車輛需減速
讚雅貨卡車
上頭以雜物偽裝的遙控機槍開火
伊瑪目何梅尼大道
費茲高路
迴轉道
幹道費茲高路雙向道路分開，之間有寬大間隔，要左轉需先從迴轉道迴轉到對向幹道上

穆赫辛法克里扎德遭暗殺路程示意圖

保鑣跳下護衛車衝了過來，第一個趕來的保鑣是全國柔道冠軍，手持突擊步槍四處尋找刺客在哪，卻一臉疑惑，因爲，現場根本沒有開槍的人。

緊接著，那輛路肩上的藍色讚雅貨卡車猛然爆炸。

保鑣們趕緊將法克里扎德送醫急救，但仍回天乏術，一代核子科學家就這樣在醫院過世。整個襲擊過程，總共只開了十五槍，只射殺了伊朗首席核子科學家一人，妻子安然無恙，保鑣也無人傷亡。

伊朗革命衛隊調查小組很快在爆炸現場發現一挺機槍、自動裝置，以及衛星遙控裝置，加上現場保鑣的證言，初步認爲：是以衛星遙控的改造自動機槍下的手。

伊朗國家衛隊發表這樣的調查報告時，因爲敘述內容實在太像是好萊塢電影情節，遭到伊朗人民揶揄，質疑革命衛隊是因爲能力太差讓刺客逃走，才編出這套自動殺人的鬼話。出乎伊朗「酸民」意料，革命衛隊並非卸責，而是判斷得相當準確。

整起暗殺事件由以色列情報特務局，音譯莫薩德，所主導，莫薩德規劃整個暗殺計畫動用了超過二十人，包括滲透了革命衛隊高層，取得首席核子科學家的行程，以及得知他越來越不重視安全防護，喜歡自己開車的習慣。

爲了避免暗殺人員出擊後撤離困難，莫薩德決定採用遠距操作的高科技暗殺方式，但沒有現場人員即時確認，萬一誤殺怎麼辦？爲此，安排了那輛千斤頂上的故障車，其上裝有攝影機，在車隊經過迴轉道時先拍攝畫面，確認狙殺目標無誤，之後重頭戲就落到讚雅貨卡車上。

藍色讚雅貨卡車上全數設備加起來總共超過一噸重，莫薩德透過許多管道，化整爲零偷渡進入伊朗，由伊朗境內的協力者組裝起來，再安置到現場，整個系統連接衛星網路遙控，整輛貨卡車四處都裝置了攝影機，可以把四面八方的情況都傳回千里之外的控制中心，雖然不是完全即時——因爲衛星訊號傳輸的關係，現場與控制中心之間有一點六秒的時間差。

當日產天籟車來到減速丘，依照正常交通規則減速，成爲開槍暗殺的天賜良機，狙擊手從畫面中確認車輛由目標本人駕駛，他的妻子坐在側座，對準首席核科學家扣下扳機，子彈迸射而出，打穿日產天籟車的擋風玻璃。

貨卡車上安裝的人工智慧消除各種因素造成的誤差，包括控制中心到現場衛星訊號的秒差，也包括在貨卡車上開槍造成的震動等因素，第一輪射擊就命中首席核科學家，他逃下車，狙擊手遠距遙控掉轉槍口，對躲在車門後的目標又一輪射擊，打中脊椎，目標倒地。然後讚雅貨卡車爆炸。

整個計畫唯一的小瑕疵是：設計用來湮滅跡證的爆炸炸得不夠徹底，導致很多裝置都還完好，讓伊朗很快就發現手法。

伊朗知道這一定是以色列莫薩德下手，氣憤叫囂嚴厲抨擊，但是狙擊手團隊根本不在伊朗境內，而是在上千公里外，從爆炸殘骸雖然能調查出手法，但是沒有任何證據可證明是誰下手。伊朗對此一點辦法也沒有。法克里扎德暗殺案，顯示了莫薩德的情報力、特戰能力的出神入化以及與時俱進。

大局觀

在好萊塢諜報電影中，美國中情局，或是龐德電影「〇〇七」所屬單位英國軍情六處，用盡各種神奇的科技，但實際上真正的中情局與軍情六處探員並沒有那些炫酷的科技道具，反倒是以色列的莫薩德，其真實作戰任務採用的高科技，超越了好萊塢電影。台灣如果有這樣殲滅威脅於千里之外的能力，又有誰敢欺負我們呢？

CIA｜1947年美國總統杜魯門簽署《國家安全法》後正式成立，取代1945年解散的戰略情報局，為美國海外主要情報機構。於冷戰時代策畫多國政變、祕密軍事行動。老布希總統曾任中情局長。

莫薩德的赫赫功績不只像好萊塢電影，也真的改編成電影

莫薩德並非現在有了高科技才如此可怕，一直以來，莫薩德都讓人聞風喪膽。冷戰時代，一般認爲，全球四大情報單位依序是美國的中央情報局、蘇聯的國家安全委員會、英國軍情六處，以及以色列的莫薩德，但是，若以情報作戰能力來說，莫薩德應該居首。在冷戰時代，莫薩德就已經完成許多震驚世界的情報作戰任務，並經常被改編成電影。

莫薩德首次讓世界知曉其作戰執行力，是在「諾亞方舟行動」。這起任務的前因是以色列安排德國設計授權、法國生產製造，以取得急需的飛彈快艇，然而，六日戰爭後，以色列與法國關係惡化，一九六八年以色列炸毀十三架停放在黎巴嫩首都機場的飛機，激怒當時法國總統戴高樂，他下令對以色列武器禁運。受禁運影響，以色列尚有五艘快艇在法國無法取得，於是莫薩德規劃了這次行動。

以色列先虛以委蛇，向法國示弱，表示願意放棄五艘快艇交貨，可以轉售，法國同意，沒多久，買主就出現了，一家來自挪威、登記於巴拿馬，聲稱是挪威鑽油業者前來詢購，說要當作探勘離岸油田的調查船隻使用。由於快艇並沒有武裝，賣給挪威公司也沒什麼敏感之處，法國方面不疑有它。

誰知道這整家公司的人員全部都是莫薩德探員，公司也是假的空殼公司，才登記沒多久。爲了演得逼真，以色列與這家自己人假裝交涉時，還特別刁難要求船員都要用以色列海軍水手，法國方面傻傻地辦完以色列出售快艇的交貨文件，莫薩德探員大剌剌的上船，每天以測試

KGB｜蘇聯1954—1991年代的情報機構，冷戰期間為美國中情局主要對手，蘇聯解體後改制，在俄羅斯，國內單位改制為俄羅斯聯邦安全局，第一總局改制為俄羅斯對外情報局。但在白俄羅斯則保持為KGB。

MI6｜英國對外情報機構，正式名稱為祕密情報局，SIS，但更有名的是通稱軍情六處，MI6。因為知名電影《007》系列而聲名大噪，但英國政府直到1994年才承認該單位存在。

諾亞方舟行動快艇從法國駛回以色列路線圖

船隻名義短程出航，並且故意每天晚上測試引擎，一開始只有少數人員，所以法國方面也不以爲意。

莫薩德讓即將參與行動的軍官從不同國家以觀光客名義化整爲零入境法國，總計八十人，一方面每天偷偷幫船隻加油、走私油料與糧食物資上船，十二月二十三日，一切準備就緒，人員也到齊。聖誕夜晚上，他們啓動引擎出發，法國人早已習慣這群人會在晚上測試啓動引擎，不以爲意，五艘快艇就這樣瞞天過海，繞過直布羅陀海峽，行駛超過五千公里，返回以色列。

法國方面在二十六日才因媒體報導知道以色列人偷走快艇，氣得跳腳但也束手無策。這只是莫薩德的初試啼聲。

Operation Wrath of God
Ali Hassan Salameh | Golda Meir |

接下來就是莫薩德令世人聞風喪膽的「天譴行動」。行動的前因，是一九七二年德國慕尼黑奧運發生慕尼黑慘案，以色列當時總理梅爾夫人決心要讓攻擊者血債血償，使其再也不敢對以色列發動類似攻擊，因此責令莫薩德進行復仇行動，天譴行動目標是徹底殲滅兇嫌，一個不留。

莫薩德一個個追查出與慘案相關分子，逐一誅殺，巴勒斯坦解放組織多位成員遭到暗殺，功虧一簣的是，針對慘案直接負責人黑色九月領袖薩拉梅，於挪威進行的暗殺計畫，因錯認目標而失敗，導致特工遭挪威警方逮捕，也因此使天譴計畫曝光。後續行動經歷數次挫折，但最終莫薩德仍成功暗殺薩拉梅。日後，史蒂芬史匹柏將「天譴行動」的過程拍攝爲電影《慕尼黑》。

一九七六年，莫薩德再度進行日後改編爲同名電影的知名任務「恩德培行動」。這次任務的前因是巴勒斯坦解放組織連同德國赤軍旅恐怖分子劫持法國航空班機，降落在烏干達的恩德培國際機場，釋放所有非猶太人乘客後，將剩下的上百名猶太乘客與機長作爲人質要脅。

以色列政府立即規劃營救方案，莫薩德找到恩德培機場承包商，取得機場內部設計圖，對照衛星偵照；特工僞裝成商人，抵達烏干達鄰國肯亞，祕密潛入烏干達，假裝爲清潔工，偷偷拍下機場內部情況，讓特戰部隊在事前就能完全了解機場建築內部情況。

準備就緒後，任務小組展開了四千公里遠的長途空中奇襲，機隊一路穿越非洲各國領空，直插恩德培機場，由於事前情報工作的完整準確，整個任務僅僅五十三分鐘就完成，一百零六名人質中僅三人身亡（尚有一人因住院未能救出，日後遭烏干達獨裁者阿敏報復性殺害），出

Operation Entebbe
《恩德培行動》2018年上映的英國電影。
（7 Days in Entebbe）

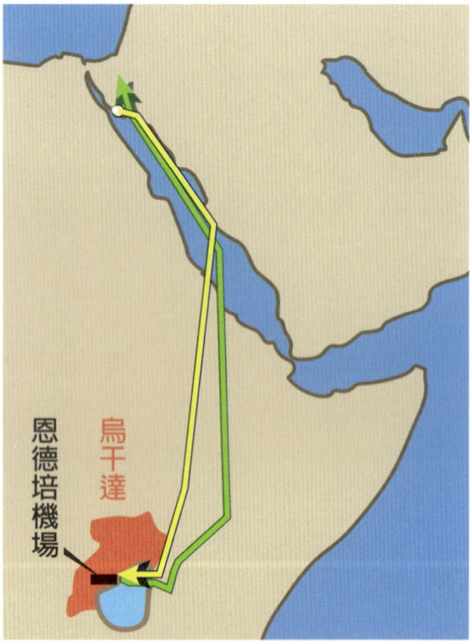

恩德培行動飛行路線

擊的部隊僅一人殉職，即身先士卒的約納坦納唐雅胡上校。

《慕尼黑》與《恩德培行動》以外，莫薩德還策劃了無數較不爲人知的各種行動，包括一一暗殺、綁架納粹德國逃亡海外與屠殺猶太人有關者，也包括偷取各種重要情報，莫薩德不僅在冷戰時代讓人聞風喪膽，後冷戰時代一樣活躍。

Yonatan Netanyahu
其弟為日後以色列總理本雅明納唐雅胡。

Qassim Suleimani

以色列真正做到「雖遠必誅」

在暗殺伊朗首席核子科學家法克里扎德之前，以色列已經先暗殺了他親信部下至少四人。

二〇一八年，莫薩德更盜取總計多達半噸重的伊朗核子檔案，使得當時的總理納唐雅胡得以有明確的證據，指控伊朗違反二〇一五年的伊核協議。此次是以色列有公開承認的行動，但在公開承認的行動以外，歷來伊朗核設施、其他重要設施經常遭到直接破壞或駭客攻擊，伊朗都懷疑是以色列所爲，卻苦無證據。

二〇二〇年一月，伊朗第二號人物、伊朗革命衛隊中將蘇萊曼尼遭美國收割者無人機空襲殺害，其行程位置情報，也是莫薩德提供給美國。蘇萊曼尼曾負責協助敘利亞政府對抗反抗軍，又策動組織伊拉克反美民兵。他遭到「外科手術式」狙殺殲滅，對伊朗造成重大傷害。

莫薩德不僅對付伊朗，在敘利亞也同樣留下血跡斑斑。二〇二一年十月，曾任敘利亞國會議員的米哈薩利赫在敘利亞境內慘遭狙殺。米哈薩利赫出身以色列占領的戈蘭高地，曾被以色列以違反國安爲由逮捕坐牢十二年，刑滿出獄後逃亡到敘利亞當上國會議員，成爲敘利亞政府戈蘭高地問題的顧問，並加入敘利亞情報單位。身爲戈蘭高地的德魯茲族裔，敘利亞派他組織戈蘭高地德魯茲族裔對以色列統治的反抗運動。

德魯茲族裔還是普遍認同自己是敘利亞人，尙不認同以色列公民身分，這讓米哈薩利赫有發展組織的基礎。站在以色列的立場，米哈薩利赫對以色列穩定統治戈蘭高地造成嚴重威脅，於是他成爲莫薩德的殲滅目標。

米哈薩利赫住在戈蘭高地雙方實質控制線附近敘利亞境內的小村，這天，他不過是在住家旁散散心，一顆來自以色列戈蘭高地控制區、一兩公里外飛來的狙擊槍子彈呼嘯而來，不偏不倚命中，米哈薩利赫當場喪命。敘利亞對此表達嚴正抗議，但是對莫薩德的狙擊能飛越邊界，敘利亞是一籌莫展。在此前，敘利亞的首席火箭科學家阿濟茲阿斯巴也於二〇一八年遭莫薩德以汽車炸彈殺害。

二〇二三年十月，哈瑪斯對以色列發動奇襲造成一千兩百死、兩百多人遭綁的慘痛傷亡，以色列一方面大舉進軍加薩剿滅哈瑪斯戰力，對於發起攻擊的罪魁禍首也絕不放過，哈瑪斯的第二把交椅、副長薩利赫阿魯里，是哈瑪斯軍事力量的組建者，也是十月奇襲的發起負責人之一。他早就預見自己將遭以色列殲滅的下場，曾說過他早就準備好「等著成爲烈士的一天，我認爲我已經活太久了。」

薩利赫阿魯里原本躲藏於土耳其，以色列透過外交運作讓土國逼他離境，二〇二四年一月二日，大限來臨，他在黎巴嫩首都貝魯特郊區躲藏於盟友眞主黨的據點，行蹤遭以色列情報單位鎖定，無人機精準轟炸該棟三層樓建築，他與兩名左右手以及四名眞主黨盟友灰飛煙滅。以色列本身並未承認此次攻擊，由美國情報側面證實是以色列發起狙殺行動。

以色列的情報作戰，連美國也招架不住

以色列的情報觸角，甚至還伸到盟友的懷裡，包括以色列最大支柱美國。贖罪日戰爭，以色列戰車損失慘重，戰後希望能添購一〇五毫米口徑主砲的最新戰車塡補空缺，美國因存貨數量不足，其中一部分改以九〇毫米口徑主砲戰車湊足數量，卻沒有九〇毫米砲彈庫存，導致有砲無彈窘境無法出貨，幾天後，以色列告訴美國：夏威夷海軍陸戰隊有一萬五千發。以色列的情報網無孔不入，連美國自己都不清楚的內部情報，也能一一挖掘出來。

砲彈案還算是「好心提醒」，但美國也受以色列間諜之害，最有名的案例爲「喬納森波拉德案」，喬納森波拉德是美國猶太人，曾應徵美國中情局遭拒，稍後成功任職於美國海軍情報局的分支機構美國海軍實戰行動情報局，於海軍海洋調查資訊中心做爲情報專家研究蘇聯，接著又於海軍情報局另一部門海軍情報支援中心水面艦部門，暫時作業，兩個月後調至海軍情報

Regency Enterprises

Arnon Milchan

Aviem Sella

Sumner Shapiro

局下負責海軍人因情報作業的一六八小組。

波拉德因習慣誇大經歷與人脈想取得更佳位置，多次遭評價不可信任，一度遭海軍情報局長桑納夏皮洛勒令調職不得接觸機密情報，但是波拉德對情報分析有專長，又取得接觸機密情報許可，於海軍情報局擔任反恐警告中心分析師。

美國與以色列之間有情報共享協議，波拉德發現美國隱藏許多情報未與以色列分享，此時以色列空軍上校阿維姆塞拉正在紐約大學攻讀電腦科學碩士，波拉德告知塞拉此事，並表示願意爲以色列取得這些情報，塞拉聯繫以色列空軍情報局長後正式招募波拉德，於以色列專門負責監控西方的情報單位科學關係局之下合作，於是一九八四年六月起波拉德開始將機密資料大批大批的傳給以色列，至一九八五年十月底遭察覺而在十一月被捕。

波拉德案並不是以色列最傑出的情報任務，畢竟波拉德是主動兜售情報，並非以色列主動布建，且手法外行，導致開始行動一年多就失風被捕，不僅讓以色列顏面無光，更嚴重破壞美國與以色列關係，總理裴瑞茲當年向美國道歉，並爲此於一九八六年解散科學關係局。

波拉德案讓科學關係局曝光，讓我們得以一窺以色列向西方盟友伸出間諜之手的堂奧，科學關係局更早將觸角伸入好萊塢，解散後多年，曾爲其探員的以色列籍好萊塢大亨艾農米爾臣，於紀錄片節目中公開承認擔任間諜，在美國負責蒐集有關核子武器相關科技的情報，幫助以色列取得打造核子武器的相關科技、原料與零件，以及其他敏感軍事裝備。

米爾臣創辦攝政企業，與許多知名影星、導演關係密切，經常利用與明星、名導演的關係達成間諜任務的目標，一九八五年時攝政行政人員曾遭起訴走私核彈引爆器。科學關係局被迫

Shimon Peres
以色列2007—2014年總統，
兩度總理，兩度代理總理。

曝光解散後，米爾臣不再保密間諜身分，曾爲間諜的過去逐漸廣爲人知，攝政公司甚至還毫不避諱地製作了間諜片《將計就計》《史密斯任務》。

最初招募米爾臣的正是日後任以色列總統、兩度總理的裴瑞茲本人，裴瑞茲曾讚譽米爾臣：「他的貢獻給我們巨大優勢，不論是戰略上、外交上，以及技術上。」

回到波拉德案，波拉德案暴露出的另一個驚人事實，是以色列對美國政界掌控的程度。

波拉德流出的情報中，對美國影響最大的，包括美國海軍空中偵察小隊ＶＱ－２的電子偵察系統情報，以及十大本的無線電訊號截聽手冊，使得整個美國全球無線電截聽布建全都爲以色列所知，美國監控哪些國家，優先順序爲何，都被以色列摸個通透。其中有部分情報還被以色列與蘇聯暗中交易，換取蘇聯許可俄羅斯籍猶太人可繼續移民到以色列，美國國家安全受到嚴重傷害。同爲猶太人的美國國防部長溫伯格提出調查報告，指證波拉德將美國中東布署重大機密洩露給以色列，溫伯格報告至今已經數十年仍未公開，波拉德到底洩漏哪些情報的詳細資訊，詳情仍不爲人所知。

Caspar Weinberger

這當然是因爲美國猶太人動員政界影響力，全面減輕波拉德案對美以關係的傷害，一方面將相關報告列爲機密阻止公布詳情；另一方面，也不斷運作釋放波拉德，發動無數政界影響力人士一波波的公開陳情與私下關說，最多有高達三十九位國會議員爲波拉德向白宮陳情要求總統特赦，更動用前國務卿季辛吉、前副總統丹奎爾等人也向美國總統歐巴馬遊說。

Dan Quayle
美國第44任副總統。

波拉德本來遭判無期徒刑，卻於二〇一五年假釋，並於二〇二〇年假釋限制期滿後就飛往以色列，受到英雄式歡迎。

大局觀

波拉德案展現出以色列與猶太人在美國政界的遊說力量如此驚人，甚至足以讓美國對絕不能妥協的本身國家安全機密問題讓步，猶太人到底是如何掌握世界第一強權美國？讓我們繼續看下去。

美國第一家庭的餐桌上，老是坐有猶太人

Henry Morgenthau, Jr.[30]
Louis Brandeis
Felix Frankfurter
Jared Kushner

美國前總統羅斯福曾感嘆：「影響美國經濟的只有兩百多家企業，而操縱這些企業的只有六七個猶太家族。」不過，美國政界大量重用猶太人正是從羅斯福本人開始，他上任時指定三位猶太人規劃新政：財政部長小亨利摩根索，新政顧問路易布蘭迪斯、菲利法蘭克福特。

二〇二〇年美國總統大選影響到太平洋對岸的台灣也爲了川普、拜登爭執不休，然而，大多數台灣人可能不知道：不管川普還是拜登，女婿都是猶太人。

川普的女婿庫許納，在川普任內穿梭國際大出風頭，他之所以能深獲川普信任，並非只是因爲川普女兒的裙帶關係，其實庫許納正是川普二〇一六年能勝選的最大功臣之一。

川普原本的個人形象、發言與許多政見，都讓以建制派爲主、擔憂民粹的主流猶太菁英們敬謝不敏，爲了扭轉這樣的劣勢，庫許納爲川普四處奔走並獻策，選戰後期，川普宣言：只要

Melissa Cohen
Ashley Biden
Howard Klein
Marc Mezvinsky

當選，將代表美國政府，承認聖城耶路撒冷爲以色列首都，讓美國猶太社群一時沸騰，全面倒向川普，爲二〇一六年選戰打下勝利的基礎。日後川普也兌現承諾，宣布承認耶路撒冷爲以色列首都，並將美國駐以色列大使館遷至耶路撒冷。

二〇二〇年川普最終敗給了拜登，但是第一女婿的頭銜，還是繼續由猶太人持有，因爲拜登獨生女艾胥莉的醫生丈夫霍華克萊也是猶太人。不僅女婿，拜登的大媳婦海莉、次子杭特的妻子是南非電影製作人梅麗莎科恩，都是猶太人。政權輪替後，總統親戚裡頭，猶太人反而變得更多了。第一家庭猶太女婿的現象並非川普、拜登時代才有，民主黨前總統柯林頓的獨生女雀兒喜也是嫁給猶太人馬克梅茲文斯基。猶太家族不只影響美國經濟，也早已成爲白宮家族的一部分，不管誰做美國總統，第一家庭的飯桌上，都坐著猶太人。

猶太人口雖有限，但「鈔能力」不受人口限制

說庫許納拉攏猶太人是二〇一六川普的勝因，會否太過誇張？猶太人口在美國總選民人口中僅占百分之二點二五。但是，眾所皆知，猶太人以如此少的人口，卻左右美國選舉的勝負。

就直接的選票方面，猶太人投票率高達百分之八十五，相較於美國平均投票率約僅百分之五十五，高投票率是猶太人能以小博大的關鍵，並且，許多猶太人採取抱團投票，不論個人政黨偏好、價值觀、意識型態的不同，願意集中投給支持以色列的候選人，抵制對以色列不友善的候選人，相對於一般選民多元價值分散，猶太人就更能成爲左右勝負的關鍵少數。

Hallie Biden
Robert Hunter Biden

2020年美國各猶太人聚居州選舉人票數

以2020年人口資料，美國猶太人占人口比例超過3%的9個州與特區

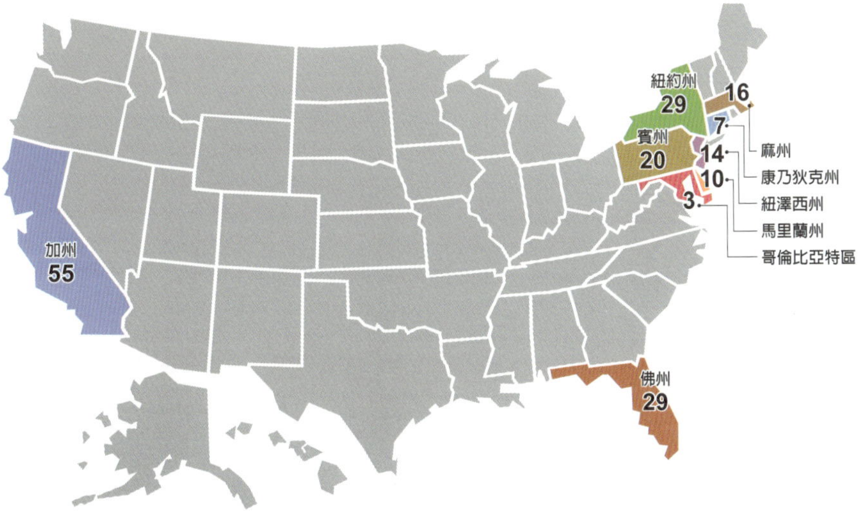

二〇二〇年美國猶太人占人口比例超過百分之三的州與特區約占全國總選舉人票五百三十八票的三分之一強（一百八十三票）。由於美國選舉絕大多數州採勝者全拿制，關鍵少數對選舉人票的變化影響很大，這就放大了猶太人的影響力。若在勢均力敵的搖擺州，掌握猶太選票就是掌握勝選，哪個候選人還會不重視猶太選民的意見呢？

即使猶太人善用所有槓桿放大自己的選票影響力，但畢竟人數實在太少，美國以色列公共事務委員會前主任湯馬斯戴恩有自知之明，他回顧一九八四年選舉結果，認爲「作用最大的，還是猶太人的鈔票，不是選票。」在於選票是一人一票，但鈔票可不受人數限制。

Thomas Dine

大局觀

猶太人掌握美國政治的工具有三：選票、鈔票和輿論。策略是棍棒與胡蘿蔔交叉運用。猶太人之所以能有不成比例的政治影響力，除了一人一票，更重要是因為綿密的掌控了人脈、錢脈和媒體，一層一層環環相扣。接下來就讓我們一項項詳細檢視。

猶太人掌握美國政治金脈、智庫腦脈、媒體聲脈

在成熟民主國家美國，選舉雖然不買票，花在專業公關行銷上的「軍備競賽」經費卻相當驚人，而猶太人是重要政治獻金來源。一般認爲，民主黨競選經費約有六成來自猶太人，共和黨也約有四成。

一九六八年，民主黨總統候選人韓福瑞的捐款人中，金額十萬美元以上共有二十一人，猶太人就占了十五人。兩千年大選，捐款最多前五名中，有四名是猶太人。美國選舉中的政治獻金募款單位爲政治行動委員會，猶太人組織政治行動委員會的數量、總募款金額，都遠勝阿拉伯、伊斯蘭。阿拉伯國家空有大量「油元」利潤，但遊說團體數量少、規模小，出資金額羞澀，無法發揮任何影響力。

韓福瑞：Hubert Horatio Humphrey, Jr.

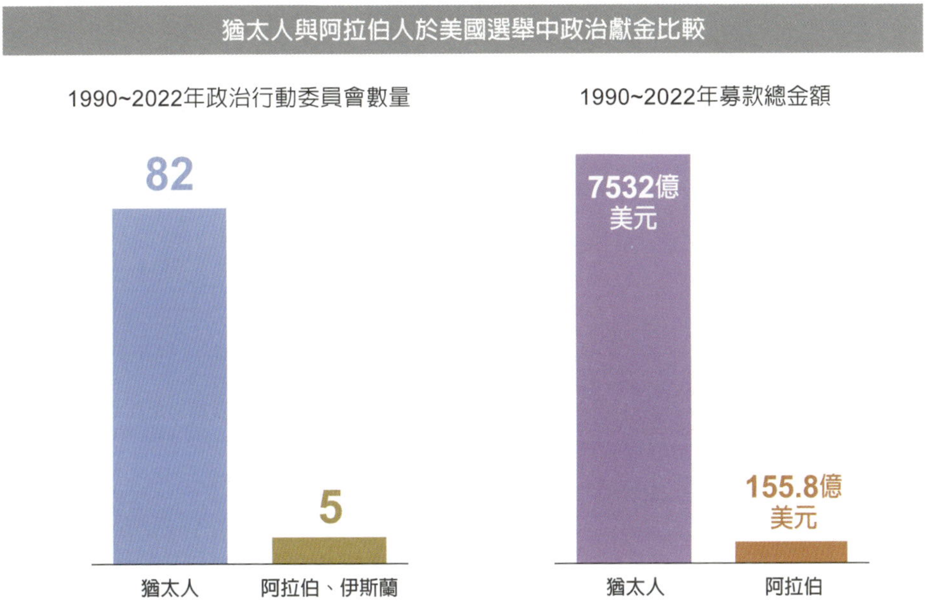

資料來源：美國追蹤競選財務與遊說的非營利組織「公開秘密」OpenSecrets

美國智庫是政策形成的重要基礎，美國企業研究院、美國傳統基金會、美國經濟研究院、戰略與國際研究中心等主要智庫中，無一不是猶太人充斥、爲猶太人喉舌，因爲猶太資金是最大的經費來源，原本比較中立的布魯金斯研究院，沙斑娛樂的創辦人、埃及出身的猶太人海姆沙斑，於二〇〇二年捐款一千三百萬美元，布魯金斯研究院因其捐助而能設立沙斑中東政策中心，也帶上親以色彩。

Haim Saban

政治人物與選舉最重要的就是媒體曝光，而美國主要媒體有不少落入猶太人手中。

《紐約時報》於一八九六年陷入營運危機，德國猶太移民出版商阿道夫奧克斯趁機收購，奧克斯過世後傳承給也是猶太人的女婿接手，之後持

Adolph Ochs[31]

Eugene Meyer[38]
Jeff Bezos
Rupert Murdoch

續家族傳承。

猶太人美國聯準會主席尤金梅耶曾出價五百萬美元求購《華盛頓郵報》，本來遭拒絕，後來趁一九三三年《華盛頓郵報》進入破產拍賣時買下，之後家族傳承。直到二〇一三年由亞馬遜創辦人貝佐斯收購。

《華爾街日報》屬於媒體大亨梅鐸的新聞集團，梅鐸並非猶太人，但支持以色列不遺餘力，甚至還曾質疑猶太人所擁有的媒體不夠力挺以色列，在社群平台上發訊息質問「為何猶太人所有的媒體如此持續的在每個危機中反以色列」引起軒然大波。新聞集團還擁有福斯電視集團。此外美國各大電視台內各階層主管與員工中，也有相當多猶太勢力。

大局觀

猶太人的捐輸是天文數字，台灣人無法想像。拿人的手短，不論是政治人物、智庫、媒體，都不得不俯首聽命。猶太人毫不顧忌利用媒體優勢，只要支持以色列，就幫忙吹捧造勢，若是有人膽敢反對以色列，就口誅筆伐、窮追猛打。猶太人高舉棍棒胡蘿蔔哲學，順我者，鈔票選票大放送；逆我者，媒體詆毀與官司訴訟齊飛。

Glenn Frankel
David Saperstein

猶太政治團體重金打造遊說力量掌握美國國會

不僅媒體本身，猶太人還有無數組織、社團，進行發動輿論、投書、請願、告訴、抗爭等等各種行動，猶太人在美國的社團約有一萬個。有社區社群、商業組織、專業協會、宗教團體，影響力最大的則是政治社團。所有的社團，主要任務只有兩個：募款與遊說，募款贊助支持以色列的人或團體，遊說美國國會與政府支持以色列。

據美國猶太委員會每年發表的《美國猶太年鑑》統計，美國共有五百多個猶太政治團體，約三百個是全國性組織，約兩百個地方性組織。其中，力量最爲龐大、最讓人聞風喪膽的，莫過於美國以色列公共事務委員會，另一個重要組織則是美國重要猶太組織主席會議，兩者皆成立於一九五四年，不過初期猶太人在美國尚未站穩腳步，直到一九七〇年代後，才開始發揮無與倫比的影響力。其中美國以色列公共事務委員會主要對國會與政府的遊說，美國重要猶太組織主席會議則是整合美國民間猶太組織一致對外。

一九九七至二〇〇一年，《財富》雜誌將美國以色列公共事務委員會列爲華府最大院外遊說集團，《紐約時報》認爲「美國以色列公共事務委員會是影響美以關係最重要的組織，其影響力僅次於美國退休人員協會。」以色列公共事務委員會的主管幾乎能立刻見到參眾兩院議員，晚上致電，議員們也不敢不接，改革派猶太教宗師薩普斯坦自稱「在數小時內就能接觸到五百三十五位國會議員中的五百位。」普立茲獎得獎記者葛倫法蘭克爾證言「以色列遊說集團可以控制參眾兩院的多數。」

美國以色列公共事務委員會具有相當完整的幕僚作業能力，在必要的時候，四小時內即可針對特定議題向國會議員提供完整書面資料，國會議員與助理需要資訊時，第一個想到的就是美國以色列公共事務委員會，這使得國會議員與美國以色列公共事務委員會成爲互相依賴的生態。

雙方在金錢方面更是休戚相關，一九八二年，親以色列集團贊助三十一名參議員候選人，其中二十八名當選；贊助七十三名眾議員，其中五十七名當選。美國以色列公共事務委員會往往爲了規避法律限制與避免追查，並不直接捐款給候選人，而是替候選人牽線認識金主。兩千年到二〇〇四年的選舉，美國以色列公共事務委員會董事會五十位成員，平均每人付出七萬兩千美元。

付出當然必須要有收穫，美國以色列公共事務委員會有四百多名工作人員，以二〇一八年而言，年支出高達兩千萬美元，會員平均每年與國會議員見面約兩千次，促成國會通過上百個親以色列議案，除了國會議員與政黨高層本身，下至最基本的國會助理也全面布建，目標每位國會議員都至少有一位猶太裔助理。他們由上到下細心打點，廣結善緣，因此，消息迅速而準確，神通廣大、效率高超。

大局觀

美國俗語說「沒錢沒甜頭」，猶太人不空口說白話，只要支持以色列，不但選票支持，鈔票已先一步送到，稱為「種子基金」。但錢也沒有那麼好拿，需事先考核，猶太人可不是慈善機構，拿錢辦事，天經地義，政治本來就是「有取有予」的平衡藝術，不是用溫情來評判是非。對猶太人來說，是非的標準只有一條：支不支持以色列？一手鈔票、一手選票，讓候選人洗耳恭聽、俯首從命。

美國猶太人「胡蘿蔔」力量，順我者得天下

人脈、錢脈、媒體，加上部分猶太人本身就競選進入國會或擔任行政重要職位，而有實質的政治力量，正因爲美國猶太人影響力如此之大，不管哪一黨、誰當總統，都要極力討好猶太人。美國猶太人「胡蘿蔔」能耐，可讓所支持的勢力平步青雲，歐巴馬時代白宮幕僚長拉姆伊曼紐進出政界的過程，可讓我們一窺堂奧。

拉姆伊曼紐出生時擁有美國、以色列雙重國籍，原本十八歲時放棄以色列國籍，一九九一年波斯灣戰爭，竟然冒著生命危險擔任以色列國防軍的民間志願者義工，在以色列北部戰場第一線基地修理軍車。

Antony Blinken

Janet Yellen

Steven Mnuchin

伊曼紐是一九九二年柯林頓競選總統時的募款大將，柯林頓曾說：「我懷疑沒有他，我們可能無法獲勝。」

伊曼紐離開柯林頓政府後，於民間擔任投資銀行高級主管，繼續擴展金融圈人脈，再回到政壇時，已經是國會的一員，擔任民主黨國會選戰委員會主席，再度憑藉著猶太金援後盾以及競選經驗，推動民主黨於二〇〇六年重新奪回眾議院多數黨地位，也爲二〇〇八年民主黨勝選重回執政打下基礎。

因爲他立下如此赫赫功勞，歐巴馬當選後所發布的第一個官員人事任命，就是由拉姆伊曼紐出任白宮幕僚長。經過兩年的白宮幕僚長生涯，伊曼紐於二〇一〇年請辭投入芝加哥市長選舉，勝選成爲芝加哥第一位猶太人市長。

由於得到猶太支持如此重要，美國不分民主共和兩黨，都積極提拔、任用猶太人，不論是直接參選，或是擔任幕僚、助理。二〇二二年期中選舉前美國有三十七位猶太國會議員，其中十位參議員、二十七位眾議員，而多數美國國會議員都有猶太人助理。美國總統任命要職中更是猶太人才濟濟，川普時期有財政部長史蒂芬梅努欽、退伍軍人事務部長大衛舒金，拜登時期有國務卿布林肯、財政部長葉倫、國土安全部長亞歷杭卓馬約卡斯、司法部長梅瑞克賈蘭德等。

Alejandro Mayorkas

David Shulkin

Merrick Garland

美國猶太人「棍棒」力量讓逆我者亡

Howard E. Friedman

Charles "Chas" W. Freeman, Jr.

美國以色列公共事務委員會前執行長暨猶太國家安全事務研究所前副主席莫里阿米泰曾自傲的說：「國會議員若想競選連任，卻做出不利以色列的發言，等於政治自殺。」美國以色列公共事務委員會前主席、總裁霍華傅利曼也證言：「任何對以色列不友善的，絕對得不到支持，甚至會遭受致命性打擊。」二〇〇二年美國以色列公共事務委員年會，約有半數參議員、九十名眾議員與十三位政府高官參加。

美國以色列公共事務委員會工作人員大都擔任過國會議員助理，嫻熟國會運作，更密切注意每位議員的相關立場和投票情況，以便及時介入。動員能量的深度、廣度、速度，駭人聽聞，他們可以使議案敗部復活，也可以使議案胎死腹中。

他們詳細記錄每一州州議員和國會議員是否支持以色列，可以高高捧起，也可以圍剿打壓，力量與力道之強大，幾乎無人敢攖其鋒，攻擊對象上至美國總統，卡特總統就曾遭批評得體無完膚。一九七四年，尼克森總統的參謀長聯席會議主席喬治布朗揭露「美國猶太人控制報紙、銀行及有影響力的機構。」他幾乎爲此丟掉官職。

二〇〇九年二月十九日歐巴馬政府傳出有意任命傅立民爲國家情報委員會主席，傅立民曾任美國駐沙烏地阿拉伯大使，立場同情阿拉伯，被認爲是阿拉伯主義、反以色列的代表人物，數小時內，猶太遊說力量就發出抨擊，二十六日正式任命時，猶太組織於媒體大舉同聲譴責圍剿，發動七位共和黨參議員質疑任命，並因傅立民過去曾發表合理化天安門事件言論，一併找

Morris J. "Morrie" Amitay

George Brown

Lawrence Hill | Paul Findley

They Dare to Speak Out: People and Institutions Confront Israel's Lobby | Charles Percy

來大批華裔人士致信歐巴馬要求撤回任命，傅立民只好於三月十日下台一鞠躬。

一九七七年起，美國以色列公共事務委員會每年公布反以色列組織與個人名單，必要時即刻出手。一九八三年出版《毀以色列運動》共五十四頁，列舉二十一個組織，三十九名個人，其中包含美國第六十五任國務卿鮑威爾。若有政治人物對以色列不友善，立即全力動員，口誅筆伐之外，更要在選舉時確保對方落選。

遭美國以色列公共事務委員會動員反輔選而落馬的美國聯邦眾議員有：保羅芬德利、辛西亞麥金尼、厄爾希利亞德、彼特麥克洛斯基；參議員有查爾斯珀西、威廉傅布萊特、羅傑傑布森、阿德萊史蒂文生三世。

查爾斯珀西原爲伊利諾州連任十八年的資深聯邦參議員，在一九八一年起在國會中擔任外交委員會主席，因爲他對二戰愛沙尼亞集中營指揮官表達同情，觸怒猶太人，珀西也支持美國軍售沙烏地阿拉伯空中預警機，挑動以色列敏感的神經，一九八四年選舉，美國以色列公共事務委員會公開宣布查爾斯珀西是頭號敵人，使珀西以些微之差落敗。

保羅芬德利原本是伊利諾州連任十屆的資深聯邦眾議員，只因沒有完全配合猶太人的要求，一九八二年選舉遭抵制中箭下馬，他敗選後憤而撰寫《誰敢直言：挑戰以色列遊說的人物與機構》一書，日後成爲排行榜九週冠軍暢銷書，然而書寫完的當下，主流出版社卻避之唯恐不及，直到一九八五年才找到左翼黑人作家勞倫斯希爾的獨立出版社願意冒險出版。

猶太遊說組織相當重視言論戰場，保羅芬德利的出版遭遇不是首例，也不是最後一例。二〇〇二年，《大西洋月刊》委託芝加哥大學約翰米爾斯海默教授，以及哈佛大學國際關係教授

John Mearsheimer｜攻勢現實主義理論提出者，著有《大國政治的悲劇》（The Tragedy of Great Power Politics）等。

Colin Powell｜主張多邊主義的鴿派手段，因而與當時國防部長倫斯斐為首的鷹派意見相左，該主張也同時對以色列區域戰略不利。

Abrahamm Foxman

The Deadliest Lies:
The Israel Lobby and the Myth of Jewish Control

Robert James "Jim" Woolsey Jr.

Mortimer Zuckerman

Dore Gold

David A. Harris

Benny Morris

Stephen Wa

史蒂芬華特合著一篇關於以色列遊說的論文，寫成〈以色列遊說與美國外交政策〉，兩人本身也是猶太人，文中卻批評美國不關心自身國家安全，只關心以色列國家安全，稱以色列不是美國戰略資產而是戰略負擔，還直指當年的美國重要猶太組織主席會議主席莫堤摩祖克曼是美國猶太遊說的媒體側翼，而莫堤摩祖克曼正是《大西洋月刊》前一任老闆。

文章完成後，莫堤摩祖克曼回擊，稱文章敘述猶太社群有不成比例強大影響力的說法「聽起來就像是有位九十二歲老人被告始亂終棄提出親子訴訟，他說他真是備感光榮，懇請判決有罪。」原本邀稿的《大西洋月刊》一見內容不妙，拒絕刊登，且從未公開說明原因。兩人只好輾轉在英國雜誌上發表，又受到許多抨擊，兩人再加上對批評的回應，隔年找德國出版集團旗下出版社出書，遭到無數媒體抨擊，學界也紛紛提出反對意見。

其中包括以色列本古里安大學近東史教授班尼莫里斯對其做詳細分析反駁，也動員美國政界，包括前中情局長吉姆伍爾西出面稱文章內容與事實是「完全兩個世界」，猶太人前國務卿季辛吉則嗤之以鼻稱該文章「對大眾沒什麼影響，美國大眾繼續支持美以關係，並拒絕任何對以色列生存的威脅。」

美國猶太組織本身更是群起圍剿，美國猶太委員會執行董事大衛哈里斯對論文與書連續登報發表批評回應，美國猶太委員會本身也在全球各大媒體刊登批評文章；美國猶太組織反誹謗聯盟會長亞伯拉罕福斯曼甚至出了一本書回擊，書名《最致命謊言：以色列遊說與猶太控制迷思》，還請來美國前國務卿喬治舒茲作序；耶路撒冷公共事務中心由總裁多爾高德親自回擊；美國以色列公共事務委員會自然也不落人後，派出前執行長尼爾謝爾抨擊。

Neal Sher｜美國律師，曾任美國法務部特殊調查辦公室局長，1994—1996年任美國以色列公共事務委員會執行長。

George Shultz｜第60任美國國務卿，於雷根總統時代任職，此前曾任美國勞工部長、美國財政部長。

Claudine Gay | | Liz Magill

美國猶太人的打擊力量，連哈佛大學也招架不住。二〇二三年十月哈瑪斯襲擊以色列之後，美國立場雖然支持以色列，但國內許多左派人士同情巴勒斯坦，尤其是學校之中，許多支持巴勒斯坦主張者站到反以色列、反猶太的一方，無數反猶太言論引發爭議，國會要求三大學府：哈佛大學、賓州大學、麻省理工學院的校長前往國會聽證備詢。

二〇二三年十二月聽證會上，當國會詢問三人：「呼籲對猶太人進行種族滅絕」是否違反了學生行爲準則？三人受到學界嚴重左傾氣氛影響，不敢給出明確的肯定回覆，虛與委蛇稱要「視情境決定」，言下之意就是認爲想滅絕猶太人也可以是言論自由，這種回答引起美國猶太人震怒全面出擊。猶太金主團結起來，大舉封殺、撤回對賓州大學的捐款以示抗議，賓州大學校長麗姿馬吉爾下台一鞠躬，任校長期間僅一年多。

緊接著猶太打擊目標轉向哈佛黑人女性校長克勞汀蓋，她於二〇二三年才剛就任，因爲是哈佛首位非裔、第二位女性校長而成爲焦點人物，一開始面對猶太輿論潮水般進攻，哈佛校方還力挺克勞汀蓋，猶太人怒不可遏，揭發克勞汀蓋發表各論文有大量引用缺陷涉及抄襲，刊登於保守派媒體網站，文章登出後不久克勞汀蓋黯然自請辭職，在哈佛的歷史地位淪爲創校以來最快下台的校長。

猶太人的棍棒力量產生寒蟬效應，美國從政治界與學術界，無人膽敢反對有利於以色列的議案，許多時候甚至連討論的空間都沒有。

猶太遊說力量確保美國軍售金援，捍衛以色列生存

美國以色列公共事務委員會於美國戰略遊說上的豐功偉業，可說更是令人驚懼。每當美國相關政策對以色列的戰略不利，美國猶太人就在美國政治戰場上誓死決戰，動員所有政治影響力，一定要扭轉局面。

六日戰爭後，以色列要求購買五十架幽靈式戰鬥機，白宮與國防部不想造成中東軍備競賽，反對出售，時逢隔年就是大選年，美國以色列公共事務委員會開始積極遊說。受到選舉壓力，該年夏天，參眾兩院先後通過出售決議，十二月詹森總統只好批准軍售。

贖罪日戰爭初期，以色列彈盡援絕、危在旦夕，美國以色列公共事務委員會三十六小時馬不停蹄打電話遊說參眾議員，並發動媒體輿論戰，以珍珠港事件比擬贖罪日戰爭，提出空運武器提供軍援的建議，透過國務卿季辛吉居間協調，美國以色列公共事務委員會的努力使國會兩院通過決議案，國會緊急撥款二十二億美元，其中十五億美元以上是無須償還的贈與，尼克森政府動用銀河運輸機、舉星者運輸機，從德國、太平洋地區與美國本土，緊急空運二點二噸武器裝備軍需。

一九七五年三月，福特總統和國務卿季辛吉決定暫停對以色列的經濟與軍事援助。美國以色列公共事務委員會展開大規模活動，七十六名參議員聯名反對，逼使福特總統改變主意。一九七七年，聯合國教科文組織反對以色列擴張，美國以色列公共事務委員會就促使美國停止向該組織捐款。

C-5 Galaxy

C-141 Starlifter

詳見第九章

詳見第九章

一九八〇年沙烏地阿拉伯要求購買鷹式戰鬥機附加設備。美國以色列公共事務委員會極力反對，卡特經不起壓力，只好拒絕，隔年再阻止美國向沙烏地阿拉伯出售預警機和配套設備。一九八三年，美國國防部長溫伯格準備出售戰隼戰鬥機與其他導彈武器給沙烏地阿拉伯與約旦，美國以色列公共事務委員會馬上全力遊說促使國會否決，隔年又讓國會逼迫政府取消軍售約旦計畫。一九九五年，也是在美國以色列公共事務委員的壓力下，國會通過經濟制裁伊朗。

猶太遊說組織除了推動有利於以色列的議案之外，最重要的工作，就是爭取美國經濟援助與軍事援助。雅各雷德馬庫斯在《美國猶太人史一五八五到一九九〇年》一書中說：「如果沒有美國猶太人在財政與政治支援，以色列能不能保持獨立是一個問題。」已故以色列總理拉賓說：「以色列外交政策的底線就是不能得罪美國，與美國的外交關係是重中之重。」以色列深刻認知到：沒有美國的支援，以色列早已經不存在了。

F-15 Eagle
F-16 Fighting Falcon
Jacob Rader Marcus
The American Jew, 1585-1990: A History

大局觀

美國猶太人影響力、美國與以色列關係，有兩大歷史轉捩點，首先是一九三三年的羅斯福新政重用三位猶太人，開啓猶太人進入內閣的大門，讓猶太人由備受歧視的底層社會刻板印象，一舉躍入上層社會；其二是一九六七年六日戰爭，使猶太人自信心大增，由過去消極的自由主義捍衛者，轉為積極的現實主義擁護者。

經過胼手胝足的奮鬥累積，猶太人經濟力在美國所有族群中首屈一指，《富比世》統計美國前百富中，百分之三十五點五是猶太人，前四百富中，百分之三十六點九是猶太人，比例遠遠高於猶太人占美國人口比，雄厚的經濟實力奠定了猶太人的政治與社會影響力基礎。但是，光是有錢，不願出錢，也是徒然，猶太人「會賺錢，甘花錢」，散盡千金也要建立保護自己國家的遊說勢力，有如此堅決的認知與意志，才是猶太人能左右當今唯一強權美國的根本原因。

不僅守護自身國運，還決定他國的命運

以色列強大的情報能力成爲支持國家生存發展的重要基礎，不僅能捍衛自己的國運，竟然還能決定其他國家的命運。川普任期末年推動《亞伯拉罕協定》，使以色列與多個阿拉伯及伊斯蘭國家建立正常化關係，其中包括摩洛哥，意外使得西撒哈拉的建國希望幾乎全面破滅。

西撒哈拉雖然已經完全由摩洛哥所控制，獨立戰爭後結仇的鄰國阿爾及利亞，爲了騷擾摩洛哥，支持獨立組織波利薩里奧陣線在阿爾及利亞成立流亡政府，使得西撒哈拉成爲主權爭議地區。

以色列本與西撒哈拉沒有直接利害關係，爲了自身的外交突破，祕密運作美國承認摩洛哥

蘇丹、達佛地區、南蘇丹位置圖

西撒哈拉位置圖

對西撒哈拉的主權，交換摩洛哥與以色列建交，以色列強力說服美國川普政府，川普也深以爲然，二〇二〇年十二月十日，川普承認摩洛哥擁有西撒哈拉主權。西撒哈拉本來就是幾乎只有紙上承認的國家，如今其存在被世界獨強美國否決，相當於滅國，以色列的外交突破，摧毀了一個國家。

另一個以色列尋求外交突破的對象，蘇丹，則因而發生政變。軍方領袖布罕領銜推動與以色列關係正常化，文人政府卻因由伊斯蘭基本教義派主導，極力反對以色列，雙方矛盾加劇，促使布罕發動政變排除反以色列的文人政府。

其實以色列早就介入蘇丹甚深，早前南北蘇丹戰爭中南蘇丹

布罕：Abdel Fattah al-Burhan

獨立，都是以色列一手造就。原本南蘇丹勢力各自爲政、實力薄弱，只能打游擊戰，直到一九六七年發生六日戰爭，蘇丹以伊斯蘭國家自居，決定斷絕與歐美關係，成爲反以反美國家，引來以色列介入，情勢頓然轉變。

以色列定下戰略，藉由支持南蘇丹獨立，來牽制反以色列的敵對蘇丹，在以色列操作下，原本一盤散沙的南蘇丹反抗軍首度團結爲統一反抗陣線，相對於因政變而內部混亂的蘇丹，雙方實力消長，促成一九七二年簽署《阿迪斯阿貝巴協定》，南蘇丹取得自治地位，結束第一次南北蘇丹戰爭。

一九八三年蘇丹政府撕毀《阿迪斯阿貝巴協定》重新開戰，以色列繼續於其中運籌帷幄，二〇〇三年蘇丹強人巴席爾挑起達佛戰爭，以色列暗助查德武器，巴席爾多方交迫下焦頭爛額，只好先與南蘇丹談和，終於使得南蘇丹於二〇一一年正式獨立，南蘇丹首任總統首個出訪國家正是以色列，以表達感謝以色列一路扶植南蘇丹完成獨立建國的恩澤。

但是南蘇丹一旦獨立，以色列就已經達成弱化蘇丹的戰略目標，經營目標轉爲蘇丹本身，對南蘇丹問題已無興趣。南蘇丹失去以色列的引導，很快回到一盤散沙，二〇一三年開打內戰，以色列的援助方案也因此中止，至今南蘇丹國內政局仍一片混亂。

有了以色列，以弱敵強建國，沒了以色列，打回原形，連自理都辦不到，以色列決定他國命運的能力可說讓人驚異萬分。

大局觀

展書至此，你或許會覺得猶太人當真是「上帝選民」，以色列必定是集合優越的條件，所以才成為這麼厲害到難以想像的國家。畢竟，情報能力呼風喚雨，政治操作控制了美國，還有什麼好說的？但其實以色列的出發點，與你所想像的，恰恰相反。

猶太人在美國的社經地位，是從低到人人喊打開始，在泥淖中努力翻身，以色列建國時，爹不疼娘不愛，美國原本愛理不理，是憑藉著努力掙扎求生，直到讓美國刮目相看。

即使到現在，以色列都還有嚴重的內部問題，政治小黨林立極度混亂，族群衝突嚴重，以色列自身公民中有兩成多阿拉伯裔對以色列根本抱持敵對態度。

就連最基本的地理條件，都是極度惡劣，遠遠不是聖經中說的「奶與蜜之地」，而是大片乾旱的國土，在極端氣候下更是水資源短缺。

看見猶太人與以色列如今厲害到什麼程度，已經讓人驚訝，但是知道他們是從什麼樣的起跑點出發，才更是讓人瞠目結舌。下一章，我們就來了解猶太人與以色列是從怎樣的惡劣條件下掙扎著起家。

中場休息①

為什麼說猶太人是「宗教構成的民族」？

Halakha / Jewish law｜或音譯為《哈拉卡》，原文意義為「行止之道」，不僅規範宗教事宜，也包含一切日常生活。

Oral Torah / Oral Law 或音譯為《妥拉》。

根據猶太律法，猶太人的定義爲：皈依猶太教者，以及母親爲猶太人者。這個定義可追溯至猶太口傳律法在西元兩百年時編撰入巴比倫猶太教導之中的時代。於是猶太人有雙重定義：一是根據宗教信仰，一是根據母親血統。

猶太教並不對外傳教，外人要皈依猶太教需經過重重考驗與猶太宗師的認證，非猶太血統者想藉由入教成爲猶太人相當困難。乍看之下，猶太人應該絕大部分還是個血統上的民族，尤其是，聰明的上古猶太宗師們知道：就生物學上，父親沒辦法百分之百確認兒子是自己的，但媽媽親自懷胎生出來的孩子一定是自己的，所以採用母族認定，這樣血統上就更萬無一失！

但是猶太族群經歷上千年的大流散，歷史上有無數猶太人喪失猶太信仰與認同，選擇與當地同化，千百年後再也辨認不出根源，只有堅守猶太信仰認同的猶太人在漫長的歷史中持續以猶太人身分存在，從這點來看，對猶太人更眞確的敘述仍是「宗教構成的民族」。

Talmud｜或音譯為《塔木德》，原文意義為「教導，學習」，為猶太律法的主要文獻。

Rabbi｜或音譯為「拉比」「睿拜」，天主教思高譯本譯作「辣彼」，原意即宗師之意，為精通猶太經典、律法與教導的宗教導師。

第二章

問題多如牛毛，並非天生就是上帝選民的以色列

很多台灣人認為「猶太人是上帝選民」，所以特別厲害。
猶太人與以色列並不是真的天生做什麼都好，更不是不會犯錯。
二〇一四年以色列規定新書出版十八個月內不許打折，以「保護」出版與獨立書店，許多人認為這是德政。
NO DISCOUNT
אין הנחה
要是禁止百貨公司周年慶折扣，鐵定是迫害，怎會是保護？
沒錯，剝奪折扣權，以色列新書銷售量狂掉，出版市場萎縮兩成。
SALE
TOY LAND
家長看到新書沒打折，掉頭直往玩具部，玩具意外受惠。

大通路往往是複合通路，玩具部還能賺錢，獨立書店大受打擊。
TOY
真是千金難買早知道。
攏嘸人買～嗚～
不，其實應該早知道，因為二〇〇八年墨西哥就已經有一次慘痛教訓。
台灣也有人想推動類似的政策？
文化部從善如流，放棄這個錯誤政策。
文化部諮詢會議
從這個政策的運作過程比較，可說台灣比以色列更優秀囉？
台灣證明自己可以比以色列更好，在以色列比台灣好的領域，需要的是見賢思齊，不用自以為望塵莫及。
WE CAN DO IT

以色列公民各族群
人口比例

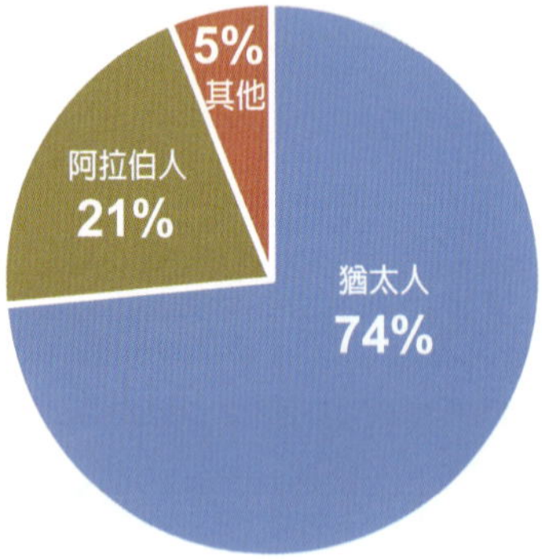

以色列包含約旦河西岸與加薩走廊
在內猶太人與阿拉伯人口數比較

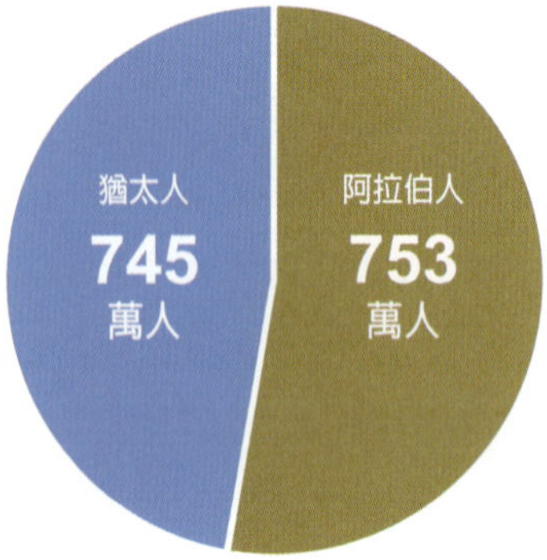

資料來源：https://www.timesofisrael.com/jews-now-a-minority-in-israel-and-the-territories-demographer-says/

以色列並沒有從一開始就得天獨厚，若以二戰戰後爲比較的起始時間點，不論人口、經濟力、軍事力、區域戰略形勢、地理條件等等方面，以色列都遠遠比台灣更爲艱困，甚至，直到今日，以色列都還有許多隱患與明顯問題，比起台灣更加嚴重得多。

以色列不如想像中的認同一致，阿拉伯裔公民占人口超過兩成

以色列自我定位爲猶太國家，但是，內部卻有相當多「非我族類」，對以色列來說，最大的隱患，莫過於國家認同問題。若包含占領區約旦河西岸與加薩走廊的巴勒斯坦人，總人口中，巴勒斯坦人與以色列阿拉伯裔公民合計還比猶太人多，猶太人成爲「少數族群」。若只論具有以

以色列建國初期1950年與2021年、2022人口各族群比例變化

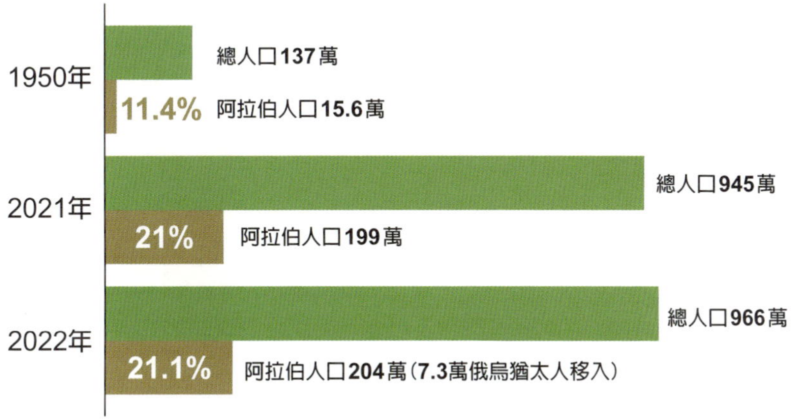

資料來源：https://www.timesofisrael.com/israels-population-approaches-9-7-million-as-2022-comes-to-an-end/

色列公民身分的阿拉伯裔以色列人，也超過兩成。

以色列開國戰爭後大部分阿拉伯人逃離，當時阿拉伯裔公民僅十幾萬人，只占人口一成多，阿拉伯裔以色列公民的生育率比猶太人更高，人口增速超過猶太人，到二〇二二年已經突破兩百萬大關，占人口比例兩成多，這些阿拉伯裔以色列人，即使不一定仇恨猶太人，也大多數難以認同猶太國家的想法。

巴勒斯坦人與以色列不僅爆發多次引起世界側目的戰事，即使沒有國際關注的大事件時，也是沒幾天就發生大大小小衝突，台灣人生活中遇到最多的血腥事件是交通事故，很難想像以色列人日常生活隨時充滿暴力：自殺炸彈襲擊、持槍掃射、持刀揮砍、撞車襲擊、投擲石塊、汽油彈、土製炸彈、地雷。占領區土地、水權

聯合國人道事務協調廳統計以色列與巴勒斯坦衝突雙方死傷人數

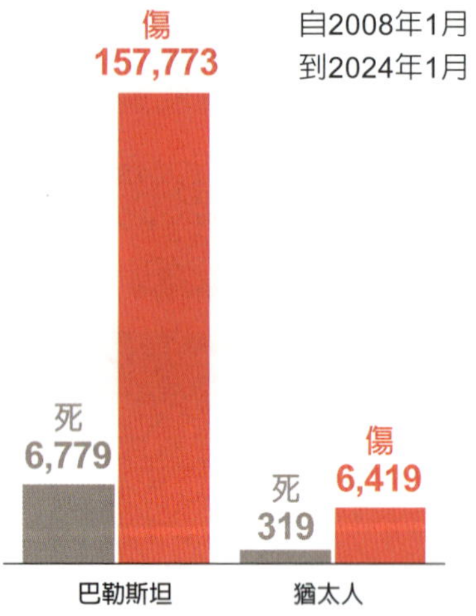

資料來源：https://www.ochaopt.org/data/casualties

等問題造成的大小衝突日日不斷，至今已經幾乎沒有人對和平抱有幻想。

即使有以色列公民權、具有投票權的以色列阿拉伯裔公民，其中也不少對猶太人懷恨在心，釀成血腥慘案，二〇二二年到七月初阿拉伯社區累積遭謀殺人數破五十人。這些可怖的兇殺案顯示以色列內部情勢緊張的程度。即使並非每個阿拉伯裔以色列人都恨猶太人到欲置之於死地，但阿拉伯社區居民對以色列敵視態度相當顯著，以色列國防軍經過阿拉伯社區時慣常遭到石塊襲擊騷擾。二〇二一年加薩衝突期間，以色列國防軍爲避免遭到干擾攻擊或是軍事調度遭通報哈瑪斯，規劃改道避免經過阿拉伯社區。

連同以色列的紅十字會、紅大衛盾會，也不能倖免，儘管紅大衛盾會救助對象包括阿拉伯裔，救護車一進入阿拉伯人社區，往往遭投擲石塊、燃燒彈、槍擊，還曾遭完全燒毀。若沒有安全護衛陪同，紅大衛盾會救護車不敢進入阿拉伯社區。阿拉伯裔激進分子甚至會主動策畫，謊報事件欺騙軍警救護人員趕到現場，設伏襲擊，這已經是準恐怖行動。而這是以色列司空見慣的場景。

在台灣，國家認同有歧異的民眾最多就是惡毒互罵，罕有自相殘殺，更別說竟敢攻擊政府軍警車隊或是設下埋伏。台灣人總認爲自己族群惡鬥嚴重，但跟以色列比起來，台灣實在是非常和平。

阿拉伯裔在經濟上也嚴重拖累國家腳步，以色列身爲創新之國，科技業占四分之一稅收、一成就業，阿拉伯裔在科技業卻大幅缺席，他們往往居住於偏遠地區世襲村莊，多數不服役，無法如猶太人經由服役學習專業、認識產業界人脈，以利於進入職場，阿拉伯裔因此與社會經濟主流脫節，對國家社會累積更多仇恨，成爲惡性循環。

以色列絞盡腦汁推動融合族群與彌平經濟落差的計畫，二〇二三到二〇二四年斥資推動十二項計畫訓練兩千多位阿拉伯裔公民於科技業就業，平均對每人投入約合八萬四千元新台幣，以色列政府認爲阿拉伯裔問題的嚴重性可見一斑。

以色列族群問題還不僅止於阿拉伯裔，猶太人中的極端正統派猶太教，同樣人口比例快速增長，也帶來越來越大的隱憂。

Haredi Judaism｜或音譯為「哈雷迪」，在正統派猶太教中，主張需嚴格遵守猶太教口傳律法的派別，因此稱為極端正統派。

極端正統派不事生產不服兵役卻大量生育，讓人傷透腦筋

猶太人可說是宗教構成的民族，以色列是猶太認同構成的國家，正統猶太教乍看之下不應該會是問題，但是物極必反，極端正統猶太教家庭，男孩十四歲起就到宗教學校研讀猶太經典，至於對現代社會，尤其是以色列科技經濟最重要的自然科學、數學、外語能力，一概不

2017年以色列各族群生育率

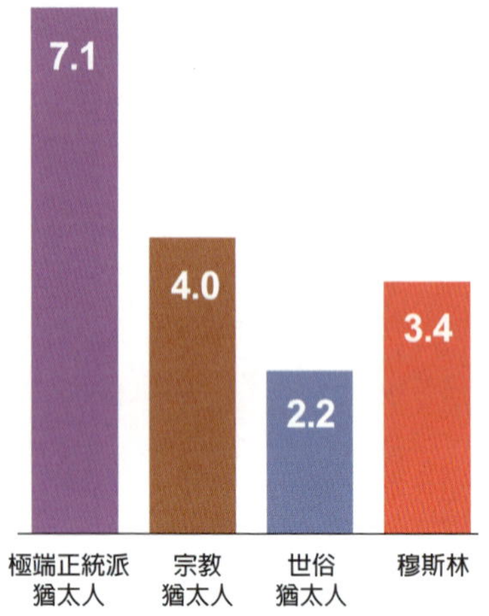

資料來源：以色列主計局
https://www.timesofisrael.com/demography-democracy-and-delusions/

學，更不許接觸網路，也盡可能不使用科技產品。一直到婚後，許多男性仍然專事研究猶太經典，完全不事經濟生產工作。

極端正統派還是可以使用手機，但是要嚴格遵從猶太宗師的教誨，只能使用特殊的「潔淨」手機，手機上不提供網路服務，當然也不能上社群平台、不能傳簡訊、大多數手機應用都封鎖不可使用。當以色列通訊部想要允許「潔淨」手機用戶能攜碼到一般手機，還引起極端正統派嚴重抗議。

最初以色列政府允許極端正統派男性免役，後來因違憲，改爲極端正統派男性可服替代役。身爲時時遭受攻擊威脅的國家，竟有一大部分國民不服役，引起一般國民的不滿，包括以色列哈瑪斯戰爭期間，許多國民抗議要求極端正統派也要服役保家衛國。

這樣的特權不僅對兵源造成直接影響，也間接影響勞動力，因爲極端正統派男性的免役條件是在神學院從事全職研究，大量極端正統派男性爲了免役躲進神學院，無意找工作。

然而當男性不工作無收入，極端正統派女性被迫成爲經濟支柱，接受高等教育後進入職場工作。極端正統派女性約有四分之三就業，男性僅半數就業，其中又僅有三分之一是全職工作。即使女性撐起全家，極端正統派仍嚴守男尊女卑以及男女授受不親，搭乘公車男人在前，女人只能坐後方座位。開女權倒車引來許多抨擊。

以色列能在險惡的中東立足，靠的是「富國強兵」，極端正統派男性不參與經濟生產，反而要仰賴政府津貼，極端正統派家庭人數通常遠多於一般家庭，貢獻稅收僅一般家庭的三分之一，又不從軍保家衛國，對國力毫無幫助，卻因禁止節育鼓勵多子多孫，生育率遠高於其他族群，占人口比例節節上升，以現況預估到二〇六五年會增加到將近總人口三分之一。

以色列極端正統派占人口比例演變及預測

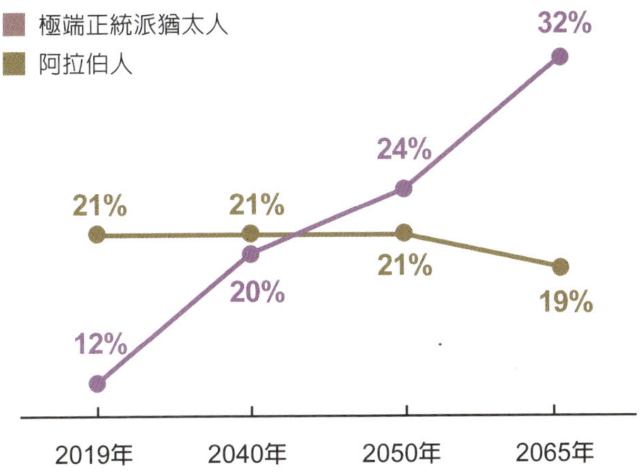

資料來源：https://www.haaretz.com/israel-news/2019-11-13/ty-article/.premium/haredim-are-leaving-the-fold-but-the-community-is-growing/0000017f-f1a8-d223-a97f-fdfd0b820000

有三分之一的人不事生產也不當兵，另外還有兩成阿拉伯裔與經濟體脫節嚴重，扣掉這兩個族群後，剩下的人要扛起整個國家的發展，壓力相當大。以色列政府絞盡腦汁，想方設法要讓極端正統派能融合進入經濟體，以及至少對國防產生一些貢獻。然而隨著人口膨脹，極端正統派選票與日俱增的政治影響力也成正比上升，抵抗改變的政治力量日日增強。

諷刺的是，當初猶太建國運動時代，極端正統派根本反對建國，以色列開國元勳本古里安建國時爲了爭取其支持，採取討好極端正統派的政策方向，遺留至今，使得極端正統派對國家生存幾無貢獻，卻享受國家的一切保護與支持，又未能盡應有的義務，以至於成爲國家的拖累。

不過，許多本古里安時代的其他政策，隨著時代變遷早已與時俱進，極端正統派如今的問題不能都怪到開國時代。極端正統派雖然未來可能會占三分之一人口，但過去至今都還是相對少數，追根究柢，之所以會在政治上一直有龐大影響力，歷屆政府對其特權睜隻眼閉隻眼，眞正的原因，還是因爲以色列政治極度不穩定，小黨林立且經常重新洗牌，使得小勢力成爲關鍵少數。

政治極度不穩定，六席都能當上總理

台灣人常常抱怨政治惡鬥，但若和以色列比起來，台灣是小巫見大巫。世人印象中以色列總理十數年如一日都是納唐雅胡，感覺上好像政治很穩定？其實完全不然，納唐雅胡總是少數執政，每次組織聯合政府都是政治走鋼索，使盡合縱連横、威脅利誘，關關難過關關驚險，以魔術師手法成爲以色列政壇不死鳥。

納唐雅胡所屬的聯合黨，顧名思義，本是一眾小黨的聯合體，即使聯合志同道合勢力，聯合黨席次最多時在一百二十席國會中仍只占四十八席。納唐雅胡第一次當上總理時僅僅二十二

Likud｜以色列主要右翼政黨，或音譯為「利庫德」，原意即「聯合」。

Yamina
Naftali Bennett
Yesh Atid
Yair Lapid
Ariel Sharon

席，第二次當上總理時只有二十七席，納唐雅胡三度回歸時仍然僅有三十二席。

另一個以色列戰後原本的主要政黨，工黨，同樣從未多數執政，工黨席次最多的時代是梅爾夫人執政時期的四十九席，此後一路下滑，至二〇〇三年跌破二十席，二〇一九年後衰退爲僅個位數席次。工黨原本爲兩大黨，跌落出主流之後竟然摔成邊緣小黨，可知以色列政壇變動之劇烈。

另一個例子是夏隆主導從聯合黨脫離而出所組成的前進黨，創黨時擁有二十九席，當時還是以色列最大政黨，卻很快分裂崩潰以至於解散。

以色列的政治如履薄冰隨時都會崩解，靠著納唐雅胡長袖善舞勉強運作十幾年，當納唐雅胡手段失靈，就釀成政治危機，因而產生人類民主政治史上的天下奇觀，連好萊塢政治劇作家都不敢寫出如此劇本：僅僅只擁有六席的政治邊緣人，卻能當上總理。

納唐雅胡長年當政治魔術師把各勢力玩弄於股掌間，終有一天其他人不願配合演出，一起翻臉抵制，二〇一九年到二〇二〇年間造成政府極度不穩定，國會三度解散重選，組閣還是失敗，總統請第二大黨未來黨創辦人暨黨魁拉皮德嘗試組閣，他找上所有聯合黨以外勢力組成「反納唐雅胡聯盟」，從極左到極右，從猶太基本教義派到阿拉伯政黨，全都拉來湊數，要一席不差，才剛好六十一席過半。

於是兩不相幫的右向黨成爲關鍵少數。右向黨黨魁貝內特原本也是聯合黨出身，曾歷任納唐雅胡政府多個部長職位，後來自立門戶。右向黨本來有七席，其中一員最終投下反對票，因此其實只掌握六席。貝內特青出於藍，發揮超越納唐雅胡的魔術師本領，向拉皮德獅子大開

Kadima

口，要求自己先擔任總理兩年，之後才換拉皮德。

執政聯盟以一票之差驚險過關，貝內特創下了僅有六席卻能當上總理的政治奇觀，但這個政治奇觀也凸顯出以色列政局的極度不穩定。在席次如履薄冰下，貝內特根本當不滿兩年，很快下台一鞠躬，重新大選又是納唐雅胡回歸，可說不愧「不死鳥」稱號。

大局觀

短短兩年內，竟然一口氣進行五次大選。相較之下，台灣固定四年一次大選，李登輝之後，一直到蔡英文，總統都能連任，政治上的更迭比以色列穩定多了。

了解以色列一直是在這麼不穩定的政治局勢下摸石子過河，就可以理解以色列為何內政不如世人對精明猶太人的想像，並非時時處處都做得很好，而是不時會「凸槌」，更不是全方面都贏台灣。

疫苗爭奪戰搶得先機，但總體防疫成果遠不如台灣

國際透明組織每年編製腐敗指數來衡量各國的廉潔程度，二〇一〇年以前台灣還落後以色列，但二〇一一年以後台灣就反超以色列。以色列不只是清廉度遭台灣後來居上，性命攸關的防疫政策，也曾跌了一大跤。

二〇一九年起的嚴重特殊傳染性肺炎全球疫情，世人津津樂道以色列在全球爭搶疫苗之中，又以猶太人的精明奪占機先，早在各國還沒下手，就已經先一步和輝瑞緊密合作，因而能優先取得疫苗。這樣的成就，掩蓋了以色列初期防疫的灰頭土臉。

相對於台灣在疾管署副署長羅一鈞醫師警覺下，第一時間開始針對武漢直飛台灣班機做登機檢疫，此後啓動一系列防疫緊急應變措施，成爲全球淨土。以色列在此次疫情卻並未發揮情報專長，直到發現首例病例才開始防疫措施，警覺過晚來不及防堵於境外，境內防疫兵荒馬亂，連醫院的分流動線都一片混亂，導致疫情快速擴散，短短一個月內，確診病例攀升到破千例，再一週，突破四千例。

初期防疫物資準備不足，竟然需要動用到莫薩德發動情報作戰來奪取口罩資源，連同篩檢實驗室所需的反應試劑也短缺。疫情之初全球都短缺口罩，但是以色列人口規模僅九百多萬，不像美國超過三億人口很難滿足需求，發生口罩大短缺，實在是有點「落漆」。

阿拉伯裔、極端正統派兩個問題族群在疫情期間成爲防疫兩大難題，兩族群家庭人數眾多、大量使用大眾交通工具；社經地位低，公共衛生資源遠低於平均；阿拉伯裔有語言問題，

而極端正統派則不看電視不聽廣播也不上網，接觸到國家防疫宣導訊息遠遠不足，成爲傳染的重災區。

以色列緊急採取嚴苛的封鎖措施，才勉強將每日新增病例壓到百例以下。嚴苛封鎖對經濟造成相當大打擊，使得以色列政府一見病例緩和就急忙要解封，過早解封使疫情快速復燃，病毒在社區內廣泛散播難以根除，種下後續即使仰賴疫苗，疫情仍反覆點燃的後患。

以色列雖然提供全民醫療服務，但是相對應投資不足，醫療體系長期處於人員短缺、過勞狀態，情況比台灣更加嚴重，病房資源分配上，也偏重外科病房，不如台灣有相當龐大的內科加護病房資源，以至於對疫情措手不及。

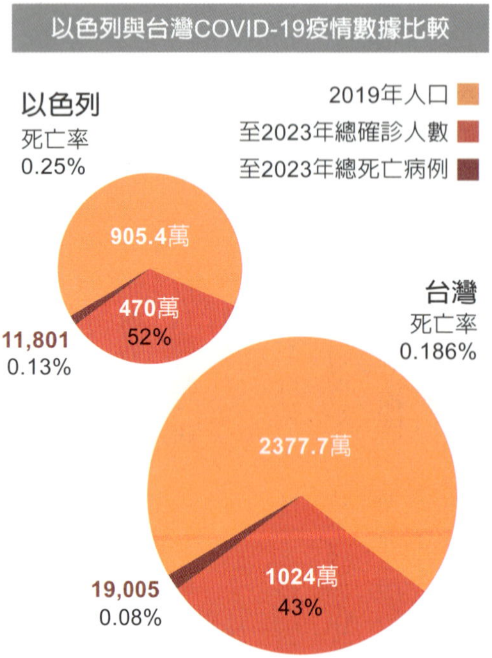

以色列只能以疫苗來扭轉局勢。這時，又發揮猶太人精明幹練、善用關係的特質。首先，不計血本，開出數倍價格先搶到手再說；其次，早早就與美國大藥廠輝瑞打交道，加碼押注，以全國作爲輝瑞的大規模測試場所，換取優先認購。

輝瑞執行長艾伯樂是希臘裔猶太人，爲以色列居中談判的則是以色列

Albert Bourla

生技製藥業巨擘、全球最大學名藥廠梯瓦，猶太人對猶太人，爲了猶太祖國，自然容易達成共識。輝瑞疫苗需低溫保存，物流要求嚴苛，梯瓦以高度專業，火速完成疫苗採購、運輸、注射流程等相關事宜。

以最終染疫不幸過世人數與人口比例來比較，台灣可說在嚴重特殊傳染性肺炎防疫一役上遠遠勝過以色列。台灣的防疫成就，證明台灣人有能力可以做得比猶太人更好，不必妄自菲薄。

大局觀

以色列在疫情前期，能達成領先全球的疫苗施打率，是經濟、外交、情報、戰略面，總體實力的絕對展現。台灣防疫一役雖然總體表現較以色列更好，也可見賢思齊，努力從以色列經驗學習猶太人的勝利方程式：建立人脈、深化交情、運用關係，並且，在關鍵時刻加碼下注。

以色列教育與社會觀念比你想像的更「台灣」

以色列身爲創新之國，猶太人出名的重視教育，台灣人想像中以色列教育一定非常優秀，但實情恐怕不如想像，以色列學生閱讀、數學、科學能力都低於經濟合作暨發展組織國家的平均值，以色列高中畢業生常常希伯來文法不好，也不善引用希伯來文學作品或詩句，即使是聖經內容。以色列曾經討論教改，但無疾而終。

以色列的社會風氣、家長態度，也與世人對「創新之國」的想像有非常大的落差，甚至可說很「台灣」。無數台灣想創業的年輕人，遭受父母冷言冷語、社會冷漠對待，這在以色列創業家身上也全都發生過。

過去台灣升學主義作祟，「唯有讀書高」瞧不起「黑手」職業，重視知識教育的猶太人也是如此；以往台灣許多學校老師常常貶低學科成績不好的學生，以色列也如是。許多以色列學生與家長都曾遇過學校老師批評、打擊學生自信，對於成績不好的學生，甚至加以譏刺，兼且鄙視勞動職業：「你兒子不懂化學，或許可以當個很好的水電工。」

許多人批評台灣家長迷信學歷，其實大部分以色列家長也一樣，要求子女必須上大學，若有學生不想上大學，往往要經過一番家庭革命。對於職業的想像，台灣人最希望小孩考上「第一志願」醫學系、法律系，當醫師與律師，以色列也相同。以色列鳥擊問題嚴重，研究候鳥的科學家卻遭父母質疑「靠鳥兒怎能謀生？」想勸說孩子回心轉意去當醫師或律師。

如果當不成醫師與律師，那至少也要是一份「穩定的工作」，因此許多以色列的創業者或創業團隊成員，都曾經遭父母質疑「怎麼會離開有穩定薪水的工作？」最早自以色列國家物理實驗室首任主任、以色列太陽能之父哈利茲維塔伯，就吃過這種排頭，當初他接受本古里安邀請，前往創建國家物理實驗室時，父母聽到他竟然要放棄英國工作，前往根本還不存在的組織就職，可說無比驚嚇，認為他瘋了。

不僅是教育，以色列產業與整個社會對創新的態度常常與台灣驚人的類似。例如：有強大的惰性與慣性抗拒改變，除非發生重大問題否則傾向不去更動一切，因而看不到問題所在，導致很難引進新技術；對失敗的容忍度相當低，只要類似產業先前有失敗例子，就認為不可能成功，懷疑創新的可行性；有規模的企業，不傾向投資創新，應該要冒風險的風險投資創投，卻避開真正的新創投資。社會對創新提議不感興趣，甚至認為創新想法是「完全在妄想」，即使做出成功的產品，初期要打開市場仍然異常艱辛。

這些敘述，若遮去國名，大概會以為在談台灣。過去台灣總是認為上述不利於創新的教育、產業、社會文化，是台灣無法成為新創國度的主要原因；但是，從許多以色列創新者的生平歷程、他們在草創時代遭遇到的一切，可發現以色列也是如此，並不是以色列就有天天鼓勵冒險創新的文化。

即使是以色列於全球著名的軍事科技領域，也有時出奇的「台灣」。在防空系統研發過程中，產業界認為需要十五年的研發工作，國防部堅持要求三年就要達成；產業界認為需要百萬美元的研發計畫，國防部大筆一揮要求五萬美元搞定。外行人指揮內行人，提出不合理要求，時程匆促經費短缺，又要馬兒跑又要馬兒不吃草。開發過程中，還得忍受審計單位等行政程序的無止盡騷擾。研發工程師「血汗」毫無家庭生活，也像極了台灣，拉斐爾先進防禦系統的工程師，曾經三年未休過一天假。

台灣檢討創新失敗的原因，常常提到人才流失，認爲高教體系最好的人才都流失到歐美去了。以色列高教體系也曾經面臨同樣的人才流失問題。一份過去的研究報告指出，一九九○至二○○○年間世界千大經濟學家中有二十五位以色列人，僅有十三位還留在以色列，研究出版後又減少到僅剩四位，當時估計總計超國三千名以色列終身教授已經流失到外國。但是，如今以色列已經徹底翻轉，成爲人才嚮往之處。其祕訣何在？在此先且賣個關子。

大局觀

台灣人往往認為以色列之所以成為創新之國，是因為猶太人天縱英明、擁抱風險、超級愛創新，所以「以色列能，台灣不能」。

其實猶太人很多特質與社會文化風氣跟台灣人很類似，台灣人要成為「猶台人」並不需要天翻地覆的民族精神改造，以色列本來也不是創新之國，反而曾經很多地方與台灣似曾相識，是經歷制度上的大規模調整才成功。台灣羨慕以色列的創新，不需妄自菲薄，是要認真學習以色列的成功改革經驗。

建國之初滿目瘡痍，條件遠比戰後台灣差

以色列建國之初，面臨的是一片戰後廢墟，能源跟一切原物料仰賴進口，燃料短缺連帶導致發電量不足，限電成爲常態，也沒有穩定的水源供應，燃料匱乏的情況嚴重到政府一度禁止人們在夜間燒水。

以色列需要移入更多猶太人，才能累積經濟力與戰力，在下一場戰爭中生存，但是從民生物資到水電統統都缺，一切需要以外匯進口，以至於人口越是成長，以色列反而越可能走向破產。

如此亟缺能源的情況下，若是現在的以色列，一定會善用沙漠最多的免費資源：太陽。當年太陽能電池技術尚不實用，但太陽能熱水裝置沒有太大技術障礙，即使在台灣也早有一定程度的發展，以色列應該一開始就大力推動了吧？恰恰相反。

當年以色列政府不鼓勵採用太陽能之父塔伯的太陽能熱水裝置，以色列國營電力公司以部門本位主義思考，不以國家戰略來考量，認爲節省了電力，電力公司營收就減少，把太陽能當成競爭對手，視爲一定要打倒的毒蛇猛獸。這造成明明是缺電國家竟然不是想辦法節電，反而是降低電價鼓勵用電，想藉此在萌芽期就消滅太陽能這個對手。這個狀況直到一九七三年石油危機以後才有所改變。

在水資源亟缺的以色列，世人認爲會發展出高度節水的滴灌技術是天經地義，想像再度與事實相反，當初以色列農民長期採用傳統漫灌方式灌溉農田，維護傳統灌溉系統耗費大量時

間、精力和金錢，而且超過半數珍貴水資源在農作物根部吸收之前白白蒸發或流失，導至高度需要糧食安全的以色列，農業產能受到嚴重限制，初期甚至沒有足夠的大麥來飼養牲畜。

滴灌技術的發明人奈提巴拉克當初認爲滴灌是鞏固水資源、救國救民的絕佳主意——這不是用膝蓋想就知道的事嗎？——很不幸的是其他人並不願意接受，他遇到台灣要推動任何創新改變時也都會遇到的所有障礙：學界否定他的發明的可行性、幾乎無法推動新觀念，他想改變現狀的努力遇到頑強的抵抗，最後竟然是得動用關係，找上農業部的熟人遊說。經過他不屈不撓的努力，才發展出如今以色列享譽全球的滴灌技術。

甚至連國家生存最攸關的軍事方面也有嚴重的因循苟且問題。如今以色列繃帶是享譽全球的戰傷急救利器，但世人不知道的是，以色列軍方對戰傷救護也曾經相當「黃埔精神」，竟然曾經是要士兵在戰場上撿石頭綁在傷口上壓迫止血，這種克難落伍的做法可能造成士兵傷口感染率大增。以色列的經濟與工業發展早就能夠負擔與製造適用的包紮醫材，但是老舊做法卻仍然持續數十年，得要經歷推動者一番革命之後才有以色列繃帶的誕生。

如今的以色列設計力受到全球產業肯定，可是，這也並非一開始就如此。台灣製造業最爲人詬病的就是設計出的產品總是「實用美學」，外觀上毫無吸引力，只能以性能價格比取勝。塔伯推動以色列太陽能之初，遇上的障礙之一就是，塔伯的產品正是「實用美學」，導致許多住戶與住房建築團隊因爲太過醜陋而拒絕採用。

許多台灣人認爲台灣有族群問題難以融合，其實，以色列不僅阿拉伯裔問題遠比台灣族群衝突嚴重，即使只論猶太人的部分，建國之初，因接收大量世界各地猶太人，連語言都五花八門，可說是「聯合國」，連民間使用的度量衡制度都有三種：公制、英制和鄂圖曼土耳其制。語言不同、生活習慣不同、度量衡不同，連各專業所受到的訓練都完全不同，這樣的一群人平均每十年就要打一場惡仗，如果他們都能融合，那麼台灣的各族群，又有何理由無法做到呢？

大局觀

世人常常以為以色列能夠在強敵環伺中立足，一定是從一開始就國家全體上下一心、思想無比先進，其實並非如此，以色列建國時族群歧異相當大，到今日則有阿拉伯裔、極端正統派問題。

從許多以色列知名產軍經人士的生平經歷都可印證，以色列建國初期，肥大的官僚主義、本位主義、既得利益、以私害公、因循苟且、缺乏文化等等台灣人認為台灣自黨國時代遺留大量上述缺點，以色列都有。

所以並非「以色列能，台灣不能」，以色列本來也有這些缺點，而是「以色列能，台灣一定能」，以色列證明這些障礙都能克服，台灣當然也能克服。

從人民公社式的集體農場起家，建國時本是大政府反創新國度

以色列的社會風氣如此不利於創新，可能讓現在的世人相當驚訝，但若了解戰後歷史根源，就一點也不會意外。猶太建國主義最初一批移民幾乎都是抱持共產主義式的烏托邦夢想，來到荒蕪的土地，建立集體農場，所有資源共產共享，可說是中國實驗失敗的人民公社的理想版本，世人直接稱之爲「世界最成功的公社運動」。

直到今日，屯墾區還有許多集體農場，保留相當程度人民公社的共產精神在運作。與中國相反的是，以色列的集體農場獲得相對成功，僅以全國百分之二人口，卻占百分之十二農產出口。

以色列建國時大多數開國元勳菁英，例如本古里安，都深受馬克思主義以及俄國共產革命的影響，使得以色列建國時徹徹底底的就是一個大政府社會主義國家，尤其還立刻面臨戰爭，國家所有一切資源都納入政府的嚴格管控；戰後百廢待舉，國家需要計畫性的主導基礎建設，不可能等待市場慢慢自然發展。

戰後萬物皆缺，要從最基本的基礎建設、原物料、民生物資做起，這個過程發展路線非常可預測，政府能起相當大的作用。以台灣來說，奇美的起家，來自於聽到政府向民間傳達有「不碎玻璃」這樣的材質，後來許文龍命名爲壓克力，也因而成爲「台灣壓克力之父」。

台灣至今仍有人吹噓「十大建設」，雖然許多是過譽，但也不能否認計畫經濟對戰後台灣起飛有一定的作用。以色列的計畫經濟有異曲同工之妙，國家進行基礎建設，指導產業發展路

線，國家資本帶頭投入，使得產業發展速度快過其他開發中國家，一九五〇年到一九五五年，以色列經濟年成長率約百分十三，直到一九六〇年代，年成長率仍然近百分之十，與台灣的經濟奇蹟互相輝映。

戰後以色列政府干預經濟程度，連黨國時代的台灣也望塵莫及。曾多次任財政部長與貿易工業部長的平夏斯薩皮爾，對經濟與產業的微管理到了令人髮指的程度，他甚至爲不同工廠設定不同匯率，暱稱爲「百變匯率」，薩皮爾還派出眼線滲透每家主要工廠，回報包括出貨量、出貨給哪些客戶、使用多少電力能源等等情報，薩皮爾對整個產業運作瞭若指掌，以至於政府統計數字尚未出爐，他早已清楚當前的經濟情況。

大政府掌控自然會傾向抵制私人企業不照計畫的「雜草叢生」，以免造成管理困難。毫不意外的，戰後以色列政府完全不鼓勵私人企業發展，更反對私人資本利益觀念，當時的以色列別說是創新，就是一般的自由市場私人資本也都全無發展。

在國家百廢待舉的經濟發展初期階段，由國家統籌發展，速度比起等待私人資本慢慢萌芽更快得多，但是，當國家社會的基本需求都滿足了，經濟進一步發展時，產業技術與市場需求都高度複雜化，政府官僚就不可能跟上市場發展的速度，其結果，過去成功的指導模式，反而成爲嚴重阻礙。

由於以色列執行計畫經濟的能力比台灣更強，受到反動更快、力道更大，當大規模基礎建設已經大體完成，沒有國家官僚能明確可見的投資標的，一九六六年以色列經濟竟然陷入零成長，當時台灣經濟還正在高速成長期。隔年，六日戰爭爆發，使得以色列錯失改革機會，戰後以色列占領約旦河西岸、加薩走廊、戈蘭高地、西奈半島，國土擴大三倍多，又有了大舉基礎建設的需求，假性衝高了以色列的經濟成長率。

一九七三年贖罪日戰爭後一切原形畢露，這次戰後經濟不僅沒有受到假性刺激，反而失速墜毀，這是因爲戰爭造成許多人命財產損失，大量動員後備軍力也使得民間產業因勞力消失而癱瘓，工業生產與商業流通都停擺，其結果就是發生嚴重惡性通膨，以色列的大政府不允許市場自行調節，官僚面對經濟成長凍結、民生物價飆漲，更認爲必須控制市場。

當時的以色列政府高度壟斷資本，不論是消費性或商業貸款，貸款期間、利率，都由政府全盤規定；商業銀行、退休基金在政府官員要求下購買由政府規定利率的政府公債，融資給政府指定的計畫，但是官僚已經無法理解經濟的走向，結果是國家資源嚴重錯置，造就以色列「失落的十年」。

以色列政府採取薪資指數調整，讓薪資隨物價指數調高，薪資上漲刺激物價更漲，造成惡性循環通膨超速。沒有獲利卻要加薪，財源來自於發行公債支應，使得政府債逼眉毛，爲了打消快速增長的債務，大幅調高每一項稅率，使得經濟更加窒息，加上阿拉伯國家抵制以色列引起的石油危機，這使得一九八〇年以色列通膨竟然高達百分之一百三十一。

同樣受到石油危機影響的台灣，當年通膨爲百分之二十一點五；到一九八四年，以色列通膨飆到驚人的百分之四百五十，台灣通膨則早已回到百分之一點六。

台灣人在石油危機年代養成一有風吹草動就搶購衛生紙的習慣，以色列人面對四點五倍的超高通膨，可以想見會養成多嚴重的囤積行爲：不僅隨時囤積所有民生物資，甚至還囤積電話代幣，因爲電話費隨通膨提升，代幣會隨著漲價，可以保值。以色列人苦中作樂編織笑話：從台拉維夫到耶路撒冷，搭計程車比搭公車划算，因爲計程車車資是抵達時付，到時錢已經通膨到一文不值。

超高通膨終於迫使以色列在美國以及國際貨幣基金專家的引導下進行財政與經濟改革，大幅減少公債、限制政府支出、進行企業私有化，但這只是讓超高通膨恢復正常，還沒能恢復經濟成長，更別說浴火重生成爲創新之國。

如今的以色列是國際資金寵兒，當年卻完全不是，國際資金想到以色列，就只想到以巴衝突，以及以色列企業受到伊斯蘭國家全面抵制，避之唯恐不及。以色列創投界回想當年若跟美國基金談投資以色列，不管再怎麼使出渾身解數，只會得到當面訕笑。無法引進國際資金，不只金脈本身受阻，國際創投還會帶來珍貴的產業人脈以及企業發展建議，缺乏這些資源，創業要成功難上加難。

以色列政府也曾利用科技業補助、與美國共同成立資助創業的基金會等等方式，以及類似台灣產創條例的政策，對科技業創業提供各種政策優惠，但是初期效果不彰，等成效出來後又造成產業投資高度集中在科技業的問題。種種現象與台灣看來十分類似。

終於擺脫這些沉痾成爲創新之國，大體上源於夏隆時代以後一系列的轉型改革。二〇〇〇年時以色列在國際上面對全球網路泡沫崩潰，國內則爆發第二次巴勒斯坦大起義嚇跑國際資金與企業，二〇〇一年執政的夏隆，面對戰亂使經濟負成長，召集意見紛紜的各政黨，要求團結一致拯救經濟。

國難當前下，即使社會主義的工黨也同心協力，願意允許夏隆大舉廢除過去種種大政府與社會福利政策，全面導向自由市場，凍結公職雇用、凍結薪資指數調整、利率決定權交還給民間金融，種種措施奠定以色列從死硬大政府社會主義轉向自由市場經濟的國策改變。

夏隆的改革奏效了，即使巴勒斯坦大起義持續到二○○五年，市場自由化的誘因仍然超過自殺炸彈與火箭彈的威脅，眞正是「殺頭生意有人做」，以色列經濟自二○○三年起快速復甦。納唐雅胡時代繼續夏隆的資本主義市場化改革方向，這才使得以色列成爲創新之國，持續至今。

大局觀

以色列以前不僅不是創新之國，其民間企業創新環境還比台灣更糟糕，自夏隆改革起，短短數年時間，才到二○○七至二○○八年，已經成為讓台灣與世界都羨慕的不得了的創新之國。

這並非以色列天生如此，或只有猶太人做得到，而是市場自由化改革的成就。台灣與以色列有許多相似之處，只要好好思考研究以色列經驗，台灣當然也能成為創新之國。

以色列也曾是國際孤兒，從霸凌中找尋突破口

台灣人最大的悲情，就是在國際上飽受打壓，看到以色列經常在國際上顯得耀武揚威，總是既羨慕又嫉妒，但其實以色列也曾同病相憐，不僅過去受到嚴重排擠，即使看似囂張的如今，也還是得時時面對反以聲浪。國際左派總是同情巴勒斯坦人，爲此處處找以色列麻煩，聯合國、歐盟、西歐各國、各大人權組織，無時無刻不對以色列內政指指點點，連民間企業也對以色列頤指氣使。

聯合利華旗下的班傑利冰淇淋，二〇二一年對以色列展開政治攻擊，宣稱以色列在約旦河西岸推動屯墾區違反國際法，爲此抵制以色列，要退出約旦河西岸，此舉引來美國猶太人大舉發動遊說攻勢向聯合利華施壓，多個州的退休基金賣出聯合利華的股票，以色列也祭出反制措施，法務部規定只要抵制以色列的企業，將禁止投標國家標案，以及剝奪其他權益。

聯合利華傷透腦筋，想到一個解套方案，就是將班傑利的以色列分公司出售，扔掉燙手山芋，但班傑利卻因此控告聯合利華。最終聯合利華還是將班傑利以色列事業出售給以色列授權商，而能繼續銷售，這才解決爭議。

一個小小的冰淇淋品牌都能如此騷擾以色列，更別說整個國家找麻煩。挪威國會立法「管很寬」，規定以色列占領區，包括約旦河西岸、東耶路撒冷、戈蘭高地，所出產的農產品，都不可以標示爲以色列生產，而是要標示爲「以色列屯墾區生產」，以彰顯挪威認爲以色列於占領區內推動屯墾區違反國際法的立場。以色列早已實質控制占領區數十年，但是世界各國尤其

Ben & Jerry's｜成立於1978年，2000年出售予聯合利華，成為其旗下品牌。

是許多歐洲國家，卻還是要認定爲不屬於以色列；與台灣實質獨立數十年，卻橫遭中國打壓被認定爲不存在，可說同病相憐。

國際無數人權組織更屢屢要認定以色列爲種族隔離國家，這些還是如今以色列威風八面時代發生的情況，以色列戰後所面臨的國際打壓、外交孤立，只能說有過之而無不及。

一個建國就和周遭國家打仗，受到敵意國家圍困的新生國家，很需要廣泛的國際支持，但是以色列尋求外交突破的努力卻一再受到嚴重挫折。

一九五五年，第三世界國家於印尼舉行第一次亞非會議，即萬隆會議，與會國家總人口超過世界一半，毫無意外的，以色列吃了閉門羹，萬隆會議上各國都站在巴勒斯坦一方。梅爾夫人心酸的表示，以色列被排除在亞非國家之外，有如「被視爲沒人要的繼子女，必須承認：這讓人很受傷。」

以色列試圖改善區域軍事戰略處境的努力，卻更增添國際外交戰略上的困境，一九五六年以色列與英法聯軍攻打蘇伊士運河，是爲第二次中東戰爭，戰後引起第三世界國家群起支持阿拉伯國家抵制以色列、在聯合國提出反以色列決議。以色列感受到必須經營非洲國家關係的必要性，畢竟聯合國一國一票，非洲國家占了四分之一票數，以色列外交部開始努力強化與非洲國家的關係，大手筆編列預算，將約三分之二的援外預算撥給非洲各國。

不惜血本投資、緩緩累積的外交情誼，再度因爲戰爭付之一炬。原本與英、美、以關係良好的蘇丹，六日戰爭後轉而站在伊斯蘭國家立場反以反美；贖罪日戰爭後，蘇聯與阿拉伯國家發起全面抵制以色列，造成以色列外交大崩盤，象牙海岸總統向梅爾夫人坦承：不得不「在阿拉伯兄弟和以色列朋友之間」選邊站，三十二個撒哈拉沙漠以南非洲國家之中僅存四國，其他全數與以色列斷交，以色列經營許久的各種援助計畫也只能黯然撤離。

大局觀

這個時期的以色列，看起來就跟中國打壓下面臨大斷交潮的台灣很類似。如今以色列看似可為所欲為，但是，當初也是從國際孤兒處境走出來的。

沒有流著奶與蜜、連石油也沒有的乾旱之地，用科技來改造

台灣人常常有種自卑感，自認爲是小國。其實，台灣人口是以色列的倍數，國土比以色列大，超過六成。

台灣雨水豐沛，以色列則水資源缺乏，在全球氣候變遷、極端氣候下，更顯得艱難，約旦河流經的加利利海，雖稱爲海，其實是淡水湖，原本是重要的淡水來源，受氣候變遷影響，連年高溫乾旱使水位下降，以色列爲了拯救加利利海，不僅不再自加利利海取水，還反過來輸水

台灣與以色列基本條件比較

以色列	V.S.	台灣	台灣是以色列的倍數
22000平方公里	土地面積	**36000**平方公里	**1.63**
137萬	1950年人口	**762**萬	**5.5**
966萬	2022年人口	**2323**萬	**2.4**
20%	可耕地比例	**34%**	**1.7**
300毫米	年雨量	**2500**毫米	**8.33**
4816億美元	2021GDP	**12360**億美元	**2.56**

補注。以色列是全球水科技領先國，以海水淡化製造淡水輸回加利利海，補注水源。如此反向操作的計畫，一方面證明了以色列的科技高明，但是也顯示了所處環境的困難。

連生態也與以色列作對。以色列是歐亞非三大洲候鳥遷徙的重要孔道，每年有超過十億隻鳥飛過上空，主要經過狹長的海岸平原以及約旦河谷地，不幸的是這也是主要城市所在地，層出不窮的飛機鳥擊事件，造成數億美元損失，鳥擊摧毀的以色列軍機超過阿拉伯聯軍在歷次中東戰爭造成損失的總和。以色列不得不研究鳥類遷徙路線，對鳥類密集的危險時間發布禁飛，才大幅減少了鳥擊造成的損失。

當以色列全力發展海水淡化以確保水資源，生態照樣唱反調，由於海水暖化，地中海東岸水母大量孳生，螫傷泳客，使得海灘關閉，造成每年觀光業損失千萬美元，大量

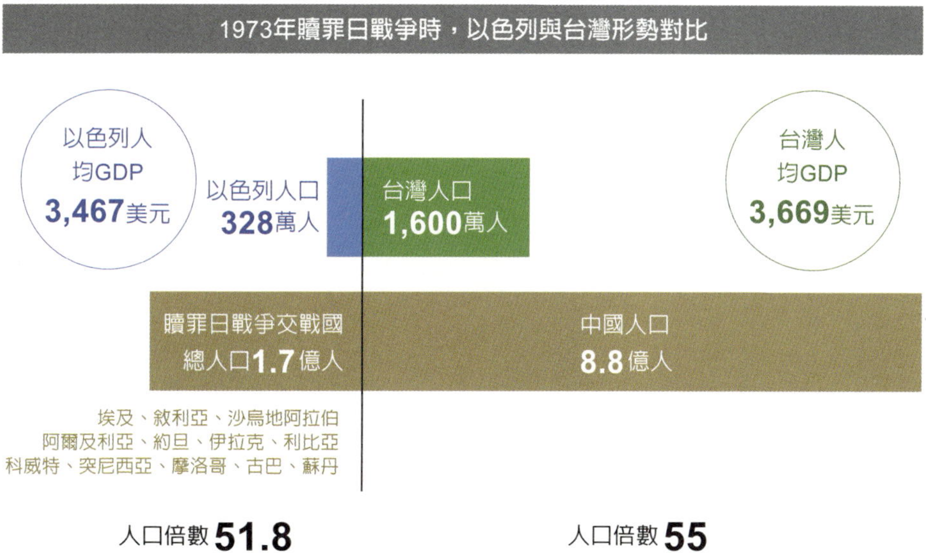

水母塞住漁網，妨礙漁業捕撈，但最嚴重的問題是：水母也會堵塞海水淡化廠進水口。

梅爾夫人曾經自我解嘲，稱摩西要帶領以色列人來到流著奶與蜜的迦南美地，卻把猶太人帶來這塊沙漠，不僅大多數地區乾旱荒蕪，沒有奶與蜜可流，還是整個中東少數沒有石油的地方。

缺乏天然資源，卻有強敵環伺。相對於台灣有四面環海的天險，以色列與周遭懷著敵意的國家之間直接陸地相連，歷次中東戰爭，阿拉伯聯軍直接殺進國土，即使是關係較爲和緩的約旦，相鄰的國界仍然是一大國安威脅，一百五十公里長的國界成爲走私武器進入的孔道，槍枝流入阿拉伯社區，成爲恐怖攻擊與罪犯的火力。

贖罪日戰爭時，與以色列宣戰國總人口，大約是以色列五十幾倍；同年，與台灣敵對的中國，當年人口也大約是台灣的五十幾倍。也就是說，以色列以小搏大面對的敵人規模，其實與台灣相當；但是，以色列沒有台灣海峽，相較於台灣面對與中國的戰火局限於離島，第一次中東戰爭時，各敵國部隊幾天內就殺進以色列核心地帶。

台灣總是哀嘆外交空間遭到中國打壓，是國際孤兒；其實，以色列面臨的處境也相當不利，周遭敵意環伺，阿拉伯國家抵制以色列。《亞伯拉罕協定》前，周遭阿拉伯與伊斯蘭國家中，僅約旦、埃及和以色列有正常外交關係。

以色列並不因此氣餒，而是更努力富國強兵，提升總體國力、軍事力、情報力，最終回饋到外交力，一面滲透美國政、經、媒體高層，確保美國的支持，一面藉由國際情勢的槓桿，逐漸軟化原本敵對的國家，最後才有了《亞伯拉罕協定》的大舉突破。

大局觀

台灣許多基本條件比以色列更好，可是，以色列威震中東、虎虎生風，台灣人卻老是認為自己只能是隻弱小病貓。其實，只要有堅定的決心、發憤圖強的意志，學習以色列實際做過的成功方法，以色列做得到，台灣當然也可以成為威震一方的強大國家，只是不為也，非不能也。

猶太人為何能從泥沼中爬出？讓歷史告訴我們答案

二〇一九年到二〇二二年以色列政治危機混亂期間，對外正與美國協力推動與阿拉伯國家關係正常化的《亞伯拉罕協定》，同時面對伊朗威脅、全球疫情、加薩衝突、俄烏戰爭等等重大變局。以色列各政黨平時一盤散沙，但在國家戰略層級一致對外，先確保國家生存；而在國內繼續爭權奪利、刀刀見骨，鬥到天昏地暗。這是以色列人的智慧與精明，也是台灣人必須學習之處。但猶太人仍然會有掉以輕心而犯下嚴重錯誤的時候，哈瑪斯問題就是血淋淋的例子。

以色列因爲對自己的戰力太有自信，心理上認定哈瑪斯不可能闖入與以色列軍力直接對決，忽略了火箭地道以外，仍可以直接撞破鐵絲圍籬入侵，哈瑪斯兩年來就在以色列眼皮子底下進行訓練，以色列卻認爲哈瑪斯只是想要虛張聲勢獲取更多談判籌碼，誤判其眞正意圖。結果，當哈瑪斯闖入時，軍方被殺個措手不及，初期應對荒腔走板。世人難以置信，以行事縝密聞名的以色列政府與軍情單位會犯下這樣的錯誤。

過去，長年的火箭威脅陰影下，以色列全民一聽到警報聲就精神緊張趕緊到安全室，但二〇二三年襲擊之初，很多以色列人對先前衝突中鐵穹攔截大部分有威脅性的火箭印象深刻，因而火箭來襲還老神在在，沒有第一時間趕去安全室。遭到襲擊的音樂會，舉辦地點竟然離加薩邊界僅僅不到五公里，顯然是嚴重低估哈瑪斯的威脅，以色列軍民認爲可以歌舞昇平，就算在加薩旁邊開音樂會也沒關係。

這種全民鬆懈的情緒也反應在以色列的政爭加劇之上，納唐雅胡回任總理後推動司法改革，引起重大分歧，反對者不斷遊行抗爭，最多時達數十萬民眾，過去以色列不論如何政爭都不損及國防國安的良好傳統在這次被打破，抗爭演變到現役軍人以怠工、後備軍人以不受徵召做爲抗議方式，軍事戰備因而受到影響。以色列一時鬆懈，換來的是超過千人犧牲、兩百多人遭綁架爲人質的慘劇。

猶太人與以色列一路走來，其實都並非天縱英明，而是跌跌撞撞，屢次摔倒以後記取教訓。猶太人從自身數千年歷史中的斑斑血淚得到慘痛教訓，才知道沒有國哪有家；以色列建國後從諸多失敗經驗不斷累積，才終於越來越明白該如何讓國家生存、茁壯、永續發展。

猶太人與以色列的強大，可說是歷史的積累，要了解猶太人，就要從猶太人的歷史中尋找答案。

中場休息 ②

猶太人也有黑皮膚的？

Beta Israel / Ethiopian Jews

Operation Moses

Operation Joshua

現今的猶太人作爲一個民族可能會讓我們很難以理解，以色列建國以來收容全世界散居各國猶太人，語言、風俗習慣各不相同，經過長久與各國混血，血統各異其趣，有些差別一眼可見，其中還有膚色黝黑的猶太人。

這是因爲以色列政府認定衣索比亞猶太人也是猶太人。衣索比亞猶太人不僅膚色深黑與以色列其他猶太族群有顯著差別，在文化與風俗習慣上也有極大差異，但以色列政府仍然一視同仁。

一九八四年以色列發動「摩西行動」從蘇丹撤離數千人到以色列，剩下約千人於一九八五年再由美國中情局「約書亞行動」接出，一九九一年以色列又發動「所羅門行動」自衣索比亞撤出一萬四千人，之後又繼續陸續接來，至二〇一九年衣索比亞猶太人在以色列約有十五萬五千人。

衣索比亞猶太人將自身來源上溯至上古時期但支派的一部，聲稱於出埃及的過程中來到衣索比亞，但《出埃及記》僅是聖經神話。

十三世紀到二十世紀統治衣索比亞的所羅門王朝宣稱自己源於所羅門與示巴女王所生下

Operation Solomon

Menelik
Kebra Nagast
Kaleb

的兒子孟尼利克。衣索比亞十四世紀的傳說史詩《列王輝煌》故事敘述：古衣索比亞王國阿克蘇姆的示巴女王前往古以色列拜訪所羅門王時，與所羅門王共寢懷了孟尼利克，示巴女王回到衣索比亞將孟尼利克以猶太人的方式養育長大，到二十歲，才首度帶回耶路撒冷見父親所羅門王，所羅門王懇求孟尼利克留下來繼承以色列王位，但是孟尼利克卻表示要回到故鄉，於是所羅門王反過來派遣許多猶太人前往衣索比亞輔佐孟尼利克。另有傳說所羅門王甚至把約櫃也給了孟尼利克，使得約櫃流落衣索比亞。

有所羅門王朝的背書，示巴女王與孟尼利克的傳說屹立不搖。然而，孟尼利克到底是否存在並沒有歷史證據。

另一個說法是：衣索比亞猶太人來自新巴比倫滅亡時，以色列逃亡來埃及的猶太人，他們在埃及生活數百年，到埃及豔后時代，因爲支持埃及豔后與安東尼對抗屋大維，戰敗後害怕遭到清算而流亡，一部分前往葉門，一部分沿著尼羅河往上游到蘇丹、衣索比亞。此外，西元六世紀上半的阿克蘇姆國王卡雷布征服葉門後，葉門猶太人也有部分來到衣索比亞。

衣索比亞猶太人問題，是以色列強力介入蘇丹、南蘇丹、衣索比亞的原因之一。

衣索比亞二〇二〇年發生提格雷戰爭，過去曾經統治所有族群的提格雷地區失去中央政權，反過來遭新的中央政權逼迫，因而起兵反抗，這場戰爭讓以色列相當尷尬。

衣索比亞猶太人主要分布地區之一就是提格雷地區，以色列在提格雷主持中央的時代與提格雷政權交好，以利接應衣索比亞猶太人到以色列，政權輪替後以色也不想得罪新的衣索比亞中央政府，因爲接應工作進行還有最後收尾，有許多人滯留衣索比亞首都阿迪斯阿貝巴，但也

Igbo
Lemba
Cochin Jews

還有許多仍在提格雷。當中央與提格雷開戰，以色列陷入兩難，不得不進行多次祕密任務，瞞著衣索比亞中央政府偷偷前往提格雷救援衣索比亞猶太人。

衣索比亞以外，烏干達東部也有黑皮膚的猶太人，族群約有兩三千人。奈及利亞第三大族裔伊博族、辛巴威與南非的連巴人也有人聲稱有猶太關聯，但以色列並不承認這兩個族群。

膚色較深的猶太人還有印度裔，例如科欽猶太人，科欽爲印度喀拉拉邦主要港口，自古是海上絲路重要貿易節點，當時就有猶太人前來貿易，十五世紀末西班牙大排猶，大量猶太人逃來印度在科欽落腳。經過數百年與印度南部膚色較深的印度人混血，有了較深的膚色。

第三章

從上帝的選民 到流散四方

哇！這是……摩西分紅海！
真是太壯觀了，沒想到能親眼目睹，局叔，我們是搭乘時空機嗎？
不，這當然是想像圖。
那我們為何要在這裡呢？
現代以色列人的戰略觀、意志力，有很大部分都來自於向他們自己的歷史文化學習。《出埃及記》是他們重要的精神泉源之一。
例如以色列建國七十週年時，納唐雅胡就曾提到……

我們曾在法老王的追殺中活了下來
我們在希臘化的壓迫中活了下來
我們在羅馬的統治中活了下來
我們在西班牙不公義的宗教法庭中活下來
我們在希特勒滅族中活了下來
我們在德國艱困的求生中活了下來
在大屠殺中，我們少數人民有幸活了下來
我們在七個阿拉伯國家圍攻中活了下來
我們在伊拉克薩達姆海珊攻擊中活了下來
如今還是一樣，在四周眾多敵人虎視眈眈之下活了下來！
台灣與以色列處境類似。台灣要面對想併吞台灣的中國，以色列周遭環繞著要以色列消失的阿拉伯國家，台灣可以向以色列學習。
那我們就從《出埃及記》神話開始說起吧！

世人耳熟能詳舊約聖經記載的《出埃及記》故事。傳說中《出埃及記》由摩西本人完成，是緊接著《創世紀》後的第二部書。

《出埃及記》深植人心，不僅現今的以色列人視為猶太信仰與國家精神的起源，連同整個基督教世界都受到深遠的影響，台灣也深受其庇蔭，因為李登輝先生正是以摩西為典範，帶領台灣實現人類民主發展史上的奇蹟「寧靜革命」，台灣的命運因此和以色列的命運有了奇妙的連結。

「埃及王子」摩西的出埃及故事

《出埃及記》故事從摩西的身世講起，敘述古以色列人在埃及「生養眾多，並且繁茂」，埃及法老擔憂會成為禍患，於是施以種種高壓迫害，甚至下令處決所有新生以色列男嬰以減少猶太人口。摩西就在法老下這道命令時出生，母親為了保住他的小命，只好把他放進蒲草箱，漂入尼羅河，擱淺在岸邊蘆荻叢中，巧妙安排讓法老女兒發現籃子裡的摩西，收養於宮中，公主命摩西親生母親當奶媽。摩西在親母與親姊的教導下成長，有了以色列認同，相當關心以色列人民。

摩西長大後，有次見到埃及人欺壓以色列人，一時氣不過，失手殺了埃及人，只好逃亡，到曠野中娶妻生子牧羊為生。四十年後，有一天，他放牧來到何烈山附近，見到一叢燃燒中的荊棘，卻沒有焚毀。此時天使傳來上帝旨意，要他帶領以色列人出埃及，前往上帝應許的「流著奶與蜜之地」。

於是摩西回埃及謁見法老，請求准許以色列人離開，法老當然不予理會，摩西因此施展神蹟，降下十項嚴重災禍，前九項災禍讓尼羅河變成血紅色、蛙災、蠅災、蝗災、疾病盛行、下大冰雹，天昏地暗，法老仍頑固拒絕，最後一項災禍是埃及的所有長子含牲畜的頭胎全數死亡，只除了以色列人以外，到此時，法老終於受夠了，要以色列人快快離開。

義大利聖吉米尼亞諾學院的壁畫〈穿越紅海〉，繪出法老和他的士兵在穿越紅海時被淹死的景象。

當摩西率領以色列人啓程，法老又反悔率領軍隊追擊，以色列人在紅海濱無處可去，眼看埃及大軍就要追上，摩西施行神蹟，竟將紅海分開爲兩半，露出海底乾地，以色列人安然走到對岸，當法老大軍尾隨追來時，海水復合，埃及全軍淹沒於洶洶濤浪中。

摩西率領以色列人民過紅海後，來到西奈山，前往山上四十天接受上帝的訓示，帶回《十誡》，

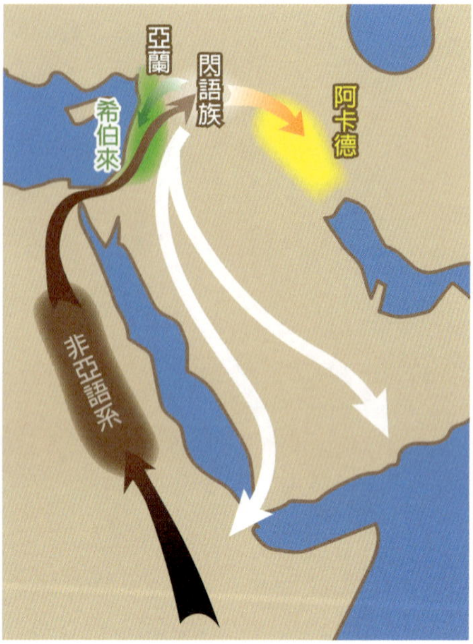

非亞語系與閃語族的上古遷徙。

不料摩西前往取回十誡的這段時間，沒有摩西領導的以色列人，竟然打造了金牛像來崇拜，違背了十誡中不可崇拜偶像的戒律，因此遭到上帝懲罰，得在西奈半島的荒野中迷途四十年，最後才能在約書亞率領下進入迦南美地。

西方基督教世界多數人相信聖經的記載是眞實發生過的歷史，許多人認爲，正是在這個艱苦卓絕的過程中，塑造出與眾不同的猶太民族。如今也有許多猶太人相信，包括納唐雅胡也以此爲猶太人堅韌的象徵，因此，《出埃及記》的故事至今的確相當程度影響了猶太人的個性。

然而，在考古學證據上，卻無法支持曾經發生過出埃及。

考古發現迦南古以色列文明是連續發展的，並沒有突然遭外來入侵取代的跡象，也就是說，以色列人原本就一直在迦南，並非先到埃及，之後才出埃及，攻占迦南，取代原來的迦南族群。若是如此，應該會有很明顯的文明斷層出現。

此外，埃及與迦南之間的西奈半島，並沒有發現任何古以色列族群蹤跡，若是眞的有摩西率領大批以色列人在西奈半島流浪四十年，應會有少數掉隊者或是主動脫離者留在沿途。

Afroasiatic languages |
Semitic languages |

因此，目前主流學界認爲：歷史上並不存在出埃及與流浪四十年，出埃及的故事應是日後「巴比倫之囚」時期的猶太學者整理經典時的想像，比較是神話與寓言的性質。也可能是反映了更遠古的記憶：猶太人屬於非亞語系的閃語族，先祖出東非大裂谷後先在尼羅河中游發展，之後出埃及。

從士師時代到王政時代

古埃及的輝煌時代，古以色列在迦南埋沒於當時世界強權與周邊諸多富強城邦之間。一場席捲整個近東地區的大風暴，將這些強大勢力一掃而空，成爲以色列出頭的契機。

Late Bronze Age Collapse |

青銅器晚期大崩潰，外海人的入侵

西元前一千兩百年至西元前九百年，地中海到近東地區發生了歷史學家稱爲青銅器時代晚期大崩潰的國際性大災禍：來歷不明、多民族組成的海上入侵者外海人四處劫掠，連續破壞許多文明，大國崩解、重要城市慘遭摧毀，這場瘋狂

Sea Peoples | 非單一民族或單一勢力，而是泛指從海上入侵的不明外來勢力，類似現在科幻作品描述外星人入侵的概念，因此在此譯為「外海人」。或譯為「海民」或「海上民族」。

Saul

David

Solomon

David and Goliath

Ammon｜為古以色列的近鄰民族，舊約聖經中稱是亞伯拉罕的侄子羅得的後代。（亞伯拉罕Abraham，羅得Lot）

Samuel

以色列十二支派與周邊其他勢力

浪潮最終由埃及擋下，外海人的殘餘之後轉往迦南，成爲舊約聖經中記載的非利士人。埃及新王朝雖然成功擊敗外海人，但大部分主要國家與城市被毀，使得貿易網中斷，埃及也難以獨存，仍然走向滅亡。

這場大混亂造成國際勢力大洗牌，各大強權崩垮、萎縮，「山中無老虎，猴子稱大王」，信仰耶和華爲主神的古以色列於強權真空中逐漸興起。

當時的古以色列處於部落聯盟時代，分爲十二支派，也就是十二部落，平時沒有共同領袖、各自爲政，遇上有重要的共同事務才特別選出「士師」來領導。

西元前一〇三七年，爲抵抗近族亞捫人以及外敵非利士人，最後一位士師先知撒母耳選出掃羅即位稱王，此後古以色列進入王政時代。

古以色列最重要也最有名的兩位國王，莫過於大衛王與所羅門王。膾炙人口的「大衛對哥利亞」故事，來自《撒母耳記》，講述大衛王年輕時的發跡故事；所羅門王則以智慧、聖殿與「所羅門王的寶藏」聞名於世。

Judge｜部落制度類似電影《賽德克巴萊》中所演出的賽德克族，各社平時各有酋長，各自為政，發動霧社事件時，參與的六個社，才由馬赫坡社的莫那魯道總指揮，也就是莫那魯道相當於古以色列士師時代的士師。

Twelve Tribes of Israel｜猶太人自第三代始祖雅各的十二個兒子分別發展為十二支派，其中約瑟兩子再分兩個子支派：以法蓮、瑪拿西。另因利未成為耶和華祭司不參與分配土地，一加一減仍為十二。

Philistines

大衛對哥利亞

文藝復興時代藝術大師米開朗基羅的代表作：大衛像，不論是有幸見到原作，或是參觀世界各地的複製品，一定都會對大衛堅毅中帶有緊張神情、放鬆中藏著力勁的肢體語言，感到讚嘆不已。這座雕像描繪的正是「大衛對哥利亞」故事，大衛臨戰前的那一刻，青筋浮起的右手中握著石頭，舉起的左手則將投石索搭在肩上，眼神凝視著遠方，正是看向目標哥利亞。

「大衛對哥利亞」的故事是：當掃羅王領軍迎戰非利士人，非利士陣營中有孔武有力的巨人哥利亞，連續四十天向以色列人挑戰，以色列人聞風喪膽，沒有一個人敢出面接下哥利亞的挑戰。

米開朗基羅大衛像

年輕的大衛本來只是給隨軍出征的三個哥哥送飯，見到哥利亞猖狂、以色列士氣低落，挺身而出，他婉拒掃羅提供的裝備，只帶著一條投石索以及從溪裡挑選的五顆光滑石頭，對上高大如山、全身盔甲的哥利亞，卻毫無畏懼，以投石索迅雷不及掩耳拋出卵石，輕敵的哥利亞遭命中額頭，踉蹌倒地，大衛一個箭步上前，拔出哥利亞的佩刀斬下頭顱。非利士人眼見大將死於非命潰敗逃亡，以色列因而大獲全勝。

大衛的故事對整個西方世界影響非常深遠，後世以「大衛對哥利亞」形容以小博大、以寡擊眾的事蹟，猶太人與基督教世界許多人以大衛爲名，文藝復興時代更有許多大衛雕像與繪畫創作，最出名的米開朗基羅大衛像成爲佛羅倫斯捍衛自身對抗霸權的象徵，原作展示於義大利佛羅倫斯美術學院，複製品經常巡迴世界展出。除此之外還有相當多知名的大衛像、大衛對哥利亞油畫。

大衛投石打倒哥利亞的故事成爲以色列的精神象徵，現代以色列發展多空層防衛系統時，其中的中程防衛系統，就以「大衛投石索」命名。

所羅門王的審判與所羅門王的寶藏

所羅門王則以智慧和財富聞名，最有名的智慧故事是「所羅門王的審判」，出自聖經《列王紀》，故事是這樣：

兩位婦女帶著男嬰來到所羅門王面前爭執著，要所羅門王評判。是怎麼回事？原來，兩人本是同住室友，都剛生小孩不久，前一晚，其中一位媽媽不小心壓死了自己的孩子，醒來後悲痛萬分，喪子之慟讓她既想塡補心靈的空虛，又嫉妒室友有孩子，竟然把兩人孩子交換，把室友的小孩當成自己的小孩。

Sir Henry Rider Haggard KBE

媽媽當然認得自己的兒子，室友醒後馬上發現，要討回小孩，死去孩子的母親卻堅稱那是自己的孩子，兩人鬧上所羅門王的法庭，雙方都聲稱是男嬰的親生母親。古代又沒有基因檢測，所羅門王該怎麼判案呢？

以智慧聞名的所羅門王，先故意裝糊塗，下令：既然分不出是誰的，就剖成兩半，一人一半吧！這樣最公平。

眞正的母親一聽到孩子要被剖半，嚇得魂飛魄散，連忙說不要孩子了，給對方就好，千萬不可以把孩子剖半！但是假的母親則當然不在意。所羅門王藉此判斷出誰才是眞正的母親，將孩子判給她。這個知名故事在文藝復興時代有無數作品描繪，包括拉斐爾的壁畫，以及威尼斯總督宮的浮雕裝飾。

比起所羅門的智慧，許多人更嚮往所羅門王的寶藏。現代人之所以會把所羅門王與寶藏聯想在一起，源於一八八五年英國作家哈葛德爵士出版冒險小說《所羅門王的寶藏》，一度暢銷到印刷廠來不及印書，影響整個西洋文學史開創失落世界冒險故事文類，更多次改編爲電影，從此，在大眾心中，所羅門王與寶藏就畫上了等號。

哈葛德爵士的小說雖是虛構，但他的想像有所本，聖經記載所羅門王有無比財富，當時古以色列所在的迦南，是近東南來北往的貿易路線必經之地，而近東是當時文明世界的中心，這就是爲何所羅門王會以財富聞名。但也因爲同樣的原因，在整個人類歷史中，迦南都是強權爭奪之處，猶太人的命運，從一開始就註定了與世界強權爭霸糾纏不清，也因此種下了顛沛流離的禍因。

King Solomon's Mines
至少改編為電影七次，最早於一九一九年就推出默片。也多次改編為漫畫出版。

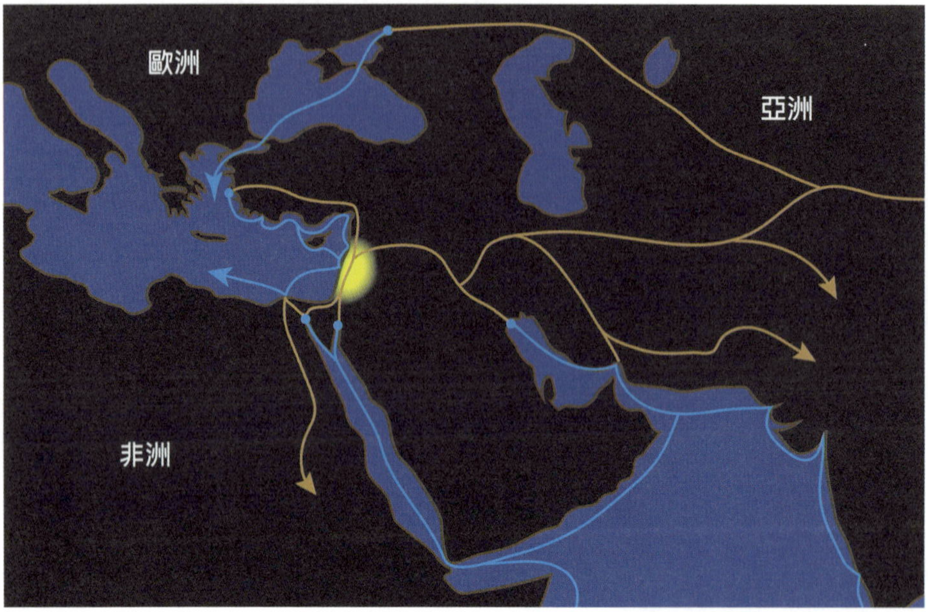

古近東貿易路線：古以色列所在之處，自古就位於歐亞非三大陸的海陸貿易路線交會要點

所羅門王的財富也是詛咒，這在他身後就馬上應驗，所羅門王因爲無比的財富而能起造耶路撒冷第一聖殿，但也由於興建聖殿耗費過鉅，不得不增稅而稅賦沉重，傳至其子羅波安時，爲了稅賦問題，於西元前九三一年造成以色列王國南北分裂，南部的兩支派成爲猶大王國，北部其他十支派成爲以色列王國。

Rehoboam

Kingdom of Judah｜《出埃及記》中記載出埃及的是以色列人，為何現在我們都稱呼猶太人？這就與古以色列歷史上第一次分裂內鬨造成亡國悲劇有關。

大局觀

台灣人看向現代以色列往往非常羨慕，以色列政黨林立政治混亂，各黨派一見面就要殺個頭破血流，然而一旦面對外敵，不管平時仇恨多深都先放下、一致對外，等擊敗外敵確保國家安全後才來自相殘殺，為何猶太人有這樣的智慧，台灣人沒有呢？

猶太人也不是自古就知道先攘外才來內鬥，原本猶太人跟所有人類——包括台灣人——一樣，都是內鬥優先，結果造成一次次亡國，從悲慘的過去中學習到血的教訓，才鍛鍊出現在的民族性。

古以色列的第一次滅國慘劇，就是由此次南北分裂種下遠因，猶太人之後面臨一再滅國的苦難，漫長的磨練過程就從此開始。

第一次分裂內鬨與北王國的滅亡

在所羅門王的智慧統治下，以色列王國擴張爲區域強權，因應戰略與政治需求，所羅門王迎娶鄰國與世界強權埃及、西台公主，國際化的後宮佳麗帶來異國風情，也一併引進外來宗教信仰，所羅門王甚至允許興建外族宗教神廟，使得以色列人與原本的祭司體系大爲不滿。聖經中譴責所羅門王受外族妻子影響背離上帝，所以上帝降下懲罰要撕裂他的國家。

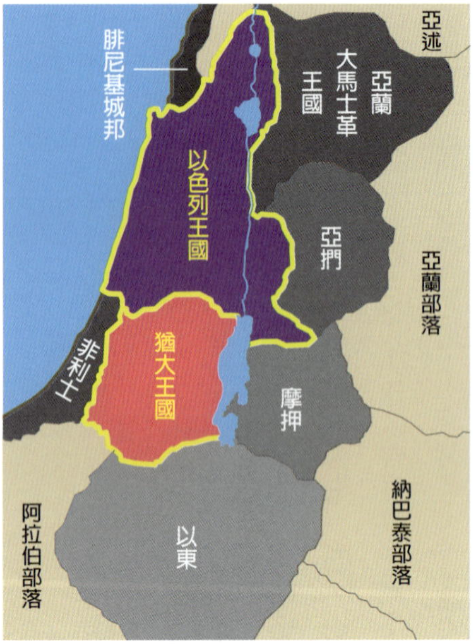

古以色列南北分裂與周邊國家

所羅門王任內大興土木建設許多輝煌建築、添購各種奢侈品，對財政造成相當大負擔。當所羅門王過世，繼承人羅波安即位前，北方十支派要求減輕稅務負擔，但如此一來羅波安就無法繼續所羅門王的輝煌建設，羅波安聽從身邊年輕幕僚的建議，認爲不可示弱，不僅沒有答應要求，還更進一步加稅。

羅波安母后正是鄰國公主，外來血統已經引起不信任，還與民意唱反調加重稅賦，正是那壺不開提那壺，北方十支派憤而脫離，羅波安統治的領地剩下南方。此後，古以色列王國一分爲二，北王國稱爲以色列王國，南王國則稱爲猶大王國。

古以色列王國分裂的時機可說再差不過，青銅器時代晚期大崩潰後強權眞空的近東局勢正悄悄風雲變色，新亞述帝國復興，開始向外征服，不到數十年的時間就來到迦南附近，古以色列先是對新興威脅渾然不覺，之後甚至威脅已經逼迫到自己頭上，還自顧自的分裂內鬥。

亞述於西元前七九六年圍攻鄰近的亞蘭大馬士革王國，迫使北國以色列王國稱臣進貢。以色列王國不思趕緊與猶大王國捐棄成見共抗強敵，認爲亞述天高皇帝遠，打發過去就好，於是一邊向外敵稱臣，一邊繼續忙著與猶大王國自相殘殺。這種僥倖心態遭亞述大軍無情踏破，西元前七四三年亞述重啓西征，以色列、猶大都臣服爲藩屬國，這下兩國總算認知到亞述是重大威脅。

南北兩國卻對如何應對亞述意見不合，以色列王國想要抵抗亞述，猶大王國卻只想忍辱偷生，雙方沒有共識，以色列王國竟想以武力脅迫就範，西元前七三二年，以色列王國聯合大馬士革王國試圖逼迫猶大王國聯合抵抗亞述，猶大王國不從，反過來向亞述求援。

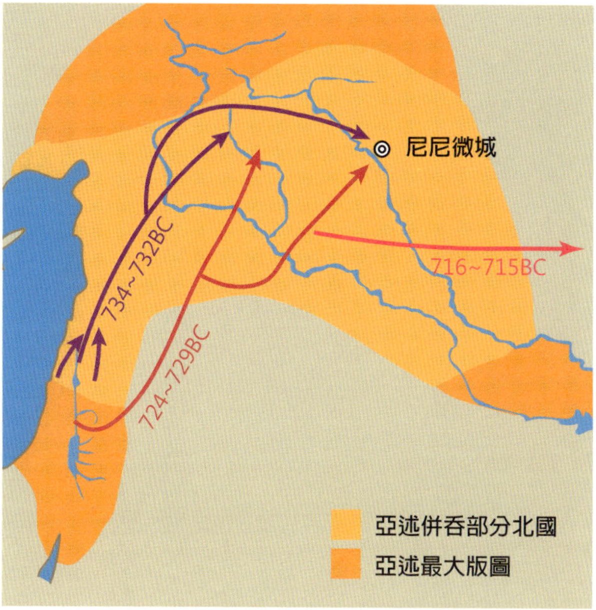

亞述迫遷北國以色列十支派

亞述大軍趕至殲滅大馬士革王國各盟邦，以色列王國王子篡位，向亞述投誠，亞述兼併大半以色列王國土地設立行省，殘餘部分在篡位王子統治下暫時繼續自治，然而他稍後試圖聯繫埃及爭取支持獨立，遭亞述察覺，埃及卻並未伸出援手，最終亞述於西元前七二〇年攻占以色列王國全境。亞述依照慣例，對新征服領地進行大規模迫遷以削弱當地反抗能力，北國以色列人民遭遷徙到千里之遠，慘遭流放到亞述各邊陲地帶，北國十支派從此流離不知所終，稱爲失落的十支派。

北國以色列覆滅後，只剩下南方的猶大王國，猶太人的國家名稱，也就從以色列轉爲猶大，日後猶太人的稱呼就是從猶大王國的名稱而來。如今國名採用古以色列的名稱叫做以色列，民族名稱卻是猶太人，這種分裂的稱呼，來自於這段南北分裂的歷史。

大局觀

猶太上古史以色列反覆多次滅亡，可說演示了一個國家民族怎樣犯錯會導致亡國的各種方式，這許多段歷史，可能一般台灣人較為陌生，但是對台灣的教訓，卻是無比重要。

北國以色列王國的亡國，可說是犯下所有不該犯的錯，新興強權崛起時，毫不在意，恬然自得的南北分裂，兵鋒都已經指到脖子上，還不開始臥薪嘗膽團結對外，而是繼續內鬥，怪不得南國對北國無法信任。

等到亞述的威脅已經大到無法忽視，才想要團結對外，但是無法說服南國，竟然先挑起內戰，北國武力威脅南國固然離譜，南國受威脅下竟然倒戈外敵，更是可鄙。

北國以色列因而先一步滅亡，但唇亡齒寒，南國猶大也終究逃不過劫數。

巴比倫之囚

南國猶大王國比起北國多存續了上百年，然而，亞述走向滅亡，再度將位於兵家必爭之地的猶大王國捲入世界戰局。

西元前六二七年，亞述末代帝王殉國，僅存各地殘軍。埃及法老尼科二世感到唇亡齒寒——亞述若完全滅亡，埃及可能遭到新興的巴比倫攻擊——決意出兵援助，途經猶大王國，猶大王國一方面可能想投靠打倒亞述的巴比倫，一方面妄自尊大認為自己軍力強大可抵擋埃及，竟然拒絕埃及軍隊通過，雙方決戰，猶大王國完全不是強權埃及的對手，可是經過這一番折騰，埃及軍前往與亞述殘軍會合時已是強弩之末，埃及亞述聯軍戰敗，亞述從此滅亡。

Necho II

尼科二世退兵回程再度經過猶大王國，實在氣不過，押走國王另立傀儡，猶大王國成為埃及的藩屬國，並償付大量賠款。埃及要去拯救亞述殘軍本來跟猶大王國沒有直接關係，只因剛好在行軍路線上就導致國破家亡，實在是無妄之災；

法老尼科二世救援亞述殘軍路線圖

然而法老明明只想路過，卻偏偏要逞威風攔路，慘遭滅頂也實在咎由自取。

更糟糕的是，猶大王國的一時意氣用事，改變了整個國際局勢，亞述殘軍滅亡，使得埃及與巴比倫之間失去緩衝勢力，兩大強權爭霸的第一線戰場如今就在猶大王國，猶大王國卻沒有體認到這種處境的危險，反而是試圖見風轉舵。

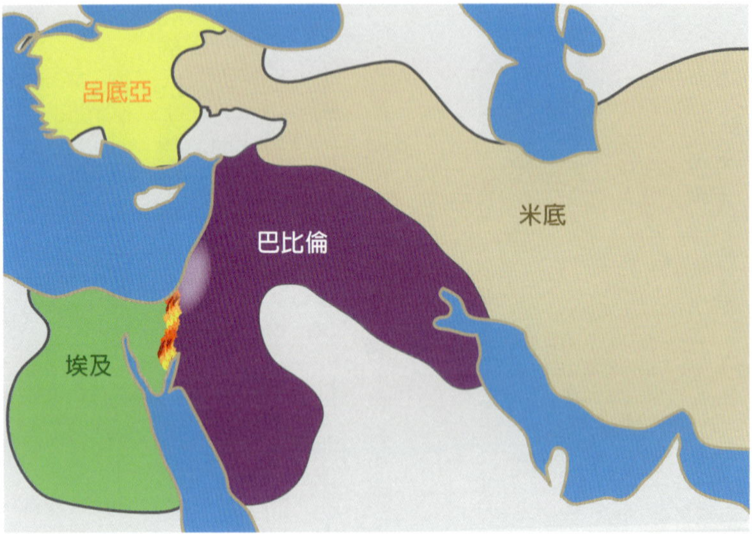

亞述殘軍滅亡後，巴比倫與埃及爭鋒戰線推進使得猶大王國成為戰火第一線

西元前六〇五年，埃及大敗，猶大王國改向巴比倫稱臣納貢，前六〇一年，輪到巴比倫大敗，又再度投機，背叛巴比倫倒向埃及。猶大王國的背叛引起巴比倫王尼布甲尼撒二世大怒，先鼓動周遭勢力入侵，接著親自大軍壓境圍攻耶路撒冷，城破後大肆洗劫，擄走整個王族，連同猶太貴族仕紳以及工匠共萬人遷往巴比倫囚禁。

才不過十年，當埃及出兵迦南煽動各國叛離巴比倫，猶大王國忘記先前教訓，再度投機倒戈起而呼應，引來尼布甲尼撒二度圍攻耶路撒冷，西元前五八七年，圍城十八個月後城破，尼布甲尼撒全面劫掠耶路撒冷夷爲平地、摧毀所羅門聖殿，擄走所有猶太菁英階級至巴比倫，只留下最底層的農民。這是猶太民族在歷史上受到的首次全面摧殘與大規模流亡，史稱「巴比倫之囚」，對猶太人的影響極其深遠。

大局觀

邱吉爾名言：「不能從歷史中學習的人，註定要重蹈覆轍。」

古代猶太王國連十年前自己的教訓都沒有學到，註定重蹈覆轍。但那是兩千六百年前的猶太人。

猶太王國滅亡一千八百年後，東亞的宋朝察覺金國崛起戰力超過遼國，本應聯遼制金，卻選擇聯金滅遼，慘遭入侵差點亡國；南宋察覺蒙古崛起戰力超過金，應該學會教訓，這次該聯金制蒙，卻又是選擇聯蒙滅金，最終自己一起被蒙古消滅。東亞中原王朝在十三世紀還在犯猶太人西元前六世紀的錯誤。

台灣與古猶太人的處境很類似，身處大國賽局前線，稍一不慎就可能有滅頂之災，台灣必須要好好的聽邱吉爾的諄諄教誨，認真的從全人類的歷史中學習經驗，尤其是猶太人的歷史。

"Those that fail to learn from history
are doomed to repeat it."

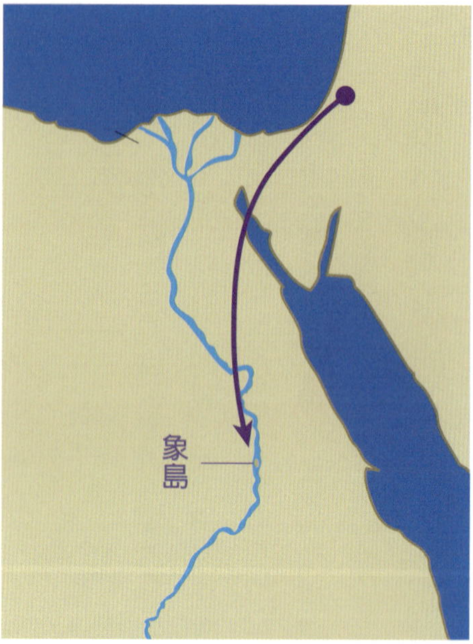

猶太人來到距離故鄉千里之遠的象島當傭兵

世界帝國下的猶太人，遠到埃及當傭兵

猶太人因爲忽視國際局勢變遷而倒了大楣，慘遭巴比倫之囚，不到半個世紀，在猶太人不知不覺之處，國際局勢再起波瀾，伊朗南部群山之中，波斯人崛起征服四方，成爲第一個世界帝國，爲人類歷史展開了新的篇章。這場翻天覆地的巨變，讓猶太人意外得利。

波斯開國帝王居魯士兵不血刃進入巴比倫城，解放巴比倫之囚的猶太人。聖經記載居魯士讓猶太人都返鄉，不過史實上大部分猶太人獲釋後決定留在當時世界帝國的經濟與文明中心巴比倫，只有一部分回到耶路撒冷。身處於世界帝國中樞，讓猶太人眼界與智識大開。巴比倫與耶路撒冷的學者們繼續巴比倫之囚時代開始的整編猶太經典工作，大部分的猶太經典都是在波斯時代完成，自世界帝國吸收的世界知識與思想，不斷揉合進入猶太經典。

猶太人本身也得以前往帝國各處尋求機會，甚至爲波斯帝國擔任傭兵駐守他方。西元前五世紀，猶太傭兵團駐守在埃及尼羅河第一瀑布附近河中的要塞島嶼，象島，後世考古發掘出土社區記錄日常生活各項事務的文件，即為《象島古卷》，其內容不僅揭露了西元前五世紀的生活樣貌，也訴說著處於世界帝國之下，猶太人還到埃及當傭兵的故事。

猶太人在波斯帝國過上一段相對好的日子，很不幸的「靠山山倒，靠人人老」，猶太人無法掌握波斯帝國的國運，當波斯帝國傾頹，猶太人又得面對世界的風暴。

Elephantine papyri｜當時希伯來文已經逐漸失傳，全卷以亞蘭文書寫。

大局觀

猶太人在波斯帝國時代，身為世界帝國一部分，而在文化智識上都有長足的飛躍，同樣的現象，台灣也不陌生。台灣的荷蘭時代，適逢荷蘭崛起為「海上馬車夫」；日本時代，日本正透過英日同盟大舉現代化。

然而，遭受外來統治，總不可能沒有代價。猶太人在波斯時代遭波斯扭曲原本的政教結構，種下日後內部衝突遠因。台灣人在殖民統治下也蒙受不公待遇。

更根本的一點是：把自己的命運交給別人，就是不現實。寄人籬下，一旦房子倒坍，也就覆巢之下無完卵。當波斯帝國覆滅，猶太人捲入新的風暴，台灣歷史上也是隨著殖民者更迭「宰相有權能割地，孤臣無力可回天」。

希臘化與反希臘化，猶太人的二度分裂內鬨

不世出的戰爭天才亞歷山大，在翻天覆地的征戰中擊潰並取代了波斯帝國，亞歷山大東征打遍整個西方已知世界，卻旋即溘然病逝，死後部下們龍爭虎鬥，稱之為「繼業者」們，他們在各地的統治，讓希臘文化與希臘語文廣為散布，史稱「希臘化時代」。

繼業者中，托勒密帝國奪占最富裕的埃及，與大體上維持東方疆域的塞琉古帝國，成為世界雙強，重複埃及與巴比倫之間的國際賽局，猶太人身處迦南戰略要地，無可避免再度成為強權爭戰下的夾心餅乾，耶路撒冷於塞琉古與托勒密兩方之間轉手高達七次，直到西元前二〇〇年，猶太故地落入塞琉古帝國手中。

台灣在日本殖民時代，日本帝國曾推動「皇民化」，塞琉古帝國穩定統治猶太故地後，同樣開始推動希臘化。猶太故地的猶太人因此產生了政治立場對立分裂：希臘化槓上反希臘化，親托勒密對決親塞琉古。分裂各方高度激化、彼此惡鬥，親兄弟之間也因此反目成仇。

猶太人可說重蹈過去新亞述帝國崛起時，對國際局勢改變渾然不覺的覆轍。希臘化時代兩大強權經年累月鷸蚌相爭，世界邊陲的羅馬漸漸坐大，最終，繼業者們都將慘遭羅馬掃進歷史的墳墓，猶太人的命運也將改為與羅馬息息相關。希臘與反希臘、托勒密與塞琉古，早已不再重要，猶太人卻沒有察覺到國際形勢已經不同，忙著在既有的對立中打轉。

西元前一六八年，塞琉古帝國於第六次敘利亞戰爭中擊潰埃及，眼看就要入侵埃及本土，新興強權羅馬派來使者干預，要求退兵，塞琉古帝王安條克四世想敷衍了事，推說要和幕僚商

希臘化時代，猶太故地又成為兩大強權爭鋒前線

討，羅馬使者竟毫不客氣的在沙地上畫了個圈子，勒令安條克四世必須在走出這個圈子之前給出答覆，安條克四世只能當場答應撤兵。

反希臘化派猶太人聽到退兵消息，誤信謠傳以爲塞琉古帝王戰死，聚集千人起兵發動政變。瘦死的駱駝比馬大，塞琉古帝國即使狼狽地遭羅馬霸凌，對付猶太人還是綽綽有餘，安條克四世一肚子憋屈正沒處發洩，立即回師耶路撒冷，懲罰性的大舉屠殺擄掠、洗劫聖殿，餘怒未消，隨後發起對猶太文化的大鎮壓。

塞琉古帝國原本採取較爲寬容的漸進式希臘化政策，安條克四世認爲猶太文化就是叛亂之源，必須根除，他加重課稅、增設軍事要塞，並全面性摧毀猶太文化：禁止猶太律法、禁止流通與持有猶太經典、禁止割禮、禁止安息日與向聖殿獻祭、故意用豬肉祭祀、聖殿山上設立宙斯像、故意向偶像犧牲祭拜，逼迫猶太領袖向偶像獻祭，不從者殺。這正是納唐雅胡所說的猶太人曾「在希臘化的壓迫中活了下來」。

一如伊索寓言《北風與太陽》，蠻橫打壓只會引起反效果，忍無可忍的猶太人掀起風起雲湧的反抗運動，適逢塞琉古帝國已成風中殘燭的強權真空，促成了猶太人再度建國。

Judah Maccabee

強權真空中，猶太人再度建國

對塞琉古帝國暴政不滿的猶太人組織一小股猶太反抗軍，領導人猶大，人稱猶大鐵槌的「猶大馬加比」，反抗運動因此史稱馬加比起義。

猶大馬加比

塞琉古帝國正蠟燭兩頭燒，在西方要對抗羅馬與老對手托勒密埃及，在東方要力抗安息帝國，西元前一六四年安條克四世東征病逝。塞琉古帝國負責猶太故地的敘利亞總督，聽聞帝王駕崩，連忙率領大軍趕回帝國首都爭權。總督就這樣帶著兵力跑了，使馬加比起義軍突然沒有對手，得以收復耶路撒冷，滌淨第二聖殿，重新建立猶太宗教儀式，這一天也就是日後猶太教節日光明節。

塞琉古帝國此後陷入長年不斷的王位爭奪，羅馬、托勒密兩大強權不懷好心分別介入，使得塞琉古內戰中爭奪王位的對手有如走馬燈般一輪換過一輪，長達數十年的塞琉古內戰，讓猶太故地處於國際局勢的強權眞空，起義軍得以實質自治，鞏固領土，逐漸壯大。

西元前一三九年，猶太人獲羅馬元老院承認自治地位。西元前一一〇年起，猶太人完全獨立，並四出征戰開疆拓土，成爲區域強權，建立猶太王國哈斯蒙尼王朝。

在繼業者的崩潰中，猶太人得以把握機會，再度擁有了獨立自主的國家，然而，繼業者的崩潰，也代表著希臘化時代邁向終結，新時代的霸權羅馬興起，猶太人的命運，即將落入羅馬的五指山中。

大局觀

許多台灣人常常認為，台灣小，無法決定自己的命運，其實大小強弱是相對的。

過去台灣歷史課本忽視美國獨立的細節，許多台灣人誤以為「美國很大，英國很小」所以美國很容易獨立，其實美國獨立時只有東岸十三州，是「小國寡民」，英國當年是世界獨強，國際地位相當於如今的美國。

美國之所以能獨立，並不是只靠自己的力量對抗英國，當時英國正處於和法國龍爭虎鬥的「第二次英法百年戰爭」國際賽局，美國因此得到法國相助。

即使是已經末年衰弱的塞琉古帝國，若只需對付猶太起義，仍是綽綽有餘，但是塞琉古帝國在國際上還得跟各大強權周旋，強權介入裂解更造成長期內戰。猶太人把握良機，重新建國。

為何台灣人需有國際觀，為何台灣人應讀世界史，包括猶太人的歷史，因為我們的命運同樣與國際局勢的變化密不可分。

驚濤駭浪的羅馬共和終結戰

羅馬的歷史在哈斯蒙尼王朝的末年，剛好來到最波瀾壯闊的一段，這時候的羅馬共和因爲數百年來對外戰爭勝利不斷擴張，原本共和的結構已經不堪負荷，上層軍政結構緊繃，下層社會也壓力日增，開始出現集軍權政權於一身的準獨裁者，亂世英雄輩出，彼此合縱連橫，「前三頭」到「後三頭」同盟的組成到崩潰，驚濤駭浪的戰亂席捲整個西方世界，最終羅馬共和名存實亡轉變成爲羅馬帝國，這整個過程，稱之爲羅馬共和終結戰。

「前三頭」爲當時羅馬首富克拉蘇、最富軍事能力盛名的龐培，以及日後最著名的歷史人物之一凱撒。

First Triumvirate
Second Triumvirate
Julius Caesar
Marcus Licinius Crassus
Pompey

「後三頭」爲凱撒的繼承人屋大維、凱撒的左右手安東尼、凱撒的忠誠部下雷必達。

西元前六六年起，龐培接掌對本都王國與亞美尼亞的戰爭，一路掃蕩探索希臘羅馬神話中提到的遙遠國度，完成傳奇般的遠征後，大軍南下，捻熄了風中殘燭般的塞琉古帝國最後殘餘，將毗鄰猶地的敘利亞納爲羅馬行省，這也讓龐培一度成爲猶太人命運的主宰者。

克拉蘇、龐培，聯合當時快速崛起的政治新星凱撒，結爲前三頭政治同盟，凱撒爲此不惜將年僅十四歲的女兒嫁給已經五十歲的龐培。前三頭之中另兩人都已經有赫赫軍功，凱撒急起直追，在西元前五八年展開高盧戰爭，一口氣征服了大半如今的法國，並一度揮軍不列顛，奠定與克拉蘇、龐培三足鼎立的軍政實力與聲望。

前三頭脆弱的三角平衡，因西元前五三年克拉蘇遠征意外身亡而破裂，三頭剩兩頭，凱撒與龐培從盟友變成彼此最大的競爭者。龐培爲此與元老院謀畫召回凱撒，由於羅馬法律規定外省總督不許帶兵越過省界，凱撒不能將軍團帶過高盧與羅馬的界河盧比孔河，只能隻身回到羅馬，屆時就趁機予以逮捕。

凱撒來到盧比孔河畔，他感嘆，若是依照規定隻身過河，將是自身的滅亡，但若是破壞共和制度帶兵過河，將是文明的浩劫，該如何選擇？凱撒拋出一句「擲骰無回」，毫不猶豫的帶兵渡河，後世歐美將「渡盧比孔河」作爲形容覆水難收、已無退路的諺語。龐培完全沒料到凱撒敢於破壞共和，措手不及倉惶逃離羅馬，凱撒領兵追擊，於西元前四八年決戰擊潰龐培，龐培流亡到埃及時，遭埃及法老、埃及豔后之弟托勒密十三世謀殺。

凱撒成爲羅馬無人能匹敵的獨裁者，造成元老院恐慌，西元前四四年，元老院與擔憂共和毀滅的凱撒情婦之子布魯圖斯共謀，設計圍殺凱撒，莎士比亞在劇作中描述凱撒悲淒無比的最終遺言：凱撒見到圍殺他的人之中，竟然也有他疼愛無比的布魯圖斯，心寒之下，問布魯圖斯「你也同謀？」灰心放棄抵抗，悲傷的死去。凱撒獨裁執政僅僅四年就身亡，羅馬又陷入新一波內戰動亂。

忠於凱撒的屋大維、安東尼、雷必達，組成後三頭同盟，向刺殺凱撒集團掀起決戰，兩年內將布魯圖斯與其他元老黨羽消滅殆盡，隨著屋大維的勢力膨脹，與雷必達的邊緣化，後三頭再度失去平衡，屋大維與安東尼兩人瓜分羅馬，屋大維掌管西部，安東尼掌管東部，包括埃及豔后統治的埃及、敘利亞與猶太故地，這使得安東尼一度成爲猶太人命運的主宰者，哈斯蒙尼的末代國王正是葬送在他手上。

經過十年爾虞我詐的對峙，屋大維與安東尼終於在西元前三一年決一死戰，安東尼慘敗，西元前三〇年，屋大維大軍追殺到埃及，安東尼已經無處可逃，與埃及豔后留下淒美的殉情故事。

在羅馬連續內戰的驚濤駭浪中，猶太人本來得到寶貴的空窗期，可以趁著羅馬自顧不暇全力富國強兵，卻因基本教義派爭執陷入內戰，甚至寧可勾結外人來對付自己人，野心家趁機搭上羅馬霸主，龐培、凱撒、安東尼、屋大維都成爲有心人賣國以謀篡權位的終南捷徑，哈斯蒙尼王朝因而滅亡，猶太故地成爲羅馬的附庸，建立起傀儡統治的希律王朝。

Antipater the Idumaean　Salome Alexandra
Sadducees　Pharisees

強權大軍逼近，卻忙著兄弟鬩牆

猶太人自從遭波斯統治以後就沒有國王，領袖是最高祭司，西元前一〇四年，自馬加比起義以來，領導猶太人的哈斯蒙尼家族決定打破慣例，宣布不僅擔任最高祭司，還同時登基爲王，從此建立哈斯蒙尼王朝，這引起宗教上的派別分裂。

法利賽派堅持只有大衛後裔才能擔任國王，對不具備大衛血統的哈斯蒙尼家族竟然膽敢僭越而稱王勃然大怒，拒絕接受，爲了基本教義理念，法利賽派不惜一度勾結外國，結合塞琉古帝國的力量挑起內戰，在塞琉古帝國退兵後，法利賽派慘遭大舉鎮壓。

直到出身法利賽派家族的王后莎樂美亞歷珊卓攝政，王室與法利賽派雙方關係才緩和，但莎樂美的兩子卻種下新一輪衝突禍因：長子海卡努斯大力支持法利賽派，弟弟亞里斯多布則結交撒都該派默默建立無數堡壘軍事據點，意圖以武力奪取王位。派系間爾虞我詐，全副注意力都放在內鬥奪權，絲毫不顧塞琉古帝國消亡，新霸權羅馬正在開疆拓土，已來到家門口。

莎樂美一過世，兄弟兩人立即掀起內戰，正逢龐培大軍南下消滅塞琉古殘餘、兼併敘利亞。見到新強權逼近，兩人不知團結抵擋，反而爭相討好羅馬，對兄弟雙方都不支持的第三勢力也有樣學樣，三方猶太人竟然都希望引進外力來殘殺自己人。最終龐培的副手被弟弟收買。

當龐培親自抵達敘利亞，政治風向卻變了，龐培認爲無能的哥哥比較好掌控，羅馬大軍一路拔除亞里斯多布的堡壘，攻入耶路撒冷城，表面上讓哥哥復位爲大祭司，卻剝奪他的政治權力，交給原本哥哥的親信安提帕特，由他來代表羅馬統治。至此，兄弟倆才恍然大悟：龐培

Hyrcanus II
Aristobulus II

根本沒有要支持其中一人，從一開始就只是要併吞猶地。亞里斯多布脫逃起兵反抗，卻只是再度敗北遭囚。不久凱撒龐培內戰爆發，凱撒釋放亞里斯多布，希望他在內戰中反抗龐培，但亞里斯多布前往猶地路上遭龐培黨人攔截，本人慘遭毒殺、長子遭斬首處決，次子安提柯逃過一劫，起兵進攻猶地，卻遭希律擊敗。凱撒遇刺身亡後，安提柯又找到一次機會，隨著龐培殘餘勢力與安息結盟，當時敘利亞與猶地屬於安東尼勢力範圍，趁著安東尼忙著與屋大維內戰，安提柯在安息支持下如願奪回王位，當上哈斯蒙尼王朝的末代國王。

好景不長，希律很快帶著羅馬大軍回攻猶地，在壓倒性軍力下勢如破竹，僅剩耶路撒冷城孤城死守，數個月後城破，安提柯退到聖殿節節抵抗，最終全軍覆沒，遭羈押到安條克城，安東尼下令將他綁上十字架，狠狠鞭打後無情斬殺，哈斯蒙尼王朝自此滅亡。

大局觀

猶太人竟然不思團結保衛珍貴的獨立主權，而是交相想討好羅馬勢力，這個情況看在台灣人眼中，恐怕有些似曾相識。結果，三方最終發現，羅馬根本不會支持其中一方，而是要全部併吞。其實，台灣人也要好好思考同樣的問題，有少部分人以為投靠侵略者可以得到好處，但是在侵略者眼中，投靠者也只在侵略過程中有些許利用價值，之後都一樣只是掠奪、壓榨、消滅的對象而已。

Idumaea / Edom

希律王朝賣國求榮、結交當權，終究自身難保

希律王朝的開始，可說源自於希律的父親，以東的安提帕特。哈斯蒙尼王朝征服以東後，強制以東人成爲猶太信仰圈的一分子，但仍被正統猶太人視爲外人，哈斯蒙尼王朝末代國王安提柯就鄙視希律是以東人，認爲他只算是半猶太人。身爲以東人，本來與王位無緣，但安提帕特在哈斯蒙尼王朝末年巧手編織，促成兒子希律能成爲史上有名的大希律王。

當亞里斯多布起兵推翻兄長海卡努斯，身爲以東首長的安提帕特擔憂位置不保，慫恿海卡努斯繼續爭位，使得國家繼續分裂內戰，最終遭龐培整碗端走，安提帕特以其行政能力與精明的手腕受到龐培賞識，成爲最大獲益者。

羅馬內戰風暴中，安提帕特謹慎地當個牆頭草，龐培戰敗後立即改與凱撒結盟，凱撒在埃及亞歷山卓遭包圍時，安提帕特領兵趕往救援，從此獲得凱撒信賴，賜與安提帕特羅馬公民身分與免稅權，更任命他擔任猶地首任羅馬總督。但是靠山山倒，凱撒遭刺殺不久，安提帕特也遭猶太貴族下毒暗殺。

凱撒死後，猶地成爲安東尼勢力範圍，安東尼任命安提帕特的兩個兒子法賽爾、希律爲副王，輔佐海卡努斯。哈斯蒙尼王朝的末代國王安提柯正投靠安息帝國引安息大軍壓境，假意提出和談，由於敵我實力懸殊，儘管希律再三勸阻，法賽爾仍然與海卡努斯一同前往安提柯大營試圖談判，果然只是陷阱，兩人遭俘虜，法賽爾得知弟弟希律已經順利逃亡，刺破頭顱自盡，殉國身亡。

Phasael

希律逃往羅馬，本來是請求羅馬派兵為海卡努斯復國，羅馬元老院卻意外的封希律為猶太王，希律為了取得統治正當性，拋妻棄子迎娶海卡努斯的女兒米利暗，成為哈斯蒙尼王族的女婿。西元前三七年，希律在安東尼大軍協助下攻破耶路撒冷，哈斯蒙尼王朝滅亡，希律王朝以羅馬的附庸國身分誕生。然而哈斯蒙尼家族仍有相當大的號召力，希律一不做二不休，連續殺害哈斯蒙尼家族殘存者斬草除根，竟然連自己的妻子米利暗都不放過。

延伸閱讀

聖經與史實中的大希律王

大希律王正是聖經耶穌出生故事中的國王，聖經故事中，希律聽聞救世主誕生於伯利恆，害怕救世主推翻自己，竟然下令殘殺所有伯利恆兩歲以下的嬰兒。

這則故事並非事實，史實上並未有過殺害嬰兒的命令，但是，希律王實際上的殘忍程度，可說有過之而無不及，他的高壓統治使猶太人敢怒不敢言，希律深知自己不受歡迎，臨終前擔心無人爲己哀悼，竟然下令集中一群顯貴人士到耶利哥城，當他過世時一起屠殺，如此就會有很多人哀悼，幸好他的兒女沒有執行這個喪心病狂的命令。

西元前三一年安東尼敗給屋大維，希律連忙轉換陣營，以三寸不爛之舌說服屋大維他對羅馬有用處，竟然又成爲屋大維的友人，在屋大維庇蔭下安穩統治長達三十七年。身爲羅馬統治代表，他施以高壓統治，設立祕密警察以武力剷除反對勢力。希律王身邊護衛多達兩千人，其中臥虎藏龍，有猶太精銳，有哈斯蒙尼王朝時代傳承下來的色雷斯衛隊，還有屋大維贈送的原埃及豔后高盧衛隊，以及也是屋大維贈送的原爲屋大維的日耳曼親衛隊。

希律爲了爭取民心，大規模擴建聖殿山與第二聖殿，興建濱海凱撒港、多處城堡，也興建異教徒居住的城市以吸引外來人口；但希律也不斷挑戰猶太傳統以展示羅馬權威：引進外來娛樂、在聖殿入口設置代表羅馬的金鷹。大興土木帶來沉重財政負擔，不得不收取高額稅賦；擴建聖殿的過程，得罪了法利賽派；爲了討好外地猶太人，引進巴比倫與亞歷山卓的祭司，則得罪了撒都該派。這使得原本勢不兩立的兩派都反對希律，希律的統治到後期民怨四起，種下猶太人對羅馬不滿，希望恢復成爲獨立國家的悲願，成爲日後引爆猶太羅馬戰爭的遠因。

羅馬並沒有眞心想讓希律王朝延續，而是謀劃逐步併吞。希律死後，羅馬故意將王國四分給希律的三個兒子和妹妹，伺機一一傀儡化、找藉口廢位，併吞爲羅馬行省。

面對羅馬逐一蠶食的陽謀，希律王朝的後人再度祭出緊抱最高領袖的家傳絕學。大希律王妹妹的孫子希律亞基帕結交日後的羅馬皇帝卡利古拉，卡利古拉即位後陸續剝奪殘存兩個希律四分王國的王權，將領地封給好友希律亞基帕。這次希律亞基帕對「靠山山倒」已經做足準備，當卡利古拉遭暗殺，希律亞基帕再度站對邊，支持克勞狄對抗元老院，克勞狄即位後投桃報李，將羅馬先前併吞的兩部分也歸還，希律亞基帕靠著長袖善舞，竟然收復了大希律王死後遭四分割的猶太故地。

可是希律王朝還是逃不過「靠人人老」，西元四四年，希律亞基帕於濱海凱撒港爲克勞狄舉辦運動賽會時突然心臟病發，五天後去世，雖然生前他是羅馬皇帝的盟友，死後就什麼都不是，克勞狄指派總督直接把猶太故地劃爲行省。希律王朝從安提帕特到大希律，再到希律亞基帕，處心積慮賣國求榮，不惜拋妻棄子殺妻血腥奪權以討好羅馬領袖，建立王朝的心血，至此毀於一旦。

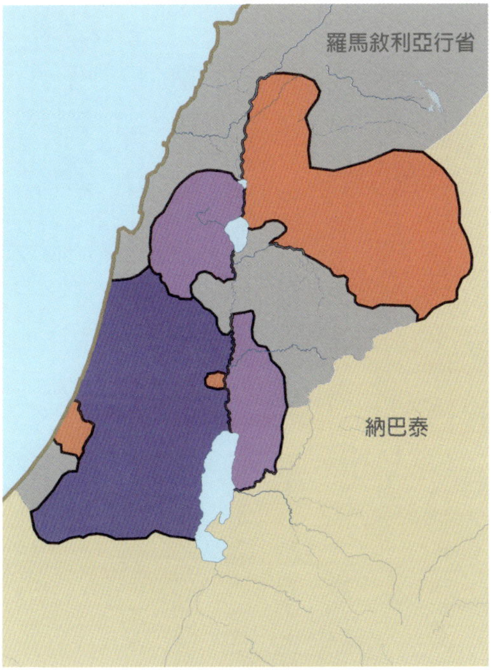

大希律王死後王國遭四分割

大局觀

有些台灣人認為只要長袖善舞就能平步青雲，對國家命運也這樣想，不擔心失去獨立自主，反正到時只要結交新統治勢力的權貴就好！

希律王朝可說是結交權貴的佼佼者，安提帕特處心積慮結交龐培，龐培死後賣凱撒人情；希律先投靠安東尼，安東尼戰敗馬上轉投屋大維；希律亞基帕連續押寶兩任羅馬皇帝成功，希律家族可說是歷史上最會結交權貴的一家了。可是，最終羅馬皇帝克勞狄只在希律亞基帕生前賣他面子，人一死，就沒收王國成為行省。

臥榻之側豈容他人酣睡，侵略者不可能永遠允許被侵略者擁有權力，最終總是要完全控制，將一切利益都收歸己有，怎可能讓人從中攔截呢？

暴君尼祿荒淫無道，引發羅馬猶太戰爭

大希律王固然爲虎作倀，讓猶太人敢怒不敢言，但羅馬直接統治只是雪上加霜，羅馬派來的總督不諳地方民情，使得羅馬與猶太人的衝突快速升級，羅馬統治與猶太人之間有基本的認知歧異，不僅沒有消彌希臘化時代遺留的希臘與猶太文化衝突，還往往一有衝突就放大，情勢

一觸即發，而引爆猶太人與羅馬全面衝突的，正是大眾心中羅馬暴君的代名詞：尼祿。

尼祿的繼位是來自於母親再嫁給克勞狄而成爲其繼子，再安排與克勞狄的親生女結婚，以鞏固接班正當性，尼祿繼位時年紀尚輕，由母親攝政，年齡較大後竟冷血弒母，對親生母親都如此，妻子自然更不用說。

尼祿的損友奧托勾引美艷聞名的有夫之婦波佩婭沙賓娜，唆使尼祿處死她原本的丈夫好迎娶進門，婚後將她介紹給尼祿爲情婦，藉此鞏固自己的地位，不料尼祿卻因占有欲故技重施，遠遠流放奧托，清除奧托後，尼祿想迎娶波佩婭沙賓娜的唯一障礙就是自己的元配，於是冷血休妻後下令謀殺。

尼祿幹盡傷天害理的醜事後歡喜迎娶波佩婭沙賓娜，花了這麼大功夫才娶到卻不珍惜，西元六五年，波佩婭沙賓娜正懷胎，她抱怨尼祿花太多時間在競技場，尼祿盛怒之下一腳重踢她的肚子，造成她流產慘死，當上皇后不過三年時間。

儘管波佩婭沙賓娜只得了三年好光景，卻足以讓猶太人交上厄運，她的裙帶關係給猶地帶來了極度歧視猶太偏袒希臘化民眾的總督，希臘化族群靠著總督撐腰逐漸膽大妄爲，公然挑釁猶太信仰，總督相應不理還把猶太陳情者關入大牢。又宣稱爲了要繳款給皇帝，從耶路撒冷聖殿的聖庫中取走大筆款項，猶太人群起抗議，總督立即派兵鎮壓，逮捕抗議領袖，將他們全都釘上十字架。

至此猶太人忍無可忍，耶路撒冷激進派拿起武器起義，羅馬衛隊雙拳難敵四手，投降後遭屠殺。猶地首府凱撒市的希臘化族群攻擊猶太人，卻反遭殲滅，猶太起義軍趕走希臘化族群、大舉清洗耶路撒冷的羅馬人與親羅馬官員，摧毀消除城中的羅馬象徵。總督立刻丟了官，但是起義已如野火燎原。

大局觀

最終造成猶太人無數死難、流離失所的慘烈羅馬猶太戰爭，竟是因為羅馬皇帝的荒淫而引發。這樣的歷史教訓告訴我們：寄人籬下終究是不現實，沒有自己的主權，隨時可能因為中央的任何風吹草動，不論是多麼可鄙可笑的事件，都會讓人大禍臨頭。

猶太人亡國後原本也認為不需要有自己的國家，在別人統治下試著好好過日子就好了，實在是一而再再而三的橫遭大難，才徹底覺醒。羅馬猶太戰爭，只是他們將要受的第一個教訓。

Zealotry

Sicarii

羅馬步步進逼，猶太人卻又忙著自相殘殺

羅馬敘利亞總督一聽聞猶太起義，調度三萬大軍，一路掃平周邊地區、進軍凱撒市屠殺八千四百猶太人，在繼續挺進耶路撒冷之前，決定先撤離整頓，卻在途中遭起義軍埋伏，損失六千人，更丟失軍團的金鷹旗幟，是當時羅馬罕見的大敗。猶太人士氣大振，反守爲攻，這次卻輪到猶太起義軍遭逢大敗，損失高達八千人，只得回到守勢。

戰況危急的關頭，猶太激進派奮銳黨的分支短劍黨，竟發動武裝奪權失敗，遭逐出耶路撒冷，短劍黨之後落腳於著名的馬薩達要塞。這起事件，不詳的預示了整個猶太起義內鬥頻仍，終於招致失敗的結局。

延伸閱讀

馬薩達要塞九百六十壯士

羅馬猶太戰爭最廣爲人知的是馬薩達要塞九百六十烈士故事，敘述奮銳黨分支短劍黨，從羅馬軍手中奪下馬薩達要塞爲基地，在起義敗亡的最終時刻，羅馬第十軍團以一萬士兵圍攻，將遭攻破時，短劍黨人拒絕被俘，由於猶太信仰不允許自殺，殘存的九百六十人決定互相殺害，最後一人再自盡，要塞內只剩兩位婦女與五個小孩躲起來存活，才把眾人自我了斷的事蹟流傳後世，是爲羅馬猶太戰爭最悲壯的落幕。

日後這故事成爲以色列塑造建國精神的重要歷史素材，特別設立馬薩達國家公園，向聯合國教科文組織申請爲世界文化遺產，以色列陸軍更特別讓新兵在這裡完成基礎訓練，結業時需高呼「不讓馬薩達再度淪陷」。美國廣播公司在一九八一年將它拍爲電視迷你影集《馬薩達》。世人因此大多認爲死守馬薩達要塞的短劍黨是猶太起義對抗羅馬的代表，其實是嚴重誤解，短劍黨從起義之初就因內鬥先於外鬥、大敵當前卻不共同對外反而先想著奪權，發起武裝政變失敗，遭到驅逐，只好落腳於此。整個起義之中大部分時間據守馬薩達要塞周邊，與主要戰局大體無關。

尼祿派遣日後成爲羅馬皇帝的維斯帕先統兵前來鎮壓猶太起義，西元六七年四月，維斯帕先率領第十、第五兩個軍團抵達，其子也是日後繼位者提圖斯，至亞歷山卓率領第十五軍團前來會合，結合當地親羅馬勢力總計六萬大軍。維斯帕先避開城防堅固的耶路撒冷，先從加利利下手，加利利的菁英富有階層望風投降，底層激進派雖然奮戰，烏合之眾抵擋不了羅馬大軍，只能逃向耶路撒冷，到西元六八年，羅馬完全平定加利利，十萬猶太人遭殺或遭賣爲奴隸。維斯帕先繼續往海岸線逐步清除反抗勢力。

羅馬步步進逼，猶太人卻繼續自相殘殺，北部加利利戰場逃出的激進派湧入耶路撒冷後，跟先前的短劍派一樣，戰況危急時刻卻先對內陰謀奪權。他們向以東人散播謠言，謊稱耶路撒冷的領袖向羅馬投誠，以東人於是聚集兩萬大軍，由激進派放入耶路撒冷城中，與原本的耶路撒冷起義軍展開血腥內戰，原本的耶路撒冷起義領袖全數身亡。內戰造成猶太起義軍陣亡高達一萬兩千人。

猶太起義的「天時」其實並不差，因爲不久後尼祿面臨起義自盡，使羅馬陷入爭權混戰，維斯帕先把平定猶地的任務交給兒子提圖斯，回到羅馬爭奪帝位。羅馬的內亂減少了鎮壓兵力，原本是猶太人的天賜良機。

猶太激進派卻仍然只顧內鬥奪權，絲毫不思對付羅馬，非激進派已被消滅，就輪到激進派開始爭權內鬨，內戰不休，任由提圖斯一個個奪下周邊城鎮，也不去救援，直到西元七〇年羅馬大軍兵臨耶路撒冷城下，死到臨頭，才願意停戰共抗羅馬。

不幸的是，內戰過程燒毀了耶路撒冷城內儲糧，僅能支撐七個月，羅馬大軍突破城牆大舉焚燒擄掠，一一攻破各道防線，摧毀第二聖殿，內戰雙方領袖恬不知恥的投降。提圖斯搬空聖殿寶物，鏈著兩個激進派領袖等七百人，進行盛大的勝利遊行。

此時只剩下幾個外圍要塞還在零星抵抗，至西元七三年馬薩達要塞淪陷，第一次羅馬猶太戰爭至此結束，總計十一萬猶太人於圍城時身亡，九萬七千人遭擄爲奴，更有許多人死於戰後的瘟疫，無數猶太人爲逃避戰禍四散到地中海各地。

大局觀

內鬥內行，外鬥外行，常被認為是漢人的劣根性，許多人稱台灣人也受到漢文化的不良影響。其實這是全人類的共同特性，包括猶太人。第一次羅馬猶太戰爭中，面對無比強大的羅馬威脅，猶太人竟然屢次先槍口對內，政變奪權優先於對付羅馬。

現代以色列的猶太人懂得先團結對外保障國家生存，之後才對內殺個頭破血流，這個特質並非原本如此，如今猶太人能對外優先，其實是從猶太人自己的歷史上學習到：內鬥先於外鬥，只會付出慘痛代價。

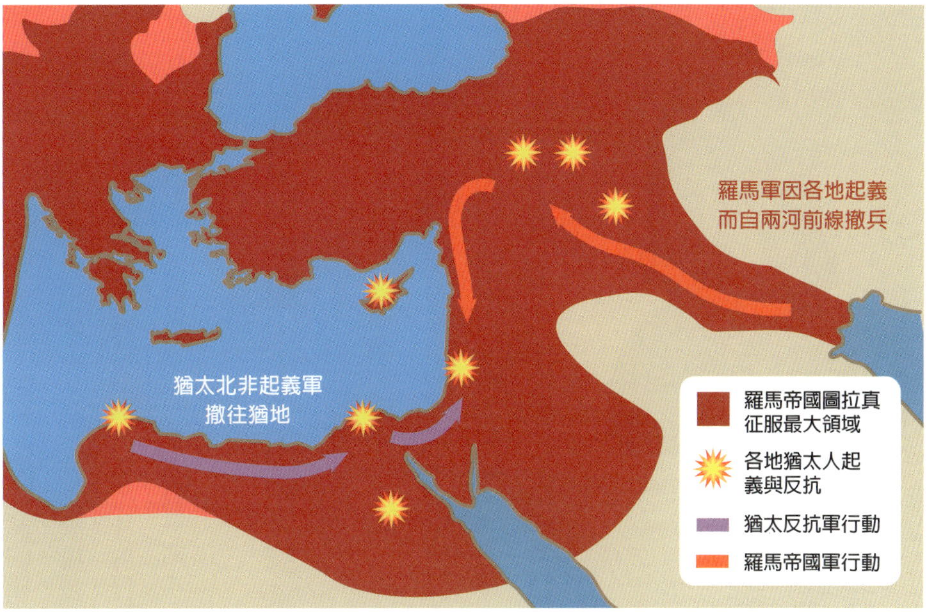

契托斯戰爭，即第二次羅馬猶太戰爭，猶太人於羅馬帝國各地起義逼使羅馬抽回前線兵力

猶太人的頑強抵抗，保住第二故鄉巴比倫

西元九八年，圖拉真即位，重新推動羅馬對外征服，橫掃兩河流域，使得猶太人在羅馬統治範圍以外唯一重要聚居地巴比倫一度淪入羅馬統治之下。

圖拉真大舉對外出兵使得羅馬境內守備薄弱，各地猶太人自西元一一五年起趁機起義，圖拉真新攻占的兩河流域，包括巴比倫在內，猶太人也群起抗戰，逼使圖拉真不得不抽調安息戰爭的兵力回國，派遣他最信賴的大將契托斯逐一敉平猶太叛亂，此一連串猶太起義因而稱之爲契托斯戰爭，圖拉真旋即過世。接任羅馬皇帝的哈德良拔除契

Trajan
Lusius Quietus
Kitos War

托斯兵權並將之殺害，並下令終止圖拉真的擴張戰爭，從兩河流域撤兵。

契托斯戰爭中各地猶太起義很快遭到撲滅，卻意外保住了巴比倫一線生機，使巴比倫的猶太人回到安息帝國的寬容統治下。猶太社群日後將繼續在巴比倫繁榮上千年。巴比倫的猶太人總算放下心頭大石，羅馬境內的猶太戰爭則才正要進入最慘烈的一章。

獨力對抗世界帝國，星子起義再釀慘禍

第一次羅馬猶太戰爭中，耶路撒冷成爲廢墟，聖殿也遭夷平，如今哈德良皇帝將在傷口上撒鹽，他打算重建耶路撒冷與聖殿，當重建計畫開始進行，猶太人才發現，哈德良並不是要重建，而是要徹底抹除猶太根源，重建後的新城市，將以哈德良的出身家族埃利亞合併宙斯神殿山的名號，稱之爲「埃利亞宙斯神殿山」，顧名思義，原本的聖殿將改建爲宙斯神殿，這對反偶像的猶太信仰是莫大侮辱。

星子西蒙

西元一三二年，埃利亞宙斯神殿山城興建工程舉行開工奠基儀式，猶太人看到羅馬人犁聖殿的地基，忍無可忍，於是決定掀起叛亂。反抗軍的猶太宗師認定這次反抗的領導者西蒙爲彌賽亞，以《民數記》中「雅各之星」敘述給予稱號爲星子，後世也將此次起義稱之爲星子起義。

Aelia
Capitolina
Book of Numbers
Bar Kokhba

Syria Palaestina
Tisha B'Av
Betar

猶太人在星子起義中，吸取了第一次羅馬猶太戰爭的教訓，仔細策畫、團結一致對外，離散各地的猶太人紛紛回鄉助戰，最多的時候高達四十萬人，戰爭規模迅速擴大。星子西蒙初期採取游擊策略，至此以人數優勢而能正面作戰，一度又讓以色列重新建國。

不幸的是，沒有其他強權參與協助抗衡，猶太人再團結善戰，實在是無法獨力對抗身爲世界帝國的羅馬，一時的成功，只是讓羅馬帝國動員更多軍團前來平亂，羅馬於起義初期就已經增兵到八萬，後續又調度高達十個軍團，將近整個羅馬三分之一的兵力都前來平定星子起義，這一方面顯示星子起義對羅馬造成多大的威脅，一方面也註定了星子起義的黯淡結局。

羅馬憑藉著純粹的軍力優勢，自外圍逐一清除星子起義軍據點，地毯式剷除其藏身處與通聯地道系統，由外向內一圈圈收縮，直到僅剩下最後據點貝塔爾要塞，西元一三五年，要塞終於遭攻破，羅馬軍展開大屠殺，猶太經典記載稱羅馬軍屠殺到戰馬快被血淹過鼻孔才停手，這固然是誇飾的敘述，但也說明當時殺戮之慘。

星子起義對猶太人造成極爲慘痛的代價，戰事本身造成五十八萬猶太人身亡，羅馬大軍摧毀五十個要塞城鎮與九百八十五座村莊，戰後瘟疫又奪走更多人命，羅馬俘虜高達九萬七千猶太人賣爲奴隸，由於數量太多、供過於求，猶太奴隸拍賣價格跌到相當於一匹馬，羅馬並流放三萬猶太人到迦太基。羅馬本身也承受嚴重傷亡，其中第十二軍團因損失過重而解散。

哈德良於戰後徹底剷除猶太信仰，禁止猶太口傳律法與猶太曆法、處決猶太學者、燒毀經典，在聖殿山上豎立宙斯與哈德良自己的神像，禁止猶太人進入埃利亞宙斯神殿山城，一年只允許在聖殿被毀日進城哀悼。爲了剷除對以色列的記憶，連地名也改爲敘利亞巴勒斯坦，這也是後來猶太故地稱爲巴勒斯坦的原由。諸多壓迫措施直到哈德良於西元一三八年過世才緩和。

後世以色列於建國後把星子當成民族英雄，但是歷史上的猶太人對於遭到如此慘痛代價痛心疾首，對星子起義產生強烈反省，認爲星子西蒙是「假彌賽亞」，將猶太人引向毀滅。無數猶太人逃難或被賣到羅馬各處爲奴，是猶太人大離散的開始，此後耶路撒冷猶太人遭驅趕一空。只剩周邊以加利利爲主的地區還有猶太社群。

大局觀

星子起義讓猶太人學到獨力難支，必須有強權相挺，以色列建國後知道必須傾全力掌握美國的支持，正是來自這個教訓。

台灣戰略上也依靠美國生存，但偶有台灣人高唱疑美論，認為美國只把台灣當棋子，其實每個國家都是以本身戰略需求設想，美國全球戰略布局固然會有「棋子」，然而台灣何嘗不也是利用美國？國際上原本就是有取有予。以色列本來也是美國的棋子，為何如今看起來反客為主？猶太人知道必須掌握美國，因此傾力進行。

台灣人雖然也有台灣人公共事務會等組織想效法猶太人，但是台灣人的意志力、團結力與決心遠遜於猶太人，因此力有未逮。台灣人若擔心美國的動向，應學習以色列的智慧，全力在美經營確保美國支持。

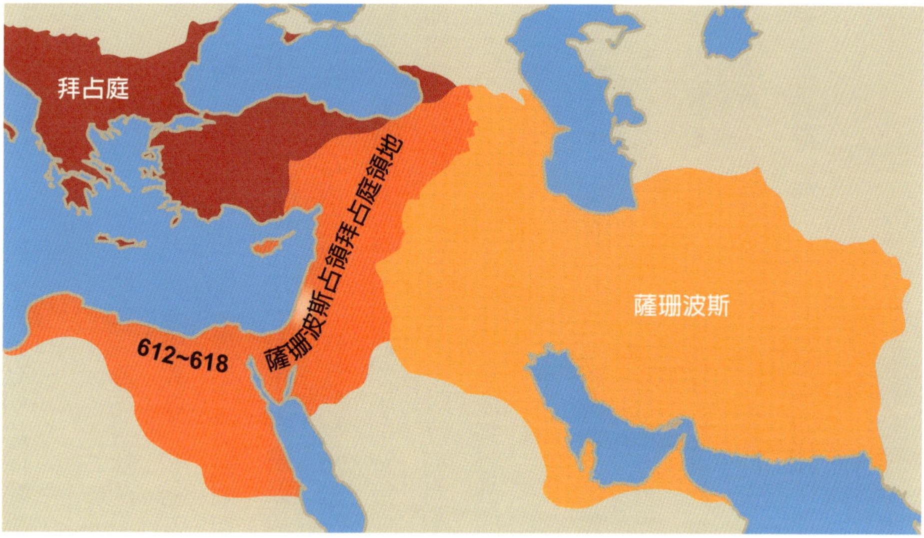

拜占庭薩珊戰爭前期，薩珊波斯一度攻占大片拜占庭領土

實力太弱選哪邊都是錯，猶太故地的最終悲劇

就在羅馬猶太戰爭前夕，基督教開始創立與發展，諷刺的是，源於猶太人，原本也曾一起遭到羅馬帝國無情壓迫的基督教，日後卻成爲對猶太迫害最劇烈的因素。羅馬基督教化後，猶太人的日子比起先前更加艱難，到了東羅馬也就是拜占庭時代，基督教統治壓迫變本加厲。

星子起義的慘禍，讓猶太人學習到獨力對抗強權只會淪落覆沒下場，要跟強權抗衡，還是要趁著國際強權爭霸，借助強權的力量來與強權對抗。

經過兩百多年的忍耐，猶太人終於等到這個機會，西元六〇二年起，薩珊波斯向拜占庭發起全面性戰爭，一開始薩珊波斯勢如破竹，橫掃中東大片疆域，猶太人把握百年難得一見的良機，立即起而呼應，一度竟光復耶路撒冷，還規畫要興建第三聖殿，這是西元六一四年的事。

不幸的是，當時猶太人的力量比起星子起義時已經大不如前，耶路撒冷城數百年來禁止猶太人進入，早已成爲全基督教城市，猶太人反而是異類，不出數個月，耶路撒冷基督徒全面叛亂，猶太統治高層全員罹難，之後猶太人無法再於耶路撒冷建立穩固統治，這也降低了自己在戰略上的身價，西元六一七年，薩珊波斯改變政策，反過來與基督徒結盟迫害猶太人。

拜占庭自西元六二二年起開始發動反攻，一路收復失土，遭波斯背叛的猶太人改向拜占庭輸誠，但是猶太人實力太過弱小，背叛他們的代價太過輕微，也就必然遭到背叛。拜占庭收復耶路撒冷後，在基督徒勸說下，反而對猶太人進行大屠殺，將耶路撒冷與加利利的猶太人驅逐清洗殆盡，後續還施行強迫改信基督教的高壓政策。至此，加利利等地的主要猶太族群也不復存在。

對猶太人來說，拜占庭薩珊戰爭是最慘痛的一次教訓，其傷害與嚴重性遠遠高於歷次亡國與羅馬猶太戰爭，猶太人原本想趁著世界雙強全面戰爭，於其中靠著選邊站得利，沒想到實力微不足道，不被當成籌碼，連上賭檯的資格都沒有，不管怎麼選邊，結果都只是迎來背叛、壓迫、屠殺，在猶太故地慘遭消滅。此後，雖在後續時代偶有猶太人回歸猶太故地，但是一直只是少數族群，要一直等到以色列建國，才在猶太故地恢復爲主要族群。

大局觀

古以色列與猶大王國都想在國際強權間投機，最後慘遭滅頂，拜占庭薩珊戰爭再度讓猶太人認清：如果自身沒實力，只想選邊站，即使選對邊，也只有慘遭背棄的分。

以色列決心發展國防武力與軍事技術，在歷次中東戰爭中積極證明自己的力量，使美國刮目相看，是來自拜占庭薩珊戰爭使故鄉毀滅的痛心疾首。

第二故鄉巴比倫也毀滅，從此成為失根的民族

拜占庭與薩珊波斯雙強相爭，又是兩敗俱傷，適逢伊斯蘭興起，漁翁得利，薩珊波斯遭伊斯蘭征服滅亡，拜占庭也失去整個中東，伊斯蘭帝國取代雙強，此後數個世紀伊斯蘭勢力成為世界中心。

巴比倫的猶太社群經歷薩珊波斯時代仍保持完整，進入伊斯蘭時代，巴比倫已改稱爲巴格達，隨著巴格達成爲世界政治經濟與學術中心，猶太社群也跟著繁榮興旺，不過十世紀之後，伊斯蘭世界的分裂內亂使得巴格達政經地位衰退，許多猶太人也就遠走他方。

一二五八年，旭烈兀率領蒙古大軍攻破巴格達，大肆屠殺破壞，巴格達從此再也難以恢復過去的光輝，雖然蒙古帝國稍後重建巴格達，到一四〇一年又遭帖木兒攻陷大肆擄掠屠殺，巴比倫猶太社群跟著整個城市一同毀滅。日後的巴格達猶太人，是鄂圖曼土耳其時代才又重新移入的新社群。

猶太故地與巴比倫兩大傳統猶太文化中心都已經分崩離析，猶太人眞正成爲一個四處離散的民族，沒有國、沒有家鄉、沒有歸屬，無根漂流，只能任憑命運與他人的擺布。

大局觀

「以古為鑑，可知興替」，台灣人若像猶太人一樣，凡事都得自己得到教訓才學到經驗，那不知得亡國幾次才夠；幸運的是，我們已經有猶太人歷史為借鏡。現代的以色列，以過去猶太人的教訓為鑒，成為遠超過人口實力的強大國家，台灣人熟讀猶太人的歷史後，也可深自反省、偷學猶太人自古以來用鮮血累積的智慧，臨陣磨槍，不亮也光。

中場休息③

蒙古西征之後的伊斯蘭世界猶太人

伊斯蘭黃金時代結束於蒙古鐵蹄橫掃歐亞，一二五八年旭烈兀西征攻陷巴格達，殺害阿拔斯王朝末代帝王，早已徒具虛名的阿拔斯帝國自此滅亡，旭烈兀隔年征服敘利亞，卻傳來消息：蒙古帝國大汗蒙哥征討南宋於合州釣魚山戰役中重傷身亡。旭烈兀率主力部隊趕回參與大汗繼承之爭，留下的偏軍意外敗給承繼自阿育碧帝國的埃及奴隸軍。

旭烈兀在大汗之爭中支持忽必烈，金帳汗國的別兒哥卻支持忽必烈的對手阿里不哥，別兒哥皈依伊斯蘭教，先前對旭烈兀攻破巴格達時殺害阿拔斯帝王感到不滿，如今新仇舊恨一併發作，雙方挑起蒙古汗國內戰，旭烈兀因此無力征討埃及奴隸軍。

伊斯蘭世界因此大體分割成了三部分：旭烈兀開啓的蒙古伊兒汗國、占有埃及與敘利亞的埃及奴隸軍，以及小亞細亞各突厥酋長國，日後鄂圖曼土耳其從其中崛起。

儘管旭烈兀一度摧毀巴格達，但在伊兒汗國治下，由於蒙古人對各宗教一視同仁，猶太人一時間反而得到比伊斯蘭時代更好的待遇。尤其是伊兒汗國第四任大汗阿魯渾，爲了阻止國家伊斯蘭化，偏好任用猶太人與基督徒，以至於任命猶太人薩德道拉為國務卿。

只是物極必反，阿魯渾過世後伊斯蘭派重新掌權，不僅薩德道拉遇害，伊兒汗國全體猶太

Sa'd al-Daula

Vizier｜或音譯為「維齊爾」，為波斯帝國時代傳承至伊斯蘭時代的官職，為帝王執行國家政策的首席顧問，即相當於國務卿。

人都遭大舉迫害，一二九五年改信伊斯蘭教的合贊奪下伊兒汗國大汗位，猶太人的處境每況愈下，直到伊兒汗國衰弱內亂滅亡，帖木兒帝國取而代之，猶太人才又否極泰來。

帖木兒征服的過程中曾屠滅巴格達，導致巴比倫猶太人的傳承斷絕，但他很快發現猶太人沒有政治野心只求庇護，猶太富商繳納大筆稅金，猶太手工業者的專業技能也大有用處，尤其是紡織染整，猶太人的商貿能力與紡織品對重建戰爭打斷的絲路貿易相當重要，猶太醫者也能協助治療傷兵。

帖木兒曾經大舉從布哈拉移民數百猶太人家庭到撒爾馬罕，協助振興這座他所選擇的都城，他對猶太人的貢獻顯然相當滿意，從未頒布迫害猶太人的法令，帖木兒治下猶太人能擁有房產、土地，儘管還不如蒙古統治下的猶太人地位，但是已經遠比同時期的歐洲各國、埃及奴隸軍治下的猶太人處境好上太多。

好景不長，帖木兒帝國滅亡後，取而代之的薩非波斯，力推什葉派為國教，要求宗教上的純淨，猶太人被視為不潔的異教徒，在各方面受嚴苛限制，更遭無數次大小規模屠殺與強迫改宗。

埃及奴隸軍方面，歷任軍閥信仰薩非教派，對猶太人進行宗教壓迫，又不諳經濟發展，使得治下猶太人只能遠走他鄉。

另一個伊斯蘭重要勢力鄂圖曼土耳其興起，最終會消滅埃及奴隸軍、與薩非波斯龍爭虎鬥。鄂圖曼土耳其大體上對猶太人較為寬容，不過也曾無意中造成了猶太人歷史上最大規模迫遷之一：

Mehmed II

一四五三年穆罕默德二世攻陷君士坦丁堡，改名伊斯坦堡，志得意滿的規畫打造為帝國首都，為此需填補戰亂造成的人口損失，於是他下令動員治下臣民遷居到伊斯坦堡，結果政治上弱勢的猶太人成為主要動員對象，數個月內，帝國境內包括土耳其、巴爾幹半島各地幾乎所有猶太人都被集中到伊斯坦堡，竟然占了全城總人口的一成之多。

鄂圖曼境內各地猶太人清掃一空，不過很快就會有大量猶太人移入補充，而這又是下一章的故事了。

第四章

懷璧其罪，無根漂流落地又萌芽

這裡是……
十五世紀的西班牙？
沒錯，
他們是西班牙歷史上最重要的兩個人物：亞拉岡的斐迪南、
卡斯蒂亞的伊莎貝兒，
天主教雙王！
兩人聯手完成基督教國家長達七百年的悲願：收復失地運動，重新征服遭穆斯林統治的伊比利半島，這樣的豐功偉業，讓後世稱頌不已。
你這樣誇他們，有個人可是會很不同意。
誰？
他們的最大對手：
鄂圖曼土耳其帝王，
巴耶濟德二世。
誰說斐迪南和伊莎貝兒是聰明人的真是蠢蛋，因為他們竟然把國家寶藏，猶太人，奉送給他們的敵人：我！

猶太人以會賺錢聞名於世，自古有很多統治者如巴耶濟德一樣把猶太人當寶。
但天主教雙王當然也不笨，趕走猶太人迫使賤賣家產「人走留財」，西班牙坑殺了不少猶太人。
猶太人自從失去自己的國家，歷史上，就一直在被當成搖錢樹，與成為待宰肥羊之間擺盪。
這就是為何猶太人一定要會賺錢，只有錢可以買命，當遭威脅「要錢還是要命」，給錢才能保命。可是「懷璧其罪」，錢也成為猶太人遭殃的原因之一。

自羅馬猶太戰爭起的大流散過程中，由於聖殿在戰爭中毀滅，無法再由傳統的祭司維持猶太信仰，猶太人轉而發展爲以猶太宗師爲主的信仰維繫方式，這誤打誤撞的建立起無論流散到何處，都還能保存信仰與社區凝聚力的社群結構。這點對猶太人之所以能存續非常重要，因爲他們的顛沛流離，才正要開始。

寄人籬下的生活，使得猶太人的命運隨著各地政權變遷，經常需要遠走他國，不論是因爲經濟誘因主動離開，還是因爲遭到清洗迫害而必須逃亡。不幸的是，人類歷史上，最不缺的就是政權變遷。

天要下雨，雙王要趕你

西元七一一年，伊斯蘭征服伊比利半島，開啓伊比利半島的伊斯蘭時代，相對於基督教王國，伊斯蘭政權對猶太人較爲寬容的態度，讓伊比利半島的猶太人過了數百年的好日子。

延伸閱讀

格拉那達大屠殺

伊比利半島的伊斯蘭時代是伊比利半島的猶太人黃金時代，但也曾經發生過猶太人遭大屠殺的慘案。

一〇六六年，格拉那達王國的猶太人國務卿約瑟夫試圖叛國，派遣信差聯繫鄰近的敵對國家亞美利亞王國，向亞美利亞國王承諾：只要亞美利亞答應事後讓約瑟夫成爲格拉那達國王，當亞美利亞大軍來到，他會充當內應，爲其開城門。

亞美利亞入侵前夕消息走漏，格拉那達王國的穆斯林人民聽到約瑟夫竟想叛國，還想殺害一向非常信任他的國王，勃然大怒，認定猶太人都是叛徒，群起暴動，搗毀約瑟夫避難於其中的王宮，約瑟夫躲進煤坑塗黑臉掩人耳目，仍被揪出釘死於十字架。

約瑟夫或許罪有應得，但是全城猶太人也一起遭殃，造成格拉那達大屠殺，總計一千五百個家庭、四千猶太人罹難。

Joseph ibn Naghrela | | Taifa of Granada
Taifa of Almería |

Alhambra Decree

猶太人在伊比利半島有經營數世紀的手工業工坊、醫師的診所、商人的行號、知識分子積累數世紀的圖書館，不論有形還是無形，都是無價之寶。天主教雙王逐一滅亡伊斯蘭勢力，一統伊比利半島，猶太人照過去的經驗，以爲政權來來去去，只是換個統治者，日子照舊，但是這次卻是全然不同。

天主教雙王既然以基督教收復失地爲號召，收復完成後，當然要將伊比利半島徹底基督宗教化，不允許異教徒存在。意在言外的是，收復失地大業耗費大量經費，也得要想辦法補充國庫。

收復失土完成的三個月內，天主教雙王立即開始對猶太人展開信仰迫害，頒布《阿罕布拉詔令》，命令全國猶太人四個月內改信基督教，或是三個月內離境，否則時限到即刻處決。

不願意改信基督教的猶太人，只好選擇出走，但是他們累世積蓄，包括土地、房產，也包括工坊、診所、商號、圖書館，統統都帶不走，僅僅三個月的短時間要變現，只能賤賣拋售，大多數猶太人的珍貴財富，就此留在西班牙。後來歷史上許多其他統治者也都發現如此坑殺猶太人是一門好賺的無本生意。

鄂圖曼土耳其接收天上掉下來的寶藏

幾百年的家園，一夕要離開，舉目四望，沒有幾個地方可去。

最直接想到的是隔鄰的葡萄牙，不過，即使逃到葡萄牙，也只不過多拖延幾年時間，因爲到一四九六年，葡萄牙國王「幸運的」曼紐一世計畫透過迎娶西班牙王儲公主伊莎貝兒讓西葡成爲合併王國。曼紐一世想迎娶基督宗教守護者自居的西班牙王室公主，得先趕走境內異教徒，於是在年底下令驅逐猶太人與穆斯林。

當時猶太人占葡萄牙高達一成人口，並且猶太人對葡萄牙能建國與維持獨立有相當大的貢獻，曼紐一世仍毫不猶豫的犧牲他們，只是曼紐一世也不願平白損失猶太財富與人才，一邊採取折衷措施，以王家命令宣稱沒有離境的猶太人都已經改宗基督教，一邊逮捕試圖離境的猶太人強迫改宗，數年後才允許猶太人移民海外，葡萄牙猶太人大多逃往當時稱爲低地國的荷蘭。曼紐一世的算計遭到現世報，伊莎貝兒於一四九八年難產而亡，生下的兒子於一五〇〇年夭折，一統西葡的願望化爲泡影。

西班牙猶太人另一個鄰近的逃亡選擇是隔著直布羅陀海峽的北非，不幸的是，當時北非正嚴重飢荒，對接收難民敬謝不敏，逃往北非的猶太人陷入困境，甚至遭到奴隸販子毒手，許多猶太人只能返回西班牙選擇改宗。

一些猶太人選擇逃往義大利，雖然經濟繁榮，教廷也保護猶太人的生命安全，但是對猶太人限制嚴格，只能住在隔離區中。

就在無處可去的困窘關頭，鄂圖曼土耳其帝國巴耶濟德二世伸出溫暖的雙手，當他聽說西班牙一口氣驅逐全國猶太人，大喜過望，下令派遣海軍前往迎接，護送猶太人安全來到鄂圖曼土耳其統治下的希臘、土耳其、中東等地落腳。鄂圖曼治下許多地方原本猶太人已經所剩無幾，從此得到新生猶太社群，這些猶太人也不負巴耶濟德二世的重望，爲鄂圖曼帝國帶來經濟貿易文化思想與技術發展——例如：一四九三年，猶太人成立伊斯坦堡第一家印刷廠——讓鄂圖曼帝國進入一段蓬勃發展時期。

這一大批西班牙猶太人出逃，成爲現今猶太人的第二大分支，西猶太人，又稱伊比利猶太人，或音譯爲「賽法迪」，原文意思就是「西班牙猶太人」，也就是指一四九二年遭西班牙驅逐的猶太人後裔。西猶太人至今大約三百五十萬人。

Sephardi Jews｜也有廣義用法，指所有主流東猶太人以外的其他猶太人。

大局觀

伊比利猶太人對世界的影響相當大，之所以有大航海，居功厥偉。從葡萄牙再逃往荷蘭的西猶太人，奠定荷蘭的商業發展，更幫助荷蘭的威廉發動「光榮革命」奪取英國，因而促成了英國發生改變人類文明的工業革命。西猶太人的豐功偉業，於第五章會更詳細說明。

鄂圖曼土耳其帝國接收了大量西猶太人，使得帝國發展大為興盛。歷史上許多勢力只要包容接納猶太人，往往興盛繁榮；驅趕猶太人，往往平白趕走人才，楚材晉用。戮力為美國研發製造原子彈的科學家，許多都是德國迫害下逃來美國的猶太人。

海納百川，有容乃大，對於外國人才採取包容接納的態度，才會更興旺，本國人民也會更發達。台灣本是移民國家，應該很容易理解這樣的道理。

東猶太人從萊茵河流域出發

Ashkenazi Jews

Battle of Tours

西猶太人占全球猶太人總數大約不到兩成，相對的，占全體猶太人最多的第一大分支，東猶太人則高達八成。東猶太人或音譯爲「阿肯納茲」，原意爲「日耳曼猶太人」，指神聖羅馬帝國時代於萊茵河流域定居的猶太人，日後流散到整個中歐、東歐，因此也可稱爲中東歐猶太人，與西猶太人對比，簡稱爲東猶太人。如今大多數猶太人都是東猶太人後裔。

羅馬猶太戰爭以及後續的星子起義有大量猶太人遭擄賣爲奴隸，分散到羅馬帝國境內各處，經過幾代努力，許多猶太人逐漸贖身成爲自由人，繼續在羅馬各地生活。羅馬分裂後，東羅馬成爲政教合一的拜占庭，對猶太人迫害加劇；西羅馬滅亡後則陸續出現眾多勢力，各基督教王國對信仰的態度不一，猶太人在其間夾縫中求生存。

伊比利半島的西哥德王國，初期曾經對猶太人相當寬容，後期高度基督教化，轉爲迫害，隨著伊斯蘭伍麥葉帝國入侵於七一四年滅亡西哥德王國，它的迫害也跟著結束。伊斯蘭大軍原本勢不可擋，直到七三二年法蘭克王國領軍於圖爾戰役擊退伍麥葉大軍，是爲伊斯蘭在歐洲擴張的轉捩點，此後伊斯蘭勢力內亂衰弱，形勢逆轉。

法蘭克人阻止伍麥葉大軍，註定最終基督教勢力收復伊比利半島，也決定了七百多年後西猶太人的流浪，卻也正是法蘭克人本身的興起與建國，讓東猶太人有了生存的空間。

法蘭克人原本住在日耳曼萊茵河東岸，羅馬帝國末年受匈人威脅，渡過萊茵河發展，在西羅馬帝國滅亡的混亂中，開始四出擴張，征服萊茵河流域一帶。法蘭克人對猶太人較爲寬容，

Judeo-Latin |
Yiddish |

吸引羅馬故地各地的猶太人前來萊茵河流域討生活，也就是東猶太人的起源。

這群猶太人經歷羅馬時代，再來到講日耳曼語的萊因河流域，語言上逐漸混合猶太拉丁語、日耳曼方言，揉合成爲意第緒語，在往後的歷史中，屢次顛沛流離，擴散到整個中東歐，隨著十九、二十世紀各國排猶，再流亡到美國，美國猶太人大多數爲東猶太人。至今，東猶太人占了世界上猶太人的大多數，世人對猶太人的印象也主要來自於他們。

從羅馬帝國奴隸成為查理曼的外貿窗口

法蘭克人馬不停蹄征服高盧（今日法國），經過分分合合，到了查里曼的父親丕平，已經統有相當可觀的領地，查里曼再接再厲開疆拓土，其征服的領地之廣，讓查里曼受尊稱爲「大帝」，查里曼的偉大功業，開創相對和平穩定、經濟社會與文化藝術蓬勃發展的時代，後世稱爲「卡洛林文藝復興」。查里曼也是對猶太人較寬容的統治者，在經濟繁榮、政治寬容的雙重誘因下，原本大多居住在南歐各地的猶太人越過阿爾卑斯山脈前來德法地區，逃離宗教壓迫，做起最擅長的商貿生意。

查理曼的時代，伊斯蘭勢力才是世界的主宰，廣大領土遮斷歐亞非貿易路線，使歐洲貿易大受影響，亞洲奢侈品交易幾乎停擺。查里曼想要與世界貿易接軌，就得想出能打通伊斯蘭世界貿易大門的關鍵人脈，能「芝麻開門」的正是猶太人，因爲伊斯蘭世界猶太人掌握金融與貿易，而歐洲猶太人能透過猶太人家族之間綿長的世交聯繫伊斯蘭世界猶太人，藉由與伊斯蘭

Charlemagne｜本名查理，中譯查里曼的「曼」就是尊稱為「大帝」。查里曼家族以其祖父名字查理的拉丁文念法「卡洛斯」，命名為卡洛林王朝（Carolingian dynasty）。

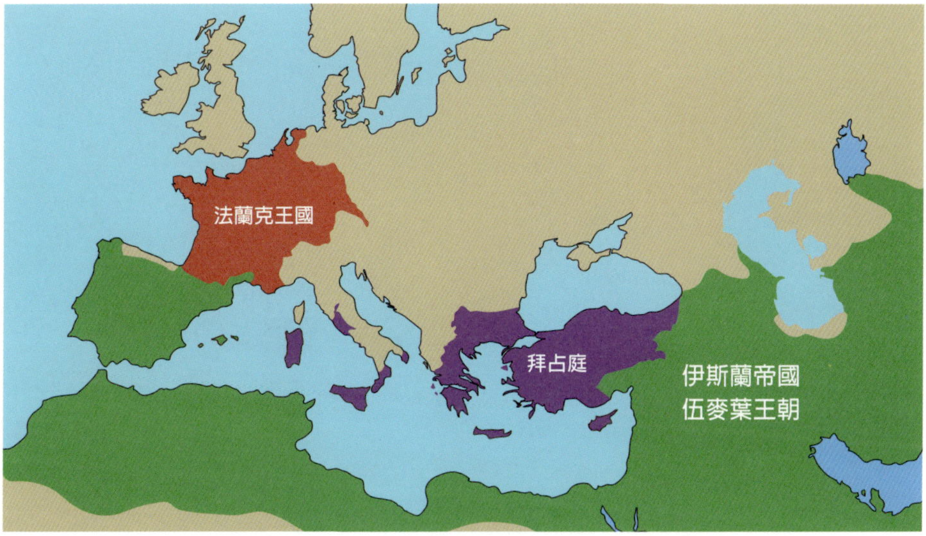

西元750年・伍麥葉伊斯蘭帝國遮斷歐亞非貿易路線

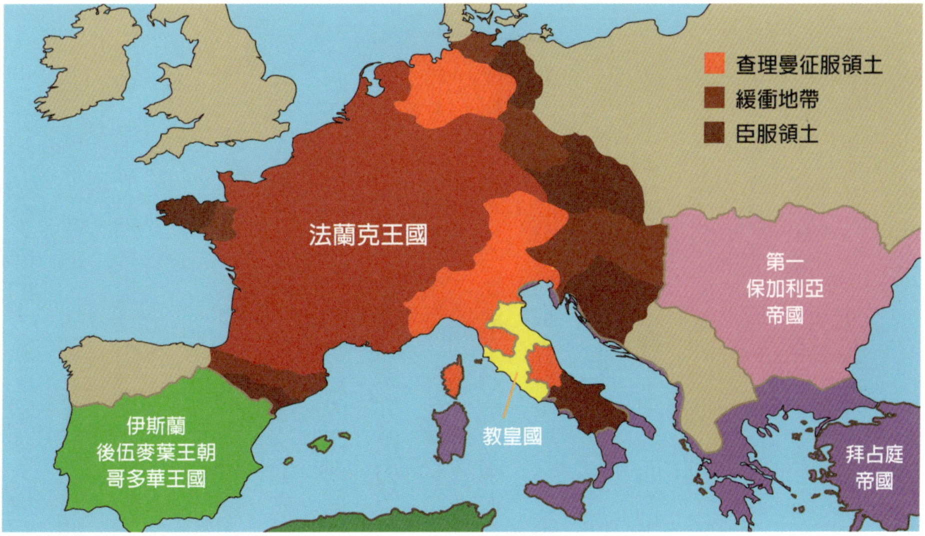

查理曼大帝開拓的領土

西元800年，法蘭克王國、伊斯蘭阿拔斯帝國的遠交近攻

世界猶太人之間的人脈，猶太人成爲歐洲進口黃金、絲綢、胡椒、莎草紙的唯一管道，這是查理曼需要引進猶太人的重要原因。

經貿之外，查理曼也重用猶太人進行「遠交近攻」外交策略。法蘭克王國在西面，要面對伊比利半島的伊斯蘭後伍麥葉哥多華王國；在東面，則需力敵拜占庭帝國，早自查理曼的父親矮子丕平的時代起，法蘭克王國爲了對抗這兩大敵對勢力，採取「敵人的敵人就是朋友」策略。

後伍麥葉、拜占庭兩者的共同強大敵人，正是推翻伍麥葉帝國取而代之、與拜占庭爭雄的伊斯蘭阿拔斯帝國，矮子丕平基於這樣的戰略關係，與阿拔斯帝國第二代帝王曼蘇爾結爲同盟，雙方建立外交與外貿關係。查理曼也繼續這樣的外交戰略，而在如此重大外交任務中擔任翻譯與

Pepin the Short

al-Mansur

嚮導的，仍然只能是猶太人。

猶太人因此在查理曼統治下的法蘭克王國發展起來，由於天主教禁止借貸收息，猶太人就填補了這個真空經營放款，在歐洲天主教徒眼中就是「放高利貸」。金融業成了猶太人意外的獨占生意。

Pope Sergius IV

Capetian dynasty

Louis the Pious

十字軍狂熱為猶太人帶來無妄之災

查理曼過世後帝國三分，其中，西法蘭克王國，也就是後來的法國，繼承人「虔信者」路易一世延續查理曼對猶太人友善、重視商貿的政策，吸引許多猶太人前來。一〇六六年諾曼第公爵征服英格蘭，猶太人也跟著征服者威廉來到英格蘭，以金融專長為威廉擔任收稅的重要財政工作。

當諾曼第猶太人隨著征服者威廉前往英國開拓新天地，法國猶太人的處境，隨著朝代更迭，其實已經落入險境：法國卡佩王朝取代卡洛林王朝之後政策丕變，對異教毫不容忍，嚴厲逼迫猶太人改宗，許多猶太婦女甚至被暴民逼至跳河而死。

屋漏偏逢連夜雨，猶太故地發生劇變，再度影響所有猶太人的命運。

一〇〇九年，耶路撒冷傳來消息，聖墓教堂遭當時伊斯蘭法蒂瑪王朝「暴君」哈基姆破壞，教宗思齊四世因而號召遠征聖地，一時謠言四起，猶太人的綿密人脈網，在查里曼時代是受重用的助力，此時卻成為欲加之罪何患無辭，流言聲稱歐洲猶太人寫信給伊斯蘭世界猶太人

Al-Hakim bi-Amr Allah
因嚴厲迫害基督徒，被歐洲基督教世界稱之為暴君。

Pope Urban II
Council of Clermont

警告他們戰爭將至，法國基督徒聽信流言，認定猶太人是洩漏軍機的異教叛徒，一〇一〇年起爆發大規模反猶。

一〇三〇年，謠言變本加厲，聲稱就是因爲猶太人寫信到東方，才造成聖墓教堂被毀，各地基督徒群情激憤，猶太人遭大批驅逐、處死、被迫自殺。聖墓教堂事件是歐洲猶太人命運直線下滑的起點，預示著之後十字軍時代大迫害的來臨。

一〇九五年，拜占庭帝國因應塞爾柱土耳其勢力步步進逼，向西歐基督教世界求援，教宗伍朋二世呼應拜占庭的求救，召開克列芒宗教會議，會後敦促法、德、義各地主教宣傳遠征援助拜占庭，消息傳開，整個西歐群起響應，反應熱烈超乎預期，在民氣可用下，發起了第一次十字軍東征。

當宗教呼籲掀起遠征熱潮，西歐的基督徒們想到：千辛萬苦的遠征中東的同時，在故鄉卻有許多異教徒猶太人，而且，十字軍東征的騎士往往必須散盡家財、貸款準備戰爭裝備，因此負債累累，貸款給他們的就是猶太人，當騎士們前往前線冒險犯難，猶太人卻趁機放高利貸賺錢？這樣的不良印象讓猶太人成爲眾矢之的。

另一方面，大多數十字軍的參加者其實並非純粹爲了宗教熱誠，而是希望到中東藉著戰爭的名義劫掠異教徒，好讓自己鹹魚翻身。可是，既然故鄉就有從事金融業因此有資產可供掠奪的異教徒猶太人，又何必遠求？

於是，一〇九六年起，萊茵河流域各地暴民群起攻擊屠殺猶太人，五月到七月短短三個月內估計有一萬兩千名猶太人慘遭殺害。

Blood libel

Philip II of France

後續歐洲各地又對猶太人展開後世稱爲血祭誹謗的大舉誣告，聲稱猶太人殺害基督徒的小孩用來血祭，其他誣告還有稱猶太人在井中投毒、褻瀆聖體等等，無數猶太人因而遭驅逐或上火刑架慘死，這樣的迫害持續到第二次、第三次十字軍，越演越烈。

猶太人成了法國國王的待宰肥羊

一一八一年，法國卡佩王朝國王腓力二世剛即位就下令逮捕所有猶太人，沒收金錢與所投資資產，隔年，又下達驅逐令，只給猶太人三個月時間變賣財產，不動產則是直接沒收，之後逐出法國國王王畿，並將猶太會堂全數改爲教堂。

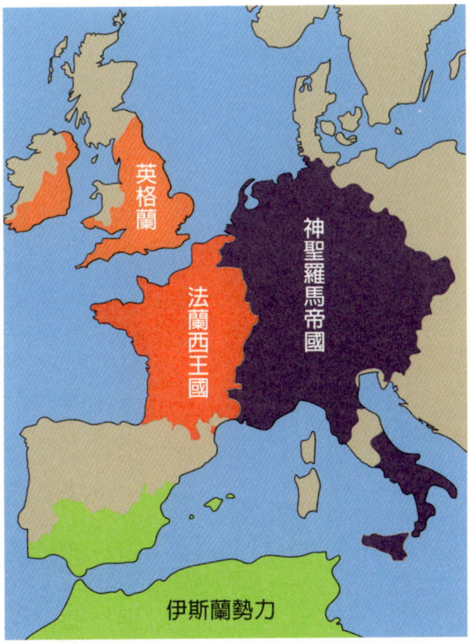

西元1200年，法國腓力二世與英國金雀花王朝、神聖羅馬帝國爭雄

這場災難看似出自宗教迫害，其實又是懷璧其罪，腓力二世正在與英國金雀花王朝以及神聖羅馬帝國爭雄，需要資金，而猶太人就是現成的待宰肥羊，這次大舉沒收猶太人財產後，腓力二世的財政充盈，得以對抗大貴族、強化王權。此後歐洲專制君王每當有財政需求

Shepherds' Crusade | | Louis IX / Saint Louis | Louis VIII The Lion

或還不起錢，就對猶太人下手，這樣的情況屢見不鮮。

十七年後，腓力二世反悔了，決定迎回猶太人，因爲腓力發現宰肥羊固然一時可得到許多金錢，但是殺雞取卵之後就沒戲唱了。留下猶太人，想貸款的時候才有資金來源。猶太人雖獲准回歸，仍受到嚴格控制，甚至被當成家奴，還可繼承，有如國王與貴族的私人財產。

路易八世繼位後，又向猶太人下手，聲稱：教會禁止借貸收息，猶太人卻濫用自己不是基督教徒的法律灰色地帶鑽漏洞。以此爲由，於一二二三年下令禁止猶太人放貸收息，雖然剩餘本金還是要歸還猶太人，但是需透過所屬貴族收取，貴族可藉機向猶太人大坑一筆，這樣子路易八世既討好了債務人，也滿足了貴族。大部分的大貴族都欣然同意，只有香檳伯爵因爲信守與猶太人的約定而拒絕。

繼位的路易九世有樣學樣，更進一步於一二三四年直接免除債務人三分之一的欠款，再度做起無本生意，犧牲猶太人債權來討好欠債者。之後，爲了資助十字軍遠征計畫，他興起宰肥羊念頭，下令驅逐猶太人沒收財產，藉此充足軍資，而能啓程參加第七次十字軍東征，卻在埃及慘敗被俘，導致法國人民發起牧羊人十字軍宣稱要前往救出國王，只是又讓猶太人遭殃：這票烏合之眾從來沒離開過法國，在北法到處劫掠，洗劫各地天主教修道院、主教，以及理所當然的，猶太人。

法國付出高額贖金才贖回路易，他灰頭土臉回國，爲了第七次十字軍的慘敗悶悶不樂，一心想雪恥復仇，經過多年生聚教訓，於一二六七年正式宣布發起第八次十字軍，爲籌集軍費，再度打起洗劫猶太人的歪腦筋，一二六八年，他下令逮捕猶太人並沒收財產，只不過這次良心發現，很快收回前令。路易九世最終還是啓程參加第八次十字軍，病死於軍中。

路易九世收回的成命，孫子腓力四世卻拿出來執行，這是因爲腓力四世一邊與英國持續百年戰爭，一邊進攻位於今日比利時北部的法蘭德斯，軍費開支巨大，債逼眉毛的關頭，想到的又是坑殺猶太人。一三〇六年，腓力對猶太人展開大劫掠，全面逮捕猶太人，一個月內驅逐出境，猶太人只能攜帶身上衣物以及十二枚金幣財產離開，其他動產、不動產、債權，都由國王沒收。

腓力四世這次竭澤而漁的行爲，雖然掠奪了一筆資金，卻也摧毀了法國的金融、經濟與財政，導致隔年他又得對聖殿騎士團下手，逮捕處決、沒收財產。聖殿騎士團自十字軍東征以來成爲跨地中海的歐洲重要金融貸款與匯兌系統，因而有可觀資產，腓力四世也積欠聖殿騎士團相當多債務，然而連聖殿騎士團也一併消滅，又更進一步摧毀了法國經濟體所需的金融體系。

聖殿騎士團

九年後，法國人民發現貸款難如登天，過去跟猶太人借錢，還比較好說話，因爲猶太人沒有法律地位，只能忍氣吞聲，如今求貸無門，貸款者高高在上。在人民的要求下，路易十世允許猶太人回到法國，不過仍然有重重限制。最終，到一三九四年，當時精神疾病已經發作的「瘋王」查理六世，突然下令驅逐猶太人。南法的普羅旺斯還給予猶太人寬容待遇，但一四八一年普羅旺斯併入法國，一四九八年，猶太人慘遭驅逐。一直要到十七世紀，猶太人才又漸漸返回法國。

英格蘭君臣欠錢不還，坑殺猶太人

在英格蘭，打從諾曼征服，猶太人就一直是重要的金融服務提供者，並因此得到王家特權，但是負責收稅與放貸也讓猶太人成爲眼中釘，更因而捲入政治鬥爭的漩渦。

英國國王亨利三世在王權與貴族的較量中，想出了一條毒計：利用猶太人借刀殺人。當時下層貴族普遍向猶太人貸款，亨利三世向猶太人買下了這些下層貴族的債權，逼使他們破產，藉此兼併破產者的領地，擴大王畿，以增加王權相對於貴族的優勢。猶太人遭國王利用爲鬥爭工具，招來殺身之禍，一二六四年貴族們掀起第二次男爵戰爭，大舉屠殺猶太人來銷毀借款證據。

一二八七年，輪到英國國王本身要來宰猶太肥羊，愛德華一世因爲阮囊羞澀，下令驅逐法國領地加斯科涅的猶太人沒收所有財產，猶太人持有的債權也統統轉移到王家手中，但是這樣還不足以解決財政問題，愛德華一世債台高築，卻又想參與十字軍東征，還考慮平定威爾斯以後要征服蘇格蘭，無論如何都需要大筆資金，他再度把腦筋動到坑殺猶太人。

猶太人原本掌握許多稅收特許權，愛德華向貴族們提出談判，要向他們大幅增稅，交換條件是從此擺脫猶太人，貴族們立即同意，於是一二九〇年，愛德華下達驅逐令，英國國民普遍厭惡專門收稅放貸的猶太人，驅逐令大受歡迎，上下同心很快執行，猶太人的不動產又一次全數遭到沒收成爲國王財產。大部分猶太人逃往法國，只是很快又遭逢法國一三〇六年的迫害，少數前往波蘭，波蘭將成爲整個歐洲猶太人的重要避風港。英國自此進入三百多年沒有猶太人的時期。

大局觀

英國這次清除猶太人以後，直到一六五〇年代，才因商貿往來，從荷蘭逐漸有猶太人重新移入。

一六八九年，荷蘭執政者威廉在猶太人貸款幫助下完成光榮革命，此後英國與荷蘭成為共主邦聯，英國得以引進荷蘭資本造就倫敦成為世界金融中心，為英國工業革命創造誕生的環境，促成英國成為日不落國。稍後在第五章詳述。

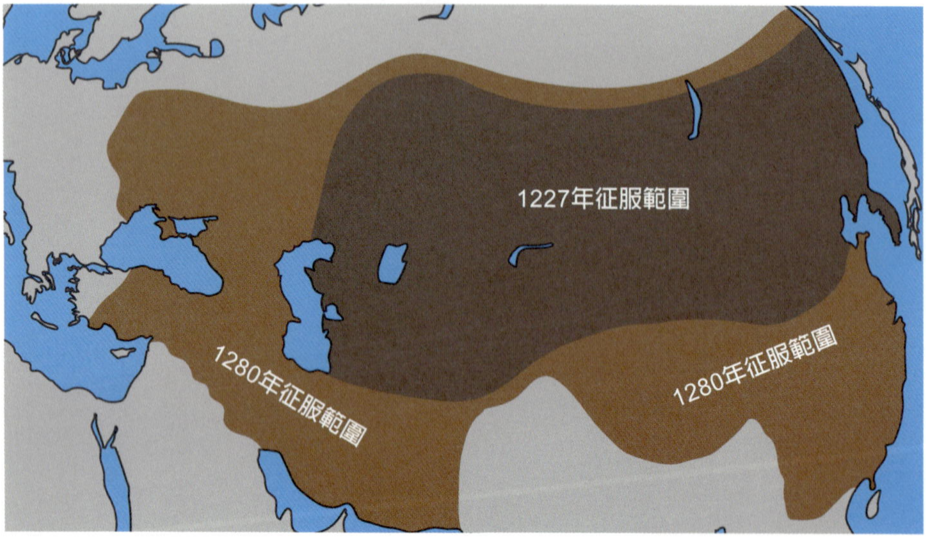

十三世紀蒙古征服範圍

依附權力求生存的宮廷猶太人

十二、十三世紀的歐洲，正忙著一邊互相爭霸，一邊偶爾發動十字軍，地球的另一邊，蒙古在草原上崛起，整個十三世紀就是蒙古征服的世紀。

由於一二四〇年是猶太曆的第五個千禧年，猶太人期待彌賽亞拯救，橫掃歐亞的蒙古看起來就像是帶來世界末日的歌革和瑪各，末日到來之後，彌賽亞將會誕生，從迫害中拯救猶太人。不過，蒙古西征沒有誕生彌賽亞，只給猶太人帶來無故災禍：歐洲人懷疑猶太人勾結、煽動蒙古入侵；十字軍東征與蒙古西征也使得東西方傳染病大交流，原本始於中亞的黑死病因而傳到歐洲肆虐，猶太人又成爲代罪羔羊，許多地方的歐洲民眾誣指是猶太人在井水中下毒帶來黑死病。

Gog and Magog

原本東猶太人自萊茵河流域起家，但在法國遭王權屢次劫掠而覆滅；在日耳曼各邦，儘管神聖羅馬帝國皇帝通常提供一定程度的保護，但各地民眾歧視嚴重，屢次殺害、驅逐猶太人；在奧地利，原本神聖羅馬帝國皇帝保護下，猶太人得以繁榮興旺，擔任商務、收稅、金融要務，然而，十三世紀哈布斯堡家族興起後，篤信天主教的哈布斯堡家對猶太人相當不友善，猶太人的處境也就每下愈況。奧地利對猶太人的態度要到十八世紀以後才會有所改變。

西歐猶太人的處境越來越惡化，使得猶太人只能往東逃，許多前往歐洲猶太人的最後避難所波蘭，遺留下來的猶太人只好想辦法讓自己對國王有用，依附在王權之上求生存。由於猶太人掌握金融業，對國王最有用的方式也就是提供金融服務，這雖然造成許多國王會想要殺雞取卵，但也成爲猶太人安身立命的少數方式，於是產生一群在宮廷中，與王公貴族周旋，爲他們提供金融服務的宮廷猶太人。

歌革和瑪各想像圖

英格蘭宮廷猶太人遭榨乾後一腳踢開

最早的宮廷猶太人是英國林肯郡的亞倫。在諾曼時代的英格蘭，他是當時首富，財富甚至超過國王，英國國王亨利二世還得向他

Aaron of Lincoln

Court Jew

Elias of London
Aaron of York
Josce of York
Abraham Senior

貸款，亞倫提供貸款促成許多修道院與僧院的興建，他在世時，英國國王還尊重他的債權，但當他於一一八六年過世，亨利二世立刻下令將他的財產與債權收歸國王所有，資助與法國腓力二世正在進行的百年戰爭。腓力在法國坑殺了猶太人取得資金，亨利也得如法炮製才能與之競爭。

上樑不正下樑歪，國王都這樣做，人民有樣學樣，一一九〇年，向亞倫貸款的債務人襲擊亞倫家族在約克的代表，將整個社區一百五十名猶太人包括婦孺，圍困在約克城堡的克里夫塔中，猶太社群領袖約瑟斯決定：與其死在暴民手中，不如自盡，親手殺死妻女，所有在場猶太人全數罹難。

亞倫家族的後繼者爲約瑟斯之子約克的亞倫，每當亨利三世需錢孔急，就會到處找藉口罰款、威脅逮捕亞倫下獄以勒索贖金，一旦發現亞倫已經無可搾取，就一腳踢開。亞倫一度擔任猶太人代表，很快交接給繼任者倫敦的伊萊斯，他也一樣遭各種需索、下獄威脅，死後遺孀還得要支付相當於房產價值給英王，才能保住財產。伊萊斯死後不久，一二九〇年英國驅逐猶太人，結束了英國宮廷猶太人的歷史。

西班牙與葡萄牙宮廷猶太人真心換絕情

西班牙原本也有宮廷猶太人，賽內爾家族一直是卡斯蒂亞王室的收稅人，家族最後一位宮廷猶太人亞伯拉罕賽內爾，政治地位更遠遠超過收稅的角色，他調解伊莎貝兒與兄長亨利四世

Alfonso II of Naples

Isaac Abarbanel

之間的衝突，協助促成斐迪南與伊莎貝拉的婚姻，還提供訂婚禮物。儘管亞伯拉罕賽內爾可說一手造就天主教雙王，卻無法免除天主教的迫害，一四九二年驅逐令頒布後，他選擇改宗天主教，以國王的名字改名爲斐南多，改姓爲裴瑞茲柯羅涅，繼續支持王室，以利協助其他猶太人離開。他的後裔中許多人仍祕密信仰猶太教，因而遭宗教審判，有的遭剝奪財產流放到巴西，有的主動逃往荷蘭再前往巴西。

葡萄牙的宮廷猶太人代表則是以薩阿巴班涅。阿巴班涅家族原本是爲西班牙卡斯蒂亞王室效命，在一三九一年卡斯蒂亞猶太人大屠殺中倖免於難，從此舉家遷到葡萄牙。以薩於里斯本出生長大，由於對金融方面的知識卓著，受葡萄牙國王阿方索五世賞識任命爲財政官，他利用這層關係盡力協助猶太人。阿方索五世征服摩洛哥時俘虜大量猶太人，以薩捐款鉅資，避免他們遭賣爲奴。

儘管在阿方索五世時代呼風喚雨，但靠山山倒，當阿方索於一四八一年過世，以薩的地位馬上岌岌可危，他得知新王要對付他的消息，搶先一步於一四八三年逃到西班牙，走得了和尚走不了廟，大筆財產遭沒收。他在西班牙很快站穩腳跟，重新開始爲卡斯蒂亞王室服務，卻對一四九二年驅逐令一樣無能爲力，只能黯然離開西班牙，前往義大利協助那不勒斯國王阿方索二世，卻又遭逢法國入侵那不勒斯，使他失去所有財產，經過一番流浪，最終落腳在威尼斯。

Afonso V

大局觀

現代以色列因猶太人的骨氣才能建國，然而歷史上的猶太人並非從來都很有骨氣，更多時候也是卑躬屈膝，想著只要能為當權者服務就能有一席之地，古代的宮廷猶太人如此，現代俄國獨裁者普丁的密友普里格金也是如此。

普里格金的生父與繼父都是猶太人，他認為只要為普丁好好的服務，就能成為現代宮廷猶太人，但是在俄烏戰爭中，他的華格納傭兵團成為炮灰，與普丁發生嫌隙，貿然起兵掀起反旗又突然終止，最後死無葬身之地。

普里格金是黑幫出身入獄九年不學無術，所以應該不曉得宮廷猶太人的歷史：西葡兩國的猶太人，都是真心換絕情，雖然很有利用價值，卻還是遭一腳踢開。本來專制政體的特性就是如此。

若有人認為可在專制國家討好獨裁者大發利市，想當現代宮廷猶太人，不妨捫心自問：對專制獨裁者的貢獻有沒有亞伯拉罕賽內爾、以薩阿巴班涅大？跟專制獨裁者的交情有沒有普里格金和普丁那麼好？

選擇鄂圖曼土耳其，柳暗花明又一村

同爲葡萄牙猶太人，約瑟夫納西選擇的生涯大有不同。約瑟夫的父親身爲葡萄牙里斯本大學醫學教授，更是神聖羅馬帝國皇帝馬克西米連二世的好友，仍無法避免遭到迫害，一五四六年，葡萄牙開始審判祕密猶太信徒，納西家族只好舉家逃亡到今日位於比利時的安特衛普，當時安特衛普所在的低地國隸屬於虔信天主教的哈布斯堡，隔年爲了逃避審判只好再經法國逃到威尼斯。在威尼斯雖然生命安全獲得保障也能經商，卻得僞裝成改信基督教，否則只能關在隔離區內。經過一番折騰，約瑟夫納西決定離開基督徒地盤，落腳伊斯蘭世界的鄂圖曼土耳其。

約瑟夫納西來到伊斯坦堡，積極投資未來的帝王塞利姆二世，他的資助協助塞利姆在帝位爭奪戰中勝出，也確保了身爲宮廷猶太人的地位。塞利姆看中他來自歐洲的經歷，委以外交重任，爲鄂圖曼土耳其談判外交與外貿，派往波蘭主持和談，也同時談判取得波蘭蜂蠟的獨占權；派往摩達維亞，動用貸款支援，確保親土耳其國王掌權，也同時談判取得紅酒貿易獨占權。

Joseph Nasi

Selim II

Moldavia

西元1500年的鄂圖曼土耳其與摩達維亞

延伸閱讀

約瑟夫納西的猶太復國夢想

約瑟夫納西可說是最早實際策劃執行猶太歸國行動的先鋒之一，他不打算痴痴的等待彌賽亞——傳統信仰認爲彌賽亞降世，以色列才會復國——而是想憑著他在鄂圖曼土耳其的良好關係，以一己之力主動推動。

鄂圖曼土耳其治下，猶太故地稱爲巴勒斯坦，一五六一年，納西以支付年貢的條件，取得土耳其帝王授予巴勒斯坦加利利海旁的廢墟城市提比里亞、采法特與周邊地帶的統治權，打算建設爲猶太人重回應許之地的灘頭堡。

爲了要讓猶太人在伊斯蘭信仰的阿拉伯人環伺下能生存，第一步先重建城牆，有了基本的安全，開始營造市區、建立經濟基礎，種植桑樹，打算將該地建設爲紡織業中心，吸引工匠前來，並安排教皇國的猶太人前來居住，只可惜計畫到一半，鄂圖曼土耳其就與威尼斯開戰，一切停擺成爲泡影。

一五七〇年起，鄂圖曼土耳其帝國與威尼斯開戰，爭奪地中海重要貿易據點塞浦路斯，約瑟夫納西又肩負起諜報作戰任務，他奉命進行的，有敵後破壞行動：煽動親戚於威尼斯海軍造船廠放火；也有策反工作：鼓動塞浦路斯的猶太人倒戈幫助土耳其。不過，他只是個商人，可不是現代以色列的莫薩德，滲透作戰實在非其專長，兩起計畫都事跡洩漏，親戚被捕、塞浦路斯要塞城市法瑪古斯塔的猶太人也遭驅逐。

鄂圖曼土耳其只好強行圍攻，十一個月後城破，占領整個塞浦路斯。雖然這次納西沒能立下功勞，不過戰後塞浦路斯成爲鄂圖曼土耳其領土，從此大量猶太人移入，享受鄂圖曼土耳其的寬容政策。

面對鄂圖曼土耳其另一個重大歐陸對手：哈布斯堡，約瑟夫納西同樣身負情報外交作戰重任：負責煽動荷蘭起義，反抗西班牙哈布斯堡的統治。一回生兩回熟，經過前兩次的失敗，約瑟夫總算學到情報作戰的訣竅，這次成功掀起荷蘭獨立戰爭，讓西班牙陷入八十年戰爭泥淖，最終於三十年戰爭中哈布斯堡全面性敗給鄂圖曼土耳其的盟友法國，荷蘭也於戰後如願獨立。

約瑟夫納西因爲立下諸多汗馬功勞，受封爲愛琴海納索斯群島公爵。塞利姆過世後，納西失去舉足輕重的地位，不過全盛時期的鄂圖曼土耳其比起同時代歐洲國家更「有情有義」，靠山過世後，納西並沒有遭沒收財產或被一腳踢開，餘生仍繼續擁有頭銜、享有年金。

宗教改革的先聲又帶來一場無妄之災

從第一次十字軍到十四世紀中葉這段期間，歐洲各地不只王權迫害猶太人，民間也有數不清的屠殺事件，彷彿猶太人苦難還不夠，基督教興起改革思潮，原本不關猶太人的事，卻對猶太人造成一場大災禍。

這起災難的根源始於英國。英國神學家魏克里夫認爲教會腐化、與人民脫節，主張基督教信仰應該直接透過聖經不需經過教會，這樣的思想當然遭到教會體系極力反對，適逢當時英國國王愛德華三世正在與教宗對抗，於是暗中支持，魏克里夫在國王保護下大鳴大放，並完成將拉丁文聖經翻譯爲英文的工作。

Edward III / Edward of Windsor

John Wycliffe

魏克里夫的著作影響了遠在東歐的捷克，當時稱爲波希米亞，神學家胡斯翻譯引進許多魏克里夫的見解，同樣主張：聖經才是眞理、耶穌基督的話語才是基督教信徒的依歸，而非教宗或其他神職人員。胡斯強調教會的主權應該屬於基督，而非人世間的這些教廷高層。可想而知，教廷對他極度反感。

Jan Hus

當時正值天主教大分裂，羅馬與亞維農兩教宗並立，爲了解決這個問題召開比薩大會，選出一個新教宗，原本兩個教宗卻不接受退位，反而變成三個教宗並立。整個基督教世界不知所措，盧森堡家族的匈牙利國王西格蒙德卻認爲這是天賜良機：若能解決大分裂問題，必能奠定在基督教世界的地位。

Sigismund of Luxembourg

當時西格蒙德已經身兼日耳曼王、羅馬王，離神聖羅馬帝國皇帝只有一步之遙，若能主導教宗分裂化爲統合，鐵定可穩穩當上神聖羅馬帝國皇帝。於是西格蒙德規畫召開康斯坦斯宗教大會。會議的確完美解決三個教宗的問題，此後復歸於一，不過，會議造就了另一個問題，困擾西格蒙德直到晚年。

大會上，天主教會一併召來胡斯，藉口要讓他說明主張，胡斯明知這是陷阱，仍慨然赴會，果然遭火刑殉難，胡斯身亡的消息傳回波希米亞，胡斯派信徒怒不可遏、揭竿起義，更怪罪於西格蒙德。西格蒙德的兄長波希米亞王剛好過世，西格蒙德原本可繼位兼任波希米亞王，遭胡斯起義軍拒於門外，於是西格蒙德宣布胡斯派爲異端，對波希米亞前後發起五次十字軍。

這本是基督教內的衝突，但是胡斯起義使得胡斯派與傳統天主教徒都激起宗教狂熱，結果，一四一九到一四三四年的胡斯戰爭期間，戰火影響之處都掀起迫害猶太人風潮，強迫受洗、強迫自殺、各種屠殺等事件層出不窮，當胡斯戰爭終於結束，根本與基督教義爭執扯不上關係的猶太人，卻遭永久放逐，波希米亞猶太人大體消失，要到十六世紀初才再度有猶太人居住於布拉格。

胡斯戰爭影響範圍

西格蒙德最終達成所願，當上

神聖羅馬帝國皇帝，也加冕爲波希米亞王。儘管他爲捷克的猶太人間接帶來災禍，但是對日耳曼地區的猶太人卻是好消息。西格蒙德的一生曲折離奇，總是以小搏大、努力槓桿，這造成他總是需錢孔急，也就急需猶太人的金融力量，於是他在匈牙利找回先前遭路易一世驅逐的猶太人，在日耳曼也造就了一段猶太人能休養生息的光景。

大局觀

本來跟猶太人毫無關係的基督教內鬨，卻給猶太人帶來災禍。這點其實台灣人也感同身受。

美國小布希總統原本相當支持台灣，曾稱若中國犯台則「吾將在此」，誰知奧薩瑪賓拉登策畫九一一恐怖攻擊事件，前因後果都與台灣毫無關係，但是九一一後小布希政府需要「聯中制恐」，台灣無故遭殃，陳水扁總統當場成為「麻煩製造者」。

國際上任何風吹草動，都會影響國運與個人，這也是為何我們必須培養國際觀，並從歷史中學習賽局思維。

哈布斯堡時代神聖羅馬帝國猶太人如履薄冰

西格蒙德之後，哈布斯堡奪下神聖羅馬帝國帝位，猶太人又得過上提心吊膽的日子。以馬克西米連一世為例，每當地方政府缺錢，就下令驅逐猶太人打劫一筆資金，如此命令六年內竟然多達十三次，連馬克西米連自己都覺得心虛。一旦建立起穩定財政結構之後，他又有了永續經營的思考，認為讓猶太人發展經濟，穩定長期收入比短期打劫更有利，於是轉而施行寬容政策。

當他受到對天主教虔誠的家族影響，就對猶太信仰施以迫害，下令要燒毀猶太經典，但當學者為之辯護，又對猶太教導產生興趣，命令猶太人出身改宗的御醫把猶太教導翻譯成拉丁文。馬克西米連這種反反覆覆的態度，說明了日耳曼地區猶太人的處境：生死都只取決於統治者的一念之間。

在日耳曼地區，最早出名的宮廷猶太人是史特勞斯堡的維維林，他在十四世紀上半可說是神聖羅馬帝國首富，貸款對象包括特里爾采邑總主教、盧森堡家族的鮑德溫，以及英國國王愛德華三世。儘管富可敵國，當一三四九年史特勞斯堡發生嚴重排猶暴動，兩千猶太人遭誣指為黑死病元凶慘遭上火刑架活活燒死，維維林也沒能倖免於難。維維林的命運，顯示猶太人不管累積再多財富、地位再高，都還是朝不保夕，隨時可能死於非命。

馬克西米連時代的知名宮廷猶太人則是羅塞姆的約瑟，其家族本是腓特烈三世的御醫——猶太人在金融以外，另一個專長就是醫療——即使如此，也免不了父親有三位兄弟遭血祭誣

Maximilian I

Archbishop of Trier

Vivelin of Strasbourg

Josel of Rosheim

Frederick III

Baldwin of Luxembourg

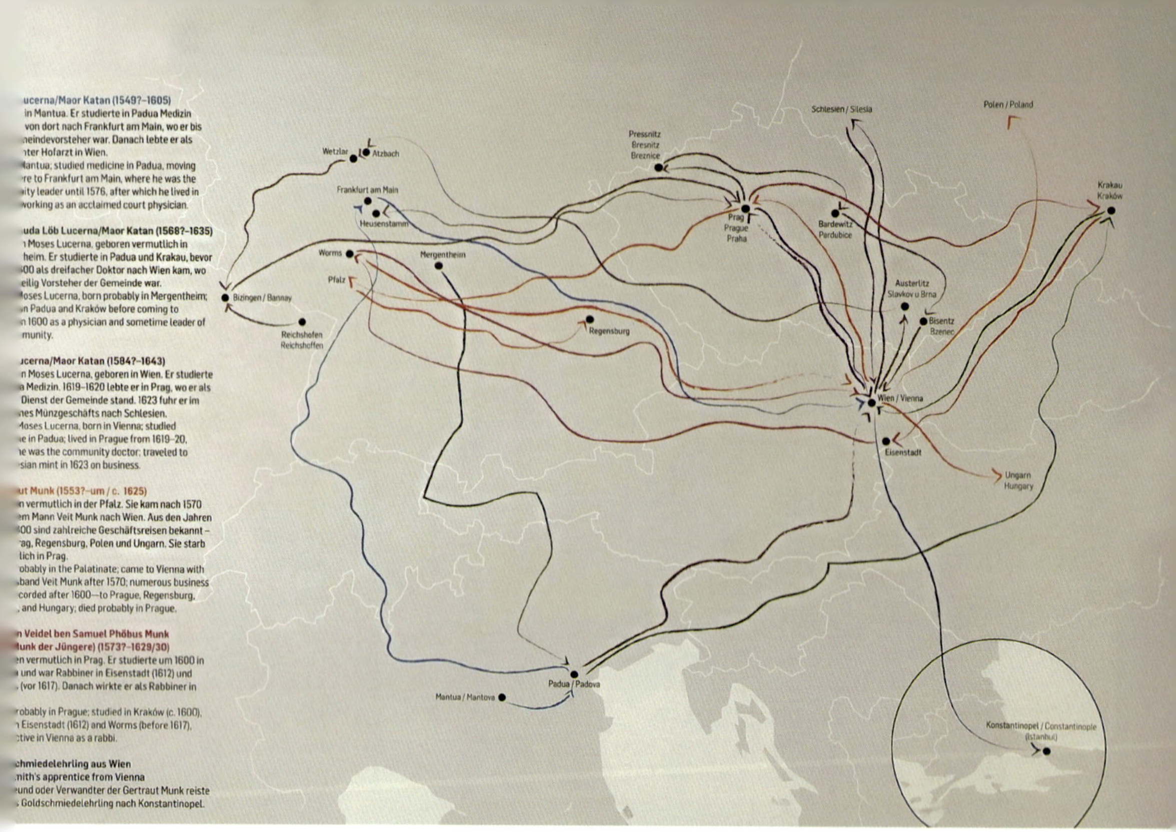

奧地利維也納猶太遺址展示說明，圖示十五到十六世紀維也納知名猶太人生平在歐洲各地奔波於不同城市留學、就職，可體會猶太人四處找尋機會，以及所編織出的人脈網（黃文局 攝）

告，一四七六年，原本居住在奧貝奈的家族與整個猶太社群遭瑞士傭兵追殺，全體逃亡到阿格諾，約瑟就在此地出生。

約瑟從青年時代就致力於爲猶太人辯護、改善猶太人的處境、阻止驅逐令，馬克西米連任命他爲日耳曼猶太總督，繼任的查理五世也繼續任用，約瑟的一生就在千里迢迢四處爲猶太人奔走中度過，保護猶太人免受反猶暴民入侵、爲猶太人辯護、救出冤獄的猶太人，更與攻擊猶太教導的馬丁路德展開大辯論。一五四六年，查理五世征討路德教派的施馬爾卡爾登聯盟戰爭中，他努力取得保護猶太人的軍令。約瑟之所以能如此保護猶太人，出於平時爲皇帝做牛做馬，處理猶太事務以外，還經常得擔任特使等等任務。

Schmalkaldic War | | Charles V

Prince Eugene of Savoy
Samson Wertheimer④
Mayer Amschel Rothschild⑧
Simon Wolf Oppenheimer
Wolf Wertheimer

為神聖羅馬帝國皇帝效力，卻只落得遭欠債不還

哈布斯堡王朝任期最長的神聖羅馬帝國皇帝李奧波德一世則重用兩位宮廷猶太人：山謬歐本海默、參孫維特海默。

當神聖羅馬帝國召集神聖聯盟，與鄂圖曼土耳其打起大土耳其戰爭，山謬提供了可觀的軍事費用，資助名將歐根親王的部隊，在戰爭期間得以提供士兵戰傷醫療，爲了感謝他的貢獻，歐根親王特別從土耳其帶回大量無價之寶：希伯來手稿，做爲回禮。山謬也因這樣的功績，豁免於一六七○年維也納驅逐猶太人的命令，能自由活動。

儘管身爲國家重臣，一七○○年排猶暴民還是入侵洗劫他家，考慮到他尊貴的身分，這很可能是神聖羅馬帝國政府故意縱容。當他於一七○三年過世，政府立即拒絕履行債務，使得他的繼承人與公司只能宣布破產。他的兒子西門沃夫歐本海默前往漢諾威重起爐灶，開辦銀行繼續家族傳承，日後，羅斯柴爾德家族創始人邁爾羅斯柴爾德進入這家銀行實習，從山謬歐本海默的孫子身上，學習到金融與外貿的知識。

參孫維特海默正是透過山謬歐本海默與皇室搭上線，原本擔任山謬的代表，很快自身也得到李奧波德信任。於西班牙繼承戰爭中，參孫與山謬兩人共同確保裝備與軍需費用，立下汗馬功勞，山謬過世遭倒債後，就由參孫負責維繫國家財政運作，李奧波德一世駕崩由約瑟夫一世繼位後，也一樣繼續重用參孫擔任國家金融重任。

參孫安排子女與最強大的猶太家族聯姻，長子沃夫娶了出身歐本海默家族的妻子，即使如

Leopold I / Leopold Ignaz Joseph Balthasar Franz Felician
Samuel Oppenheimer③
Joseph I

此，仍無法保障子孫的事業，參孫死後，沃夫將大部分資金投入借貸給巴伐利亞政府，卻遭違約欠債不還而破產。

這幾位神聖羅馬帝國皇帝的宮廷猶太人，只是眾多宮廷猶太人之中的一小部分，不只皇帝，日耳曼各邦國也都有自己的宮廷猶太人，包括普魯士、漢堡、漢諾威、符騰堡、斯圖加特、布朗斯威克、黑森等，都重用宮廷猶太人，日後羅斯柴爾德自黑森宮廷起家，成爲史上最有名的宮廷猶太人。

歐洲猶太人的最後避難所：波蘭

Boleslaw III　Piast

波蘭皮雅斯特王朝於一〇二五年獲教宗加冕，從此西歐國家承認其爲基督教王國，雖然名義上基督教化，但是人民最初仍大多信仰異教，還曾掀起許多次反基督教起義，而波蘭君主對於基督教的態度也並非絕對虔誠，只是作爲潤滑國際關係的工具，尤其是中興明君波列斯瓦夫三世對猶太人相當友善，第一次十字軍東征以來遭到嚴重迫害的歐洲各國猶太人，大舉逃向這個歐洲最後的庇護地，這是波蘭有大量猶太人流入的開始。

波列斯瓦夫三世死後，波蘭進入兩百年的分裂時期，是波蘭歷史上的黑暗時代，卻是猶太人的絕佳機會：各分裂勢力爲了發展經濟，給予猶太人保護與特權，讓猶太社區欣欣向榮；教廷不斷試圖加緊波蘭的基督教化，但各分裂勢力對教廷的做法態度不一，猶太人得以從中選擇較友善的統治者。

Casimir III the Great | Władysław I Łokietek | Vytautas | Jogaila / Władysław II Jagiełło | Statutes of Nieszawa

一二四一年蒙古入侵，猶太人與波蘭人一起受到戰亂燒殺擄掠的摧殘，即使猶太人明明同爲蒙古入侵的受害者，同時期在西歐的猶太同胞卻還遭誣指與蒙古人同謀而受迫害，黑死病流傳更讓猶太人飛來橫禍，各地怪罪猶太人，掀起排猶暴動，風潮傳來波蘭與日耳曼交界各大城市，發生大規模屠殺猶太人事件，約有上萬人遇害，猶太人只能更往波蘭中心地區逃亡。

幸運的是，當一三二〇年波蘭重新統一，勝出的是對猶太人寬容的瓦迪斯瓦夫一世，他訂定全國統一法典，規定保障猶太人的自由與安全、與基督徒平權，一三三四年繼任的卡齊米日三世訂定卡齊米日法典，不只給予猶太人商業特權，也保障猶太人的公民權。

隨著卡齊米日三世過世沒有子嗣，皮雅斯特王朝終結，波蘭此後進入外來統治時期，演變爲來自立陶宛的維陶塔斯、雅蓋沃雙雄，與來自德意志的條頓騎士團之間的三國演義，最終由雅蓋沃開創以之爲名的雅蓋隆王朝。在對抗條頓騎士團的過程中，波蘭、立陶宛都加速基督化，雅蓋隆王朝的君王不再重視前朝傳統，屢屢廢除過去對猶太人的保障，猶太人的地位一落千丈。

胡斯戰爭也把宗教狂熱傳來波蘭，摧殘越演越烈，直到一四四七年繼位的卡齊米日四世，才恢復對猶太人的保護，然而卡齊米日四世對條頓騎士團戰爭失利，統治正當性動搖，遭怪罪就是偏愛猶太人才遭「上帝制裁」，不得不與大貴族們妥協，於一四五四年訂下涅沙瓦法典，規定國王訂定新法律時需經過大貴族議會的同意。雖然這是波蘭民主的一大進步，對猶太人權益卻是一大退步，因爲法典廢除許多傳統猶太特權，國王權力下降也使得卡齊米日四世對猶太人的保護能力減弱，基督教徒民衆感受到風向變了，排猶暴動更加頻繁，尤其是一四六四年波

Teutonic Order｜正式名稱為耶路撒冷聖瑪麗亞醫院德意志兄弟騎士團，又稱德意志騎士團，與聖殿騎士團、醫院騎士團並稱為三大騎士團。

蘭響應號召對抗土耳其的十字軍，各地都受此刺激發生排猶暴動。

大體上來說，雅蓋隆王朝下的波蘭猶太人處境雖然不如皮雅斯特王朝，仍比歐洲其他國家好得多，涅沙瓦法典後國王與議會大貴族分權，也成為猶太人生存的夾縫，猶太人藉此遊走在國王與大貴族各黨派之間，於其中鑽營，利用對立派系之間的矛盾，保住生命、地位與財產。

後續兩任國王西格蒙德一世、二世，均推動宗教寬容政策，成為雅蓋隆王朝對猶太人最友善的時期，西格蒙德二世推動波蘭與立陶宛的合併為波蘭立陶宛聯邦，他過世沒有子嗣使得雅蓋隆王朝終結，波立聯邦的貴族們決定以選舉方式選出國王，從此進入波立聯邦民主時代。一五七三年，議會通過華沙聯盟協議，保障波立聯邦的宗教自由，猶太人也受其庇蔭，波立聯邦成為歐洲對猶太人最寬容的國家，隨著波立聯邦的強盛，猶太人也在其中發展興旺。

十六世紀波蘭對猶太人友善的同時，整體歐洲的環境卻急遽惡化，一五一七年馬丁路德發表《九十五條論綱》開啓宗教改革，宗教狂熱席捲歐洲，激發排猶風潮，在這樣的推力與拉力加成之下，歐洲猶太人大舉逃亡到波立聯邦，波立聯邦成為全歐洲猶太人最多的地區。即使日後隨著波蘭瓜分的歷史悲劇，波蘭猶太人橫遭摧殘，但一直到一九〇〇年時，歐洲猶太人分布還是以波立聯邦先前的領土地區為主，由此可知波蘭在歷史上對猶太人的重要性。

靠山還是山倒，最後避難所的毀滅

波立聯邦在十七世紀中葉開始走下坡，一六四八年起俄羅斯支持哥薩克叛軍大舉屠殺波蘭

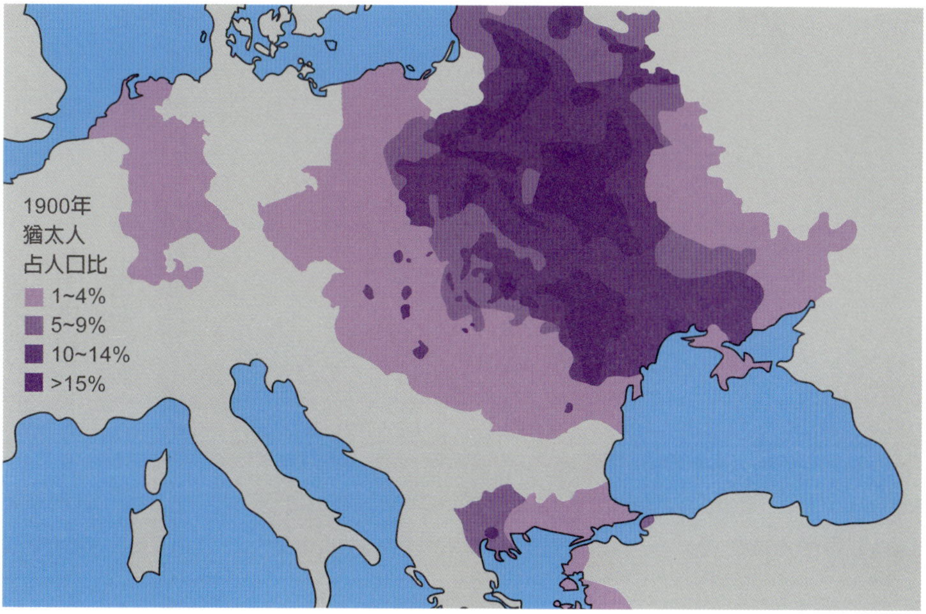

1900年歐洲猶太人分布

人與猶太人，戰亂使得猶太人口因屠殺與逃亡大減十到二十萬人。哥薩克亂事更進一步引起第一次北方戰爭，戰後俄羅斯占領波蘭東部。

新興強權瑞典，眼看俄羅斯吞併波蘭土地，垂涎三尺，生怕俄國太快吃光了波蘭，得在俄羅斯進一步動手前先下手爲強。一六五五年，瑞典揮軍入侵，打響第二次北方戰爭，波蘭兵敗如山倒，首都淪陷，整個國家幾乎拱手讓人，一度僅存少數地方反抗，不過隨著國際局勢改變，波蘭絕地反攻，將瑞典逐出國境。從哥薩克起義到瑞典入侵，這段時期在波蘭歷史上稱之爲「大潰敗」。

大潰敗的全國戰亂中，猶太人受到相當大的打擊，隨著波蘭衰弱遭入侵，也標誌著波蘭宗教寬容的結束。此後波蘭的國運更是每況愈下，從原本的東歐強權淪為任人宰割，一七七二年到一七九五年，周邊強權決定乾脆瓜分波蘭，總計三次瓜分之後，波立聯邦的領土慘遭俄羅斯、奧地利、普魯士分食淨盡，波立聯邦滅亡，波蘭這個歐洲猶太人的最後庇護地，就這樣從地球上消失了。猶太人至此，再度失去了重要的棲身之處。

中場休息④

全球化貿易的悠久歷史

我們常說當代是全球化年代，好像全球化是最近才發生的事情，其實人類歷史上很早就開始逐步全球化的腳步。

人類歷史上，從波斯帝國開始，每個主導世界歷史發展的世界中心帝國，都掌控主要絲路貿易路線。

這樣的歷史，在鄂圖曼土耳其的驚人成功後，物極必反，開始翻轉。鄂圖曼土耳其於一四五三年攻陷君士坦丁堡之後壟斷黑海貿易路線；同時，鄂圖曼土耳其還與威尼斯進行一連串戰爭，逐步攻占威尼斯的地中海

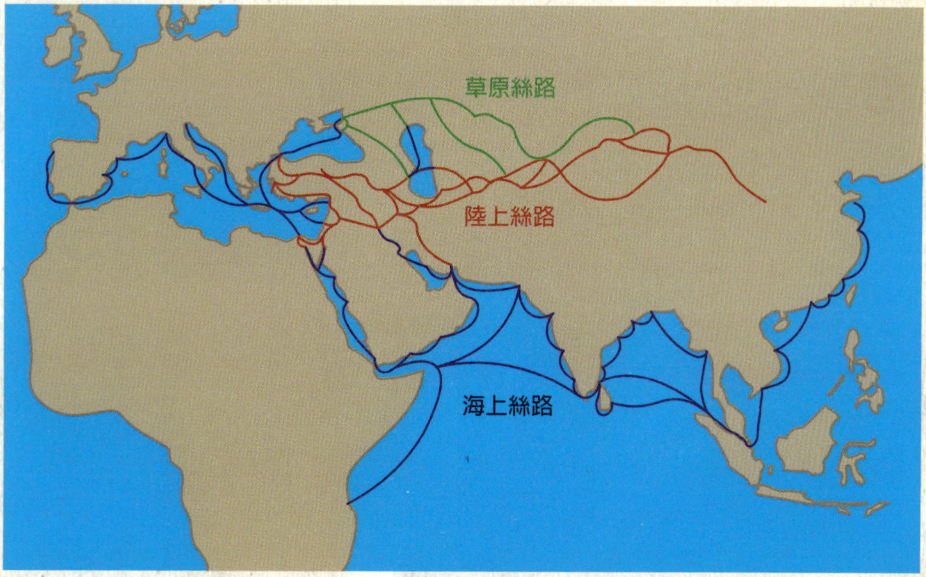

絲路路網

貿易基地。

這時的地中海東岸到埃及由埃及奴隸軍統治，鄂圖曼土耳其就地理上來說尚未完全壟斷絲路貿易的地中海端點，但是埃及奴隸軍也建立對經紅海絲路貿易路線的國家壟斷，由國家完全掌控糖與胡椒貿易。絲路貿易遭伊斯蘭勢力掌握，給了歐洲人尋求海上繞過中東路線的強烈動機。

到了一五一七年，鄂圖曼土耳其消滅埃及奴隸軍，完全控制所有絲路貿易的地中海端點，繞道需求愈加急迫，這股經濟上的驅動力，推動大航海的進程。

鄂圖曼土耳其拿下君士坦丁堡後，伊斯蘭勢力遮斷地中海東半部

第五章

全球化先鋒
開枝散葉

說起大航海，以前課本都是從葡萄牙的狄亞士、達伽馬說起。
凡事都不是一步登天，「登高必自卑，行遠必自邇」一步一步慢慢來。

的確只要繞過北非容易得多，也實際多了。

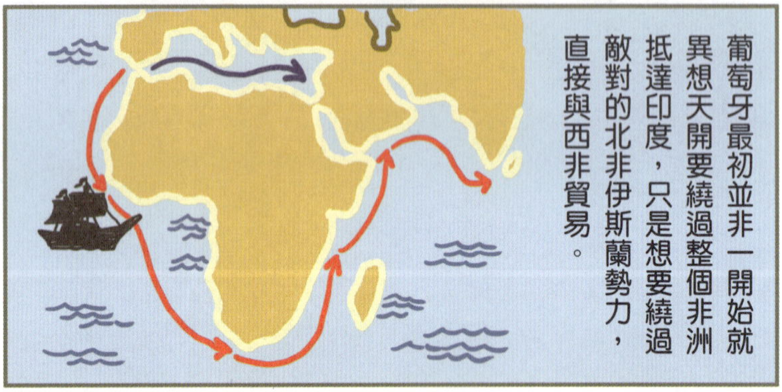
葡萄牙最初並非一開始就異想天開要繞過整個非洲抵達印度，只是想要繞過敵對的北非伊斯蘭勢力，直接與西非貿易。

葡萄牙的海上冒險由恩里克王子領導。
1427年 發現亞速群島
1415年 征服休達
1418年 殖民馬德拉群島
1434年 繞過西撒哈拉的博哈多角
1444年 發現維德角半島
1456年 抵達維德角群島

比起日後的大航海，這只是很近的目標。
但已經是當時歐洲航海的大突破。
N
航海打破了過去的世界樣貌，原本掌握絲路貿易樞紐的西亞才是世界中心，大航海繞過西亞以後，奠定了歐美為主流的近現代世界。
當歐洲受到伊斯蘭勢力壟斷地中海東岸貿易路線，而有越來越大的動機大航海的時刻，葡萄牙早因為想繞過北非，早已先往非洲繞行了一半，也就成為大航海的領頭羊。
讚啦!!
毫無意外的，葡萄牙的海上冒險也有猶太人參與。

早在葡萄牙海軍建立之初，葡萄牙猶太人就得繳稅資助艦隊的興建，稱爲艦隊稅，國王建好每下水一艘新船，猶太人得負擔錨的費用以及一條六十厄爾長的繩索，不僅出錢，還有出力，猶太人很早就在葡萄牙艦隊中服役，恩里克王子征服休達的海軍成員中就有猶太人，而此後的冒險探勘，更仰賴猶太人提供相關地理情報。

大航海先鋒葡萄牙，海上冒險靠猶太人

恩里克王子爲了推動海上冒險，不僅自己致力研究海事知識，也體認到必須設立海事人員的教育訓練機構，於是在薩格里什成立海軍學院，請來當代最聲譽卓著的海事學者主持，這位學者正是猶太人：來自馬約卡島的製圖師名門之後的傑米大師耶胡達克雷斯克，是知名猶太製圖師亞伯拉罕克雷斯克之子。

Abraham Cresques
Jehuda Cresques

馬約卡島首府帕馬自十三世紀以來一直是歐洲海事學術中心，地圖學知識幾乎都由馬約卡猶太人掌握。耶胡達從小跟隨父親鑽研地圖學，其精研之深，得到「地圖猶太人」「羅盤猶太人」的綽號，所製作的地圖更被視爲無價之寶。一三九一年馬約卡島發生嚴重排猶暴動，許多猶太人被迫改信天主教，耶胡達也跟著改宗，並改名爲傑米里布斯，離開傷心地馬約卡，遷居巴塞隆納，爲亞拉岡王國的國王服務。

一四三八年，快六十歲時，恩里克王子前來高薪挖角他到葡萄牙主持海軍學院，傑米大師不僅教葡萄牙人導航，也教他們製造海事器材與繪製地圖，並改良了羅盤以及導航星盤。海軍

Ell｜西歐北歐用的長度單位，意思是手臂，取歐洲成年人前臂加上手掌的全長，各國長度略有不同。後來同詞源成為英文中的手肘。

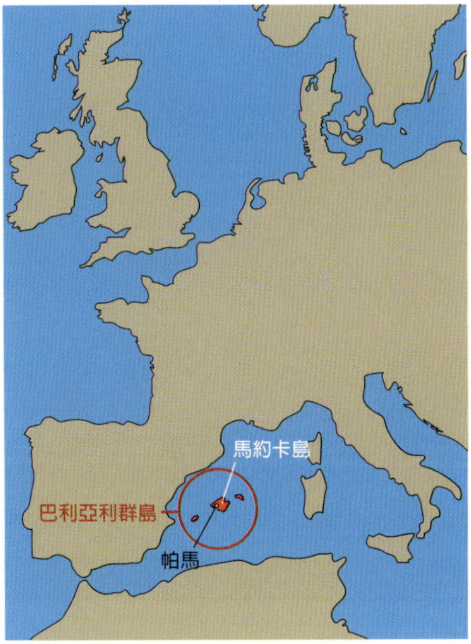

馬約卡島及其首府帕馬地理位置

學院也是日後哥倫布航海計畫的奠基之處，只是哥倫布無法在葡萄牙取得贊助，而是將計畫拿去由西班牙資助實現。

航海中面對汪洋一片，只能仰賴數學精確計算經緯度以免迷航，葡萄牙要完成大航海壯舉，先得打造相關數學工具，也同樣來自猶太人的智慧。猶太天文學家亞伯拉罕札庫托，原本出生於西班牙，一四九二年驅逐令時來到葡萄牙擔任皇家天文學家，他製作適合在海上使用的銅製星盤，並建立海事天文表格，使得水手不必仰賴北極星，只要以太陽月亮的位置就能知道經緯度，這對南半球航行極爲重要，因爲在南半球看不見北極星。他的貢獻不僅幫助達伽馬能順利航行繞過非洲抵達印度，也同樣對哥倫布的航行裨益良多。

Abraham Zacuto

達伽馬配備著猶太人的海圖、星盤、表格，他在航程中還意外的遇上另一名猶太人。一四九八年，達伽馬於回程途中來到印度果阿附近的安傑迪瓦島，突然有一位滿臉白鬍子的猶太人不請自來、歡天喜地的上船，說想搭便船回去看他的故鄉西班牙。這位猶太人可說體現了「塞翁失馬，焉知非福」的奇妙際遇。流浪他鄉竟然能遇到首次由歐洲航行到印度的達伽馬一

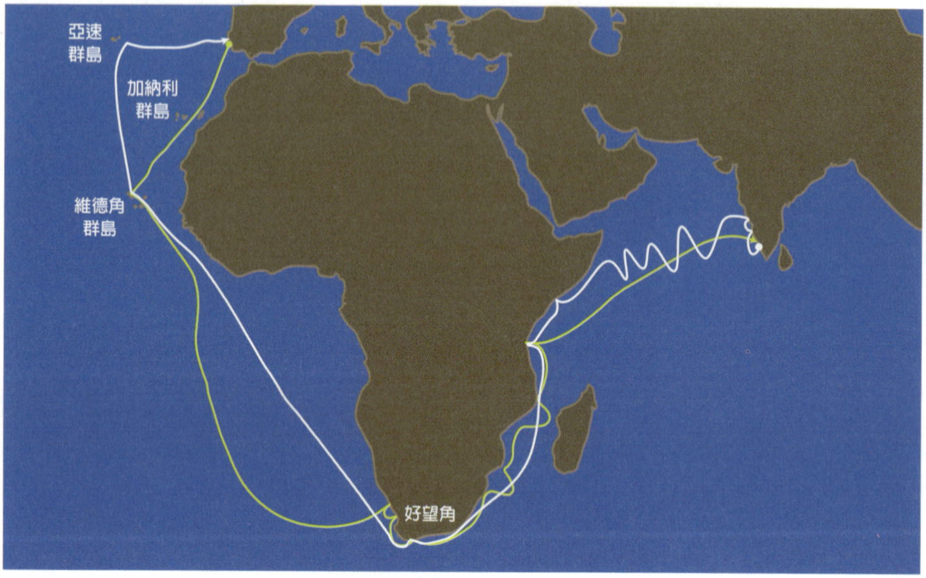

達伽馬第一次航海路線圖

行人，以爲交上好運，但隨即遭殃，達伽馬懷疑他是間諜，逮捕起來嚴刑拷打，眞是自找的無妄之災。猶太人自稱出身西班牙格拉那達，改宗後前往土耳其與麥加，又到耶路撒冷與亞歷山卓，遭綁架賣到印度爲奴隸，他努力贖身重回自由之身，之後爲果阿領主效力。

他的說詞太過離奇又顯然有所隱瞞，達伽馬半信半疑，審問十二天，考量他對東方的知識可能有用，於是將他監禁，準備帶回葡萄牙，漫長的回程途中，這位猶太人的命運又由黑翻紅，與達伽馬朝夕相處後，兩人相談甚歡，不打不相識成了好友，達伽馬讓他受洗並擔任他的教父，還賜姓名給他，此後就有了一位姓達伽馬的猶太人，名爲賈斯帕達伽馬。

回到葡萄牙後，國王對他很感興

Gaspar da Gama

趣，時常召見，聽他的東方見聞。葡萄牙還是一直懷疑他是間諜，不過認爲他的用處高於風險，因爲賈斯帕達伽馬會多種語言，不只會數種印度語，還會拉丁語、阿拉伯語、義大利語、卡斯蒂亞西班牙語，以及葡萄牙語，後續繼續參與達伽馬任務時，又學會一些非洲語言。葡萄牙國王因而任命他爲後續前往印度艦隊的顧問與通譯，於印度卡利卡特、科欽時協助商貿談判以及參與作戰。他的語言天才讓他甚至也擔任葡萄牙到巴西時與當地原住民的翻譯。

大局觀

賈斯帕達伽馬以達伽馬之名，成為達伽馬首航印度所帶回來的最重要資產。這個故事其實很有代表性。

我們都知道大航海，卻很少知道大航海需要多少準備。大海茫茫，不是造了船、憑著勇氣出海冒險就能成事，最重要的是海圖與導航知識；而重視知識，自古就在從事貿易的猶太人，掌握了這些關鍵知識，因此對人類大航海的貢獻卓著。

掌握關鍵知識才能安身立命，是猶太人的生存智慧，也是他們的「致富密碼」，猶太人至今也總是積極的去學習、發明，掌握關鍵知識。所以不僅在有傳統優勢的金融業，在新創事業、科技業也都大展鴻圖，成為會賺錢的代名詞。

想學猶太人賺錢，就要學習他們掌握關鍵知識的智慧。

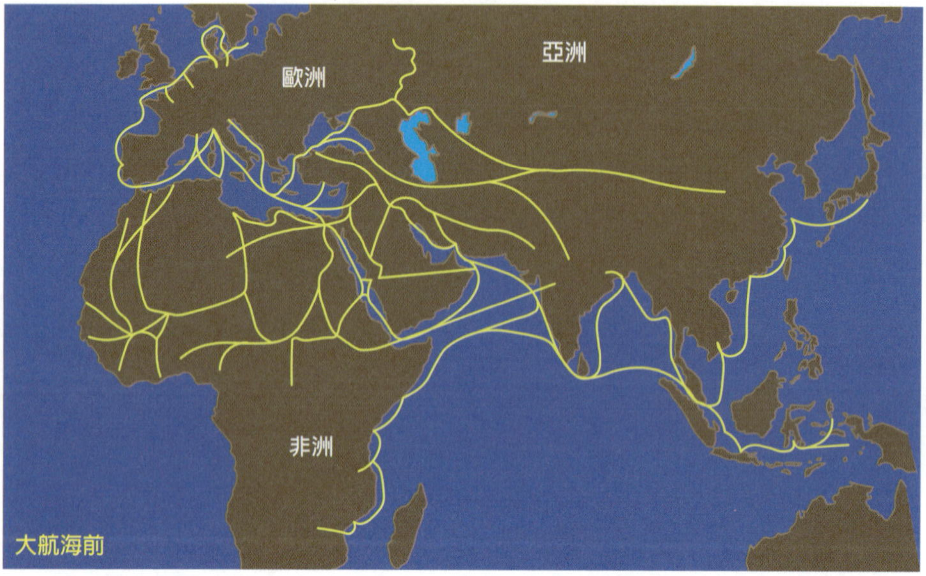

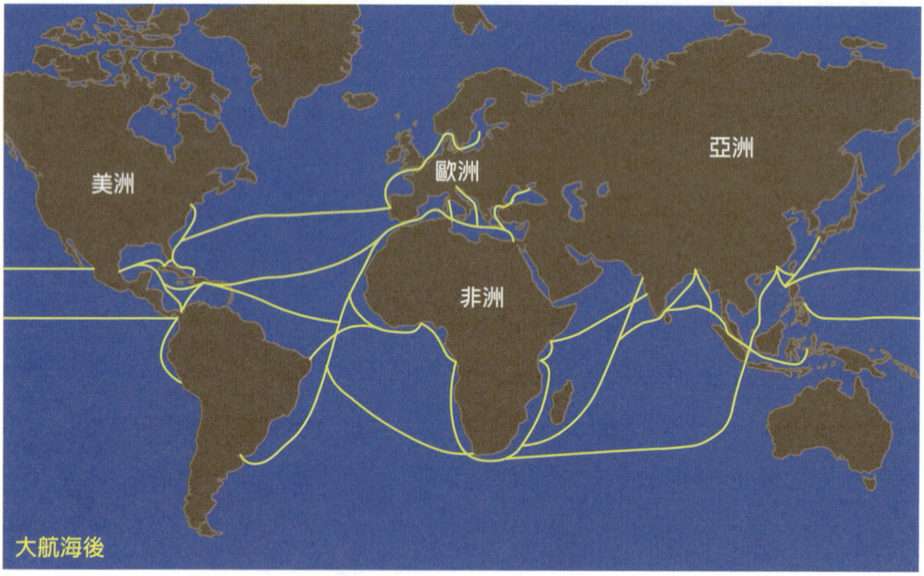

大航海前後貿易路線的翻轉：由地中周邊轉移到大西洋沿岸

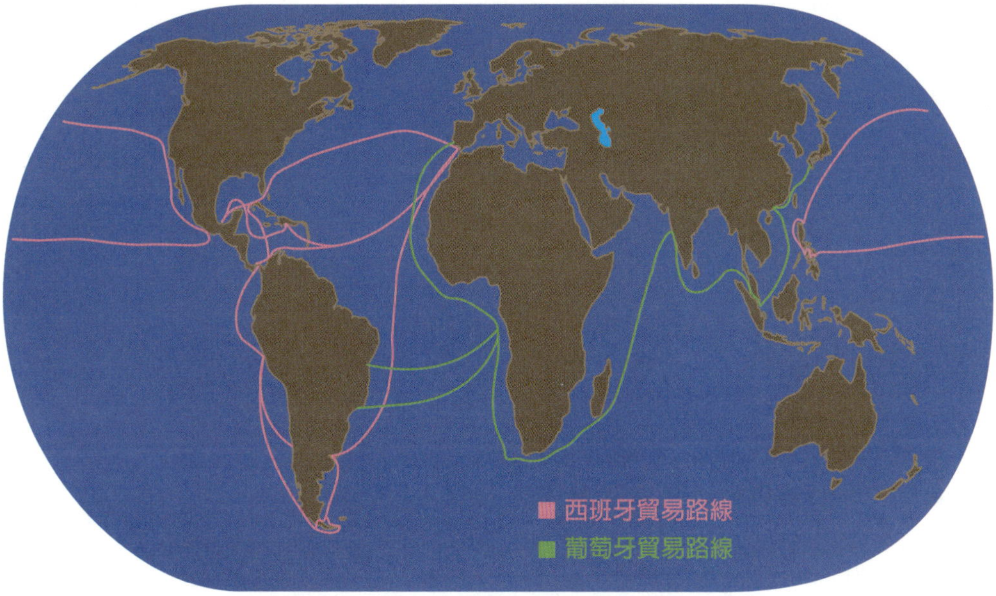

伊比利聯盟統合了西班牙與葡萄牙的海上貿易路線

大航海翻轉世界軸心，法國與哈布斯堡爭雄

葡萄牙從此進入印度洋，爲海上絲路開拓新出路，中東近東則遭貿易流繞過，跌落世界中心寶座，幾世紀後反而成爲落後貧弱地區，世界中心轉移到歐洲，此後歐洲主宰了數個世紀人類歷史的進程。歐洲本身的中心也跟著大轉移，自古以來歐洲經濟與歷史都圍繞著地中海發展，如今翻轉到大西洋沿岸，包括如今荷蘭、比利時地區，歷史上稱爲低地國。

低地國在一四七七之後落入歐洲強權勢力哈布斯堡的掌控，哈布斯堡堅持天主教統治，不僅迫害猶太人，也嚴苛打壓新教徒，荷蘭的喀爾文派忍無可忍起而反抗，掀起長達八十年的荷蘭獨立戰爭。

荷蘭原本選擇葡萄牙爲海上貿易夥伴，屋漏偏逢連夜雨，西班牙於葡萄牙王位繼承戰爭成功奪下葡萄牙王位成立共主邦聯伊比利聯盟，吞併葡萄牙的龐大海上帝國，從此進入日不落國時代。本來是荷蘭貿易對象的葡萄牙海上貿易體系，突然間變成荷蘭獨立的敵人。荷蘭只能一咬牙，自此開始發展自己的大航海貿易與之競爭。

但荷蘭也得到意外的助力，哈布斯堡如日中天讓法國感受到遭受全面包夾的嚴重威脅，起而反制，全面資助哈布斯堡的反對勢力。敵人的敵人就是朋友，荷蘭與法國一拍即合，荷蘭成爲法國扳倒哈布斯堡的重要關鍵，法國也成爲荷蘭獨立的最大後援。

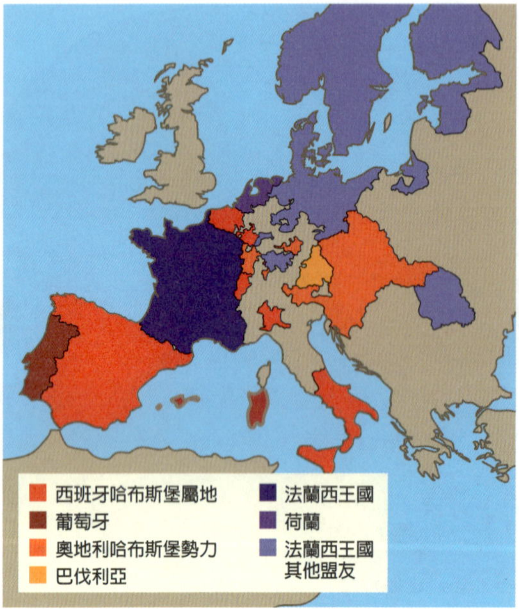

法國與哈布斯堡的彼此大包圍

爲了打擊哈布斯堡西班牙，荷蘭定下全球攔截西班牙海上貿易路線的戰略，包括在台灣發生荷西雞籠之戰，正是荷蘭獨立戰爭的一環，荷蘭的全球截擊成功對西班牙造成沉重打擊。在法國主導下，一六四八年，三十年戰爭以哈布斯堡戰敗告終，荷蘭也因而獨立。

Iberian Union｜一五八〇年哈布斯堡西班牙國王腓力二世兼任葡萄牙國王形成西班牙葡萄牙共主邦聯，為當時世界上海權最大、領土最廣的國家，直到一六四〇年葡萄牙發生革命而重新獨立，聯盟解體。

延伸閱讀

你知道台灣其實打過獨立戰爭嗎？

台灣其實在歷史上打過獨立戰爭，只是是別人的獨立戰爭，那就是荷蘭獨立戰爭。

台灣之所以有荷蘭時代，正是源於荷蘭對抗西班牙的全球戰略。

荷蘭計畫在菲律賓與中國之間，找個基地來攔截西班牙的貿易船隊，爲此先到印尼設立據點，之後曾經想攻打澳門失敗，改找上澎湖，當時澎湖爲明朝版圖，明朝官員不勝其擾，指引荷蘭人：海上還有台灣，不屬於中國版圖。於是荷蘭轉往台灣建立熱蘭遮城，開啓台灣的荷蘭時代。

荷蘭既然在台灣建立據點，與之敵對的西班牙也必須前來台灣建立據點反制，因此控制北台灣。一六四二年雙方打起雞籠之戰，正是荷蘭獨立戰爭的一部分。

Curiel family

荷蘭獨立過程中，猶太人扮演重要角色，猶太人善用人脈在全歐洲貿易，作爲菸草、糖、珠寶尤其是鑽石商人，爲荷蘭取得資金；也作爲火藥商人，爲荷蘭取得戰爭物資；更作爲外交調人，穿梭荷蘭與哈布斯堡之間，其中包括著名的西歐最富有西猶太人家族柯瑞爾家族，歷代作爲西班牙王室與荷蘭之間的外交管道。

大局觀

荷蘭在獨立成為「海上馬車夫」新興強權後，阿姆斯特丹更成為歐洲的經貿中心，猶太人深深參與荷蘭獨立，讓猶太人於其中穩占一席之地。

猶太人「致富密碼」之一，就是當世界發生重大變化，永遠處於推動歷史巨輪的中心點。早自羅馬共和終結戰，再到大航海，稍後提到的光榮革命、工業革命，後續章節提到的終結英俄大賽局的日俄戰爭，結束第二次世界大戰，以及決定冷戰樣貌的核彈技術發展，統統都有猶太人參與其中。

台灣也是「三生有幸」，在歷史的長河中，三次搭上世界重大變化的趨勢，因此才有今日，這部分我們到第十章再詳談。

荷蘭成為猶太人新天地，奠定荷蘭商貿發展

荷蘭發起獨立時，爲了與西班牙別苗頭，特別注重宗教寬容，許多伊比利半島改信天主教的猶太人決定前往尋找新天地，有商人、外交人員、大學教授、醫師……

一開始他們還小心翼翼地假裝成基督徒，如在西班牙時一樣，但之後他們陸續恢復猶太信仰。日後促成荷蘭的威廉發動「光榮革命」奪取英國王位的猶太人金融家羅佩茲蘇阿索家族的法蘭西斯科，其家族就是自伊比利半島前往安特衛普的西猶太人，在安特衛普淪陷後遷往阿姆斯特丹，於此恢復猶太信仰。

猶太人來到後，發揮經商本領，偷渡高價珠寶與現金進入，並協助發展商貿，猶太人爲荷蘭帶進了資金，更重要的是商業知識，於是荷蘭商業發展一飛沖天，隨著荷蘭之後取代葡萄牙成爲海上霸權，猶太人也跟著如魚得水。

一六〇二年荷蘭東印度公司成立時，猶太人持股所占比例少得可略，這是因爲一方面猶太人自己就藉由商業知識、金融與貿易人脈在經營大航海貿易，不願意東印度公司與猶太人自己的生意相競爭，另一方面新教政府對猶太人也並不完全友善，所以猶太人興趣缺缺，但當荷蘭東印度公司快速擴張，猶太人趕緊搶進入股，到十七世紀末時，猶太人已經成爲主要大股東，擁有四分之一股權。

荷蘭獨立戰爭中期，荷西雙方因財務崩潰一度停戰，是爲十二年和約，停戰談判條件中荷蘭答應不前往美洲貿易，當日後雙方再度開戰，荷蘭也就不客氣的設立西印度公司。

與東印度公司的狀況相同，最初猶太人入股很有限，但是當西印度公司在巴西開拓「新荷蘭」殖民地，猶太人也就積極投資。日後，西猶太人以薩德品托分別於一七四八年、一七四九年，成爲荷蘭東印度公司與西印度公司董事，並於一七五〇年獲任東印度公司的總裁。

大局觀

猶太人對全球化的最大貢獻，在荷蘭成功獨立後才正要開始，其影響遠遠勝過荷蘭東印度公司，甚至整個大航海，那就是協助促成光榮革命，造就了從根本上改變了人類文明的工業革命。

沒有猶太人，就沒有我們如今賴以生活的現代工業文明了。接下來，就來談談猶太人是怎麼推動了工業文明的誕生。

猶太金融慷慨注資，助光榮革命奪取英國

荷蘭取代葡萄牙成爲海上霸權後，海上貿易利益與英國衝突，連續與英國開打兩次英荷戰爭，先敗後勝，迫使英國只好俯首稱臣，荷蘭志得意滿、自我膨脹，自認爲是一方之霸。這樣的傲慢引來第三次英荷戰爭，英法聯手修理荷蘭，荷蘭險些亡國，請出開國元勳家族奧蘭治家族的威廉三世領導抗戰，才轉危爲安。

威廉在戰後苦思：若是英法聯軍再度來襲，恐怕下一次荷蘭眞的會滅亡。他亟思一勞永逸消除亡國威脅，最後得到一個瘋狂的結論：只要奪取英國王權統治英國，英國自然就不會跟法國聯軍來消滅荷蘭！

荷蘭「災難年」法軍入侵瀕臨滅亡

這是個極其不可思議的想法，尤其是荷蘭才剛剛僥倖在英法聯軍下存活，怎會有能力攻占英國呢？但是這個不可能的任務，在猶太人的幫助下，卻成爲可能。這位魔術師猶太人，正是羅佩茲蘇阿索家族的法蘭西斯科。

他的父親是猶太金融家安東尼奧，本身就已經是阿姆斯特丹西猶

Antonio Lopes Suasso①

太人中最具實力的金融巨擘，又選擇與另一個著名西猶太人富裕家族聯姻，迎娶德品托家出身的妻子，兩家結合後實力倍增。安東尼奧長袖善舞，在荷蘭與西班牙之間左右逢源，雖然身在荷蘭仍與西班牙王室維持良好關係，西班牙國王還因他的外交貢獻封他爲男爵；同時他也和荷蘭省督關係密切，旗下銀行向省督提供金援。

一六八五年，安東尼奧過世，法蘭西斯科繼承父親半數財產，其中大多數爲荷蘭東印度公司股權。這成爲幾年後他幫助威廉完成奪國奇謀的底氣。

威廉的計畫是利用英國正陷入王權與大貴族紛爭的天賜良機。信奉天主教的詹姆士二世招來英國國教派的強烈反對，詹姆士過度親法也讓國內心生疑慮，面對種種質疑，又用粗暴手段壓抑反對聲浪，激起更大不滿。威廉本來是詹姆士二世的好女婿，曾經派兵協助詹姆士平定內亂，不過當他看到詹姆士在國內成爲眾矢之的，轉而暗地裡謀畫背叛詹姆士，設計利用女婿的身分奪權。

當時法國仍繼續與哈布斯堡之間的大賽局戰爭，路易十四擔心荷蘭攪局，於是文攻武嚇，既發信警告，還武力扣押百艘荷蘭船隻，路易十四的恐嚇造成了反效果，阿姆斯特丹議會大怒，決定支持威廉「讓英國國王與荷蘭有良好關係」——英國國王變成威廉，當然就跟荷蘭有良好關係——的奪權計畫。

威廉三天內從阿姆斯特丹金融市場籌集四百萬荷蘭盾資金，還遠遠不足所需軍費，因此找上法蘭西斯科，法蘭西斯科慨然把剩下的缺額都包了，一口氣貸款兩百萬荷蘭盾，幫威廉湊足出兵英國費用。威廉感激之餘問法蘭西斯科：這麼一大筆貸款，要用什麼來當貸款的擔保？法蘭西斯科直爽的回覆：「要是你幸運成功，我知道你還得起錢，要是你不幸失敗，我願意認列損失。」法蘭西斯科不只提供金援，還以其商貿海事人脈關係，協助瑞典國王運送派往支援威廉的部隊。

在法蘭西斯科的援助下萬事俱備，威廉率領四百六十三艘大艦隊載運四萬部隊浩浩蕩蕩前往英國，以軍事威嚇力強化他的談判籌碼，找上本來就對英國國王不滿的英國大貴族遊說：只要罷黜詹姆士，改迎立他當國王，他承諾事成之後將大舉限縮王權、提升貴族權力、保護貴族的權益。

棍棒與胡蘿蔔俱下，大貴族們欣然同意威廉的提案，詹姆士只能黯然流亡，威廉順利篡奪英國王位，大體上並沒有動用到武力，由於過程和平，史稱光榮革命。

事成之後，威廉信守承諾，簽署《宣示權利與自由和王位繼承安排法案》，也就是《權利法案》，限縮了國王權力，提升了議會權力，並保障了人身安全與財產權不受侵害，《權利法案》是近代民主的濫觴，成爲近代君主立憲的先河，日後也啟發了美國憲法產生現代共和制民主，可說是現代民主的根源。

威廉當然也償還了法蘭西斯科的貸款，他用來還款的保險箱，如今成爲歷史文物，收藏於荷蘭阿姆斯特丹威利霍圖森博物館。

大局觀

法蘭西斯科看準威廉奇貨可居，不用擔保就大舉押注，因而推動了歷史，也成就了自己的功業，更保證了自己的家族和主導世界歷史潮流的當權者的關係。

法蘭西斯科投資威廉的豪賭，是猶太人又一個「致富密碼」：「能賺錢、敢花錢」。

台灣人勤奮、重視教育、愛賺錢，有許多和猶太人相似之處，但是在機會來時大膽投資這點，台灣人就遠遠不如。

猶太人精明大膽投資的能力，是他們能縱橫金融、新創與科技領域，成為賺錢代名詞的主因。

奠定英國工業革命基礎，卻讓荷蘭走下霸權舞台

光榮革命對人類歷史造成了意想不到的重要影響，由於荷蘭與英國成爲共主邦聯，包括猶太人在內的荷蘭金融體系大舉進駐；英荷聯合抗法的戰略分工上，荷蘭更重視避免遭到陸上入侵，因此加強陸軍，海軍就由英國分擔。於是，貿易與海權就這樣慢慢轉移到英國，世界金融

中心也從阿姆斯特丹轉移到倫敦，加上《權利法案》保障了基本人權與財產權，奠定資本主義的發展基礎，很快的，英國發生工業革命，從此改變人類文明。

工業革命也改變了歐洲列強爭霸的賽局，英國率先工業革命國力大增，取代哈布斯堡成爲法國的最大對手，此後英法之間展開長達一世紀的龍爭虎鬥，在全世界各處交手，包括七年戰爭、美國獨立戰爭，最後於慘烈的拿破崙戰爭中英國挫敗法國，成爲世界霸主。

對荷蘭來說，不幸的是，當威廉過世，英國與荷蘭又分道揚鑣，荷蘭的經濟流與海權卻已經分享給英國；威廉死後，荷蘭陷入政治權力眞空，導致荷蘭經濟停滯，一七二〇年代荷蘭經濟完全停止成長，一七八〇年代英國人均生產毛額反超荷蘭。荷蘭財力不足無法負擔軍事投資，使得軍備逐漸萎縮。經濟與軍事均衰退爲二流國家，過去荷蘭馬車夫時代讓英國豔羨，如今英國反倒讓荷蘭嫉妒不已。

荷蘭金融力量與人才智慧的流失，從猶太人以薩德品托的生平可以略觀一二。以薩出身荷蘭重要西猶太人金融家族德品托家，家族的財力之雄厚，曾在奧地利王位繼承戰爭中融資奧蘭治家族的威廉四世協助對抗法國，以此大功，而能爲猶太人在荷蘭談判平等的商業權利。

這樣的人才，卻轉而爲英國服務，建議英國如何強化在印度的影響力，並大量貸款給英國政府，竟占了百分之二十二的英國公共債務，他在一七六〇年破產，主因就是兄弟倆貸款六百六十萬荷蘭盾給英國政府。之後，他協助英國談判七年戰爭戰勝後的《巴黎和約》有功，由英國東印度公司支付終生年金。以薩德品托的楚材晉用，正象徵著荷蘭國力轉移到了英國。

英國準備好了，猶太人在英國的復起

自一二九〇年英國驅逐猶太人，過了兩三百年，猶太人在英國的命運開始有了轉機，這場轉機源於都鐸王朝的宮廷肥皀劇：亨利八世爲了離婚創造了英國國教，從此產生英國國教與天主教之間的紛爭，也釀成慘烈的宮廷權力鬥爭。

這段政治與宗教大亂的過程中，天主教與英國國教水火不容成爲英國宗教衝突的主軸，對猶太人的宗教歧視就相對淡化，一六三〇年代起，開始有猶太人逐漸暗中回到英國，到一六四〇、五〇年代，英國國內對於嚴重的新舊教衝突開始反省，宗教寬容的主張漸漸抬頭。

英國政治則進入另一場風暴，都鐸王朝結束開啟斯圖亞特王朝，卻很快迎來英國內戰、國王慘遭斷頭台處決，震驚世界，英國暫時沒有了國王，由護國公克倫威爾實際掌權。

一六五五年，猶太宗師瑪拿西本以色列自荷蘭來到英國拜訪克倫威爾，提出請願：讓猶太人能正式回到英國。克倫威爾召開會議討論猶太政策，雖然意見莫衷一是，無法形成議會正式決議，但克倫威爾表示不再執行驅逐猶太人令，自該年年底，從此猶太人開始可正式回到英國。

歷史發展又繼續對猶太人有利，克倫威爾死後，全國不服其子繼續獨裁統治，請回流亡法國查理二世復辟，查理二世在流亡期間，受過許多猶太人支持與照顧，在位期間投桃報李。之後繼位的詹姆士二世慘遭光榮革命推翻。威廉的光榮革命得利於猶太人資助，自然對猶太人更加友善。光榮革命的隔年，一六九〇年時，英國有約四百猶太人，英國的猶太人社群自此重新

Moses Mocatta②
Mocatta Bullion
Mocatta
Goldsmid
Isaac Goldsmid⑩

開始萌芽茁壯。

如今英國的猶太人族群大多數是東猶太人，主要是十九世紀俄國排猶以及兩次世界大戰中大量逃亡而來，不過十七世紀末猶太人重回英國最初的族群主要是西猶太人，莫卡塔家族可爲其中的代表。十五世紀末西班牙與葡萄牙驅逐猶太人後，莫卡塔家族先是逃往阿姆斯特丹與威尼斯，一六五〇年代回到英國，是克倫威爾最先引回的十二個猶太家族之一。

摩西莫卡塔於一六七一年在倫敦成立莫卡塔金業，是現代貴金屬交易所的起源，一六七六年事業擴展到印度，印度以銀爲主要通貨，英國則以黃金爲主要通貨，這使得銀的價值在印度比英國高出許多，莫卡塔家族利用這點，在英國買銀大量賣往印度套利，到一七二〇年代再拓展到中國市場。

莫卡塔企業並自一七一〇年起，爲英格蘭銀行專屬金塊交易商長達超過一世紀之久，於十八世紀成爲全球金塊交易仲介的龍頭，也是十八至十九世紀英國東印度公司的主要金銀交易仲介商。一七八七年，同樣自荷蘭來到英國的高斯密家族入股成爲合夥人，公司因而於一七九九年改名爲莫卡塔高斯密，兩個家族主掌莫卡塔高斯密長達兩百八十六年。

莫卡塔高斯密身爲貴金屬交易的重要造市者，也參與協助市場穩定，包括與英格蘭銀行及美國財政部合作，其中最著名的就是參與平息一九八〇年白銀遭壟斷炒作引發的「白銀星期四」市場危機。並分別在一八九七、一九一九年，與羅斯柴爾德銀行合作，建立金、銀現代價格產生機制，對人類的經貿貢獻良多。高斯密家族的以薩，也是莫卡塔高斯密的合夥人，於一八四一年受英國維多利亞女王封爲男爵，成爲首位獲封世襲爵位的猶太人。

Mocatta & Goldsmid｜一九五七年由漢布羅銀行（Hambros Bank）併購，之後又經轉賣到渣打銀行，一九九七年再轉售給加拿大豐業銀行，成為其旗下貴金屬及衍生工具部門豐業莫卡塔（ScotiaMocatta）。

帶動綠色革命的孟山都，名稱來自荷蘭西猶太人

西猶太人高度參與荷蘭東印度公司、西印度公司，也因此成為美洲殖民的先鋒。美洲與英國的情況類似，雖然日後猶太人大多數是俄國排猶、兩次世界大戰中逃亡潮而來的東猶太人，但是最早抵達發展的第一批，則是西猶太人。其中代表性的家族，就是孟山都公司名稱由來的孟山都家族。

孟山都家族的名稱源自於家族在葡萄牙時的發源地：名為孟山都的小村莊，葡語為「聖山」的意思。伊比利半島驅逐猶太人後，他們一開始過著假裝改宗，苟且偷生的日子，荷蘭獨立後遷往阿姆斯特丹，家族的第二代，隨著荷蘭於美洲建立殖民地，來到荷屬安地列斯群島。

一七六三年七年戰爭結束，法國將密西西比河流域含紐奧良在內的殖民地移交給西班牙，移交過程相當混亂，成為三不管地帶，兩個排猶國家都無法嚴格執行排猶，而戰爭結束又代表與歐洲貿易往來重啟，商機無窮，於是孟山都家族來到紐奧良，交好法國總督，與波爾多的猶太商人貿易。

孟山都家成為建立紐奧良猶太社群最早的家族之一，家族產業很快擴大，擁有奴隸農場、銀行，還違反西班牙法律，資助英國探勘密西西比河流域，這使得一七六九年家族一度遭西班牙總督逐出紐奧良，直到也有西猶太淵源的新總督上任，才於一七七四年回歸，經營奴隸、靛青、酒、服飾、銀飾、木材、織品、茶、菸草、肥皂、皮革、馬匹貿易。家族精通多國語言，包括法語、西語、英語，而能在不同殖民者之間無往不利。

孟山都家族的一個分支在如今美屬維京群島，當時屬於丹麥，經營貿易與糖業貿易金融，家族成員茂里修門德茲孟山都的女兒歐嘉，嫁給化學家約翰法蘭西斯昆尼，昆尼曾買下硫磺煉製廠，隔天就慘遭祝融。但他再接再厲，兩年後的一九〇一年又籌資創業，這次創業決定用老婆的姓氏爲公司名，於是就取名爲孟山都化工，一開始製造食品添加物如糖精、咖啡因、香草醛，日後發展爲著名農藥與種子公司，推動了人類的綠色革命。二〇一八年孟山都由德國化工大廠拜耳收購，成爲拜耳旗下一部分，但猶太家族的名稱，仍然掛在公司之上，見證著西猶太人來到美洲發展的歷史。

巴格達猶太人搭上全球貿易時代列車

西班牙驅逐後來到鄂圖曼土耳其各地的西猶太人，原本在鄂圖曼全盛時期有良好的發展，隨著鄂圖曼征服中東與埃及，還能回到故土耶路撒冷，以及改稱爲巴格達的第二故鄉巴比倫。其中許多猶太家族發展相當興旺，包括在埃及發展的沙斑家族，直到一九五六年才離開埃及前往以色列，家族中出了沙斑娛樂的創辦人海姆沙斑。

當西歐成爲新的世界中心，自伊比利半島前往荷蘭新天地的西猶太人，隨著世界軸心的翻轉，登上歷史中心的舞台，也推動了人類歷史的前進；但是過去的世界中心霸權鄂圖曼土耳其逐漸日落，淪爲「歐亞病夫」，前往鄂圖曼土耳其的西猶太人在世界翻轉的過程中，隨著「歐亞病夫」一起沉淪。唯一例外的是巴格達猶太人，以「東方的羅斯柴爾德家族」沙遜家族爲首，在全球化的時代搭上時代的列車飛黃騰達。

許多巴格達猶太人喜歡連結巴比倫猶太人，自詡爲最古老正統的猶太族群，不過其實自古以來的巴比倫猶太人早在塞爾柱土耳其、蒙古、帖木兒連串戰亂中消失殆盡，巴格達猶太人是鄂圖曼土耳其統治巴格達後，才逐漸重新移入，大多數爲西猶太人，十六世紀時僅有兩三百戶，到十七世紀開始大量返回。

印度科欽猶太鎮遺址

印度到東南亞的各貿易港口城市，原本就分布著少數猶太人，隨著大航海的腳步，又有許多西猶太人來到清奈等地，自地中海東岸的阿勒坡，到巴格達，通往波斯灣大港巴斯拉，再連接印度、東南亞各貿易港口，猶太人之間形成了綿密的貿易網路，而當英國取代先前的葡萄牙、荷蘭，一統印度洋的貿易秩序，猶太人在全球貿易中又乘風而上。

這些穿梭於世界貿易網中各大港口與重要貿易中繼站的猶太人，歷史學家稱之爲港口猶太人，成爲與宮廷猶太人不同的生存路線。

Port Jew

巴格達猶太人的成就卻是先從一場大迫害開始。十九世紀初鄂圖曼的巴格達總督大舉迫害逮捕、凌虐、監禁主要猶太家族，迫使各猶太家族只能逃向印度洋尋求生存的新天地，這一大批從巴格達逃往各地的猶太人，稱爲巴格達猶太人。鄂圖曼其他地區的猶太人情況也半斤八兩，阿勒坡的猶太人面臨血祭誣告、瘟疫侵襲巴格達與巴斯拉，加上鄂圖曼土耳其經濟每況愈下，在在使得猶太人決定離開。

大局觀

遍觀猶太人發跡的歷程，常常是遭到迫害，才被迫外出冒險，卻不料柳暗花明又一村。猶太人的這些歷史經歷，是構成他們精明大膽敢冒風險的性格的成因之一。非得要遭受不幸，才被迫出走，柳暗花明又一村嗎？其實，我們可以不要遭受不幸，就先主動向外開拓。

台灣人其實有這樣的冒險精神，過去「台灣錢淹腳目」時代，許多台灣中小企業，一口破英文、提著一只皮箱，轉戰中東、中南美、非洲，到處開拓生意，才有了台灣經濟奇蹟。只是如今的台灣人似乎失去了這樣勇敢開拓的精神。

當年這些台灣生意人，可並沒有被誰逼迫，所以我們不用妄自菲薄認為台灣人不可能跟猶太人相比，台灣人是可以勝過猶太人的。

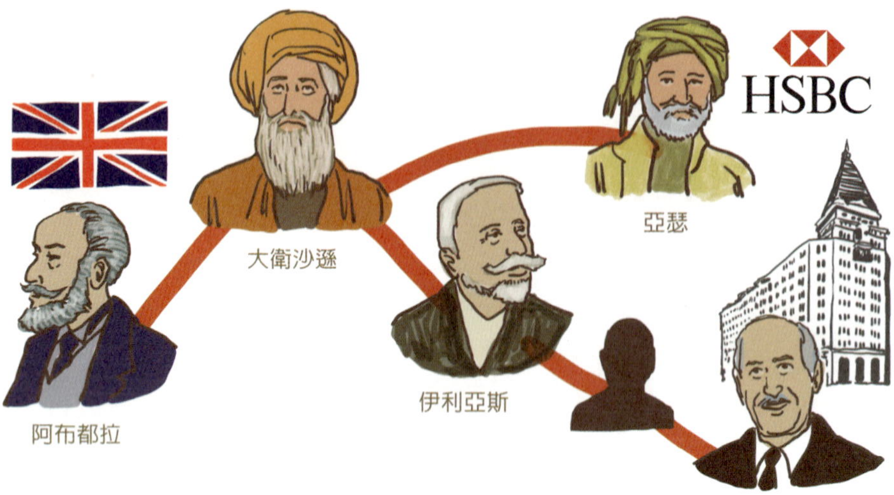

沙遜家族

和平飯店出自「東方的羅斯柴爾德」沙遜家族

上海和平飯店原名沙遜大廈，名稱由來正是巴格達猶太人沙遜家族。沙遜家族人稱「東方的羅斯柴爾德」，還提攜了嘉道理家族興起，兩個家族被視爲上海與香港的金融帝王。這樣輝煌的成就，卻是從一場大逃難開始。

沙遜家族原本代代世襲巴格達猶太首長，由於猶太人的金融專業，猶太首長除了掌理猶太族群本身事務，還一手打理預算、貸款、稅務，相當於歷任總督長官們的財務官。

巴格達爲首府統治的伊拉克南部地區，名義上是鄂圖曼帝國土地，實質上仍由埃及奴隸軍總督自治。拿破崙戰爭後，英國體認到中東戰略地位的重要性，積極進入此地，末代埃及奴隸軍總督大衛感受到威脅，大舉進行自強改革運動，疏通運河、引進工業、在西方教官指

nasi｜希伯來語原意為「親王」，最早指以實瑪利的十二子嗣，後來指每個部族的「族長」，聖殿時期則為猶太公會的「議長」，羅馬時代作為猶太族群的首長代表，鄂圖曼土耳其時代亦同，因此在此譯為猶太首長。

Dawūd Pasha｜Dawūd 即伊斯蘭文中的「大衛」，Pasha即總督、首長、大人之意，又譯為「帕夏」。

Joseph Sassoon⑨
David Sassoon⑨
Sassoon ben Saleh⑨
Parsi

導下建立新式軍隊，這在在都需要錢。

當統治者缺錢，猶太人總是最好的劫奪目標，大衛總督一改先前歷代埃及奴隸軍總督對猶太人的尊重，開始大舉迫害、逮捕富商勒贖，沙遜家族族長沙遜本薩勒眼見時不我予，把猶太首長之職交給兒子大衛沙遜，大衛沙遜決定代表家族與巴格達猶太人前往伊斯坦堡「告御狀」，觸怒大衛總督，逮捕大衛沙遜下獄準備絞死，父親緊急籌錢行賄才救他出獄。大衛與約瑟夫沙遜兩兄弟連忙出逃。約瑟夫前往阿勒坡，此後約瑟夫一脈就在中東與埃及發展。大衛沙遜於一八二八年先逃往位於伊朗波斯灣岸的布什爾。

大衛總督的統治也到了盡頭，英國煽動鄂圖曼土耳其拔除大衛總督，改由中央直接統治，儘管大衛總督的迫害已經告一段落，但是大衛沙遜逃出巴格達後見識到大英帝國正將貿易廣布於全世界，他決定走向世界，不再回頭，一八三二年舉家遷往印度孟買。

沙遜家族走入大英貿易體系正逢其時，《一八一三東印度公司法案》結束英國東印度公司除了中國茶與鴉片貿易以外的貿易壟斷權，法案二十年到期後，《一八三三印度政府法案》將英國東印度公司改為統治實體，不再是商業實體，雖然繼續擁有印度統治權，卻不再擁有貿易壟斷權，開啟了私人公司插手東亞貿易的絕佳商機。

大衛將原本家族事業在巴格達的人員組織於孟買重建，立即就開始重新開張做生意，一開始擔任英國紡織公司與波斯灣原物料商人之間的中介商，之後投資港口地產，與印度波斯裔商人競爭。

一八三九年，英國以船堅炮利於鴉片戰爭中打破滿清鎖國，《南京條約》開啟五口通商，

#1
#2
#3

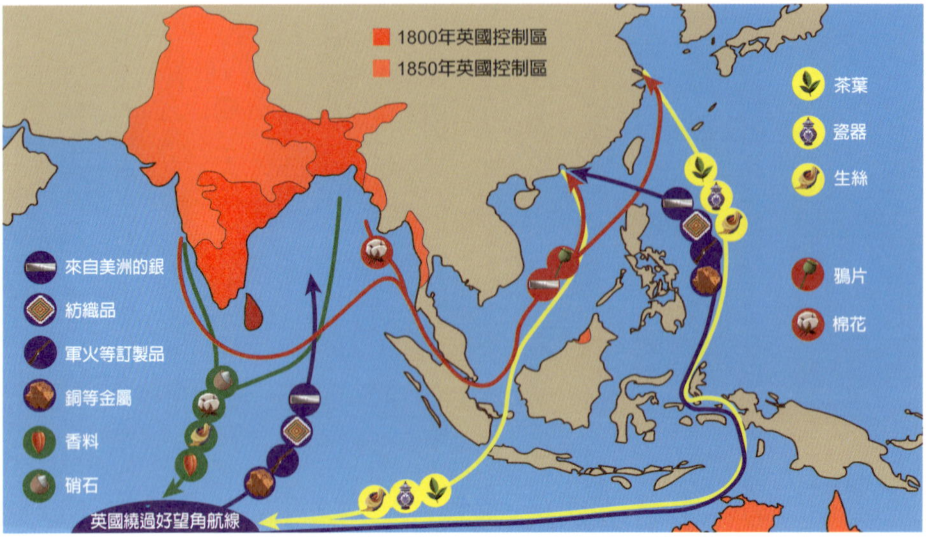

英國、印度、清國的三角貿易

並取得香港根據地，大衛沙遜嗅到商機，著手建立三角貿易運轉套利，他從印度出口綿紗與鴉片到清國，在清國購買茶絲瓷回銷英國，再自英國買工業紡織品回銷印度，如此流轉不息。爲此，他派出兒子伊利亞斯前往香港於一八四四年設立老沙遜洋行分公司，成爲抵達香港的第一個猶太商人，身邊環伺著二十四名印度波斯裔商人競爭對手。隔年一八四五年，在上海設立分公司。

美國發生南北戰爭，使沙遜家族意外迎來發財大運：內戰使美國棉紗出口量大減，棉紗需求由沙遜家族所經銷的印度棉紗來填補。再加上滿清於英法聯軍之後，鴉片改稱爲「洋藥」可以自由買賣進口，沙遜家族的棉紗鴉片三角貿易越來越風生水起。

伊利亞斯經營相當有手段，逐漸與怡

| Elias David Sassoon⑨
| David Sassoon & Co., Ltd.

Victor Sassoon⑨
Arnhold & Co.
Cathay Land Company
Albert Sassoon

和洋行分庭抗禮，日後更迫使怡和洋行退出鴉片貿易，但沙遜家族內部卻發生嫌隙，一八六四年大衛沙遜過世，長子阿布都拉繼承家業，伊利亞斯不服，其他兄弟卻都站在大哥那邊，他一氣之下決定自立門戶，一八六七年成立了新沙遜洋行和本家互別苗頭。

新沙遜洋行發展更勝於本家，不僅生意規模發展爲本家的兩三倍，還把觸角進一步擴展到日本。一九二三年購併安利洋行成立華懋地產公司，新沙遜洋行的業務成長，使得當時的掌舵者維克多決定拆除原本擁有的兩棟洋房改建爲企業總部，亦即沙遜大廈，於一九二九年完工啟用，其中五至九層爲華懋飯店。一九五二年上海市政府接管大樓，於一九五六年改名爲和平飯店。

掌管老沙遜洋行的阿布都拉後來移居英國，改爲英式名字亞伯特，他在孟買興建了沙遜碼頭，死後安葬於英國布萊頓的沙遜家族陵墓。亞伯特之子愛德華，娶了出身知名羅斯柴爾德家族的妻子，使得東西兩大家族成爲親家。大衛沙遜的第五子亞瑟，則參與創建了香港與上海起家的知名企業：滙豐。滙豐英文原名就是「香港上海銀行」，以大清帝國兩個貿易窗口上海、香港爲名，亞瑟沙遜是共同創辦人，也是初始的八個董事之一。

沙遜家族員工出身，後來居上的嘉道理家族

名稱與滙豐有異曲同工之妙的香港上海大酒店有限公司，與老沙遜洋行也有歷史淵源，現今的主要持股家族，嘉道理家族，本身也是巴格達猶太人，是沙遜家族的遠親。

Arthur Sassoon⑨
Edward Sassoon⑨
E.D. Sassoon & Co., Ltd.

嘉道理家族

嘉道理家本來留在巴格達發展，兄弟姊妹共六子一女，老大以西結於一八七〇年先前往加爾各答爲老沙遜洋行工作，之後要三個弟弟：摩西、埃利斯、埃利，在往後十年內陸續前來印度加入他的行列，猶太家族之間往往互相扶持拉抬，沙遜家族很歡迎巴格達猶太遠親前來投靠。

四兄弟中最小的埃利嘉道理，最初先在孟買學習貿易知識，一八八〇年自孟買來到沙遜香港總部報到，很快受賞識派到威海衛，當威海衛發生鼠疫，埃利連忙消毒倉庫，將消毒水分送中國員工，事後卻被追究未經授權就擅自使用公司資產，他一怒之下決定辭職自立門戶，向當初一起到沙遜家族工作的哥哥摩西借了五百港幣，與兩個合夥人於香港開設利安洋行。

經營二十年，埃利與哥哥埃利斯將公司改名爲嘉道理父子公司，適逢清末八國

Ezekiel Kadoorie

Moses Kadoorie

Ellis Kadoorie[34]

Elly Kadoorie[34]

Michael Kadoorie㉞

Lawrence Kadoorie㉞

聯軍後的庚子後新政，生意風生水起。亨利福特推出大眾價格的T型車使雞籠之戰美國汽車市場騰飛，市場預期輪胎原料橡膠將大發利市，上海橡膠股票暴漲，後世稱爲橡皮金融泡沫。埃利也向渣打銀行貸款大舉投入橡膠股票炒作，好景不常，一九一〇年橡皮金融泡沫崩潰，股價崩跌成廢紙，嘉道理家無法倖免，融資買進的橡膠股票慘遭貸款銀行全面追繳，正在瀕臨周轉不靈關頭，又是沙遜家族支持的匯豐銀行出手提供貸款拯救。

嘉道理大難不死，因禍得福，在橡皮泡沫崩潰後大撿便宜，整併橡膠公司，之後橡膠價格回升，橡膠股價恢復，滿清因橡皮金融風暴倒台，嘉道理家卻否極泰來成爲巨富。

嘉道理家曾經買下香港大酒店、上海大酒店，合併成爲香港上海大酒店公司，一九二六年斥資於香港尖沙嘴興建新酒店，一九二八年開張，就是赫赫有名的香港半島酒店。

埃利嘉道理也將觸角擴展到電業，趁著英資中電集團急需資金，低價自新旗昌洋行買下大量中華電力股權成爲大股東，中華電力也就是現在的中電控股公司。二次世界大戰日本占領香港時一度霸占半島酒店爲總部，埃利之子羅蘭士自行炸毀中電以免爲日軍所用，觸怒日軍，全家遭拘於集中營。日本戰敗後，羅蘭士成爲香港迅速復興的關鍵人物，家族產業擴大到包括香港天星輪、山頂纜車、紅磡海底隧道、深圳大亞灣核電廠等等。

如今嘉道理家族由羅蘭士的兒子邁可掌管家業，包括上海酒店、半島酒店、香港飛機工程公司、長江和記實業有限公司、太平地毯國際公司、中電等。身爲一方富豪，行事卻極爲低調。直到二十世紀，嘉道理與沙遜仍是香港最有影響力的人物，許多道路、大樓、機構都刻有他們的家族姓氏。

大局觀

一九三一年，埃利在旺角買下大片原本不值錢菜園，日後漲了約兩百倍，實在是化腐朽為神奇、點石成金。

這樣的功力或許只有另一位猶太人彭博可比擬，彭博任紐約市長期間，把紐約人跡罕至因而成為犯罪淵藪的廢棄鐵道改造成花園步道，原本藏汙納垢的都市之癌成為高樓林立的高級地段。

數十年來，台灣富豪圈熟知半島酒店以尊貴的勞斯萊斯名車接送來客，甚至可由直升機直接機場接送，無數台灣豪客前往半島酒店朝聖，小資階級也要去享受下午茶，感染一下奢華的滋味，但是少有人知道這棟香港地標的主人是猶太人。

認識猶太人，才是開眼看世界，不識猶太人，有如劉姥姥進大觀園，只能看熱鬧，卻看不到門道。不只半島酒店，天星輪、山頂纜車、紅磡海底隧道，其實整個香港，可說都是猶太人所建造。

猶太人可說是香港的建造者

匯豐銀行與香港上海大酒店有限公司還有個共同點，那就是猶太人艾曼紐庇理羅士先後擔任過兩家公司的董事長。

庇理羅士家族也是源於伊比利半島的西猶太人，大驅逐之後，家族一部分假裝改宗苟且偷生，一部分則逃往威尼斯，之後開枝散葉到義大利利佛諾、荷蘭阿姆斯特丹、英國倫敦，以及中東的阿勒坡，與其他西猶太人相同，靠著猶太人家族間婚姻聯盟打造的緊密信任關係，經營歐洲到中東以至於到印度的貿易。

庇理羅士家族

一七三〇年代威尼斯的庇理羅士家族面臨財政危機，許多家族成員遷往阿勒坡，但隨著大航海的世界貿易中心移轉，阿勒坡也日漸衰退，家族再轉移陣地到巴格達的貿易吞吐口：波斯灣港口巴斯拉，發展印度洋貿易，加入巴格達猶太人的行列，並遷居到加爾各答。艾曼紐、以薩兩兄弟，就出生於印度加爾各答，兩人將原本已經逐漸沒落的家族帶往新高峰。

Emanuel Raphael Belilios㉓

Isaac Raphael Belilios㉓

Matthew Nathan㉜

Benjamin Disraeli⑫

Allen Zeman(72)

以薩前往巴格達猶太人有密切商貿關係的新加坡發展，主宰了牛隻市場，於新加坡留下不少家族姓氏命名的公共場所，包括庇理羅士路、庇理羅士巷、庇理羅士庭。

艾曼紐則於一八六二年前往香港發展做鴉片生意，大獲成功，曾任香港上海大酒店有限公司董事長；匯豐銀行方面，先成爲董事，之後任董事長；更曾獲任香港立法局議員、首席非官守議員。

艾曼紐與以薩一樣爲家族留下許多印記。他曾經想要出資爲也是西猶太人出身的英國總理迪斯雷利設立雕像，迪斯雷利本人婉拒，於是他就以這筆資金成立香港華人西醫書院，孫文爲第一屆畢業生，二〇〇六年改名爲香港大學李嘉誠醫學院。一八九三年艾曼紐捐款協助香港中央女子書院興建三層樓新校舍，爲了感謝他的貢獻，學校改名爲庇理羅士女子中學。

香港還有許多猶太人的遺產，包括彌敦道，名稱就是源於猶太人總督彌敦，他於一九〇四年就任，拓展交通建設，大力發展九龍與中西區，包括建設相當於香港任督二脈的九龍廣東鐵路，其用心整頓將原本人人敬而遠之的泥濘九龍，化爲人聲鼎沸、寸土寸金的繁華市區。爲了紀念這偉大成就，九龍黃金大道以他命名爲彌敦道。

香港夜生活的代表蘭桂坊，本來人稱「爛鬼坊」，一般人遠遠迴避，是德國出生移民加拿大的猶太人盛智文來到香港，一九八三年在蘭桂坊開設西餐廳，把加州大廈裝潢爲夜生活的聖地，人稱「蘭桂坊之父」，又是一個化腐朽爲神奇的案例。

從匯豐銀行、半島酒店、香港大學李嘉誠醫學院、庇理羅士女子中學、彌敦道，到蘭桂坊，說猶太人是香港的建造者，實在不爲過。

大局觀

世界貿易流的轉移，對於原本前往鄂圖曼土耳其的西猶太人來說，可說先甘後苦，又先苦後甘，在鄂圖曼的好日子逐漸退色，卻往印度洋，以至於更遠的香港、上海，找到更蓬勃的商機，而扶搖直上。

在歐洲，荷蘭與英國的猶太人也已經掌握到世界貿易的主流。

當西猶太人已經先行在工業革命與全球資本主義中乘風翱翔，東猶太人也即將迎來救贖，隨著拿破崙戰爭的解放腳步，在資本主義工業文明的年代，準備好要大放異彩。

中場休息⑤
世紀天才猶太菁英群像

| J. Robert Oppenheimer(59)

| Wolfgang Ernst Pauli(53)

猶太人在科學研究、產業科技、文化藝術等等各領域發光發熱，拿下無數諾貝爾獎，最著名的猶太科學家莫過於愛因斯坦，二〇一七年美國國家地理頻道推出傳記影集《世紀天才》，劇組認為的第一個世紀天才，正是愛因斯坦。

近代以來擁有不凡科學成就的猶太人才遠遠不止愛因斯坦，物理學方面，愛因斯坦以光電效應得到諾貝爾物理獎的隔年，建立原子結構「波耳模型」的波耳得到諾貝爾物理獎。自波耳開始，猶太科學家在量子力學領域貢獻非凡，包立提出「包立不相容原理」，由愛因斯坦提名，得到諾貝爾物理獎；以半自傳著作《別鬧了，費曼先生！》聞名的費曼，以量子電動力學共同獲得諾貝爾物理獎。

費曼在學術成就之外，對世界最重大的影響，是參與美國打造原子彈的「曼哈頓計畫」。原子彈使第二次世界大戰提早結束，戰後結合火箭科技成為核子彈頭導彈，讓人類進入「相互保證毀滅」的冷戰時代，雖然聽起來很駭人，但是冷戰時代因為如此恐怖平衡，反而是人類歷史上相對和平的年代。核彈的發展與猶太人的貢獻息息相關。

電影《奧本海默》演出曼哈頓計畫核心人物「原子彈之父」歐本海默、「氫彈之父」愛德

| Edward Teller(63)

| Niels Bohr(48)

華特勒，愛因斯坦、波耳、費曼等人也於劇中登場。此外，讓戰後火箭科技突飛猛晉的靈魂人物馮卡門也是猶太人。

曼哈頓計畫中的猶太人都足以稱爲世紀天才，天才中的天才則非馮紐曼莫屬，他不僅是曼哈頓計畫成員之一、戰後擔任原子能委員會委員，還是「計算機之父」，以二進位取代十進位而開創了現代電腦的先河，更是賽局理論奠基者。馮紐曼畢生發表一百五十篇論文，領域橫跨數學、電腦科學、量子力學、流體力學、彈道學、核科學、經濟學、統計學，包山包海讓人嘖嘖稱奇。

馮紐曼從小智力驚人，六歲就能用古希臘語與父親聊天、心算八位數除法、八歲自學微積分、十九歲就發表兩篇重要數學論文、二十二歲在布達佩斯大學取得博士學位。有著過目不忘的神奇本領，初到美國時，在紐約曾向當地居民表演默記電話簿。曼哈頓計畫小組長、諾貝爾物理獎得主維格納，對馮紐曼自嘆不如，維格納高中時是大馮紐曼一屆的同校學長，遇見馮紐曼之後，向朋友訴說：有一個人比我還聰明，他好像是外星人，他的名字叫馮紐曼。

猶太人在近現代的貢獻還有無數拯救無數人命的醫療成就。卡爾蘭德施泰納發現了人類的血型，從此輸血成爲可能，因而獲諾貝爾醫學獎，其生日也成爲世界捐血日；恩斯特波利斯柴恩共同發明出分離萃取盤尼西林的方法，使人類有了對抗細菌的手段，而獲得諾貝爾生醫獎；沙克研發小兒麻痺沙克疫苗，不申請專利，造福世人；沙賓則研發出口服的沙賓疫苗，同樣拒絕申請專利；格列高里平克斯共同研發出口服避孕藥，避免了全球無數婦女因墮胎手術面臨的風險。

Theodore von Kármán㊸ | Eugene Wigner㊽ | Jonas Salk㊿ | Gregory Goodwin Pincus㊼

John von Neumann㊾ | Karl Landsteiner㉟ | Ernst Boris Chain㊷ | Albert Sabin㊷

Paul Erdős(67)

Aurel Stein㉝

匈牙利裔猶太數學家艾狄胥則是人類史上發表論文最多的數學家，含共同發表在內，總計一千五百二十五篇論文，遠遠超越第二名瑞士數學泰斗歐拉的約八百篇。艾狄胥在數論、圖論、組合數學、概率論、集合論、近似理論等領域都有廣泛研究，對人類數學理論發展貢獻卓著，有許多以艾狄胥爲名的數學定理、常數、假說。艾狄胥更積極提攜後進，培養一整個世代的新銳數學家，包括澳洲華裔數學家陶哲軒。

由於艾狄胥的成就太偉大，論文發表太多，以至於數學界出現了「艾狄胥數」的趣味計算，用來形容一個數學家與艾狄胥的學術關聯程度：艾迪胥本人的「艾狄胥數」爲零，與艾狄胥合寫過論文的學者則是一，與曾和艾狄胥合寫過論文的學者合寫過論文則是二，依此類推。從竟然有「艾狄胥數」這樣的計算出現，就可明白艾狄胥在數學界的地位。

在文史領域，猶太人也貢獻卓著。知名考古探險家斯坦因同樣是匈牙利裔猶太人，他第一次探險發掘了漢代西域精絕國尼壤城遺址；第二次探險發掘古樓蘭並買下敦煌莫高窟藏經洞文物，公布後轟動全球；第三次探險重返尼壤、樓蘭、敦煌購買文物，更發掘西夏古城黑水城，讓大量文物重現於世。

媒體業最高獎項普立茲獎的由來普立茲本人也是匈牙利裔猶太人。普立茲爲美國報紙奠定了專欄的形式，開創報紙漫畫《黃孩子》諷刺漫畫，由於普立茲初期經營報業以煽動爲務，使得煽動性新聞在英文世界稱之爲黃色新聞。到晚年，普立茲取消世界報中的黃色新聞，帶頭使美國新聞業回到正軌。普立茲去世時遺囑世界報永遠不得出售、捐贈兩百萬美元予哥倫比亞大學成立新聞學院，以及二十五萬美元設立獎項及獎學金，也就是普立茲獎。

Leonhard Euler｜十八世紀瑞士數學、物理、天文、地理學家，引進函數觀念，創立許多重要數學符號包括三角函數、累計符號、虛數單位，與自然對數基底，後者即稱為歐拉數。對數學有重大貢獻，生前每年發表八百頁論文，以論文頁數總量超過艾狄胥，但篇數不如。一九一一年數學界將其著作陸續整理出版《歐拉全集》。

各領域貢獻卓著的猶太人可說多不勝數，然而大多都是近現代人物，在猶太人漫長的歷史上顯得相當不成比例，這是因爲大多數時代猶太人龍困淺灘，直到十九世紀猶太解放運動後才鬆綁了猶太人的創造力。

第六章

破繭而出推動世界，可敬的猶太人

十九世紀以來猶太人在各領域對人類的文明科技發展功績耀眼，世人最熟悉的莫過於愛因斯坦，物理領域還有波耳、費曼，拍成電影的歐本海默、愛德華特勒、維格納，而人類如今能探索太空都靠火箭技術，則歸功於火箭之父馮卡門。
波耳
歐本海默
馮卡門
愛因斯坦
E=MC²
不只如此，其他太多領域都有猶太人造福世界，生命攸關的醫療，不論是血型、抗生素、小兒麻痺疫苗，都是猶太人的貢獻。
可是，猶太人之中有如此多的世紀天才，為何十八世紀以前，卻少有像愛因斯坦、費曼、沙克、沙賓等等舉世皆知的風雲人物呢？
Jude
要回答這個問題，得複習一下先前談過的猶太人遭迫害歷史。

那為何十九世紀以後卻誕生了這麼多猶太人才？
當然是因為十八世紀末、十九世紀初，歷史有了重大改變。
這場讓猶太人破繭而出的歷史潮流，後世稱為猶太解放運動。
猶太人的才能全面獲得解放，而能在各領域如繁星般璀璨，其歷史開端，也是有如宇宙大霹靂般的人物
就是橫掃歐洲的拿破崙。

在十九世紀猶太解放運動風潮之前，猶太人的成就與貢獻遠遠不如日後，其實有相當容易理解的原因，那就是在歐洲大多數地區，猶太人都受到重重枷鎖，困居猶太隔離區，所能從事的職業也受到嚴格限制，許多地區禁止猶太人販售任何民生必需品，有些地區甚至還剝奪猶太人經濟命脈金融業的經營權，在如此壓迫下，隔離區猶太人常常陷於窮困，自然無法誕生能為世人有所貢獻的成功人士。

從法蘭克福猶太隔離區一葉知秋

以法蘭克福為例，猶太人在十三、十四世紀屢次遭到屠殺、迫害與各種苛捐雜稅，一度減少到僅剩四戶，之後才因其他周遭大城市驅逐猶太人而略為恢復，一旦人數增多，又引起貿易公會想排除猶太人的競爭而加緊迫害。一四五八年，市議會決定在城牆與護城河外興建獨立社區，於一四六二年逼迫猶太人都搬入其中，是為法蘭克福猶太隔離區的濫觴。

市政府不允許隔離區擴大，隨著人口成長，隔離區擁擠不堪；猶太人生活的一切都受到法規重重限制，在晚間、週日、假日、神聖羅馬帝國皇帝選舉與加冕日，都不許離開隔離區，必須佩帶代表猶太人的黃圈標記，猶太人能從事的職業也受嚴格規定。

即使如此，貿易公會還是認為猶太人威脅生意，想除之而後快，一六一四年公會勢力發動暴動，攻破猶太隔離區，逐走所有猶太人，將整個隔離區洗劫一空。直到神聖羅馬帝國皇帝派兵平亂，猶太人才得以回到隔離區。

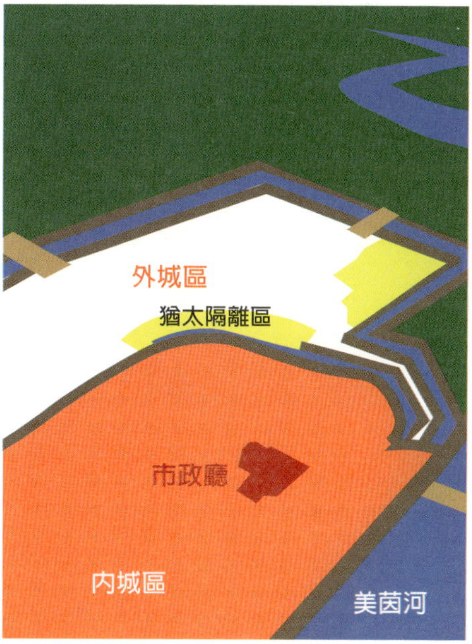

法蘭克福猶太隔離區

猶太人是暴動受害者，事後市政府卻反而嚴加控管猶太人，只准許五百戶居住在法蘭克福猶太隔離區，而當時已經有四百五十三戶，也就是打定主意不讓猶太人口增加，甚至嚴格限定隔離區內每年僅能舉辦十二場婚禮，不論多有錢有勢，都無法例外。猶太人視爲非市民，遭排除於大部分的產業，無法開店、不許經營零售通路、不能與市民合資投資，也不能自己擁有商業資產，唯一的例外是皇帝允許猶太人經營批發貿易，包括穀物、酒、紡織品，以懲罰發動暴動的貿易公會。猶太人還要支付額外稅金。

法蘭克福猶太隔離區的擁擠狹小，導致多次發生火災，大火時，隔離區竟一度大門深鎖不讓猶太人逃到隔鄰基督社區；火災後猶太人只好到基督教社區租屋，市議會還要把他們趕回隔離區。

即使受到如此違反人道的對待，猶太人還是掙扎求生，於是就在法蘭克福隔離區中，誕生了改變世界歷史走向，也跟著改變自身家族與猶太人命運的不凡人物，那就是日後成爲猶太金融勢力代表的羅斯柴爾德家族，而羅斯柴爾德金融帝國的興起，也與拿破崙戰爭息息相關。

延伸閱讀
英法二次百年戰爭與猶太人發行劣幣

英國光榮革命後與法國展開長達一個世紀多的死鬥，史稱英法二次百年戰爭，戰火一波未平一波又起，從大同盟戰爭、西班牙、波蘭、奧地利等國王位繼承戰爭，以至於戰場遍及世界各地的七年戰爭，戰後英國想自美國收稅補貼財政耗損，激起美國獨立戰爭。七年戰爭中不甘落敗的法國大力支持美國獨立，連續勞民傷財，導致一七八九年發生法國大革命，拿破崙得以崛起掌權，挑起橫掃歐陸的拿破崙戰爭。

七年戰爭戰場橫跨歐亞非美四大洲，死傷人數破百萬，可以說是人類史上空前的世界大戰，這場推動歷史的大戰，也有猶太人的身影，主要參戰國之一的普魯士，腓特烈大帝的金融操作仰賴兩位宮廷猶太人：丹尼爾伊齊格、維特爾海涅以法蓮。戰爭中腓特烈經費吃緊，不得不五次貶值發行貨幣支應，正是由這兩人發行，並流通至普魯士以外，他們將銀幣混入銅降低貴金屬成分，以讓普魯士能靠發行劣幣獲利，所發行的劣幣，也因此稱爲以法蓮幣。

Ephraimite

Frederick the Great / Friedrich II

Daniel Itzig⑦

Veitel Heine Ephraim⑤

拿破崙戰爭中壯大的羅斯柴爾德

羅斯柴爾德家族於法蘭克福猶太隔離區起家，住在紅瓦房，德語「紅瓦」音轉為「羅斯柴爾德」，一六六四年搬離紅瓦老宅，遷入日後持續到十九世紀的羅斯柴爾德宅邸，一開始只是經營著小店鋪，勤奮積累慢慢往上爬。羅斯柴爾德金融王國的創始者邁爾羅斯柴爾德，在八個兄弟姊妹中排行老四，父親經營商品貿易與換匯，是黑森國王的個人貨幣供應商，家族有三十人，一起共住於大宅中。

猶太人在危機四伏的環境中仰賴各家族間綿密的人脈網路彼此扶持，邁爾在家族親戚介紹下，前往漢諾威的歐本海默家實習，學習外貿、匯兌以及種種金融業知識，六年後回到法蘭克福成為稀有貨幣經銷商，繼承父親在黑森王國朝廷的地位，成為黑森王室贊助的宮廷猶太人。

光榮革命後，英國成為猶太人最新的發展機會，羅斯柴爾德家族當然不會錯過，一七九八年，邁爾派出年僅二十一歲的第三子內森邁爾前往英國曼徹斯特，以兩萬英鎊資本——相當於今日兩百二十萬英鎊——成立紡織貿易與金融事業，發展成為羅斯柴爾德的五大分支之一。

關於羅斯柴爾德家族如何在拿破崙戰爭中致富的傳說故事：

在滑鐵盧戰役時，羅斯柴爾德的信差通報滑鐵盧戰役英軍獲勝了，內森第一時間先通知政府戰報，但是當時政府剛得到英軍先於四臂村戰役中落敗的情報，不相信戰勝的消息，於是內森前往證券交易所，此時市場正因為傳來四臂村戰役落敗而恐慌，債券價格下殺，換做是其他

de Rothschild Frères
James Mayer de Rothschild⑧
Amschel Mayer Rothschild⑧

人，此時一定會趁機大買，但是內森羅斯柴爾德老謀深算，他只是斜斜靠著慣常站的柱子，不但不買進，反而賣出債券，市場立刻傳言四起，認爲羅斯柴爾德有內線，他在賣出，一定是滑鐵盧戰敗了，內森持續倒貨，眾人連忙脫手，債券於是大崩跌，就在最後一刻，內森突然反手買進，接著戰勝消息傳來，債券大漲，內森靠著操作恐慌造就的獲利無可計算。

這則故事固然膾炙人口，卻並非事實，羅斯柴爾德的財富的確在拿破崙戰爭中大幅邁進，但並非在滑鐵盧戰役後瞬間暴增。

早在滑鐵盧會戰之前，內森就負責威靈頓公爵在半島戰爭中的經費調度，拿破崙征俄慘敗後，更靠著父親與兄弟在歐陸的管道支援反法各國盟軍組建新軍力，於此過程中建立龐大財富。羅斯柴爾德的確在戰後有從英國公債獲利，但並非靠演技詐騙，戰爭勝利消息公開後，內森精算認爲未來政府借貸將大減，公債供給減少，未來必將上漲，因此在戰後公債已經上漲時仍然大力買進，果然漲到更高，於一八一七年獲利了結，賺得四成利潤。

留在歐陸的父親邁爾，儘管拿破崙入侵法蘭克福所屬的黑森，仍保持繼續經營，在拿破崙強行推動大陸封鎖政策試圖阻止整個歐陸與英國貿易時，邁爾反過來利用這點，藉由轉口貿易迴避封鎖而大發利市。羅斯柴爾德家族在拿破崙戰爭中大大的發了家，奠定金融帝國基礎。

邁爾本身沒能見到拿破崙戰爭結束，過世時法蘭克福事業交給長子安謝爾邁爾，其他兒子分別到四個國家開枝散葉，內森已在英國站穩腳步；小弟詹姆邁爾前往巴黎，協助內森的國際香料與金塊貿易，之後協助內森供應威靈頓公爵的軍費，戰後在巴黎建立羅斯柴爾德法國分

Arthur Wellesley, 1st Duke of Wellington
原名亞瑟衛斯理，拿破崙戰爭中英國將領，於半島戰爭中挫敗法軍而升任將軍、元帥，並最終於滑鐵盧戰役擊敗拿破崙。戰後曾兩度擔任英國首相。

德國法蘭克福猶太墳墓外牆，讓追悼者放小石頭於其上面的小磚塊

德國法蘭克福猶太博物館前

德國法蘭克福羅斯柴爾德的豪宅改建成的博物館前的藝術作品「生命之樹」

Salomon Mayer von Rothschild⑧
S M von Rothschild
Emperor Ferdinand Northern Railway

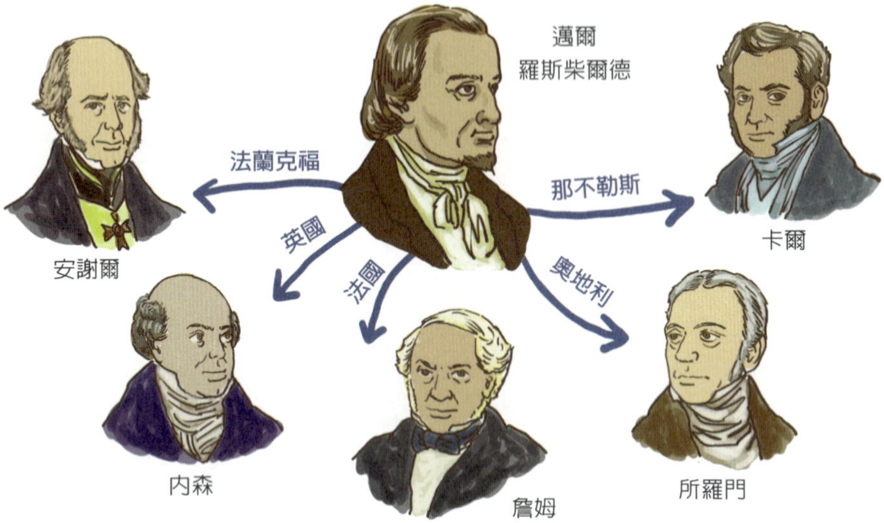

羅斯柴爾德創始人與五大分支

支。

二男所羅門邁爾已經是法國分支的股東，接著前往奧地利，爲融資奧地利政府成立羅斯柴爾德奧地利分支，促成奧地利首條蒸汽鐵路建設：斐迪南皇帝北方鐵路。羅斯柴爾德奧地利分支經營非常成功，是奧地利經濟整合不可或缺的關鍵。

奧地利占領那不勒斯開啓前往開發市場的良機，家族派遣四男卡爾邁爾前往，成立羅斯柴爾德那不勒斯分支，成爲那不勒斯主要銀行之一，至此，五兄弟分別在德國、英國、法國、奧地利、義大利皆爲成功金融巨擘，結合起來的跨國力量成爲相對於其他金融集團的最大優勢，也奠定羅斯柴爾德在十九世紀叱吒風雲，甚至能改變歷史的能耐。那不勒斯分支於一八六一年關閉，資產回歸法蘭克福。

C M de Rothschild & Figli
Carl Mayer von Rothschild⑧

大局觀

從羅斯柴爾德家族的發跡過程，可看出猶太人綿密的家族人脈網路創造出一個龐大的信任圈，不論是求才，還是人才找機會、獲得培養，都得力於這樣的密切聯繫，一如羅斯柴爾德的金融事業學習自歐本海默家。

另一方面，猶太家族也特別重視教育與傳承，因此家族事業接續到二代、三代，不僅不會「富不過三代」，反而開枝散葉、更加茁壯，持續累積實力成為百年企業。

台灣人在做生意的拚勁、巧勁上，並不會不如猶太人，但台灣人的信任圈相當小，而對接班的培養也往往不理想，導致二代就無法接班或不願接班，許多企業也就淪為「一代拳王」，相當可惜。

拿破崙與猶太人的愛恨情仇

解放猶太人的濫觴，可說是法國大革命的平等思想。大革命後不久，國民議會基於革命理念人人平等的原則，給予猶太人完整法國公民權，徹底打破過去的二等公民地位，做此決策並不只是爲了「自由、平等、博愛」，主要是考量猶太人長期受困隔離區與一般法國社會隔絕而成了國中之國，國民議會認爲這樣不利於法國整合成一個全民認同的民族國家，藉由撤除隔離區的門禁以及解除就業與遷居的限制，讓猶太人能整合於法國社會，成爲法國人。

當時法國猶太人約四萬人，一萬人左右爲西猶太人，大多數爲金融菁英、講法語、與社會融合密切、和高社經地位上流階級關係良好，西猶太人在一七九〇年一月底就已經先接受法國公民權；其他三萬東猶太人主要在德法交界的洛林、阿薩斯，講意第緒語、大多窮困，也無意和法國社會整合，只希望能和平的在隔離區中過自己的生活。

國民議會開會時，對政治具有影響力的西猶太人並未爭取東猶太人的平權與解放，認爲事不關己，加上東猶太人整合問題複雜，西猶太人也不想碰這個燙手山芋，不過最後國民議會中整合派占了上風，於一七九一年，誕生劃世紀的猶太人平權，開啓了之後猶太人大展長才的新時代。

拿破崙此時人不在法國本土，而是回到故鄉參與科西嘉獨立運動，卻受到科西嘉獨立領袖排擠，只好再回法國，造就了一個科西嘉獨立運動者，竟然日後成爲法國皇帝的歷史諷刺劇。他先在土倫戰役以砲兵專業嶄露頭角；於葡月暴動奉命防守杜樂麗宮，以大砲轟擊將暴動民眾打得魂飛魄散，因功升任陸軍中將兼巴黎衛戍司令；隔年獲任義大利方面軍總指揮，展現驚人的軍事行動力，翻越阿爾卑斯山奇襲擊破奧地利軍，一一攻陷義大利城市，不僅讓法國人心理上大爲振奮，更實質上掠奪義大利城邦財富回國，紓解法國貨幣危機，立即成爲法國英雄。

當拿破崙大軍秋風掃落葉，北義大利成爲法國附屬，也就把法國國民議會的平等決議規定帶到義大利，各地猶太隔離區禁閉數百年的猶太人們，一起獲得解放與平等地位。

以威尼斯爲例。威尼斯有大量猶太人始於一四九二年西班牙驅逐猶太人，一五一六年威

Battle of the Pyramids

Treaty of Campo Formio

尼斯議會最終決定將猶太人集中到隔離區。隨著周遭德國、南義大利、西班牙、葡萄牙，以及原本遷至地中海東岸的西猶太人躲避迫害不斷移入，儘管威尼斯對猶太人施加越來越嚴苛的限制，猶太社區仍然發展興旺，十七世紀時掌握了大部分威尼斯對外貿易，也因而造成反猶氣氛自十七世紀中以來越演越烈，威尼斯對猶太人施以重稅，剝奪猶太人的店面與船隻，到一七三七年逼得猶太社區破產。

一七九七年，拿破崙攻陷威尼斯，也打破了隔離區的大門，隔離區猶太人視拿破崙爲解放者，許多人志願加入法軍，但是，十月法國與奧地利簽署坎波福爾米奧條約使得威尼斯歸於奧地利統治，猶太人剛離開威尼斯的壓迫，卻進入奧地利的壓迫，不過，隔離區既然已經打破，奧地利也沒有重新強制設立，富有的猶太人因此能移居威尼斯各處，貧窮猶太人則大多無力搬遷，選擇留在隔離區內的老家。這次短暫的自由又很快失去的過程，預示了整場拿破崙戰爭中猶太解放的整體歷程。

拿破崙在義大利戰役全勝後聲勢薰天令督政府坐立難安，爲了避免功高震主，他主動提議領軍攻打埃及，於金字塔戰役大破埃及奴隸軍，占領開羅後，繼續往敘利亞進軍，接近巴勒斯坦猶太故地時，提出要讓猶太人復國的想法，後世加油添醋，誕生了溢美的傳說故事：

> 拿破崙在聖殿被毀日聽到猶太人的悲嘆，詢問爲何嘆息，當聽到猶太人表示是感傷聖殿於公元七〇年被毀，拿破崙說，如果一個民族在一千七百年以後，都還哀悼聖殿被毀，這樣深深認同自身歷史的民族，一定能回到故土復國，重建聖殿。

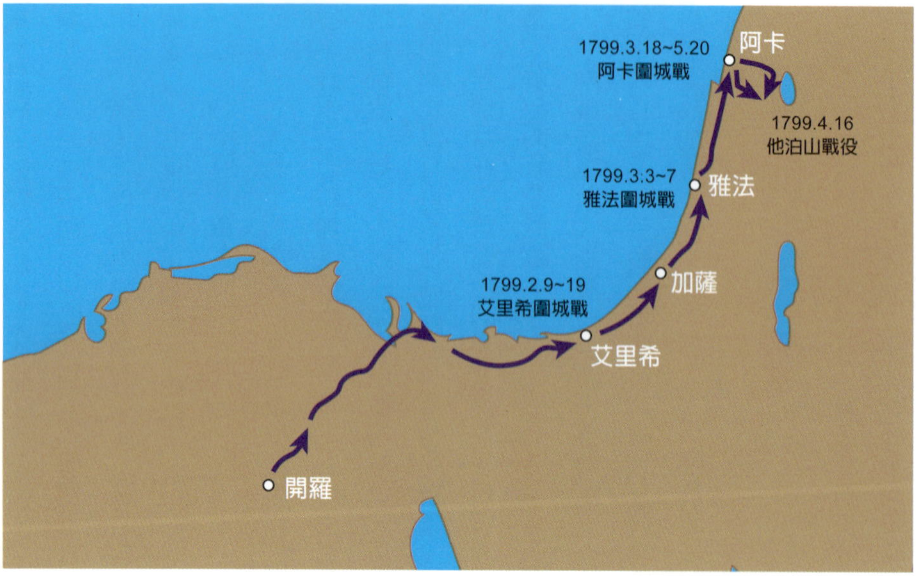

拿破崙的敘利亞戰役

這則故事很不幸的並非史實，拿破崙敘利亞戰役領軍在猶太故地的時間是該年二到六月，聖殿被毀日換算爲公曆在七、八月，因此拿破崙在猶太故地並沒有遇上聖殿被毀日。拿破崙雖然順利攻下雅法港，但是接著圍攻如今位於以色列北端的阿卡港失利，灰頭土臉撤回埃及，支持猶太復國也就化爲泡影。

由於先前法國艦隊已經在尼羅河海戰全軍覆沒，拿破崙又無法從陸上突破敘利亞，法軍在埃及缺乏海軍支援，坐困愁城，此時第二次反法聯盟在歐陸重新挑起戰火，法國正節節敗退，拿破崙認爲法國人民會將他這個勝戰英雄視爲救星，乾脆拋下整個埃及遠征軍，只與少數親信乘船溜回法國。

Battle of the Nile

回到法國後，拿破崙絕口不提在埃及的挫敗，反而大肆宣傳金字塔戰役，

Coup of 18 Brumaire

Battle of Marengo

Infamous Decree

成爲各勢力爭相拉攏對象，並於霧月政變後成爲法國獨裁者，一八〇〇年親自領軍支援義大利戰場，於馬倫戈會戰大破奧地利軍，奧地利被迫簽下屈辱的呂內維爾條約，義大利中北部再度納入法國管轄，於是義大利猶太人再度贏來平權解放。

拿破崙稱帝後於一八〇六年集合四十五位猶太宗師與二十六位平信徒召開大猶太公會，這是西元四二五年以來首度召開大猶太公會，使拿破崙受到後世許多猶太論述的盛讚。

然而，拿破崙遠遠不是猶太復國的彌賽亞，敘利亞戰役時聲稱要幫猶太人復國只是吸引猶太人助戰的權宜之計。拿破崙執政之初認爲善待猶太人可以吸引猶太人帶著財富來到法國，但是，之後的發展，或許可說，拿破崙對猶太人心懷「養套殺」計畫。

與先前的國民議會一樣，拿破崙認爲猶太人形成「國中之國」是統治上的大問題，必須解決，爲此召開大猶太公會，命名用意是討好猶太人，但關切的重點則是猶太人是否對法國效忠。拿破崙提出十二個問題，尖銳的詢問猶太人是否視法國人爲同胞，猶太人對法國人的責任是什麼？以及猶太人與非猶太人的通婚問題。會議目標是要讓猶太人遵守拿破崙法國的法律，接受其統治、融合於社會、青年加入拿破崙的大軍，最終情感認同法國，利益與法國一致。

大猶太公會揣摩上意，提出拿破崙滿意的答覆：猶太人不再是整體的特別群體，而是一個個身爲法國公民的個人；猶太人不再是由猶太律法緊緊相繫，而是遵守法國的法律；猶太人不再是一個民族，只是一種宗教信仰。此後再也沒有召開過大猶太公會。

即使猶太宗師們做出如此徹底讓步，拿破崙仍然認爲需要以強制力加速猶太人融合的進程，一八〇八年拿破崙推出違反法國大革命平權精神而惡名昭彰的《惡法》，一反先前解放者

Grand Sanhedrin

Treaty of Lunéville

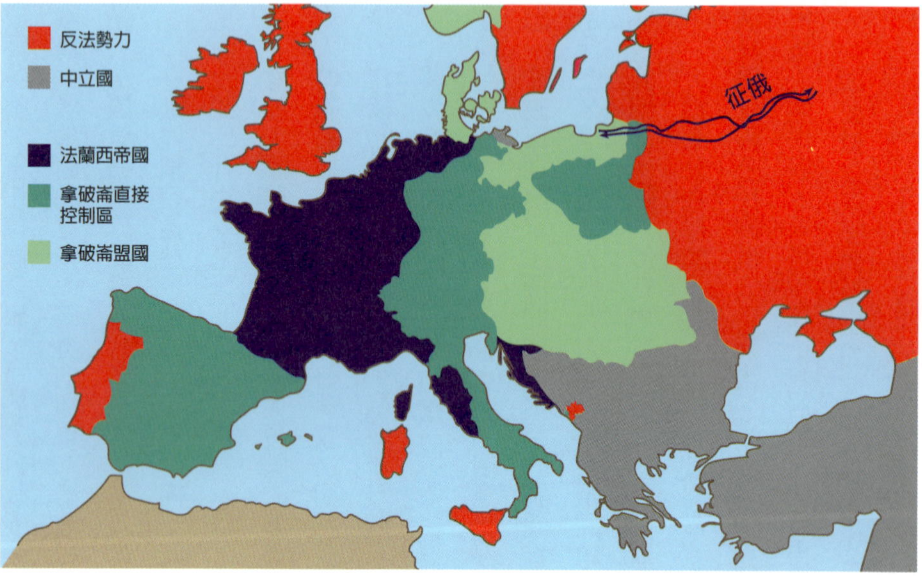

拿破崙最大征服範圍

的態度，對猶太人展開迫害：該法取消猶太人對已婚婦女、未成年人與士兵的債權，並規定貸款利率超過百分之十都無效，更嚴格限制猶太商貿與貸款業務，拿破崙藉此讓負債法國人擺脫高利貸，同時更是要強迫猶太商人轉行，改當拿破崙認爲對國家有生產力的工匠與農人，爲了達成此一目標，規定猶太人必須買下鄉間土地務農、不能經商貿易，才允許遷居某些地區，猶太生意都必須經授權發給執照才能進行，執照需每年更新。此外，猶太人受徵召入伍時，不許如其他法國人一樣找人代替。

拿破崙惡法的施行期限十年，種種措施對猶太人造成嚴重打擊。惡法直到拿破崙倒台仍然存在，直到一八一八年十年期滿，才由復辟的波旁王朝路易十八不予展延，使路易十八得到「猶太解放者」美名。

即使拿破崙惡法比起「自由、平等、博愛」是一大倒退，拿破崙統治仍然將猶太人自隔離區中解放出來，使猶太人有了更寬廣的發展空間。拿破崙稱帝後開始帝國的大擴張，兵鋒所到之處，猶太人也跟著解放。

然而，拿破崙征俄失利，大軍受到重創，引起帝國崩潰，最終到一八一五年拿破崙戰敗，一切又幾乎回到原點。只是，並非眞的歸零，一度釋放的籠中鳥要再關回去，就沒那麼容易了。拿破崙戰後，各國猶太解放從幾乎回到原點開始，在十九世紀發起一波又一波的猶太解放運動，這也是爲何拿破崙雖然對猶太人並非絕對友善，但仍被視爲猶太解放運動的起始點。

拿破崙戰爭的深遠影響、大猶太公會對拿破崙的讓步，可說決定了近現代的猶太人歷史走向。從此猶太人開始走入社會，造就了十九世紀以後猶太人在各領域的成就大爆發，但也摧毀了猶太人的民族認同與凝聚力，這一點，猶太宗師雙燈所羅門可說洞見了未來。一八一二年拿破崙征俄時，門徒詢問該支持哪一方，宗師回答：「如果拿破崙勝利，他將會賜予我們自由，而猶太人將失去猶太本質；如果沙皇勝利，他將繼續壓迫我們，但是我們仍會是猶太人。」

英國唯一猶太首相迪斯雷利，與羅斯柴爾德命運交織

拿破崙戰爭將啓蒙思想與革命的種子散播到全歐洲，即使拿破崙敗亡，反法聯盟也關不住這出閘猛虎，一八四八年歐洲爆發「民族之春」，多國發生革命，雖然大多失敗，但是傳統君

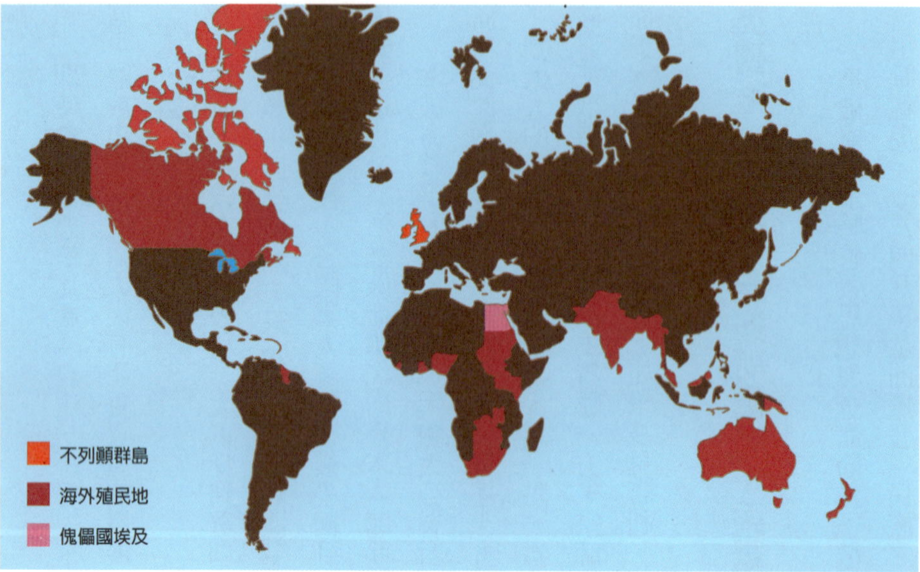

1910年的大英帝國勢力範圍

主與貴族體系受到革命思潮持續衝擊，歐洲社會越來越往平權思維邁進，猶太解放運動乘著這股風潮更加快腳步。

拿破崙戰爭的結束也重塑了國際戰略形勢，戰後俄國成爲「歐洲憲兵」，而英國則是海權霸主，雙方展開了長達一世紀的全新龍爭虎鬥，史稱「大賽局」，其中大部分時候由英國占上風，主導人類歷史與文明的發展，史稱「不列顛治世」。

猶太人解放後在英國開始擔任重要職位，也在不列顛治世中有關鍵貢獻，其中的代表性人物，包括羅斯柴爾德家族的萊昂內爾，成爲首位擔任英國國會議員的猶太人，受封男爵，以及同個時代的班傑明迪斯雷利，兩度擔任英國首相，成爲第一個成爲英國首相的猶太人，受封伯爵。

Pax Britannica

Lionel de Rothschild⑧

Benjamin Disraeli⑫

迪斯雷利出身義大利裔西猶太商人家族，有部分德國猶太人血統，十二歲時父親爲了子女未來發展讓他們改宗受洗爲基督徒。迪斯雷利年輕時志向並非從政而是投資賺錢，適逢礦產資源豐富的西班牙美洲殖民地紛紛獨立，成爲可投資對象，年輕的迪斯雷利身無分文卻大膽借貸投資礦業想一夕致富，不料礦業泡沫很快爆破，不但沒能一舉翻身，還與合夥人慘賠七千英鎊，年紀輕輕就欠下一屁股債。

迪斯雷利只好放棄投資做生意的念頭，先轉行「賣字」。礦業泡沫時期迪斯雷利曾經爲鼓吹礦業投資的約翰穆瑞寫宣傳文章，約翰穆瑞還在迪斯雷利建議下辦報與《泰晤士報》競爭，創辦後卻把迪斯雷利一腳踢開，雖然報紙很快倒閉，但迪斯雷利仍然相當受傷；因此，迪斯雷利靠筆耕維生也有爲自己出一口氣的成分在。當時流行由匿名作者描寫上流階級生活的八卦小說，迪斯雷利投入其中，第一本作品故事就取材自他自己慘遭約翰穆瑞背叛的經歷。

John Murray

不列顛治世猶太雙傑

迪斯雷利寫小說初試啼聲就大賣，雖然賺到錢卻也帶來無窮麻煩，因爲紙包不住火，作者眞實身分很快就曝光了。他繼續出版上流八卦小說，賺了幾本之後，從文壇跨入政壇，爲保守黨發表反輝格黨文章，之後親自從政，雖然初試啼聲參選落敗，但競選過程打開了知名度，受到保守黨體系接納，因而很快有了下一次參選機會。勝選成爲下議院議員時，他還繼續寫八卦小說賺取政治活動所需經費，直到迎娶大他十二歲的富有寡婦瑪麗安，本是看上她收入豐厚，婚後兩人感情卻非常好，如瑪麗安本人證言：「迪斯是爲了錢娶我，但如果有機會重來一次，他會爲了愛娶我。」

正當迪斯雷利逐漸站穩腳步，他的政治生涯開始與羅斯柴爾德家族英國分支創始人內森邁爾的長子萊昂內爾，有了奇妙的交織。

一八四五年起愛爾蘭因馬鈴薯晚疫病發生大饑荒，萊昂內爾投入慈善救濟；在政壇，保守黨因大饑荒引發的進口糧食議題分裂爲自由貿易派與保護主義派，迪斯雷利站在保護主義一方。由於黨內資深領袖大多跟隨黨魁爲自由貿易派，保護主義派幾乎都是新人，迪斯雷利突然成爲其中的領導角色，在政壇一夕崛起。

一八四七年萊昂內爾勝選成爲首位猶太人議員，面臨前所未有的問題：議員要依英國國教誓詞宣誓就職，萊昂內爾身爲猶太人不能以基督教宣誓，將導致無法就職，針對這個問題，輝格黨黨魁提出修法更改宣誓以利猶太人能夠擔任議員，迪斯雷利先前所屬的保守黨保護主義派群起圍攻。

這次迪斯雷利卻與保守黨下議院領袖一同力挺羅斯柴爾德，法案表決落敗，迪斯雷利卻因禍得福，保守黨下議院領袖引咎辭職，繼任者也很快辭職，群龍無首，下一個會期迪斯雷利成爲實質領導保守黨下議員的三巨頭之一，之後逐步排除另外兩人，成爲保守黨下議員實質領袖，此後平步青雲，三度擔任財政大臣。

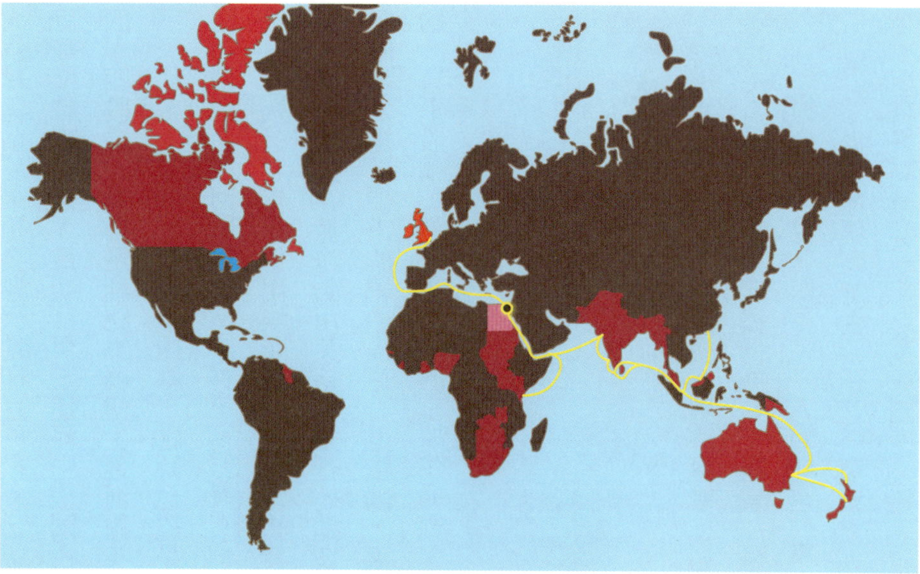

蘇伊士運河對大英帝國貿易重要性

一八六八年，因首相痛風發作臥床無法視事，原任財相的迪斯雷利爬上政治頂峰接任首相，不過他第一任首相任期非常短命，僅僅從二月到十二月就下台。在野期間，迪斯雷利閒來無事又寫了一本小說。七年後，迪斯雷利終於眞正執掌國政，再度成爲首相，這次長達六年，直到晚年健康狀況惡化，於一八八〇年輸掉大選後過世。

迪斯雷利任內推動許多改革立法，在英國現代化過程扮演重要角色，對世界歷史上也有重大影響，參與重大國際事務包括決定保加利亞地位的柏林會議、英國祖魯戰爭，以及第二次英國阿富汗戰爭，其中最重要的一項事蹟又是與羅斯柴爾德有關，那就是買下蘇伊士運河。

對於英國來說，經蘇伊士運河可

大爲縮短前往最重要殖民地印度的航程，更有利於調度兵力於全球進行圍堵俄國的大賽局，具有高度戰略價值。最初蘇伊士運河由法國占百分之五十六股權，鄂圖曼帝國埃及總督占百分之四十四股權，迪斯雷利認爲蘇伊士運河對英國太過重要，一定要買下股權，羅斯柴爾德家族的下一代，萊昂內爾的長子內森，當時已經是國會議員，迪斯雷利曾指派他前往巴黎，談判購買主導蘇伊士運河開鑿的法國實業家雷賽布伯爵的股權。

一八七五年，傳出埃及總督有意出售持股，迪斯雷利得知消息，立即全力搶購持股，由於議會可能否決，無法動用英格蘭銀行，迪斯雷利爲了把握時機，尋求萊昂內爾貸款提供資金，當時埃及總督要求的總額高達一億法郎，萊昂內爾捨命陪君子，助迪斯雷利順利與埃及簽下合約，買下股權，奠定了英國的重要生命線。

大局觀

從一六五五年猶太宗師還要向克倫威爾求情許可猶太人正式回到英國，到一八四七年羅斯柴爾德成為下議員，猶太人用了將近兩百年時間，重新在英國建立社經地位，以至於改宗猶太人迪斯雷利當上首相。

從迪斯雷利的生平也可一窺猶太人成功的奧祕，年紀輕輕就想做生意，生意失敗還有好文筆的一技之長可餬口，接了政治文膽工作就藉此搭上人脈轉入政治圈發展，迎娶富有的寡婦奠定政治發展的資金基礎，這樣對知識、才能、人脈的運用，可說是猶太人的致富密碼。

迪斯雷利與羅斯柴爾德表現出猶太人挺猶太人的團結風範：迪斯雷利力挺羅斯柴爾德的宣誓，羅斯柴爾德幫助迪斯雷利買下蘇伊士運河。日後到以色列建國以後，英國還會為了蘇伊士運河的戰略重要性，與以色列一同發動第二次中東戰爭，這會在第九章詳述。

賽利格曼兄弟促成巴拿馬運河，和古根漢博物館的古根漢家是親戚

J. & W. Seligman & Co
Joseph Seligman[14]

人類的另一條重要運河，巴拿馬運河，也是猶太人從中推動，美國猶太人塞利格曼兄弟在興建過程中有關鍵角色。

塞利格曼兄弟公司創辦人約瑟夫賽利格曼是出生於德國拜爾斯多夫的東猶太人，十七歲前往布萊梅搭上蒸汽輪船到美國新天地闖天下，打下基礎後接來兄弟們，兄弟齊心其利斷金，克服經濟景氣起起落落，很快崛起成爲一方之霸。美國南北戰爭期間賽利格曼兄弟公司取得供應北軍制服的合約，總價高達數百萬美元，不過其中很大一部分以政府債券支付，賽利格曼必須代銷債券才能取得營運所需現金，從此跨入金融領域，發展成爲跨國金融集團。

約瑟夫賽利格曼

南北戰爭後美國開啓瘋狂鐵路建設潮，賽利格曼一開始相對謹慎，僅銷售鐵路債券，但是爲了確保投資權益，很快不得不介入實際掌控與經營鐵路，歷經鐵路泡沫崩潰引發金融風暴，總體來說賽利格曼在鐵路上投資虧損，但資助了美國的鐵路建設。密蘇里州一處小鎮改名爲賽利格曼鎮，表彰鐵路開通對小鎮的重要性，亞利桑那州也有賽利格曼鎮，同樣也因紀念鐵路開通的貢獻。

海斯總統任內，約瑟夫對美國有另一重要貢獻，海斯總統邀集金融界諮詢債務重整的辦法，約瑟夫所提出的建議最切實際，獲海斯採用。一八八一年，蘇伊士運河建造者法國雷賽布伯爵挾著蘇伊士運河成功的名望挑戰開鑿巴拿馬運河，成立法國巴拿馬運河公司，協助推銷公司股票募資的金融力量之一正是賽利格曼兄弟公司。

美國一直對在中美洲鑿穿運河相當有興趣，因爲這可大爲減少美國東西兩岸船運時間，對美國國家戰略至關重要。賽利格曼兄弟因此飽受美國輿論抨擊，稱他們把美國利益賣給了法國，賽利格曼兄弟爲自己辯護：美國人入股，是把利益留在美國，而且建造運河的機器設備大多會在美國採購。輿論接受他們的說法，美國人閉上嘴巴，伸手從口袋掏錢，大買巴拿馬運河股票，總計高達兩億八千七百萬美元。

事與願違，雷賽布伯爵低估了巴拿馬雨季的暴洪、濃密叢林的毒蛇、毒蟲，以及更要命的傳染病，包括黃熱病與瘧疾，到一八八四年每個月死亡兩百名工人，潮濕氣候造成機械設備很快生鏽，種種困難使得雷賽布伯爵的巴拿馬運河計畫於一八八九年破產，兩億八千七百萬美元投資泡湯，還賠上了兩萬兩千名勞工的性命，雷賽布伯爵晚節不保深陷巴拿馬醜聞案，一度遭宣判五年徒刑，後來判決推翻才免於牢獄之災。

一八九四年，法國成立新巴拿馬運河公司接手，主事者說服雷賽布伯爵不要堅持蘇伊士運河的海平面運河想法，那會導致開挖工程過度浩大，改爲船閘式運河較實際可行，一九〇一年新計畫開始進行，背後支持的金融家，毫無意外的仍是賽利格曼兄弟公司。最終，美國以四千萬美元買下巴拿馬運河權利。

巴拿馬運河對美國東西兩岸海運影響

不過巴拿馬運河興建又出現障礙，當時巴拿馬屬哥倫比亞所有，哥倫比亞國會否決租借運河用地，該怎麼辦？如果哥倫比亞作梗，那就排除哥倫比亞！美國與賽利格曼兄弟不惜挑起巴拿馬獨立，要挑起獨立運動得發起革命，塞利格曼兄弟之中的詹姆，聽聞之後只問：「革命要多少錢？」他發揮猶太人

James Seligman⑭

Peggy Guggenheim⑲
Benjamin Guggenheim⑲
Florette Seligman⑭
Rockefeller family

精明的殺價能力，把革命黨要求的六百萬美元，狠狠的殺到十萬美元。

在美國全力支持下，巴拿馬順利獨立，新生的巴拿馬將運河區租借給美國，終於，在一九○四年由美國開始建造巴拿馬運河，於一九一四年完工，耗費高達三億五千兩百萬美元。巴拿馬運河從計畫到起造，整個過程賽利格曼都扮演重要角色，可說沒有賽利格曼，就不會有巴拿馬運河了。

詹姆的女兒佛蘿瑞特嫁給另一個鼎鼎有名的美國猶太商業大亨家族，以古根漢美術館聞名於世的古根漢家族。佛蘿瑞特的丈夫班傑明古根漢是一九一二年鐵達尼船難死者之一，兩人的女兒佩姬古根漢的藝術收藏正是義大利威尼斯大運河旁佩姬古根漢美術館的館藏來源。

古根漢家族的發家起於邁爾古根漢，是出生於瑞士的東猶太人，古根漢的姓氏來源是阿薩斯一處小村莊名。一八四七年，邁爾來到美國闖天下，一開始做進口貿易，之後轉行進入礦業與冶金業，奠定古根漢家族事業基礎，邁爾將家族旗下十數個礦場整併爲科羅拉多冶煉公司，與洛克斐勒家族的美國冶煉公司進行龍爭虎鬥，最終於一九○一年古根漢取得美國冶煉公司控制權，成爲美國礦業巨擘。

邁爾過世後，家族事業由兒子丹尼爾接班，擴展到玻利維亞、育空的金礦、剛果的鑽石與橡膠、安哥拉的鑽石，以及阿拉斯加、猶他州和智利的銅礦，建立無比雄厚財富，其投資計畫可以影響整個國家的財政，眞正是富可敵國，到一九一八年，家族財富估計高達三億美元。丹尼爾之後，古根漢家族逐漸退出實際的企業經營，而是專注於慈善，包括成立各間古根漢美術館，以及於加州理工學院成立古根漢航空實驗室等等。

Daniel Guggenheim⑲
Meyer Guggenheim⑲

大局觀

迪斯雷利的時代，英俄大賽局的國際局勢已經開始悄悄轉變，其中一個變局是美國的興起，從賽利格曼與古根漢的故事，我們知道猶太人與美國南北戰爭後的崛起關係密切；另一個國際變局，德意志帝國成立，則更與猶太人息息相關。接下來我們就來看猶太人在德意志帝國成立的過程中扮演的重要角色。

猶太銀行家助俾斯麥催生德意志帝國

說起德意志帝國的建立，世人一般認爲最大的功臣是「鐵血宰相」俾斯麥，不過最初俾斯麥其實反對日耳曼一統，因爲當時奧地利還太過強大，若包含奧地利在內的日耳曼國家都統一起來，普魯士反而等於被併吞失去主權。直到俾斯麥任日耳曼邦聯大使駐法蘭克福八年期間，他對德國統一的立場開始轉變，認爲普魯士可以結合其他較小日耳曼國家來對抗奧地利，也就是排除奧地利的「小德意志方案」。

俾斯麥身在羅斯柴爾德的大本營法蘭克福，理所當然的尋求當時家族五大分支於歐洲金融界呼風喚雨的羅斯柴爾德家族金融支持，不過，羅斯柴爾德有奧地利分支，普魯士卻想與奧地利對抗，羅斯柴爾德不能檯面上支持普魯士，也不想放棄跟普魯士之間的關係，雙方想出折衷

| Otto von Bismarck

Samuel Bleichröder⑪

Gerson von Bleichröder⑪

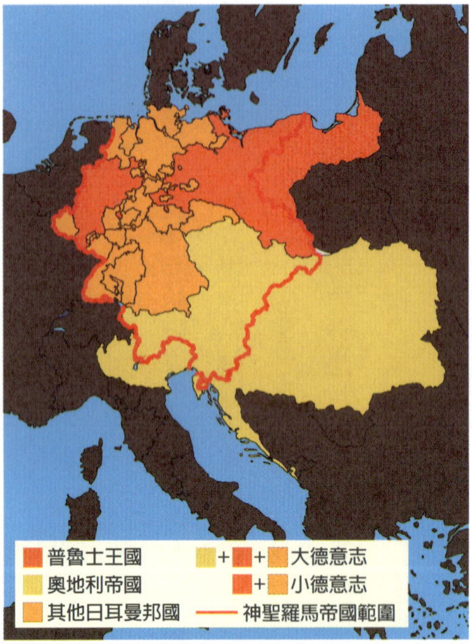

大德意志方案與小德意志方案

方案：由羅斯柴爾德推薦一位信任的猶太金融家來擔當普魯士金融運籌帷幄的重任。這個重責大任就落到柏林猶太金融世家布萊希羅德家族第二代格森馮布萊希羅德的肩頭上，從此，這位猶太人不僅開始一生與俾斯麥的密切關係，更一手主導普魯士統一日耳曼諸邦，建立德意志帝國的進程，同時也擔任羅斯柴爾德實質上的德國分支。

布萊希羅德家族起源於圖林根自由邦維珀河上的布萊希羅德市，也以此爲家族姓氏來源，格森的父親山繆是柏林的銀行家，在一八〇三年成立同名銀行，於一八三七年獲得羅斯柴爾德的青睞，成爲羅斯柴爾德在柏林的業務代表。格森年僅十七歲就加入家族事業，一八五五年父親過世由格森接班，正逢羅斯柴爾德介紹俾斯麥找上門來。

俾斯麥就任普魯士首相後立即著手推動「小德意志方案」，第一步就是擴大軍事開支，國會拒絕，於是俾斯麥於國會預算委員會報告軍事準備的重要性，這就是聞名後世的《鐵血演說》，演說中強調過去德國統一運動只知訴求如何立憲等等的倡議與討論是大錯特錯，俾斯麥指出解決重大問題只能透過「鐵與血」，這就是後世將他稱爲鐵血宰相的由來。

S. Bleichroeder｜日後於1864年與德勒斯登的阿諾兄弟銀行（Arnhold Brothers）合併，成為阿諾山繆布萊希羅德銀行（Arnhold and S. Bleichroeder）。

鐵就是武裝，血就是士兵，裝備需要購買與維護預算，士兵需要薪資與軍糧，在在需要錢，建立鐵與血的重責大任，就落在布萊希羅德家的格森肩上。

俾斯麥正設計一場連環套，有計畫的要與奧地利開戰，藉由擊潰奧地利，來排除奧地利在德意志諸邦的影響力，以遂行「小德意志方案」。實際戰略施行上，先藉由丹麥的德裔地區問題挑起普丹戰爭，這場戰爭中普魯士與奧地利並肩作戰擊敗丹麥，但是俾斯麥利用普丹戰爭後取得德裔地區的管理問題，故意向奧地利挑釁，誘使奧地利不斷升高軍事對立，好出兵開戰。

奧地利完全沒意識到俾斯麥從上台以來就磨刀霍霍做好準備，包括建立全面性的完整徵兵制度，改革過去部分人只要於國民兵服役的不公平制度以擴大兵源，統一的三年兵役使得普魯士能動員的後備兵力能與奧地利匹敵，服役內容更是大有不同，普魯士後備動員召集是精實的不斷演訓，奧地利兵役常常是召集來就地解散，這使得普魯士動員兵的戰力遠勝於奧地利，相對的奧地利動員兵常常完全不知道如何操作武器裝備，一上戰場得要從頭教起。

普魯士也建設完整的鐵路系統以利快速調度兵力，開戰前夕，普軍有能力經五條鐵路線在二十五天內調度二十八萬五千大軍，奧地利僅有一條鐵路線，因此花上五十五天才能集合二十萬大軍，軍事調度速度完全趕不上普魯士。

戰術上決定性的關鍵是新式武器，普魯士普遍配發士兵德萊賽針發步槍，顧名思義，就是子彈的彈頭與火藥一體，開槍時由撞針撞擊子彈的底火引爆火藥開火的撞針擊發步槍，該步槍可以一分鐘擊發六發子彈；相對的，奧地利還在使用前膛裝填的洛倫茲步槍，前膛裝填的槍枝，必須將槍枝立起來，依序裝填火藥、密封填料、彈丸，一次只能射擊一發，擊發後裝填下

Dreyse needle gun｜由約翰尼可拉斯德萊賽於1836年發明，因而得名。

Lorenz rifle｜由奧地利的約瑟夫洛倫茲設計，1855年普遍配發給奧地利士兵。

Ems Dispatch

一發時士兵必須站立，成爲敵方活靶，而且一分鐘僅能射擊一發，很熟練的士兵也最多三發。在雙方武器有如此顯著差距下，奧地利軍遇上普魯士軍必然潰不成軍。

大規模徵兵與精實演訓、興建鐵路、軍事裝備的革新，都需要錢，爲俾斯麥提供這些戰爭準備經費的就是布萊希羅德，俾斯麥在財務上遇上困難，都是找他提供建議、周轉調度解決，在布萊希羅德的協助下，俾斯麥順利完成建軍準備，數年內軍事力量暴增，殺得奧地利措手不及，普奧戰爭中奧地利慘遭徹底擊潰，只因俾斯麥不想太過羞辱奧地利以免雙方成爲世仇，普魯士軍鐵蹄才沒有踏進維也納。奧地利灰頭土臉解散德意志邦聯，自此無法干涉北德事務，爲「小德意志方案」鋪平道路。

俾斯麥眼前剩下唯一的阻礙，就是南德諸邦在法國支持下遲遲不加入，因此，最後一手就是刺激法國對普魯士發動戰爭，只要法國主動宣戰，南德諸邦基於日耳曼民族主義，也只能歸隊普魯士一方，結果將促成德國統一。俾斯麥利用埃姆斯密電刺激法國輿論，成功引發普法戰爭，普魯士對戰法國仍然有動員與調度的優勢，武器方面法軍槍枝已經比普軍先進，但是普魯士新配裝的克虜伯大砲則勝過法軍。

普法戰爭普魯士大獲全勝，緊接著就是向法國要求賠款的現實問題，爲了計算求償金額、如何償付等等金融技術問題，普魯士再度仰賴布萊希羅德的專業以及與羅斯柴爾德的密切關係。布萊希羅德因和談過程中的重大貢獻獲頒鐵十字勳章，日後受封世襲貴族階級。普法戰爭勝利排除了德意志統一最後一塊絆腳石，也使得日耳曼民族主義來到最高點，剩餘的南德諸邦也只好都加入德意志帝國，完成德國的建國。

大局觀

不僅德國崛起與猶太人相關，十九世紀末在東亞的日本異軍突起，積極追趕歐洲列強，指標性的事件就是於日俄戰爭中擊敗俄羅斯帝國，其背後的關鍵，同樣也是猶太人，這也促成猶太人獲得日本旭日勳章的美談。接下來，我們就來談猶太人如何讓俄國栽了大跟頭。

猶太人成為首個獲頒日本一等旭日勳章的外國人

日俄戰爭是近代日本崛起的關鍵時刻，日本戰勝而晉身世界列強行列，俄國則被打爲二流國家，日本能在這場歷史關鍵戰役獲勝，猶太人雅各席夫功不可沒。他的能耐連日本天皇都大爲震撼，僅憑一已之力，竟能扭轉整個戰局，並在戰後持續影響日本政經情勢，因此獲得明治天皇頒授瑞寶勳章、一等旭日勳章，成爲第一個獲頒一等旭日勳章的外國人；更破天荒在皇居與天皇共進午餐，連調停日俄雙方簽署《樸茨茅斯條約》的美國總統老羅斯福，都沒能獲此殊榮。

席夫在美國於本業金融領域成就卓著，一手推動美國經濟擴張，幾乎所有鐵路公司都跟他貸過款，有他安排融資完成美國鐵路基礎建設，美國鐵路才能四通八達，一躍成爲工業強權。

Frieda Schiff Warburg
Kishinev pogrom

他還借貸給各種不同企業，譬如西屋電器、富國銀行、恒信人壽保險公司等，美國一八八〇到一九二〇年代因而稱之爲「席夫時代」。

席夫也是當時的猶太領袖，周旋於排山倒海而來的全球猶太問題之間，包括俄國迫害猶太人、美國排猶風潮、需照顧猶太移民，以及猶太建國主義的興起。席夫之所以介入日俄戰爭，正是因爲俄國迫害猶太人。

日俄戰爭前不久的一九〇三年，俄國剛發生基希涅夫反猶大屠殺事件，反猶暴動持續兩天，猶太人死傷與財物損失慘重，俄國政府在暴動發生前後，不僅沒有試圖阻止，還放任其發生。席夫對此氣憤不已，誓言爲同胞復仇，日後席夫之女芙麗妲證言，席夫幫助日本的動機是：「我們是猶太人，父親因爲俄國沙皇迫害俄國猶太人，藉此伸張正義。」

高橋是清一籌莫展之際，席夫伸出熱切的援手

日俄戰爭的遠因在甲午戰爭後，《馬關條約》割讓範圍原本包括遼東半島，但日本獨占遼東半島將阻撓俄國計畫進占滿州以取得遠東不凍港的戰略目標，在李鴻章奔走遊說下，俄、德、法三國共同干涉逼迫日本放棄遼東半島，史稱「三國干涉還遼」。李鴻章受俄國幫助，交換條件是與俄國簽下《中俄密約》大舉犧牲東北利權，此後俄國建築哈爾濱到瀋陽的東清鐵路，租借旅順，並部署艦隊。

八國聯軍時，俄軍再趁機以保護俄國修築的東清鐵路爲藉口，大舉入侵滿州，占領東三省

全境，直到八國聯軍結束仍不撤出，這次輪到想要據有滿州的日本因俄國先占而坐立難安，大賽局的老對頭英國，也為了阻止俄國的遠東擴張，一九〇二年與日本結盟簽訂英日同盟，日本要求俄國撤兵滿州遭拒，談判破裂，戰爭一觸即發。

開戰需要大筆戰爭經費，日本在三國干涉還遼後心有不甘，臥薪嘗膽大力打造艦隊，不僅用光了甲午戰爭賠款，向人民大舉增稅也到達極限，當御前會議決議向俄國挑戰，伊藤博文、井上馨詢問財政情況，大藏大臣曾禰荒助當場提出辭職，天皇趕忙慰留。當時日本財政十分拮据，必須靠借外債才有能力和俄國一搏，因而派出當時日本銀行副總裁高橋是清奔走各國籌措戰費，臨行前，井上馨含淚託付：若是無法順利籌集款項，日本勢必毀滅。

日俄戰爭前俄國據有滿州形勢圖

高橋是清第一站先前往當時正處於「席夫時代」經濟火熱的美國，藉口市場調查，實際上是探查有無在美國市場銷售日本戰爭公債的可能性，立刻發現美國當時誘人投資標的俯拾皆是，資金怎可能投給貧弱、妄想以小博大的不知名遠東國家？當時，俄國的總體軍事力與經濟力，都是日本十倍左右規模。

高橋是清改變主意，僅留五天就離開紐約，他轉念一想：可藉由英日同盟的關係前往盟國英國發行戰爭公債。不幸的是，當時大賽局已經接近尾聲，俄國的總體國力逐漸落後，英國改變目標，更加提防德意志帝國；而法國與俄國有法俄同盟，若貿然因資助日本破壞中立而與俄國開戰，可能導致法國因同盟條約被迫參戰，引起世界大戰，因此英國就戰略上並無意幫助日本。沒有戰略上的讓利，談買債券純粹在商言商。

就投資標的來說，日本戰爭公債實在不吸引人，英國資本市場認爲日本勝算渺茫，再說，俄國還有礦產與廣大土地可抵押，日本卻一無所有，支付能力受到懷疑。高橋是清舌辯群商，強調日本人爲了萬世一系的天皇團結一心，誓言戰鬥到最後一兵一卒，這樣的志氣是俄國所無法匹敵的！又提出用關稅來作爲抵押，並引用美國南北戰爭期間雙方發行戰爭公債的案例，來闡述沒有破壞中立的問題。在高橋是清的拚死辯護下，最終得到匯豐銀行倫敦分部長伊文卡梅隆同意爲日本發行戰爭公債。

但是匯豐只包辦了半數戰費，還有一半沒有著落，高橋是清坐困愁城，正感嘆時不我予，準備打道回府，突然救星降臨，正是「席夫時代」美國經濟一把手席夫本人。高橋是清丈二金剛摸不著頭腦，席夫爲何會自己找上門來？說來巧合，席夫當時正在倫敦旅遊，前晚晚宴上高橋是清籌措戰費無著，席夫就在鄰座，他聽聞是日俄戰爭戰費，便主動向高橋是清表示願意提供協助。

席夫正因爲十個月前發生的基希涅夫反猶大屠殺事件氣憤難平，但是身爲商人縱有家財萬貫也對俄國無能爲力，如今他卻看見透過日本，出現了一個用財富可以打擊俄國的辦法。

Ewen Cameron｜即2010到2016年英國首相大衛卡梅隆（David Cameron）的曾祖父。

為此，席夫全力投入熱中協助，他包辦剩下的半數戰爭公債，唯一要求是前往他的地盤紐約發行，高橋是清當然贊同。回到紐約後，席夫親自宣傳，呼籲猶太金融家認購日本戰爭公債，借日本之手打倒俄國，在席夫鼓吹下，最終超額認購，一共籌集四億一千萬美元資金，同時席夫也全力阻撓俄國的戰爭公債銷售，不許俄國從華爾街借到一毛錢。

席夫扭轉乾坤的力量，來自猶太人脈密碼

Abraham Kuhn⑮

挺日阻俄，全靠席夫在華爾街喊水會結凍的實力，席夫在華爾街為何擁有無可撼動的力量，要從他的經歷說起，席夫的父親正是羅斯柴爾德家族的中間人，透過這層關係，席夫先於倫敦接受羅斯柴爾德短期訓練，進入金融與仲介業務實習。美國南北戰爭結束後百廢待舉，重建商機巨大，石油、鋼鐵、礦物、紡織無一不缺，需要龐大資金，席夫於一八六五年前往美國尋找機會，年僅十八歲，不過一開始發展不佳，一度解散所屬公司，回到歐洲。

一八七五年，他再度叩關美國，接受庫恩羅夫銀行共同創辦人亞伯拉罕庫恩的邀請，前往

Ernest Cassel ㉙

Edouard Noetzlin㉗

Robert Fleming㉔

H. Harriman

Vladimir Kokovtsov

紐約加入公司，爲公司帶來了他於歐洲結識的猶太金融人脈，包括羅斯柴爾德、英國倫敦的恩尼斯特卡賽爾、法國巴黎的愛德華諾茲林、德國漢堡的華堡家族，其他還包括蘇格蘭的羅勃佛萊明。席夫於同年，迎娶庫恩羅夫銀行另一共同創辦人所羅門羅夫的女兒泰瑞莎，成爲老闆女婿，靠著他的海外關係、獨特眼光、精明手腕，以及創新經營理念，很快把公司擴張成僅次於摩根大通的第二大金融企業，十年後，成爲公司總裁。

席夫自身實力站穩腳步後，再結盟石油大王洛克斐勒、鋼鐵大王卡內基，以及鐵路大王哈里曼，憑藉羅斯柴爾德的雄厚財力，再支持同爲猶太人的雷曼兄弟、高盛銀行等。席夫不僅拓展商界人脈，與政界高層也關係密切。一九一二年，威爾遜贏得總統大選，席夫扮演重要角色，多次與威爾遜及羅斯福總統會談，也曾與英國國王愛德華七世單獨會面。藉由政商實力交融，席夫打造了堅不可摧的華爾街地位。

靠著席夫大力襄助，日本才有戰爭經費採購足夠武器及軍需，否則連開戰都做不到，而日本也果然不負席夫的期望，在日俄戰爭中以小博大，擊垮俄國軍事機器，使得俄國淪爲二流國家，更因戰敗立即於一九〇五年引發革命，沙皇統治嚴重動搖，不得不設置國家議會，開始有了內閣總理，其第四任總理科科夫佐對席夫咬牙切齒：「我們絕對不會忘記席夫對我們的傷害。」帝俄的民主化無法挽回國運，之後在第一次世界大戰中不支崩潰滅亡，席夫達成了制裁沙皇爲猶太同胞報仇的心願。

Solomon Loeb⑱

Therese Loeb

John Davison Rockefeller Sr.

Dale Carnegie

席夫與日本高層建立世代友誼

戰後於一九〇六年二月，席夫接受日本邀請，與德國、法國與紐約猶太大亨們乘船同往，席夫訪日是件大事，報紙大肆報導，日本政商大老雲集，包含三位前任與未來總理前來迎接，在各場合對席夫由衷感佩，大藏大臣秕谷芳藏於宴會上稱：「無法用任何言詞來表達全國對您的最高感謝。」另一次宴會上則是高橋是清本人感嘆：「日本從未在美國借貸成功，因此，我們要特別感謝庫恩羅夫銀行的努力。」並稱：「我認爲席夫是我們眞正的友人。」日本銀行也舉辦三百多人宴會歡迎，賓客包括總理西園寺公望及日俄戰爭英雄東鄉平八郎。

高橋是清日後一路升上日本銀行總裁、大藏大臣，即相當於財政部長，以及內閣總理大臣。高橋與席夫兩人於日俄戰爭結下深厚友誼，兩人交情好到什麼程度？一九〇五年，高橋是第一位入住席夫於紐澤西度假別墅的貴賓，席夫特別稱爲「高橋房」。日俄戰後，日本未能取得賠款，更因軍事擴張開銷巨大而財務緊繃，席夫繼續作爲日本的財政顧問，邀請高橋到度假屋共商對策，協助發行東京債券。

日本重要人物到紐約時，當然也全由席夫接待，包括一九一五年到訪的澀澤榮一，以及淺野財閥創業者淺野總一郎前往美國留學的女兒。席夫友人訪日也因他沾光，人權護士麗蓮華德訪問日本，由高僑是清親自接待。當高橋是清的女兒和喜子十五歲時前往美國留學，當然就住在席夫家，一住三年，直到席夫去世後，雙方後代仍然密切往來。

日後和喜子嫁給日本維新三傑之一大久保利通第八子大久保利賢。大久保利賢於橫濱正

大久保利通、西鄉隆盛、木戶孝允。

日本近代企業之父，日本萬元紙鈔人頭像即為澀澤榮一。

金銀行一路從倫敦分行長升任本部行長，最終升任總經理、副總裁、總裁。橫濱正金銀行即爲日後東京銀行以及如今三菱日聯銀行的前身。大久保利賢因和喜子的關係，於英國倫敦期間也受到席夫人脈庇蔭，因爲席夫女兒芙麗妲的夫婿是席夫的老東家：德國漢堡猶太金融家族華堡家。正如同歷來的猶太家族，華堡家也與其他重要猶太金融家族結親，包括歐本海默家族，綿密的猶太金融親族人脈網，讓大久保利賢如虎添翼。華堡家另一兄弟保羅移民美國，成爲聯邦儲備局委員之一。

大局觀

猶太人菁英都明白：要成大事，需由高層下手。先進入高層社交圈，再結交高層人士，透過他們完成自己的理想。席夫正是其中的佼佼者。

從席夫與日本友人的交往，可以看出猶太人經營人際關係的用心，這種世代交情，任何事只需一通電話。

日本藉猶太資金打敗俄國，日俄戰爭獲勝之後，又向猶太人習得現代金融的奧祕與操作技巧，猶太人可說是日本金融的導師，學會猶太人的智慧，是日本能在東亞脫穎而出的重要因素之一。

席夫強烈猶太意識豪氣干雲

席夫最強悍的特質，並非在商場中鑽營，也不是能決定國家勝負的金融勢力，而是他有非常強烈的猶太意識，出手資助日本打贏日俄戰爭，只是其中最出名的偉業。即使是日常言論，席夫也不容任何人詆毀猶太人，聽到反猶言論，立即反擊，他拒絕與任何公開貶抑猶太人的人做生意，因為「我不這樣做，會在我的孩子面前感到羞恥。」

一九一三年席夫籌組「反毀謗聯盟」，審視百貨公司、電視、電台、旅館等等行業，只要一有反猶太人的言論，他們就施以制裁，抽掉廣告、拒絕收看收聽、拒絕住房。對關係友好的日本政界也不例外，當席夫聽到大隈重信於俄國專訪中口出反猶言論，立即致信嚴正抗議。

席夫更是猶太人特質「能賺錢，敢花錢」的代表性人物，他不吝惜資助慈善事業，贊助包括童子軍、紅十字會塔斯基吉學院等，慈善也是一種戰略性投資，席夫藉此拉攏美國其他少數族群以拉升社會對猶太人的支持，塔斯基吉學院正是非裔學校，席夫也與雷曼等人組織國際有色人種聯合會，結合黑人一同爭取猶太人的權益。

以席夫猶太意識之強烈，可以想見其絕大部分的慈善支出，是用於支持猶太人，包括援助俄國猶太移民、救濟貧困猶太人民、支持猶太建國運動、建立美洲猶太教神學院、希伯來協和學院、紐約圖書館猶太部等。只要是猶太人相關業務，他都願意慷慨解囊，無役不與。

一八九〇年，俄國、波蘭、羅馬尼亞、保加利亞等國迫害猶太人，席夫幫助受迫害的猶太人移民美國，分散安置到芝加哥、波士頓、洛杉磯、底特律、費城等大都市。這些猶太移民很

曾任日本兩任內閣總理，創立早稻田大學。

快取得美國公民權，日後大多成爲民主黨支持者。席夫的無心插柳，使得猶太人後來成爲美國大選數個關鍵州選民的重要成分。

大局觀

席夫影響日本，只是世界傑出猶太人的縮影。席夫擊垮俄國，顯示猶太人的能耐有多強大，最好不要與猶太人為敵。

為什麼猶太人這麼愛錢、這麼會賺錢？因為，歷史經驗告訴他們，錢雖非萬能，沒錢是萬萬不能，有錢才得以在日俄戰爭扭轉乾坤，沒錢連自身小命都保不了。

猶太人如何影響俄國、美國、英國、法國、德國等等世界主要國家，有心的台灣人見賢思齊：先壯大自己，再擴大網絡，是成功的不二法門。

中場休息⑥

波蘭瓜分：東猶太人的命運十字路

波蘭本是中東歐強權，國勢卻每況愈下，到十八世紀中已經分崩離析、成爲中歐亂源，影響國際均勢，引來普魯士的腓特烈高度關注。爲了重建中東歐的國際平衡，腓特烈提出瓜分波蘭的主意，這對普魯士有三大好處：

首先，當時土耳其面對俄國侵略毫無招架之力，腓特烈希望讓土耳其苟延殘喘，以利日後對付俄國時能引爲盟友。轉移俄國的擴張目標從土耳其改爲瓜分波蘭，可爲土耳其爭取恢復國力的時間；其次，奧地利在先前主要戰爭中連續受創國力下降，瓜分波蘭過程中分給奧地利最多，有助於扶起搖搖欲墜的奧地利，恢復國際均勢；其三，普魯士本身也想瓜分領土取得直接利益。

波蘭已經淪爲俄國的傀儡國，但歷經屢次內戰、起義還得派兵平亂的麻煩，俄國的凱薩琳也認爲：與其維持間接控制，還不如直接瓜分土地。奧地利則平白得利，自然支持。三大強鄰爾虞我詐下，一七七二年八月，三國同時派兵到彼此談妥劃分的地域，第一次瓜分波蘭，波蘭向世界各國求救，得到冷漠的回應，只剩也有被瓜分危機的鄂圖曼土耳其、波斯發聲反對，其他主要國家全都默不作聲。

普魯士於第一次瓜分中分得三萬六千平方公里土地、六十萬人口，看似取得的土地與人口最少，卻精明的奪下了精華地帶，取得大部分波蘭的沿岸地區，遮斷貿易路線，取得貿易利權，相對的波蘭則失去重要收入來源，情勢更爲艱難。

波蘭試圖在內外交迫下救亡圖存，一七九一年取得共識制定新憲法，滿心以爲介於英國君主立憲與美國共和之間的全新憲法能成爲波蘭救星，憲法通過後反而是即刻引發危機。凱薩琳震怒於波蘭制憲顯然想脫離俄國掌控，抨擊波蘭引進法國大革命的雅各賓主義。

波蘭改革派的算盤是投靠對抗俄國的英、普、荷三國聯盟，與普魯士簽訂同盟協定，認爲如此一來可依靠普魯士抗俄，殊不知，專制王權的普魯士對於波蘭提升民主也非常過敏，深怕民主觀念擴散會危害到王權的穩定。

Triple Alliance of 1788

俄國煽動波蘭貴族發起內戰，再趁機入侵，挑起波俄戰爭，普魯士作壁上觀，一點也沒有要發兵救援的意思。發起叛亂的大貴族們沒料到凱薩琳從未要幫他們恢復貴族特權，只想趁機併吞波蘭領土；改革派也沒料到，當初想倚靠的普魯士，不僅沒有出手救援，還親自釘上最後的棺材釘。

普魯士向俄國稱，它對盟友波蘭見死不救，給俄國很大的幫助，同時，普魯士也正參與包括俄國在內，當時歐洲各國對抗大革命後法國的反法同盟，爲此與法國交戰，戰敗受到損失，俄國應該予以補償，至於補償的方式，就是再度一起瓜分波蘭。

俄國爲了國際戰略，也爲了本身直接利益，馬上一口答應，一七九三年，兩國簽約第二次瓜分波蘭，俄軍早已在波俄戰爭中進駐波蘭各地，普魯士軍隊入侵也沒有遭到太大抵抗，波蘭

Pale of Settlement
Catherine II
Maria Theresa

只能任憑宰割。

普魯士與俄國共同逼迫波蘭解散軍隊，強徵解散士兵拉入俄軍，俄國情治人員大舉搜捕革命黨人，逼得最後殘存的愛國軍官與貴族們發起起義，人民也普遍支持，但是時不我予，起義軍對上數量龐大準備完善的俄軍，儘管英勇奮戰，仍然很快覆滅。波蘭再無抵抗力量，迎來最慘烈的第三次瓜分，遭普、奧、俄分食淨盡，雖於拿破崙戰爭中短暫復國，但隨著拿破崙的敗戰再度亡國，此後波蘭消失於地球上，直到一個多世紀後才又重新復國。

這整個過程中，猶太人都沒有置喙的餘地，只能眼睜睜看著時局變化，許多猶太人加入波蘭的最終起義，與波蘭人並肩作戰，但無力改變戰局。

隨著波蘭瓜分，猶太人也被三分到普、奧、俄三國，其中，普魯士的腓特烈大帝，立刻著手驅逐瓜分所得土地上的猶太人；奧地利的瑪麗亞特蕾莎女王以信仰虔誠、對異教絕不寬容著稱，瓜分波蘭後立即開始著手立法打壓；帝俄的凱薩琳二世瓜分到住有大量猶太人的領土，占當時全球猶太人約四成之多，馬上著手設立柵欄區，限制猶太人的生活，沒有特別許可不得移居他處。

波蘭瓜分之後，市場慘遭國界切開，過去的貿易路線全都斷裂，重新整合到新的屬國經濟體，三國也都對新取得的領土課徵重稅以改善財政，這使得波蘭故地經濟與金融崩潰，多家銀行倒閉，經營的猶太人跟著受到重創。普魯士對新取得土地大力施行日耳曼化，俄國也大力進行俄羅斯化，猶太人與波蘭人一同受苦，三國更對猶太人增添諸多限制，加深猶太人的苦難，一波波猶太人逃出原本的歐洲最後庇護所波蘭，找尋新的落腳處。

第七章
沒有國哪有家，可悲的猶太人

十九世紀猶太人解放，誕生許多功成名就的知名猶太人，看來猶太人終於出頭天了？
萊昂內爾
羅斯柴爾德
迪斯雷利
席夫
恰恰相反，猶太人越出人頭地，引起反感越強，十九世紀排猶風起雲湧，正是因為如此。
啥咪！
最鮮明的例子，就是賽利格曼一家的遭遇：
巴拿馬運河1914年8月15日正式開通
賽利格曼家族在美國發展成為重要的金融勢力，與格蘭特總統交情深厚，是海斯總統金融顧問，即使如此顯赫還是免不了排猶。

一八七七年，約瑟夫賽利格曼剛剛協助美國聯邦解決戰爭債務借新償舊的重大財政要務，事成之後，他決定帶全家一起度假休憩，前往紐約薩拉托加泉，要入住過去經常住宿的聯邦大飯店。

猶太人入住會影響生意！
可是我們以前都住這邊啊！

原來那年原業主亞歷山大透奈史都華過世，亨利希爾頓以遺囑執行人身分接手，態度一百八十度轉變。

竟然針對對國家貢獻卓著的人士這樣明目張膽的排猶！
這引起軒然大波，《紐約時報》以頭條報導。
The New York Times
EXTRA!
Great Fight at Saratoga
BETWEEN
Hilton & Seligman.
DEATH THREAT
亨利希爾頓排猶事件立即成為全美激烈爭執的話題，輿論沸騰到希爾頓、賽利格曼雙方都接到死亡威脅。
美國猶太產業界人士團結起來，抵制亞歷山大透奈史都華公司，使其最終被迫倒閉，亨利希爾頓連忙承諾捐款給猶太慈善機構，遭到訕笑。
$
CHARITY
BANKRUPT

HEBREWS WILL KNOCK VAINLY FOR ADMISSION
HEBREWS NEED NOT APPLY
儘管猶太人的反擊造成一定效果，但是事件的結果，卻是鼓勵了更多旅館公然拒絕猶太人入住。

這樣的發展，顯示當時美國社會明目張膽的歧視猶太人。

在歐洲，
情況也沒有好到哪去……

十九世紀歐洲猶太人逐步解放，很快在各個領域大放異彩，多數猶太人認爲就這樣融入各國社會就可以了，卻不知沒有國哪有家，寄人籬下卻拚命努力想要出頭天，反而更容易遭「鎚打出頭釘」。

隨著波蘭遭三國瓜分，東猶太人淪落德、俄、奧三國。一八四八年歐洲「民族之春」波及德、奧，猶太人又遭池魚之殃，俄國也屢次發生嚴重排猶暴動，猶太人大舉逃亡，許多知名猶太人企業與家族都是自逃難中起家，一批批的移民潮是東猶太人如今成爲猶太人主流的原因。

德裔猶太移民為美國帶來雷曼兄弟與李維斯牛仔褲

拿破崙在日耳曼地區建立萊茵邦聯，爲當地猶太人短暫帶來解放，當拿破崙覆滅、萊茵邦聯解體，猶太人又回到職業、居住、婚姻受到嚴格限制並遭課重稅的過往處境，嘗過解放滋味的猶太人不願再回到過去，許多猶太人受到法國大革命平權思潮的影響，發起平權運動要求公民權與平等待遇，猶太代表也在拿破崙戰後的維也納會議上爭取解放。

想當然，日耳曼諸邦強力反對，各邦與自由市只想把猶太人關回牢籠，猶太人沒有實力爲後盾，只憑論述據理力爭，徒然更加招來仇視，戰後歐洲發生大饑荒，社會衝突壓力加劇，累積的仇恨在一八一九年爆發，符茲堡率先爆發排猶暴動，迫使全城猶太人逃離露宿，暴動很快蔓延到巴伐利亞各地，之後擴散到整個德意志地區，持續好幾個月。

猶太人面對這樣全面性的排猶，只有兩個應對方式：放棄自我融入社會避免被當成異類，

Lehman Brothers⑰
Henry Lehman⑰
Levi Strauss⑳
Samuel Sachs㉘
Joseph Sachs

否則只能逃離。

一八二〇年起，德意志地區猶太人開始大量前往美國，通常家族中先有一人到新大陸闖蕩，安身立命後，將家族成員一個一個接到美國，就這樣在美國各城鎮都建立起德裔猶太聚落，猶太人經營服裝店、農牧交易、銀行，以及種種小生意。

雷曼兄弟的創始人亨利雷曼正是在這波移民潮中來到美國，從雜貨店起家，發展到經銷美國棉花與棉花信貸，到家族下一代才投資銀行。李維斯牛仔褲同樣是這股移民潮的產物，品牌名稱由來是——李維史特勞斯來自巴伐利亞，發明牛仔褲的裁縫雅各戴維斯則來自拉脫維亞。

一八四八年歐洲民族之春再催移民潮，促成高盛的誕生

法國大革命平權思潮不只影響猶太人，整個十八世紀上半葉，歐洲各國知識分子、基層勞工、學生，追求自由平等風潮不斷，民權思想激盪至一八四八年掀起「民族之春」，義大利、法國先後發生革命，也影響到德意志地區、奧地利、匈牙利。普魯士王腓特烈威廉四世原本同情自由主義，當柏林也發生革命，一開始還下令軍隊撤退，不過見苗頭不對，終究派兵鎮壓。一八四八年革命造成的動亂與事後鎮壓，使得一大批德意志日耳曼人逃往美國，史稱四八人，大量中產階級德裔猶太人也跟著逃往美國。

如今名聞國際的美國跨國投資銀行高盛，正是在這波浪潮中誕生，高盛的「高」：馬可斯高曼，正是四八人之一。高盛的「盛」：山謬盛克斯，其父親喬瑟夫盛克斯與馬庫斯高曼是同

Jacob William Davis㉒
Frederick William IV
Forty-Eighters
Marcus Goldman⑯

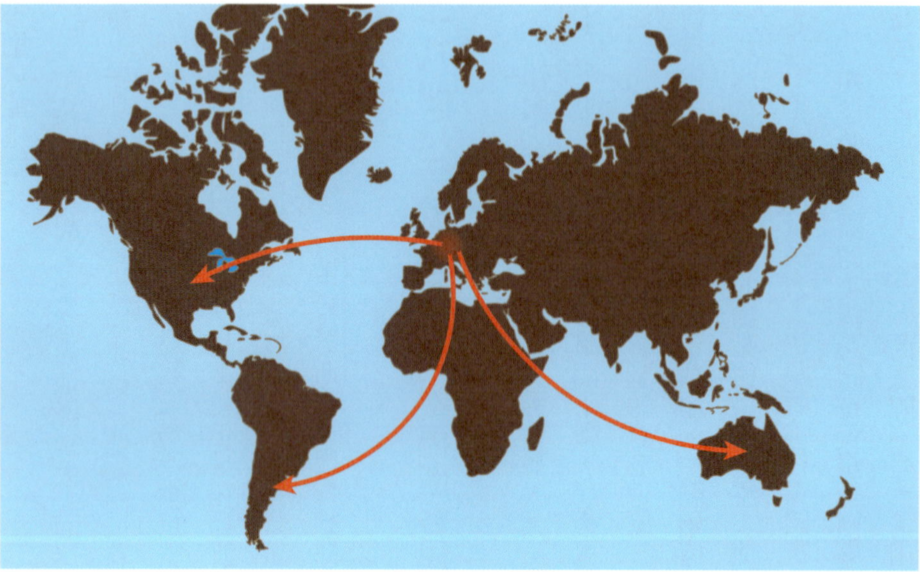

四八人遷往各國

窗，兩家世交結爲兒女親家並親上加親，山謬盛克斯的長年摯友飛利浦雷曼，來自雷曼兄弟的雷曼家族，山謬從雷曼家學習到相關金融交易知識，成爲高盛興起的關鍵。

知名的四八人猶太人還包括：歷任美國駐西班牙大使、密蘇里州聯邦參議員、美國內政部長的卡爾舒茨；首位美國猶太人部長奧斯卡史特勞斯；第一次世界大戰期間擔任美國駐鄂圖曼土耳其大使的老亨利摩根索等等。四八人中的猶太人菁英薈萃，可說美國撿到相當多「天上掉下來的禮物」人才。

歐洲民族之春雖然大體失敗，仍有正面作用，革命讓各國社會思潮往開明方向邁進，漸漸有利於猶太人，德意志諸邦之中，巴登與符騰堡率先通過法律給予猶太人平等權利，一八七一年德意

Philip Lehman

Carl Schurz

Oscar Solomon Straus⑬

Henry Morgenthau Sr.㉚

志帝國成立，同樣給予猶太人平等權利，德國猶太人得到解放。

不過，一八七三年金融危機又讓猶太人成爲眾矢之的，緊接著，一八八〇年代俄國排猶造成估計有七萬九千名俄國猶太人逃來德國，猶太人暴增使得德國社會對猶太人的仇視又快速上升，只好加緊離開腳步，逃離潮之洶湧，使得德意志地區許多猶太聚落減少高達七成人口。

大局觀

德裔猶太人大舉前來美國為世界帶來了許多知名企業，也為美國帶來許多人才，從各知名企業創辦人的起家過程，可以看出猶太人的悲哀。遠渡重洋、人生地不熟、語言不通、身無分文，只能從最簡單的小生意白手起家，家族先有一人前來開拓，拚命打下一點基礎，再將家族一一接引過來，以如此方式逐步逃出生天。猶太知名企業的光鮮亮麗背後，是不為人知的辛酸。

柵欄區範圍

俄國猶太人遭關入柵欄區，面臨一波波排猶暴力

原本俄國並沒有太多猶太人，瓜分波蘭後隨著取得新領土一口氣吞下高達五百萬猶太人口，占當時世界猶太人口四成之多，爲處理這些新領土中的異質族群，凱薩琳大帝設立柵欄區，顧名思義，就像是用柵欄圍住一樣，將猶太人限制在劃定區域，不許到範圍之外。柵欄區一直持續到一九一七年俄羅斯帝國滅亡。

尼古拉一世爲了讓猶太人徹底融入社會，摧毀其特殊的生活方式，一八二七年下令所有猶太男性年滿十二歲都要強制徵兵加入俄軍，僅有農業社區偶爾可豁免，因爲俄國希望鼓勵猶太人轉業成爲農民。雖然從軍，卻不能擔

Pale of Settlement

Nicholas I

任軍官，歷次戰爭中猶太人往往成爲砲灰。克里米亞戰爭時，爲了補充兵源，俄國大舉綁架猶太青少年與兒童從軍。一八四〇年代，尼古拉一世再下重手，向猶太人課徵重稅，用來成立將猶太人基督宗教化的學校，試圖摧毀猶太傳承，將猶太人同化成俄國人。

柵欄區內猶太人在職業限制、課徵重稅、強迫徵兵種種壓迫下，多數過著貧寒交迫的生活。一八五五年尼古拉一世過世，較爲同情猶太人的亞歷山大二世繼位，情況稍稍好轉，取消部分壓迫猶太人法規、放寬柵欄區限制，允許中學畢業以上的猶太人居於柵欄區外。

Alexander II

猶太人一獲鬆綁，立即在俄國各地取得商業成就，包括從事金融老本行，也包括從事各種生意，但貸款業務擴大，代表更多俄國人欠債而對猶太人心生不滿，生意越成功，也就得罪了原本從事該行業的俄國人。亞歷山大二世推動的改革不僅針對猶太人，還包括解放農奴等開放措施，改革兩面不討好，守舊派反對，革命黨人卻認爲改革的還不夠，亞歷山大二世任內多次遭各方刺客暗殺未遂，一八八一年終於大限來臨。

繼任的亞歷山大三世敵視猶太人，雪上加霜的是，社會上瀰漫的反猶氣氛趁機誣指亞歷山大二世之死是猶太人的陰謀，各大城市包括基輔、華沙掀起排猶暴動，接著蔓延到鄉間，亞歷山大三世把暴動也歸罪於猶太人，他的反猶態度更助長排猶，暴動在俄羅斯帝國境內持續三年才平息。

讓猶太人膽戰心驚的是，一九〇三年起發生一連串更加血腥暴力的排猶暴動蔓延數百個城鎮，持續到一九〇六年，許多城鎮的排猶暴動是有計畫性的大屠殺，俄國軍警卻不聞不問，甚至祕密警察還參與煽動。消息傳到各國，德國、美國的猶太社群大爲驚駭，美國金融巨擘席夫

Leon Trotsky㊴
Julius Martov
Vladimir Lenin
Jay Pritzker(70)

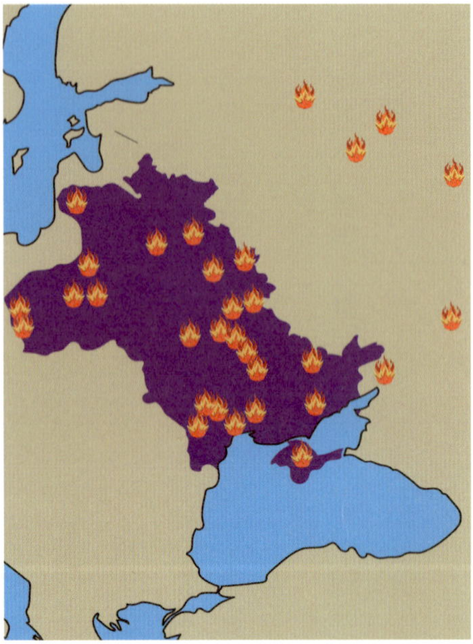

十九世紀末到二十世紀初俄國排猶暴動

正是因此大力支持日本於日俄戰爭中打倒俄羅斯帝國。

接連不斷的排猶浩劫，讓俄國猶太人大舉出逃，其中許多逃往德國，許多逃向美國，其他歐洲猶太人也有不少因此決定離開歐洲，日後許多難民在美國白手起家建立家業。創辦玩具大廠孩之寶的哈森菲爾德三兄弟、「建築界諾貝爾獎」普立茲克獎創辦人傑普立茲克的普立茲克家族、影視巨人華納的創辦四兄弟，都是來自於這波移民潮。

猶太人力助革命推翻俄國沙皇，卻迎來紅白內戰的慘殺

猶太人在俄羅斯遭冷血對待，因此痛恨帝俄沙皇，無數猶太人加入革命組織希望推翻沙皇統治，包括俄國社會民主工黨，該黨分裂後，不論是列寧派，稱爲多數派，即布爾什維克，或是馬爾托夫派，稱爲少數派，即孟什維克，兩個派系中都有相當多猶太人參與，包括孟什維克的領導人馬爾托夫、布爾什維克的二把手托洛斯基。

Bolsheviks｜即俄語多數派之意，列寧的支持者稱為多數派。

Mensheviks｜即俄語少數派之意，1903年俄國社會民主工黨分裂，馬爾托夫的支持者在黨員資格的重要投票中落敗，遭譏諷為少數派，因此得名。

Hasbro｜原名Hassenfeld Brothers，即「哈森菲爾德兄弟」取首三字母合成。

Herman Hassenfeld㊹
Hillel Hassenfeld㊹
Henry Hassenfeld㊹

布爾什維克奪權後猶太人總算自柵欄區中解放得到平等權利，但是也就僅此而已，儘管猶太人在革命中參與甚深，布爾什維克卻同樣不容許猶太的特殊性。要將猶太人融合到「無產文化」之中，當然，必須摧毀猶太文化；更要打倒沉浸於金融與貿易的猶太資本家；也不允許猶太建國主義。一九一九年蘇聯政府大舉沒收猶太資產與會堂，禁止猶太宗教信仰與猶太教育，許多猶太社區被迫解散。

雖然列寧公開抨擊排猶暴動，聲稱反猶主義是資產階級敵人要把無產階級的憤怒轉移導向猶太人，但是列寧抱持共產國際理想，醉心於讓全世界不分國界的工人都聯合在一起，容不下猶太人有自己的社會主義組織，猶太工人總聯盟很快遭到蘇聯打壓、奪權、強迫解散。

猶太人發現自己成爲夾心餅乾，蘇聯對猶太人不友善，紅軍的對手白軍則抱持赤裸裸的反猶主義。革命不只在蘇聯內部打起紅白內戰，在第一次世界大戰後重新建國的波蘭想討回過去遭瓜分的領土，向蘇聯宣戰挑起蘇波戰爭，內外戰亂中，不論白軍、紅軍、波蘭軍或其他勢力，都趁機對猶太人展開屠殺，在烏克蘭戰場上殺戮最爲慘重，約兩萬猶太人死於非命，總計整個俄國紅白內戰中，各方勢力發動了上千次的排猶屠殺，總計超過三萬猶太人被殺。

這一連串浩劫逼使猶太人繼續逃離，一八八〇年到一九二八年總計有超過兩百萬猶太人逃離俄國，一方面是受到排猶與戰亂的迫害，一方面也因爲俄國經濟崩潰。同時，先前前往美國的猶太人，許多白手起家實現美國夢，向故鄉親朋好友招手，消息口耳相傳或經新聞報導，讓人心生嚮往，兩百多萬人之中，有將近一百七十五萬人都到了美國，僅四萬五千人前往巴勒斯坦追尋建國的夢想。

這一大批來自俄國，多半講意第緒語的猶太人，大多群集在紐約，成爲與先前到來的德語裔猶太人不同的一大猶太群體，他們逃難來美國時同樣身無分文、語言不通，憑著刻苦奮鬥，許多人一兩個世代內就翻身，並且也爲美國帶來許多知名企業，包括兩大冰淇淋品牌：哈根達斯冰淇淋、三一冰淇淋，以及一度買下內衣品牌維多利亞的祕密使其發揚光大的通路集團有限品牌。

Baskin-Robbins
創辦人伯特巴斯金（Burt Baskin）、爾文羅賓斯（Irv Robbins）。

Häagen-Dazs
創辦人魯本馬圖斯（Reuben Mattus）與羅絲馬圖斯（Rose Mattus）夫婦。

Limited Brands
創辦人李斯威斯納（Les Wexner）。

劃入奧地利猶太人先苦後甘，卻走入希特勒大屠殺陷阱

在瓜分波蘭時劃入奧地利的地區，猶太人一開始遭遇瑪麗亞特蕾莎無情的打壓，一七八〇年厭惡猶太人的瑪麗亞特蕾莎過世，兒子約瑟夫二世單獨執政，他對猶太人的想法與母親截然相反，認爲應該懷柔，以利將猶太人整合到奧地利國家社會之中，一七八二年他頒布《寬容法令》，給予宗教自由，允許猶太人上學與攻讀大學，鬆綁對猶太人職業的限制，代價是，猶太人所使用的意第緒語、希伯來文，都要取代爲德語、德文，公文書與教科書當然也都要以德文印製，禁用希伯來文。之後繼任者也繼續約瑟夫的寬容政策。

Maria Theresa｜神聖羅馬皇帝查理六世女兒，1740年父親過世後先繼承匈牙利、波希米亞，繼位奧地利卻受諸侯反對引發奧地利王位繼承戰爭，1745年才繼任奧地利大公，由夫婿擔任神聖羅馬帝國皇帝，本身成為皇后。1765年夫婿過世，兒子約瑟夫二世繼承奧地利，也當選神聖羅馬帝國皇帝，母子共治直到1780年過世。

Joseph II｜神聖羅馬帝國皇帝，瑪麗亞特蕾莎之子，法王路易十六王后瑪麗安東妮的哥哥。

奧地利很快遇上拿破崙戰爭風暴，神聖羅馬帝國因而滅亡改組爲奧地利帝國。拿破崙戰爭結束後，奧地利也與歐洲其他地區一樣受到革命思潮影響，儘管帝國全力鎭壓，仍然免不了於一八四八年歐洲「民族之春」發生革命，促使皇帝退位，於一八六七年再改組爲奧匈帝國。

奧匈帝國面臨一連串嚴峻的內憂外患，包括普奧戰爭戰敗以及第一次世界大戰爆發，但是

奧匈帝國的解體

對於猶太人來說，卻是一段安穩繁榮的好日子，奧匈帝國成立時猶太人獲得平權解放，立即於各個領域發光發熱，包括文學、藝術、音樂、醫學、哲學、科學，以至於體育。奧地利原本猶太人口不多，在奧匈帝國時代，首都維也納成爲猶太人聚集、人文薈萃的中心，一九一八年，奧地利約有三十萬猶太人，分居於三十三處聚落，但其中二十萬都集中在維也納。

猶太人難得有數十年的好日子，然而，國家本身江河日下，終究覆巢之下無完卵。奧地利在普奧戰爭後就無可避免走向衰亡崩潰，第一次世界大戰更是致命打擊，戰後奧匈帝國解體，經濟崩潰、民不聊生，國仇家恨激起了民族主義的盲目憎恨，正如同德國，奧地利也傳出戰敗是因爲猶太人內奸的陰謀論，反猶情緒暴漲。但對猶太人來說，最可怕的，仍是奧地利本身國家實力的大幅衰敗。

奧匈帝國解體後的奧地利如今成爲一個小國，兼且內亂失序，無力抗拒強鄰的併吞，一九三八年，希特勒掌權的納粹德國兼併他的故鄉奧地利，沒有遭遇任何重大抵抗。奧地利猶太人末日來臨，納粹德國的反猶太法律立即施行於奧地利，許多奧地利猶太人連忙逃亡，僅能攜帶隨身衣物用品，有價值的財產不論是現金證券、珠寶黃金、藝術品，全都遭沒收，簽證遭百般刁難，到一九三九年春僅有十一萬猶太人離境。

納粹德國兼併奧地利時，奧地利猶太人加上納粹認定爲有猶太血緣者約超過二十萬，及時逃離的約十三萬五千人；未能及時逃離的，慘遭押送各地集中營屠殺滅絕，總計有六萬五千五百人遇害，僅有五千人躲躲藏藏，勉強逃過納粹的毒手。

奧地利維也納紀念猶太人被屠殺的銅雕藝術品

大局觀

奧地利猶太人難得遇上開明統治者，卻因為整個國家覆亡，驟然遭遇極慘下場，奧地利衰亡的過程，猶太人無從置喙也無力改變。其他納粹德國兵鋒所及之處，包括捷克、波蘭、白俄羅斯、烏克蘭、匈牙利等地，猶太人也是無力影響所在國家的國運，驟然間就遭遇押送集中營屠滅慘劇。

這再度提醒我們寄居他人國家的風險，命運還是自己掌握，才是最為實際。

匈牙利猶太人移民潮帶來雅詩蘭黛與英特爾

身爲奧匈帝國之一，匈牙利猶太人與奧地利猶太人許多時候共享命運，但也略有不同之處。一八四八年歐洲「民族之春」在匈牙利爆發革命，匈牙利猶太人出錢出力資助革命，換取匈牙利革命政府宣布猶太平權，不幸的是軍力太過弱小，當俄國因應奧地利求援發兵前來鎮壓，革命政府無力抵抗俄奧聯軍很快投降，事後支持革命的匈牙利猶太人慘遭清算報復，引發一大波匈牙利猶太人逃難移民潮。

奧匈帝國下的匈牙利終究是與奧地利同一個統治者，在法蘭茲約瑟夫的開明統治下，吸引許多俄國猶太人前來投靠，使得匈牙利猶太人口即使有大量移出到美國仍然快速成長。猶太人

1910年匈牙利猶太人占各行業比例

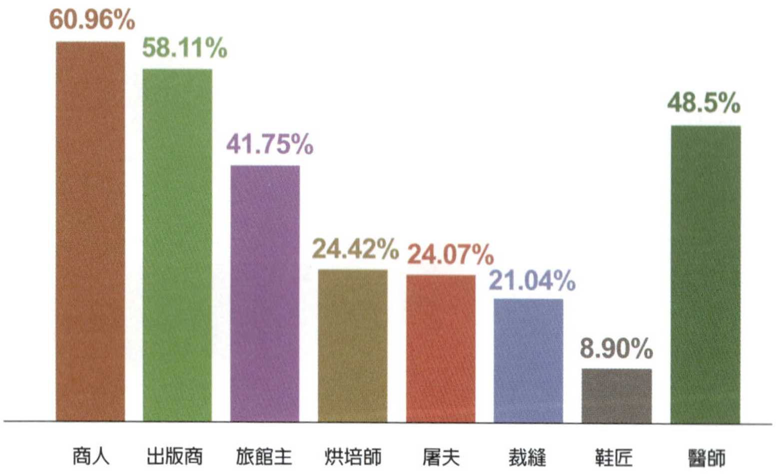

大多聚集在大城市，匈牙利首善之都布達佩斯於一九一一年有高達百分之二十一人口是猶太人，相較之下維也納僅有百分之九，當時反猶的維也納市長卡爾魯格蔑稱布達佩斯爲「猶達佩斯」。

匈牙利在奧匈帝國統治下成爲猶太人集散中心，由於猶太人遭限制擁有土地，只能往金融、商業與專業發展，使得商業與許多專業領域猶太人所占比例遠遠高於其人口比例。

也因此，許多知名企業來自匈牙利猶太移民後裔，美妝品牌雅詩蘭黛創辦人雅詩蘭黛正是這一波第一次世界大戰前的匈牙利猶太移民後裔。

匈牙利與奧地利一同見證奧匈帝國的覆亡，之後匈牙利獨立建國。二次世界大戰德國蘇聯開戰後，匈牙利在德國

Karl Lueger｜於1897年到1910年擔任奧匈帝國的維也納市長。

Estée Lauder(64)

壓力下也跟著向蘇聯宣戰，隨著德軍戰況不利，轉而與英美祕密交涉倒戈事宜，德國察覺後德軍於一九四四年全面入侵，扶立親德傀儡總理。

匈牙利猶太人突然間面臨末日，大舉遭押送奧許維茲集中營屠滅，即使前線戰況吃緊，需要鐵路運輸後勤物資，意識形態掛帥的納粹黨衛軍仍然優先運送猶太人前往集中營，甚至蘇聯紅軍已經節節逼近還運送不停，五月初到七月初兩個月內高達四十三萬七千多人，大多數一抵達奧許維茲就遭殺害，火葬場遠遠不夠使用，屍體就地焚化。直到羅馬尼亞倒戈到同盟國，造成德軍前線大亂，才停止運送猶太人。

隨著紅軍逐步逼近，匈牙利罷黜親德總理再度醞釀和談，希特勒於是下令箭十字黨發起政變徹底控制匈牙利，對猶太人的系統性屠殺也重新啓動，箭十字黨不顧紅軍正在快速推進，逼迫數萬猶太人死亡行軍前往奧地利邊界，在多瑙河畔槍決上萬猶太人。一九四五年初紅軍已經抵達布達佩斯、包圍布達，箭十字黨在遭圍困之中，仍然不斷殺害猶太人，直到二月紅軍攻陷布達爲止。

「多瑙河畔之鞋」匈牙利布達佩斯猶太人屠殺紀念碑

大屠殺時猶太人遭集體押至河邊，強迫脫鞋後槍殺，直接推入多瑙河，此藝術作品悼念當年如此犧牲的猶太人

布達佩斯猶太中心旁「生命之樹」，葉片上寫有大屠殺受害者名字，部分葉片空白留待填上日後新查證發現死於大屠殺者的名字

紅軍解救不少猶太人，但是原本匈牙利境內八十六萬一千猶太人之中，包含成功逃走與紅軍及時拯救的，僅有二十五萬五千存活，不到三成。戰後有三萬多人前往以色列參與建國，一兩萬人移民歐美。

匈牙利落入共產鐵幕，由於匈牙利共產黨領袖與祕密警察大多是猶太人，猶太人一時沒有性命之憂，直到一九五六年情勢急轉直下，學運引發革命，蘇聯派遣紅軍鎮壓，戰亂迫使二十萬匈牙利人出逃，猶太人也出逃大約兩萬人。

連續數波匈牙利猶太人出逃造就了許多知名企業人士，納粹入侵時，金融大鱷索羅斯全家靠著買假文件逃過一劫，在戰後成為移民歐美的一兩萬人之一；名言是「唯有偏執狂得以倖存」的英特爾創辦人安迪葛洛夫也同樣靠假身分保住小命，之後成為一九五六年革命逃難潮的一員。

George Soros
Andrew Grove

Samuel "Billy" Wilder
Ernst Lubitsch
Max Reinhardt
Erich Mendelsohn㊾
Arnold Schönberg㊲
Kurt Julian Weill
Otto Nossan Klemperer
Alfred Einstein㊶

從希特勒魔掌下逃出，威瑪遺民猶太人為美國帶來卓越貢獻

納粹的起源地德國，猶太人在溫水煮青蛙下，從來沒有意識到會有極度反猶意識形態的德國政治人物當權，他們一直把德國當成家鄉，一九三三年希特勒執政，引起高達九萬猶太人驚惶逃離，急急忙忙來到美國後，時時還懷念著威瑪共和時的德國。

這些流落異鄉的威瑪遺民，爲美國各方面都帶來相當大的貢獻。紐約大學美術學院院長華特庫克甚至常說：「希特勒是我最好的朋友，他猛搖蘋果樹讓我撿蘋果。」因爲一舉逃來許多優秀的藝術史學家。

這波移民潮中最著名的就是《相對論》物理學家愛因斯坦，不過遠遠不只他，同宗的阿佛烈愛因斯坦，是音樂學與音樂史學大師，大舉提升美國音樂學研究，其他音樂界人才包括指揮家奧托克倫佩勒、來美國後當到紐約愛樂首席指揮的指揮家暨作曲家布魯諾華特、音樂劇作曲家寇特威爾。希特勒執政逃亡潮也包含奧地利猶太人，最有名的是提出《十二音列理論》、開創第二維也納樂派的音樂大師阿諾荀白克。這些國寶級人才對美國音樂發展有極大助益。

其他領域還有藝術史學家爾文潘諾夫斯基之於圖像學；文學評論家埃里希奧爾巴哈之於文學現實主義；建築師埃里希孟德爾頌之於表現主義。

影劇方面，有奪下兩度奧斯卡最佳導演獎、三次最佳劇本獎與一次最佳影片獎的製片、導演與劇作家比利懷德；喜劇電影導演大師恩斯特劉別遷，舞台劇導演馬克思萊茵哈特。

文史哲方面，有小說家利翁福伊希特萬格、法蘭茲威爾佛；提出「平庸的邪惡」的政治哲

Lion Feuchtwanger
Franz Werfel
Erwin Panofsky
Erich Auerbach
Bruno Walter

Walter W. S. Cook｜美國藝術史學家、紐約大學榮譽教授，專攻西班牙中世紀藝術史，創立紐約大學美術學院。1935年起積極招募德國藝術史教授逃離德國前來美國。

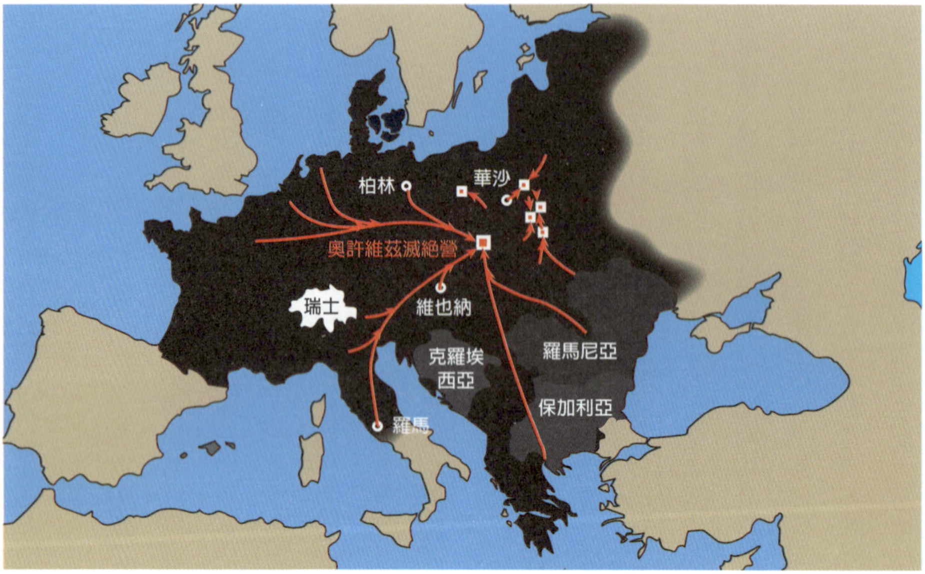

納粹德國占領區各地猶太人送往滅絕集中營

學家漢娜鄂蘭；歷史學界則有共同編輯《當代史期刊》的喬治摩瑟與華特拉克，同爲德國與猶太史專家的弗利茨史登，以及美國歷史學會學術傑出貢獻獎得主彼得蓋。

美國撿到的「蘋果」實在多不勝數，許多猶太人才此後長居美國，有些則在戰後回到德國或是前往以色列，但也爲美國留下相當的學術貢獻。

不過，大多數一般猶太人，逃離希特勒魔掌來到美國，面臨的是語言不通、專業無從發揮，只能從事遠低於本身能力的工作，從洗盤子、當女傭開始。如今的猶太人在美國風生水起，但當初不管是何時來到美國，都是從零開始的艱苦奮鬥。

留在德國的猶太人，只有殘酷的滅絕命運等著他們，納粹德國兵鋒所及

Peter Gay

George Mosse

Walter Laqueur

Fritz Richard Stern

的所有國家也是，不論是前述遭併吞的奧地利，最終遭德軍入侵的匈牙利，或是二戰一開始就遭入侵吞併的捷克、波蘭，德國入侵蘇聯鐵蹄橫掃的波海三國、白俄羅斯、烏克蘭。其中，殺戮最慘的，正是過去歷史上本是歐洲猶太人避難所因而猶太人口最多的波蘭，總計三百三十萬猶太人口滅絕九成，波海三國、烏克蘭、白俄羅斯的猶太人也幾乎遭屠殺淨盡。戰前歐洲約有九百萬猶太人，其中有六百萬慘遭希特勒毒手，使戰後猶太人的分布大爲改變，美國反而成爲猶太人的大本營。

德國柏林的猶太紀念館的藝術作品「石碑林」，紀念被屠殺的千千萬萬的猶太人

德國柏林猶太博物館

大局觀

如今猶太人在美國土地上發光發熱，然而當初之所以大量猶太人來到美國，都是斑斑血淚。

賽利格曼的時代以降，猶太人面對的排猶情勢越來越嚴峻，遭到各國排斥歧視甚至屠殺，即使是美國，一九二〇、三〇年代也發生兩波大排猶，排猶的領袖甚至包括著名的亨利福特、林白在內，成立聯邦調查局的胡佛，更把猶太人都當成害蟲。

猶太人歷經千年血淚教訓深刻體會，沒有國家保護，只能任人宰割，一開始他們學到唯有金錢才能保命，沒有建立國家之前，只能拚命賺錢、結交權貴、對國家有重大貢獻，藉以保全身家性命。但這樣的想法仍然太天真，原本以為只要客居他國就能生存，不需要有自己的認同與國家的猶太人，逐漸發現不是這麼回事。

猶太人打入蘇聯的核心，仍然免不了遭清洗迫害，希特勒一口氣屠滅六百萬人，這樣的鮮血教訓，讓猶太人終於痛定思痛，認清寄人籬下終究不是辦法，必須擁有自己的國家，自己掌握自己的命運，才能確保有安身之處。

原本亡國千年來少見想復國建國的猶太人，原本猶太建國主義剛起步時絕大部分漠不關心的猶太人，越來越凝聚共識：一定要建國，不管多麼堅苦卓絕。

來自不同國家，語言不通，血統有很大差距，風俗習慣也各不相同的全球猶太人，開始寫下猶太人歷史上最可歌可泣也最偉大的一章，那就是現代以色列的建國。

中場休息⑦

人類歷史上最後六大帝國的消亡

猶太人的歷史總是與世界大勢的變化息息相關，在談現代以色列建國的歷程之前，先複習一下整個世界的國際形勢。

自從波斯帝國以來，世界歷史一直是由橫跨多地區、統治多元民族的大帝國主導，不論是波斯帝國本身、還是羅馬帝國、伊斯蘭帝國、蒙古帝國。多元大帝國在人類歷史上持續發展，十九世紀可說是多元大帝國的最後輝煌年代，二十世紀一開始，世界上有六大帝國，分別是：

「日不落國」大英帝國

「歐洲憲兵」俄羅斯帝國

德意志帝國

奧匈帝國

「歐亞病夫」鄂圖曼土耳其帝國

「東亞病夫」大清帝國

十幾年之內，這六大帝國將有五個灰飛煙滅。

最先是大清帝國，於一九一二年二月清帝退位。緊接著是俄羅斯帝國，無法承受第一次世界大戰的壓力，大戰中爆發革命滅亡。

德意志帝國也支撐不住，大戰最後，海軍爆發起義，德皇退位，帝國滅亡；奧匈帝國同樣無力承受世界大戰的試煉，大戰年後四分五裂解體。

鄂圖曼土耳其倒向德國陣營。選錯邊鑄下大錯，第一次世界大戰後鄂圖曼土耳其成爲戰敗國，慘遭瓜分裂解。

大英帝國雖然在第一次世界大戰中獲勝，但是國力大爲耗損，苟延殘喘到二次世界大戰後，終究只能放手讓殖民地紛紛獨立，還是逃不過瓦解的命運。

可說第一次世界大戰，標誌著大帝國時代的結束。

鄂圖曼土耳其的裂解，使得猶太人有了《貝爾福宣言》許以一個家園的空間；然而，大帝國時代的結束，也造就了人類史上最可怕的政體崛起，那就是極權政府。俄羅斯帝國的崩潰中產生共產極權專制的蘇聯，德意志帝國的崩潰中則促成最具代表性的法西斯極權專制國家的誕生，即納粹德國，並因而引爆第二次世界大戰，納粹德國一度橫掃歐洲，過程中，歐洲六百萬猶太人灰飛煙滅。

這樣的駭人威脅，終於讓猶太人有了非建國不可的決心，完成了看似幾乎不可能成功的建國偉業。

第八章

臥薪嚐膽絕地重生，可佩的猶太人

以色列的建國，不論是否站在猶太人的立場來看待，都是一場轟轟烈烈、可歌可泣、史上罕見的大事件。
馬克
這可不，一建國立刻面對多國聯軍入侵，敵軍直插國土核心，全民浴血奮戰以寡敵眾，海外美國猶太人全力金援。
這麼可歌可泣，猶太人必定是從最初就團結一致支持建國！
不過史實跟你的想像不大一樣。
咦？

猶太建國思想萌芽時期，大多數猶太人並不支持，尤其是日後以色列最大的後盾——美國猶太人，最初竟然是反對。
NO
以色列建國的精神國父赫茨爾，原本並沒有猶太意識，還是個大耳曼主義者。
啊？
與理所當然的想像相反。猶太人對於建國，是從反對、無視，到全心投入，其實，這樣的轉變過程，更為值得敬佩。
是的，真實的歷史比起單純的想像，更為深刻感人，也更有啟發性。
就從以色列的開國先賢們，來了解這段歷史吧！
魏茲曼
本古里安
比金
梅爾夫人

歷史上有許多人都提出過猶太復國主義，最終創造出如今以色列國家的現代猶太復國主義，一般公認最主要推動者是赫茨爾，他也因此被譽爲是以色列精神上的國父。「精神國父」如此盛名，可能會讓人以爲赫茨爾從小就追尋建國，事實卻稍有落差。

以色列精神國父原本竟是個大日耳曼主義者

赫茨爾出身匈牙利的佩斯，家族有西猶太人與東猶太人混合血脈，全家早已與日耳曼社群同化，講德語，父族在十八世紀先遷居波希米亞時，就把原本猶太姓氏羅別爾改爲德語化的赫茨爾。

在這樣的家族出生長大，也難怪赫茨爾年輕時成爲大日耳曼文化主義者，不只不認同猶太身分，甚至可說蔑視猶太，他認定日耳曼人才是全世界最文明的民族，心中夢想著透過日耳曼文明教育，匈牙利猶太人能夠洗刷數個世紀以來壓迫與貧窮所帶來的「可恥猶太特色」成爲中歐的文明人。

當赫茨爾前往維也納大學攻讀法律，很自然的選擇加入鼓吹日耳曼民族主義的阿爾比亞兄弟會，會內口號是「榮譽、自由、祖國」，與日後納粹口號有異曲同工之妙，赫茨爾本來還很醉心於此，直到他很快發現：儘管他再怎麼認同日耳曼，他也無法成爲日耳曼人眼中的同類，兄弟會內反猶太主義高漲，赫茨爾沒多久就爲了抗議反猶而退會。

赫茨爾的日耳曼認同夢想破滅了。他年輕時另一個理想是追隨開鑿蘇伊士運河的法國雷賽

Theodor Herzl

Zionism｜英文原文以耶路撒冷的錫安山（Mount Zion）為以色列的象徵，或譯為錫安主義。

Burschenschaft

Bildung

Loebl｜「心」的意思。

Albia

布伯爵的腳步，成爲一位偉大的實業家與工程師，很不幸的自然科學成績太差，只好放棄，改從事新聞採訪與劇本寫作。然而他的法國夢也很快夢醒。

自從普法戰爭敗給德國，法國民族自信心嚴重受創，想向德國復仇的怨氣高漲，孱弱的法國政府無能爲力，法國人在民族主義高漲下自認爲是最優秀的民族，民族明明這麼優秀，法國怎麼會老是不如德國？從這種挫敗心理中產生了陰謀論，認爲一定是有人通敵陷害法國，在德國有許多親族綿密人脈網路的猶太人，自然成爲受到懷疑的頭號嫌疑犯。

在這樣的氣氛中，猶太裔法國軍官屈里弗斯遭誣陷通德叛國，赫茨爾採訪屈里弗斯冤案，親眼見到在法國社會強大反猶情緒下，起鬨的群眾高喊「殺死猶太人！」這讓赫茨爾心驚膽跳。日後赫茨爾回憶，受此震撼，是他提倡猶太建國主義的濫觴。

雖然他本人如此回憶，屈里弗斯冤案也的確對他造成很大影響，但其他歷史紀錄顯示，冤案剛發生的當下，赫茨爾還沒有很強的猶太認同與猶太建國意識，甚至他一度認爲屈里弗斯有罪。一八九五年反猶的卡爾魯格當上維也納市長，才讓赫茨爾眞正體會到猶太人處境的危殆。他撰寫劇作《新隔離區》，描述維也納猶太人一方面認爲自己已經解放，一方面其實人人自危的矛盾心情。

赫茨爾很快拋棄猶太解放與同化的想法，認清融入歐洲社會的路線只是燕雀苟安，最終還是會慘遭大難，此時離納粹當權屠殺猶太人還有近四十年，赫茨爾可說是先知先覺。赫茨爾於日記中記載：在巴黎時，他意識到無法打敗反猶太主義，也不可能消除它，唯一的解答是迴避，而唯一能夠避開反猶太主義的辦法，就是建立猶太人自己的國家。只有猶太人離開歐洲建

Alfred Dreyfus

Dreyfus affair
1894年發生，直到1906年才平反。

The New Ghetto｜猶太人雖然已經不再被迫住在猶太隔離區中，但是社會地位上與心理上，還是一樣被關在無形的牢籠，因此稱之為新隔離區。

國，打造自己的棲身之處，才是唯一的出路。

當他領悟這項眞理，立即陷入天人交戰，因爲他仍想作爲一個記者與劇作家揚名立萬，但若想在歐洲社會成名，就牴觸了他剛覺悟的必須離開歐洲建國才能自保的眞理，但他很快就決定放棄成名夢想，實現自己的天命，他撰寫《猶太國》闡述猶太人的必然困境：

Der Judenstaat

猶太人逃離迫害，大量來到不迫害猶太人的地方，可是往往沒有迫害猶太人的地方，是因爲本來猶太人數量就少，猶太人格格不入也對社會沒有太大影響，一旦猶太人爲了逃離迫害大量前來，就會導致當地社會開始排猶，屢試不爽，也終究會如此，即使是高度文明國家，例如法國，也是一樣。

赫茨爾提出歷史上的馬加比建國故事，激勵猶太人：猶太人想要有國家，就必定能建國，在自己的國土上，猶太人才終於能夠成爲自由人，才能安然於家中善終，而非死於暴力迫害。

俄國大排猶催生猶太回歸故土屯墾運動

赫茨爾並非近代第一個提出猶太復國主張的人，在他醒悟猶太人必須建國之前，已經有猶太醫師利奧平斯克所創辦的猶太復國組織「錫安之愛」，以及以色列貝爾金德主導的「比魯運動」，提倡前往猶太故土巴勒斯坦屯墾，兩者都源於俄國大排猶。

Leon Pinsker

Hovevei Zion

Israel Belkind

Bilu｜又稱為巴勒斯坦先鋒者，比魯是取自於《以賽亞書》2：5「雅各家啊，來吧！」的希伯來文首字簡寫。

利奧平斯克出生於俄羅斯帝國的敖德薩（今屬烏克蘭），他原本也認爲猶太人只要同化、融合進入俄國社會就行了，靠提倡人權主義以及主張猶太解放，就能打敗排猶主義。

此前敖德薩最初兩次排猶暴動主要是希臘裔人士與猶太人之間的衝突，一八七一年敖德薩大排猶卻是俄羅斯人也加入，使得平斯克開始積極以公眾活動提倡人權。一八八一到一八八四年敖德薩又與整個俄羅斯帝國一起發生大排猶，排猶的主體已經不是希臘裔而是俄羅斯主流社會，這讓平斯克頓悟同化融合、人權主義的想法太過天眞。

身爲醫師，他以「猶太恐懼症」來代替反猶主義這個名詞，並以論述來描述猶太恐懼症的現象：

| Judeophobia

「對生者來説，猶太人是殭屍；對本地人來説是外來者；對農耕定居者來説是遊民；對家有恆產者是乞丐；對窮人來説卻是富豪剝削者；對愛國者來説是沒有國家的人；對所有人來説，都是仇恨的對象。」

平斯克分析這樣的恐懼症根植於人性的排外恐慌，猶太人沒有自己的國家，在世界上所有地方都是外來者，根據這樣的分析，平斯克認清只有猶太人獨立建國才能安身立命，於是他發起回歸猶太故地，前往巴勒斯坦屯墾。

比魯運動發起者以色列貝爾金德出生於俄羅斯帝國的明斯克（今屬白俄羅斯），其父親是俄羅斯猶太教育運動領袖，以色列貝爾金德本來準備攻讀大學，一八八一年俄國大排猶之後，全心投入猶太復國運動，隔年成立比魯運動，計畫到當時還屬於鄂圖曼土耳其的巴勒斯坦建立屯墾區。與後來的赫茨爾不同，比魯運動並未進行一切政治與外交運作，只專注在靜靜的到巴

Odessa pogroms｜十九世紀到二十世紀初敖德薩發生多次排猶暴動，分別於1821、1859、1871、1881、1905年。

勒斯坦屯墾。

一八八二年，出身哈爾科夫的十位錫安之愛成員先來到巴勒斯坦，於今日台拉維夫東南方買下一塊八百三十五英畝土地，之後比魯運動的成員來到，雙方會合，成立猶太歸國運動的第一個屯墾區「首到錫安」，當地土壤砂質嚴重又沒有水源，更糟的是成員都沒有農業經驗，屯墾一開始就寸步難行，錫安之愛的猶太宗師撒母耳摩西列維前往巴黎尋求法國羅斯柴爾德家族的愛德蒙詹姆斯羅斯柴爾德男爵協助，才挽救了屯墾計畫。

羅斯柴爾德男爵找來專家鑽井、派遣代表與農業顧問前來，屯墾終於開始上軌道。一八八五年，爲了慶祝捱過艱困的三年，屯墾區升起了藍色大衛星旗幟，日後，將成爲以色列的國旗。這樣篳路藍縷，到一八八六年，首到錫安屯墾區總人口僅有三百人。

在歐洲，平斯克向俄國政府申請成立正式組織「支援敘利亞與巴勒斯坦猶太農工協會」，又稱爲敖德薩委員會，協助新一波猶太移民巴勒斯坦建立數個屯墾區，移民屯墾本身已經很艱難，平斯克的世俗理念與猶太宗師撒母耳摩西列維屢屢發生衝突，鄂圖曼土耳其又橫加阻撓，一八九〇年代起禁止猶太移民，使得平斯克在猶太復國是否只是夢一場的懷疑中，於一八九一年在敖德薩去世。

這是後世稱爲第一次猶太歸國運動的一部分，又稱爲農墾歸國，自一八八一到一九〇三年總計有兩萬五千名猶太人遷居巴勒斯坦，除了來自俄羅斯帝國，也包括葉門，其中大部分人無法適應環境，飢病交加，許多人來了數個月之後就放棄。猶太復國運動在猶太人之間也未能推廣開來，至一八九七年第一次猶太復國主義代表大會前夕，敖德薩委員會僅有四千名成員。

Baron Abraham Edmond Benjamin James de Rothschild

Samuel Mohilever

Odessa Committee

First Aliyah

agriculture Aliyah

Rishon LeZion｜取名來自希伯來聖經內容，即「第一個到錫安山」的意思。

Society for the Support of Jewish Farmers and Artisans in Syria and Palestine

復國夢跌一跤，鄂圖曼土耳其此路不通

Hamidian massacres

Abdul Hamid II

William Hechler

赫茨爾提出猶太復國主張，雖有相同願景的錫安之愛立即支持，但是大多數猶太人仍然想要融入歐洲社會、在歐洲各國發展，猶太正統派更是堅決反對。赫茨爾並不氣餒，全心投入宣傳理念，以論述與文筆、不屈不撓的精神四處說服、感召支持者。

赫茨爾設想許多如何基於各國不同利益遊說的提案，鄂圖曼土耳其帝國發生針對亞美尼亞人的哈米德大屠殺，使得皇帝阿布都拉哈米德二世在國際上惡名昭彰，赫茨爾便試圖向鄂圖曼遊說：只要鄂圖曼帝國允許猶太人遷居巴勒斯坦，幫助猶太人的人權，這樣就能挽回名聲啦！赫茨爾這次異想天開吃了一鼻子灰，不僅鄂圖曼帝國不予理會，還引來許多批評，指責他竟想美化大屠殺兇手。

就在錯誤嘗試沒有進展還惹了一身腥的挫折時刻，赫茨爾的書為他帶來畢生最重要也最堅定的支持者，而且這個人還不是猶太人。

這位眞誠的猶太人之友威廉赫切勒，出身英國聖公會傳教士家庭，因父母親前往印度海外傳教而出生於印度，深受其父親親猶太人的立場影響，對猶太人與巴勒斯坦十分感興趣。赫切勒於一八八二年遍歷德國、法國、俄國調查猶太人的處境，見到俄國大排猶的景況深感震驚，他行經敖德薩時，認識錫安之愛的平斯克，途經君士坦丁堡，試圖請英國大使轉達，呼籲鄂圖曼土耳其能允許猶太人回到巴勒斯坦，遭英國大使拒絕。

赫茨爾《猶太國》上市幾週後，赫切勒逛書店時看到，對赫茨爾的見解深深認同，立即聯

繫赫茨爾，希望透過他的人脈把赫茨爾的主張傳達到歐洲有力人士的耳中。

這正是赫茨爾所需要的，他本無管道接觸歐洲各強權國家高層。經過先前的失敗，赫茨爾了解以愚公移山的精神埋頭苦幹只是徒勞，身爲媒體人與劇作家，他深知必須取得對公眾有公信力的背書，讓論述看起來有實現的可能性，才會被當成一回事，那也就必須盡可能與有權有勢的強大國家領導人拉上關係。

赫切勒前往柏林接觸巴登大公腓特烈，透過他的關係終於見到德皇威廉二世，兩天後，赫切勒安排赫茨爾晉見巴登大公，這是赫茨爾首度有機會與德國王室討論猶太建國方案，巴登大公腓特烈深感同意，此後以其職位以及與德皇的親戚關係支持赫茨爾的復國大業。

Frederick I, Grand Duke of Baden

Wilhelm II, German Emperor

一八九六年赫茨爾透過關係尋求接觸鄂圖曼土耳其高層，先以《新自由報》記者的身分成功見到國務卿，五年後，赫茨爾終於得到機會晉見鄂圖曼土耳其皇帝阿卜杜哈米德二世，赫茨爾提出：猶太金融家可以在伊斯坦堡設立公司買下鄂圖曼土耳其債務，以兩千萬英鎊（相當於現今二十二億美元）換取頒布法令讓猶太人殖民巴勒斯坦自治。這筆金額將可削減當時鄂圖曼土耳其負債兩成。赫茨爾還危言聳聽的宣稱：若沒有猶太復國主義者資助，土耳其財政無望。

Neue Freie Presse

Abdul Hamid II

皇帝斷然拒絕，向介紹人聶夫林斯基侯爵說：「要是赫茨爾先生與您的交情，就如同您與我一般的話，請建議他別在這個話題上繼續下去。寸土不賣，因爲土地不屬於我，而是屬於我的人民，我的人民流血奮戰打下土地，也以血汗耕耘土地，要是想從我們手上拿走土地，我們也會於其上浴血作戰。」

Philip Michael von Nevlinski

鄂圖曼土耳其當時正面臨帝國多元族群層出不窮的起義追求獨立，若讓猶太人獨立建國，各民族都會要求效法，導致帝國崩潰；鄂圖曼土耳其也懷疑猶太復國主義只是歐洲列強想要用來瓜分鄂圖曼領土的僞裝。不久後，這樣的懷疑成了自證式的預言，因爲在鄂圖曼碰了一鼻子灰之後，赫茨爾就改尋求英國的協助。

猶太復國主義代表大會與世界猶太復國主義組織

赫茨爾於一八九五年曾前往倫敦尋求英國猶太復國組織馬加比人協助，當時遭到冷言冷語對待，於伊斯坦堡見到鄂圖曼土耳其國務卿之後再度來到倫敦，果然如赫茨爾所想，展現政治人脈大爲加強了他的說服力，馬加比人態度一百八十度轉變，安排赫茨爾於倫敦向數千人演講得到滿堂采，六個月內，主張猶太復國運動的猶太人大都同意由赫茨爾領導，猶太復國運動也因有赫茨爾帶頭而加速發展。

赫茨爾於一八九七年召集十七國兩百零八位猶太人代表，廣邀二十六家媒體通訊員出席，召開第一次猶太復國主義代表大會，大會上成立猶太復國主義組織，也就是日後的世界猶太復國主義組織，制定《巴賽爾計畫》，並且此後每年召開會議。由於國際媒體報導，大會廣爲曝光，然而，隨著赫茨爾加速推動猶太復國主義，隨之而來的竟然是猶太人之中出現排山倒海的反對聲浪。

正統派猶太人是猶太復國主義的精神核心所繫，他們卻認爲猶太復國主義不合教旨，因爲依照經典教誨，先有彌賽亞出現，以色列土地才會重回猶太人手上。另一方面，推動猶太復國主義的熱心者大多是世俗猶太人，與正統派猶太人不僅思想文化上不同，連語言都不相通，更別說會去遵照正統派的傳統。其結果，正統派猶太人組織大舉反對猶太復國主義。

很多世俗猶太人也不滿意，批評這些建國狂熱分子滿口天方夜譚，竟要猶太人拋棄既有的成就離鄉背井，還到處引起注意，各國民眾看猶太人想著脫離國家另外建國，豈不是更把猶太人視爲異類，萬一讓反猶情結火上加油怎麼辦？

在正統派與世俗派聯手反對下，赫茨爾的大會原本是要在德國慕尼黑召開，只能改到瑞士的巴賽爾，所受到的反對壓力可見一斑。儘管以色列建國後，將赫茨爾召開猶太復國主義代表大會，列爲以色列開國歷史重要一頁，但實際上當年赫茨爾達成的進展很有限，此後幾年，他繼續想辦法在政治上連結重要人物：德皇威廉二世訪耶路撒冷時公開與其會面；接觸英國殖民地事務大臣約瑟夫張伯倫，希望安排埃及讓猶太人屯墾西奈半島，遭埃及拒絕；也試圖取得教宗庇護十世支持，然而天主教會當然不可能協助不改宗天主教的猶太人。

赫茨爾四處奔走，只落得到處碰壁，直到一九〇三年俄國發生基希涅夫排猶，約瑟夫張伯倫因此較爲同情猶太人，才稍有一線生機。赫茨爾再度求見張伯倫，先前張伯倫前往英屬東非視察時，有將猶太人問題放在心上，考察過後，張伯倫認爲：「若赫茨爾博士願意將努力的目標改爲英屬東非，要找到適合猶太人屯墾的土地應無問題。」

張伯倫提出給予猶太人今日肯亞的瓦辛基蘇，該地原本屬於英屬東非，不過由於烏干達鐵路開發計畫，一九〇二年剛轉移到英屬烏干達，於是這一提議就稱之爲《烏干達計畫》。英國因爲烏干達鐵路耗費鉅資卻難以回收，心想若猶太人在此建國可拉升鐵路運載需求。

Pope Pius X

Uasin Gishu

Joseph Chamberlain｜即日後以綏靖主義和希特勒簽署《慕尼黑協定》而遭後世批評的首相張伯倫之父。

Uganda Scheme

赫茨爾於第六次猶太復國主義大會上提報《烏干達計畫》，卻遭到許多代表反對，認為改到非洲違背《巴賽爾計畫》預定要在巴勒斯坦復國的願景，大會提議成立探索委員會前往調查當地再考慮是否接受，赫茨爾很意外受到俄國排猶威脅「吊繩已經綁在脖子上」的俄國猶太人「竟然還是拒絕（烏干達計畫）」。調查過後，第七次猶太復國主義大會決定回絕英國的提議，《烏干達計畫》無疾而終。赫茨爾並未親眼看見計畫失敗，因為他先一步在四十四歲因心臟疾病辭世。

以色列建國後，赫茨爾受到高度尊崇，將他的遺體從維也納接到以色列，葬於耶路撒冷，所葬之處就命名為赫茨爾山，其棺木以赫茨爾原本設計的猶太國旗覆蓋。《赫茨爾法》訂定以珥月十號為國定假日赫茨爾節，該日於赫茨爾山、學校、軍營舉行赫茨爾紀念儀式，備受尊崇，但是赫茨爾生前，猶太建國的工作可說毫無進展，甚至是一籌莫展。

英屬東非、英屬烏干達與烏干達計畫所在地

大局觀

以色列精神國父赫茲爾原本全家已經完全同化於日耳曼文化，他當記者時，寫的新聞、雜文與戲劇都與猶太人無關，卻發現：再怎麼同化，還是萬夫所指的猶太人，轉而全力投入猶太復國主義運動。

若沒有自己的國家，到別國去，都只會被當外人。

赫茲爾推動猶太復國主義時，其實主流猶太人並不認同，處處碰壁。許多台灣人常常自暴自棄，認為台灣人不是猶太人，沒有猶太人堅定建國的決心。其實，猶太人本來也沒有。猶太人能從不想建國到頓悟必須有自己的國家，台灣人當然也能從蒙昧中覺醒，決定自己的命運。

第二次猶太歸國，本古里安來到猶太故土

就在赫茨爾黯然辭世這一年，一九〇四年，日本不負美國猶太富商席夫所望，於日俄戰爭中戰勝，俄軍敗北、艦隊毀滅的消息傳回國內，沙皇的威望大爲動搖，引爆一九〇五年俄國革命。席夫雖然出了一口氣，然而俄國全國暴亂，猶太人又是犧牲慘重。

Ezra | | Beni Zion | David Ben-Gurion

俄國排猶與革命刺激猶太人大舉出逃，大部分前往美國，一部分在猶太殖民協會等組織的安排下啓程前往猶太故土，是爲第二次猶太歸國運動，在一九〇四到一九一四年間，估計約有三萬五千名猶太人前往鄂圖曼土耳其統治下的巴勒斯坦，其中絕大部分是俄國猶太人，少部分來自葉門。

第二次猶太歸國運動的猶太人到達巴勒斯坦後，發現自己並不擅長務農，又要在乾旱之地墾荒，簡直難如登天。鄂圖曼土耳其政府也對猶太人相當提防，這些猶太人有外國籍，處理起來特別棘手，更擔心有外國間諜混於其中，因此屢屢找藉口拒絕給予鄂圖曼土耳其公民權，不時逮捕猶太人遣送出境。最終第二次歸國運動以原本目標來說，幾乎完全失敗，但是，在參與者中卻有日後建國的重要領袖：本古里安。

本古里安本名大衛古倫，出生於俄羅斯帝國治下波蘭的普翁斯克，父親阿維朵古倫是一位祕密顧問，穿梭於腐敗的俄羅斯帝國司法系統官僚之間，阿維朵古倫深受赫茨爾《猶太國》影響，成立猶太復國組織「錫安之子」，會員兩百人，當年本古里安十四歲，也與兩個朋友合組小組織，取名《以斯拉記》的以斯拉。

後來他回憶：其實故鄉普翁斯克少有歧視猶太人，日子過得和平安穩，而且猶太人比起其他族裔更爲團結，本古里安回憶當年故鄉波蘭人與猶太人人數相當，但若是猶太幫派青少年遇上了波蘭幫派，猶太幫派呼朋引伴會召來整個市區的人手，所以普翁斯克的波蘭人反而害怕猶太人。但是本古里安還是嚮往前往猶太故土，不是爲了逃難，而是爲了重建猶太家園的理想。一九〇六年他付諸實行，在志同道合的父親資助下，加入第二次歸國運動，來到了巴勒斯坦。

Avigdor Grün |

Jewish Colonisation Association
1891年猶太銀行家茂里斯海弈施（Maurice de Hirsch）所創立，資助猶太人前往阿根廷、美國、加拿大、巴勒斯坦屯墾的組織。

Joseph ben Gurion
Ha'ahdut

本古里安遇上所有早期歸國運動相同的困難：不諳務農，與當地人相較毫無競爭力，工作辛苦卻所獲微薄，有人甚至餓死；疾病盛行，本古里安染上瘧疾，其他屯墾者染上霍亂、結核病。在精神層面上同樣落空，本古里安發現殖民地大量雇用阿拉伯人，他的理想是純猶太社區不混合阿拉伯人、使用希伯來語不使用意第緒語，兩者都無法達成。直到成爲耶路撒冷《團結報》員工，才總算結束艱苦的農勞生活，他換過幾個筆名，最後決定選擇致敬歷史上第一次猶太羅馬戰爭中殉難的約瑟夫本古里安，固定以本古里安爲筆名。

本古里安本人的苦難結束，但是整個第二次猶太歸國運動卻每況愈下，幾個領袖認爲只有「鄂圖曼化」讓鄂圖曼土耳其能接受，才是唯一出路；爲此，領袖們移往伊斯坦堡，本古里安也跟著先學習土耳其語，之後前往伊斯坦堡大學。第一次世界大戰爆發打亂了他們的計畫，儘管本古里安誓言效忠鄂圖曼土耳其，還是遭鄂圖曼政府遣送埃及。

本古里安仍不死心，繼續計畫向鄂圖曼政府表態效忠，他來到美國尋求錫安工人黨支持，希望能募到一萬志願軍爲土耳其作戰，但是錫安工人黨總會員才不過三千人，期間本古里安還染上白喉住院，最終只募到十九人，另一位猶太歸國領袖只募到四十四人。本古里安改變方針，轉爲撰寫推廣復國主義的書籍，一度排開所有其他活動，花上十八個月，全心泡在紐約公共圖書館裡頭筆耕，書籍大獲成功，爲錫安工人黨帶來兩萬美元利潤，也使本古里安成爲最知名的錫安工人黨領導人。

Poale Zion

效忠土耳其的構想觸礁，可說塞翁失馬焉知非福，隨著戰局變化，越來越看出土耳其站在即將落敗的一方，本古里安乾脆轉換陣營，一九一八年，他加入英軍新成立的猶太軍團。當初，他本來是要募兵爲鄂圖曼土耳其助戰，如今反而是與鄂圖曼土耳其交戰，而且戰場就是巴勒斯坦，不過他卻得了痢疾只能留在後方的開羅醫院，病癒也只負責監視戰俘，還因故遭懲罰拔除士官銜貶爲士兵，戰後除役，結果加入英軍也一無所獲。雖然日後本古里安成爲以色列建國的重要支柱，但在此時，他也面臨赫茨爾同樣的境遇，處處碰壁，一事無成。

大局觀

本古里安一開始就有強烈建國意識，但是空有決心，沒有智慧與手段，跑去做自己不適合的事，撰文與宣傳的能手卻去務農，正如千里馬去拉車，比駑馬還不如，最後繞了一大圈還是走回寫作的專長；在巨變的國際局勢中亂闖，差點加入戰敗國，但加入戰勝國也沒結果，碰一鼻子灰。

拘泥於現況不求改變，無法成就任何事，但是空有決心卻沒有實務力量，也只會原地打轉。本古里安年輕時的困頓，告訴我們決心與務實要兩者兼備，才能成就偉大事業。

化學家成為建國先賢，魏茲曼接手赫茨爾遺志

Chaim Weizmann

Shmuel Weizmann

本古里安是日後以色列的第一任總理，這時開國志業仍然毫無進展，以色列未來的第一任總統魏茲曼，這時事業正蒸蒸日上，但是不是建國大業，而是先在化學界嶄露頭角。時逢第一次世界大戰，魏茲曼以化學才能對火藥製造的貢獻，得以結識英國政治領袖，一個化學家竟然成爲建國的重要推手。

魏茲曼出生於俄羅斯帝國的莫托利村（今屬白俄羅斯），中學時就顯露出他對科學的天分，也在中學即開始積極參與錫安之愛，可說他對化學與建國的志業都在年少時一起萌芽，他先後前往德國、瑞士求學，持續熱心於建國運動。

魏茲曼家有十五兄弟姊妹，其中有兩人在俄國二月與十月革命後仍留在蘇聯，他們的命運可說是俄國猶太人命運的寫照。弟弟薩謬與魏茲曼理念相左，他加入共產黨、參與猶太工人總聯盟，積極參與俄國革命以打倒對猶太人不友善的沙皇。若是猶太人就這樣順利在蘇聯掌握政治權力，是不是蘇聯就能成爲猶太人躲避迫害的安全國度？如此就不需要大費周章建國。猶太工人總聯盟強烈反對猶太建國。

事與願違，正如赫茨爾早就在《猶太國》警告的，只要不是猶太人自己的國家，都不可能成爲猶太人的理想鄉，只會成爲致命陷阱。共產蘇聯無神論打壓猶太人，共產黨內血腥鬥爭也葬送了無數猶太人，地位之高如托洛斯基都在殘酷鬥爭中落敗流亡最終遭暗殺，薩謬的下場當然也好不到哪去。

Doctors' plot
Maria Weizmann

一九三〇年代，史達林農業集體化政策造成大饑荒、經濟崩潰，統治動搖，爲了鞏固權力，開始惡名昭彰的「大清洗」，宣稱打擊「托派」「右派」，原本是打擊黨內異己的行動，最後牽連越來越廣，總計殺害高達七十萬人，消除反對派的同時也清洗國內少數族群，包括猶太人。薩謬明明是參加反對猶太復國的猶太工人總聯盟，在大清洗期間，卻被安上「猶太復國主義者」間諜的罪名處決。

魏茲曼的妹妹瑪莉亞也逃不過迫害命運，一九五二年，史達林誣指醫師群故意危害國家領導高層以及故意建議高級將領退休，嚴刑逼供屈打成招，是爲「醫師陰謀案」，瑪莉亞身爲醫師，遭判刑五年監禁於西伯利亞，幸好隔年史達林過世才得以獲釋。瑪莉亞最終與先生一同移民以色列。魏茲曼兩位留在蘇聯弟妹的遭遇，再度證明赫茨爾的遠見。

亞瑟貝爾福

魏茲曼一九〇四年遷居英國於曼徹斯特大學化學系執教，隔年進入克雷頓苯胺公司，創辦人查理屈里弗斯是出身亞爾薩斯的猶太人，爲曼徹斯特猶太復國主義協會總裁，魏茲曼正是經由猶太復國主義作家約瑟夫馬瑟爾介紹認識屈里弗斯。一進公司，屈里弗斯就立即介紹他認識時任英國首相的亞瑟貝爾福——日後任英國外相，發表對猶太人命

Clayton Aniline Company
Charles Dreyfus
Joseph Massel
Arthur James Balfour

Balfour Declaration

Clostridium acetobutylicum

David Lloyd George

運至關重要的《貝爾福宣言》——魏茲曼嶄露化學才華，在猶太復國主義者摩西蓋斯特協助下取得英國國籍，此後直到日後以色列建國擔任首任總統才放棄英國國籍，當時簽署入籍文件的官員，無巧不巧，正是時任英國內政大臣的邱吉爾。

魏茲曼最大的貢獻是發現丙酮丁醇梭桿菌，可用來製造丙酮、乙醇、正丁醇的工業發酵製程。二次世界大戰後至今，這些有機化學物質已經改爲從石油中提煉；但第一次世界大戰時，工業發酵製程是當時量產丙酮最有效率的辦法；丙酮是製造線狀無煙火藥不可或缺的溶劑，如今的戰爭已經以更先進的火藥取代線狀無煙火藥，但兩次世界大戰之中，線狀無煙火藥是子彈、砲彈重要的裝藥。

邱吉爾了解魏茲曼的技術對國防戰略的重要性，與時任軍需大臣的大衛勞合喬治一同鼓勵魏茲曼發展工業生產線，隔年開始規模生產，正值第一次世界大戰尾聲，一戰期間，總計生產三萬噸丙酮，魏茲曼在戰爭期間還擔任英國海軍實驗室主任。在第一次世界大戰期間的卓越功動，讓他得以於英國高層政治圈有發言權。

早前認識的貝爾福相當支持猶太人建國的想法，但是一開始他支持的是烏干達計畫，魏茲曼於第一次世界大戰期間，遊說擔任外相的貝爾福支持猶太人在巴勒斯坦建國，他故意問貝爾福：「你會搬離倫敦，住到加拿大的薩斯喀徹溫省嗎？」貝爾福不知他話中有話，表示要住在倫敦，因爲「英國人一直住在倫敦」，魏茲曼逮住這個話尾，向貝爾福說：「是啊，而我們猶太人早在倫敦還只是一片沼澤的時代就一直住在耶路撒冷。」

魏茲曼對猶太復國主義的想法結合務實與主動，他告訴猶太人：想建國，不是等待時機自

Moses Gaster

Cordite｜一種外形像細繩的無煙火藥，或音譯為「柯代藥」，因外型與顏色被戲稱為「義大利麵條」，由硝化纖維素、硝化甘油和凡士林組成，在丙酮中溶解，風乾並壓成繩狀，屬於硝化甘油與硝化纖維的雙基火藥。投在廣島的小男孩原子彈，其引爆火藥也是線狀無煙火藥，是其最後最有名的應用。

Political Zionism
Practical Zionism
Synthetic Zionism

然發生，或是盼望強權國家一紙法令，「建國不是靠法令，而是靠人們一個世代一個世代的努力，即使世界上所有政府給了我們一個國家，那也不過是空話的贈禮，但是只要猶太人前往建設巴勒斯坦，猶太國就會成眞，這是事實！」

魏茲曼的見解，結合了赫茨爾的政治復國主義，以及直接前往屯墾的本古里安等人的實務復國主義：要爭取國際上的支持，否則埋頭苦幹也只會被逐走；也要實際上在猶太故地建立組織與據點，否則國際支持也只是紙上談兵，因而稱爲複合復國主義。赫茨爾、本古里安的努力都沒有成果，但魏茲曼雙管齊下，奠定了猶太建國的基礎。

魏茲曼在一戰尾聲時，在羅斯柴爾德家族鼓勵下，透過層層關係覲見勞合喬治、貝爾福等英國政府高層，向他們遊說：英國既然在一戰中要對付鄂圖曼土耳其，那麼猶太人想要取得巴勒斯坦建國一事，就對英國戰略有利。一九一七年六月，貝爾福要求魏茲曼與華特羅斯柴爾德男爵提出宣言的草案，詳細內容在九、十月於英國內閣中討論，此時勞合喬治身爲首相，而貝爾福正擔任外相。

Walter Rothschild

隨著革命爆發，俄國退出第一次世界大戰，英國無法再指望俄軍打擊土耳其，只能靠自己進攻，而英軍正進展到巴勒斯坦南部，這時若取得猶太人協助，有助於突破巴勒斯坦，對英國來說是很大的戰略誘因。天時地利人和俱備，一九一七年十一月，英國發表《貝爾福宣言》宣布支持於巴勒斯坦建立「猶太人的家園」，英國的一句允諾，使得猶太復國從空幻夢突然間變得觸手可及，魏茲曼於其中的角色可說無比重要，說以色列是由化學建立的國家也不爲過。

然而，也是爲了對付鄂圖曼土耳其，先前英國已經先跟擔任麥加、麥地那兩聖城領袖的哈

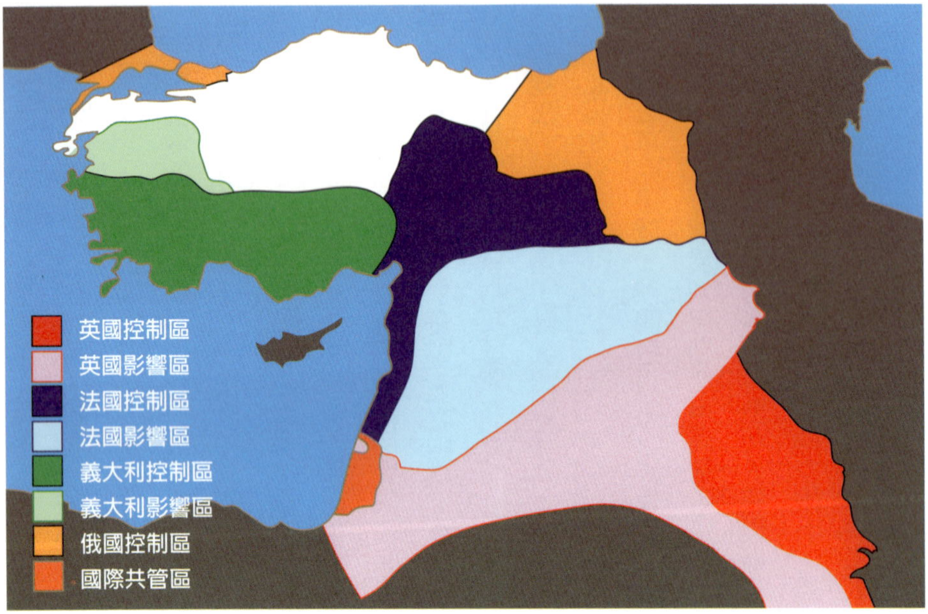

1916年列強規劃瓜分土耳其方式

希姆家族談妥《麥克馬洪—海珊協定》：只要阿拉伯人起義對抗土耳其，英國於戰後將支持阿拉伯獨立建國，其範圍也包括了巴勒斯坦。英國把巴勒斯坦同一塊地方，既許給猶太人建國，又包括在阿拉伯建國範圍之內，可說是一票兩賣，造成日後無盡的衝突。

McMahon–Hussein Correspondence

一開始魏茲曼努力試圖與哈希姆家族達成共識，一九一九年一月，魏茲曼代表猶太復國組織，哈希姆家族的費薩爾國王則以漢志國王的身分，雙方簽署《費薩爾—魏茲曼協定》，內文同意猶太人大規模移入，遵照《貝爾福宣言》內容讓猶太人建立國家，邊界於巴黎和會後成立委員會決定，有任何爭議由英國調停。但是這一切有但書，

Faisal–Weizmann Agreement

費薩爾國王註明：這必須是在英國有依約讓阿拉伯完整獨立的情況下才算數。

對雙方來說都很不幸的是，英國並不打算遵守承諾讓阿拉伯完整獨立，英國在阿拉伯大起義前夕，就已經祕密與法國、俄羅斯談好戰後如何瓜分鄂圖曼土耳其，英國瓜分的屬地要從地中海東岸一直到波斯灣，法國也攫取大量阿拉伯領土。爲了石油與區域戰略利益，英國無視先前與阿拉伯的約定。戰後，阿拉伯人很快發現自己被騙，連帶《費薩爾—魏茲曼》協定也跟著作廢，猶太人與阿拉伯人同爲閃語族，本是同根生，從此種下成爲世仇的禍端。

大局觀

《貝爾福宣言》的背後，有多少英國猶太人的努力？羅斯柴爾德男爵、魏茲曼、銀行家卡賽爾爵士、介紹魏茲曼認識邱吉爾的內森拉斯奇、宗教家摩西蓋斯特等。各行各業、全力動員。

其實魏茲曼是「摸蛤兼洗褲，一兼二顧」，他以猶太復國主義的關係，認識企業家、取得英國國籍，因此得以在專長的化學領域發光發熱；又透過企業家認識貝爾福，才有日後藉由化學成就而奠定以色列建國的基礎。猶太人善於「建立關係、維持關係、利用關係」，用於事業，也用於建國，事業跟建國彼此相輔相成。

Sir Ernest Joseph Cassel㉙

Nathan Laski

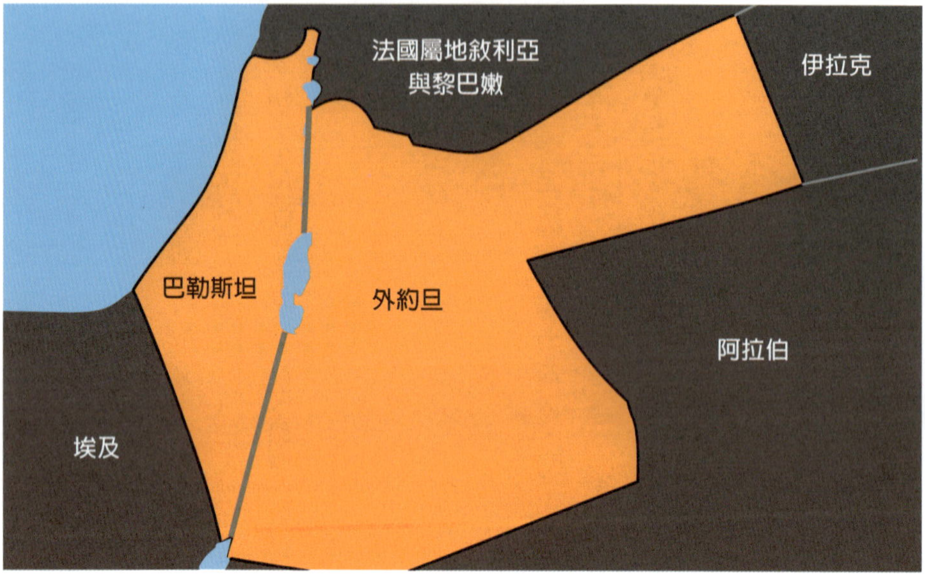

英屬巴勒斯坦託管地切分出外約旦與巴勒斯坦

英屬巴勒斯坦託管地與第三次猶太歸國運動

英法瓜分中東之後，爲了彌補當初阿拉伯建國的承諾，將「英屬巴勒斯坦託管地」約旦河以東劃爲「外約旦」，成立外約旦酋長國，與伊拉克一同交給哈希姆家族統治，就這樣打發過去。

英國對猶太人的承諾也一樣大打折扣，本來說要支持建立一個猶太人的國家，現在英國怕刺激阿拉伯人，所以加了但書，說不能有任何危害原居於此地的阿拉伯人的人權與宗教信仰的行動，這說起來很冠冕堂皇，但是實務上在原本住滿阿拉伯人的地方，阿拉伯人不遷走，又該怎麼建立猶太人的國家呢？

儘管如此，猶太人還是大量遷入，是爲第三次猶太歸國運動。總計

Transjordan

年	穆斯林	基督徒	猶太人	總人口
1922年	589,177	73,024	83,790	757,182
1931年	759,717	91,398	174,610	1,035,821
1945年	1,061,270	135,550	553,600	1,764,520

1922~1945巴勒斯坦人口族群分布變化

一九二〇到四五年遷入巴勒斯坦的猶太人達約三十六萬八千人，再加上估計有五、六萬非法移民；第一波大舉移入是在一九二五年，最大波移民潮則來自納粹一九三三年當權後逃出的德國猶太人，之後有一小波來自一九三九年納粹德國吞併捷克、入侵波蘭，逃離捷克與波蘭的猶太人。

隨著猶太人大舉前來，一九二二年時猶太人占巴勒斯坦人口一成出頭，到一九四五年時已經超過三成。赫茨爾的黑暗預言再度實現：猶太人若大舉進入，勢必引起嚴重排猶。

一九二〇年，因《貝爾福宣言》以及法國鎮壓敘利亞，造成耶路撒冷暴動，數人死亡，這是猶太阿拉伯衝突之始，隔年猶太族群內鬥擴大導致引發雅法暴動，猶太人與阿拉伯人分別不到五十死，大體來說，原本當地人對猶太人移入還沒有太大反應。

當猶太人一口氣來了幾十萬，巴勒斯坦人開始越來越敵視猶太人，一九二九年因西牆爭議引發天馬暴動，一百三十三個猶太人遇害，英國警方鎮壓造成一百一十六個阿拉伯人身亡，此後暴力排猶運動大幅增加，一九三六年，猶太移民高達六萬人，爆發巴勒斯坦阿拉伯人大起義。

雪上加霜的是，第一次世界大戰破壞了巴勒斯坦的經濟，無數巴勒斯坦阿拉伯人被迫離開鄉間土地到城市討生活，擠在城市邊緣貧民窟，因爲勞力大舉湧入供過於求，在工廠辛苦工作卻只有極低的工資，又遭城市富人嚴重歧視，一肚子委屈無處發洩。許多工廠老闆是猶太人，加重了族群矛盾，兼且猶太人正大舉進入，還到處購買土地，雖然其實到一九四五年猶太人所有的土地也僅占百分之五點二三，但猶太人有在買地的事實，已經足以構成阿拉伯人仇恨猶太人的理由。

天馬暴動後，英國調查報告指出：原本不應該造成動亂或是只會是區域暴動的小事件，卻引發全面衝突，是因爲阿拉伯人對其政治地位與建國渴求無法實現感到失望，對其經濟未來感到恐懼，而對猶太人抱持仇恨與敵意，阿拉伯人擔憂猶太人不只威脅生計，以後還可能成爲自己的統治者。

本古里安也英雄所見略同，分析認爲：阿拉伯人擔憂猶太人逐漸在經濟上掌握控制權、反對猶太人大舉移入導致阿拉伯人遭擠出家園，更擔憂英國最終會支持建立猶太國，是發起大起義的主要心理因素。

阿拉伯人的擔憂的確有其道理，因爲魏茲曼、本古里安等猶太領袖，心中的大戰略的確就是先逐步移民進入，慢慢提升實力，最後需完全占據巴勒斯坦爲猶太人的國家。

因應一九三六年阿拉伯大罷工，一九三七年英國成立皇家巴勒斯坦委員會，提出《皮爾建

1929年8月巴勒斯坦動亂調查委員會報告/邵報告（Report of the Commission on the Palestine Disturbances of August 1929 / Shaw Commission），調查委員會由華特邵（Walter Shaw）領導，因而稱為邵委員會，提出的報告因而稱為邵報告。

Palestine Royal Commission / Peel Commission｜因為由皮爾伯爵（William Peel）主持，又稱為皮爾委員會。

議》，規劃將英屬巴勒斯坦託管地分爲兩個國家，阿拉伯人全力反對，但是魏茲曼與本古里安卻說服猶太復國會議通過接受《皮爾建議》，兩人的想法是明修棧道暗渡陳倉，先假裝接受分爲兩國，做爲灘頭堡，在自己的部分打好基礎，厚植實力，日後全部奪下。不過，英國組成檢視《皮爾建議》的巴勒斯坦分割委員會，認爲《皮爾建議》不可行，予以否決。

英國並不想實現《貝爾福宣言》的承諾，只想著不要有動亂就好，爲此在大起義之後進一步推出《一九三九白皮書》法令，限制猶太人移民人數、限制猶太人購地，不僅未幫助猶太人走向建國，還成爲猶太建國的阻礙。

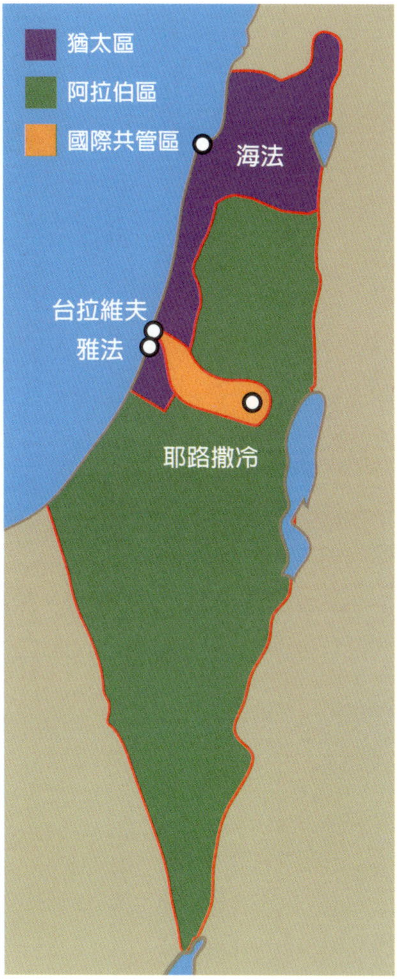

皮爾建議的兩國分割方案

The Jewish Agency for Israel
The Jewish Agency for Palestine
Zionist Commission
Palestine Zionist Executive

激進派猶太人路線分歧，分裂為恐怖組織

一九三六年第一波阿拉伯起義是由菁英領袖主導，以發動罷工等政治抗爭為主，英國針對這些菁英領袖，靠著外交調停與威脅戒嚴逼退，但是，如此打壓引起阿拉伯人民更大不滿，反對運動民粹化，演變爲針對英軍攻擊的暴動，英國的反應是大舉武力鎮壓，造成阿拉伯人上萬死傷，這下子阿拉伯人與英國結下樑子，進一步使得阿拉伯人走上「站錯邊」歧路。

在接下來的第二次世界大戰中，阿拉伯人竟然與納粹德國結盟，戰略判斷嚴重錯誤，讓時勢偏向猶太人，英國選擇與猶太人合作，協助訓練與裝備猶太民防軍，日後，成爲以色列國民軍的骨幹。

巴勒斯坦阿拉伯人部族林立，原本並沒有所謂「巴勒斯坦人」的認同，大暴動之中各自爲政。猶太人方面，世界猶太復國主義者代表大會自一九〇八年創立巴勒斯坦辦公室，改組爲猶太復國委員會，再改名巴勒斯坦猶太復國執行局，一九二九年改組爲英屬巴勒斯坦託管地的猶太事務執行單位：巴勒斯坦猶太事務局，本古里安於一九三五年成爲執委會主席，以色列建國後成爲以色列猶太事務局。猶太事務局的存在使猶太人有較完整的戰略思維。但是，建國過程中仍然有許多嚴重分歧，激進派甚至發展爲恐怖組織。

猶太移民早在鄂圖曼時代，爲了自保開始建立小股民防組織，大約僅百人，第一次世界大戰許多猶太人加入英軍，受過軍事訓練成員增加，一九二〇年暴動後，猶太領袖們認爲需要建立一隻全國性的民防部隊，因此設立猶太民防軍。

Haganah
Palestine Office

猶太民防軍遵循本古里安領導下猶太事務局的「自制」戰略：只防衛阿拉伯人的攻擊，不主動挑起衝突，也不發動反擊，以免衝突擴大。激進派卻認爲這是失敗主義，主張攻擊才是最好的防衛，一九三一年起分道揚鑣分裂出以色列國家軍（Irgun），要以主動報復遏制阿拉伯人，認定唯有猶太軍事武力才能確保猶太建國。

英國《一九三九白皮書》讓激進派認爲英國是猶太建國的敵人，以色列國家軍原本針對阿拉伯人攻擊，如今把矛頭轉向英國，殺害數位英國警官，使英國開始大舉掃蕩以色列國家軍。不過就在英國警方破獲以色列國家軍總部隔天，第二次世界大戰爆發，這改變了以色列國家軍與英國的關係，以色列國家軍宣布停止所有對英國的敵對行動，以免妨礙英國對抗「猶太人在世界上最大的敵人——德國納粹主義」，英國也善意回應，釋放先前逮捕的成員。

雙方化敵爲友，許多以色列國家軍成員加入英軍作戰、協助英國情報工作、攻擊親納粹組織、在歐洲發動反納粹暴動。不過在此同時，以色列國家軍也協助歐洲猶太人違反英國白皮書限制偷渡到巴勒斯坦，主要是逃離納粹的德國猶太人，稱之爲非法猶太歸國（Aliyah Bet），總計高達十萬人，其中五萬人遭英國攔截，收容於塞浦路斯集中營，直到以色列建國後才由以色列接回。

停止對英國的攻擊行動，並非所有激進成員都心服口服，以色列國家軍又分裂出更爲激進的以色列自由戰士（Lehi），組織分裂讓以色列國家軍士氣低落，成員大舉退出，英國趁機大舉逮捕活躍成員，以色列國家軍試圖回歸與猶太事務局合作，不過本古里安堅定要求以色列國家軍聽從猶太事務局的指揮，使得合作破局。

相對於以色列國家軍在第二次世界大戰中協助英國，以色列自由戰士則認爲希特勒與張伯倫根本沒有差別，既然英國阻礙拯救猶太人，那英國就是「外來統治者」敵人。爲此，不惜試圖與軸心國包括義大利與納粹德國聯手，以色列自由戰士當時還不曉得希特勒已有消滅猶太人的計畫，以爲希特勒只是不想要德國有猶太人，只要把猶太人都遷來巴勒斯坦即可。

以色列自由戰士前往義大利、波蘭受訓，學習恐怖攻擊技能，自命爲恐怖組織，但是恐怖攻擊對建國大業也好，對組織發展也好，往往都只是反效果。成立時爲了取得資金，以色列自由戰士計畫搶銀行，卻造成路過的猶太人無辜身亡，成爲眾矢之的，差點使得組織瓦解。又試圖暗殺英國祕密警察頭子，行動造成三名警員死亡，其中兩人是猶太人，不僅讓英國大怒，猶太人對此也極不諒解。

英國很快下令反恐單位軍情五處的殖民地分支，國防安全局，剿滅以色列自由戰士，幾位重要領袖於一九四二年被殺、被捕，使得以色列自由戰士暫時癱瘓，直到部分領袖逃獄才恢復運作。此後以色列自由戰士成爲以色列建國時期最惡名昭彰的暗殺組織，總計進行四十二起暗殺案，其中雖然也有與猶太民防軍、以色列國家軍共同行動暗殺阿拉伯目標，但過半都是殺害猶太人。

大局觀

如今提起恐怖攻擊，世人大多認為是巴勒斯坦解放組織起的頭，其實，是猶太人在以色列建國過程中就率先使用恐怖攻擊手段。

本古里安領導猶太民防軍，目的是保護巴勒斯坦猶太居民，主張與英國合作；比金領導的以色列國家軍，則認為要打擊英軍，占領巴勒斯坦，以色列才能建國。以色列建國以前就有路線相爭，不是口頭理論爭鋒，而是真槍實彈對幹。

以色列最終建國成功的經驗證明，只要不是只靠一張嘴，有實力、行動力，不管什麼路線，都能成功。

Menachem Begin

比金領導以色列國家軍，恐怖攻擊逼走英國

一九四二年，一隻波蘭部隊從蘇聯經過伊朗千里迢迢來到巴勒斯坦，意外爲以色列國家軍帶來最優秀的領袖：日後以色列聯合黨創黨人、第六任總理比金。

比金出生於俄羅斯帝國的布列斯特（今屬白俄羅斯），父親是赫茨爾的信徒，強烈支持猶太復國，比金受其影響，十六歲就加入青年猶太復國組織貝塔爾，很快於組織中崛起成爲領袖人物，歷任捷克斯洛伐克、波蘭支部領袖，四處奔波發展組織，爲了節省經費，都住在會員家

Betar

中，借宿時認識未來的妻子。

一九三九年納粹德國與蘇聯一同瓜分波蘭，比金逃往蘇聯控制區，遭蘇聯逮捕、嚴刑拷打、送往集中營勞改，不過一九四一年希特勒撕毀《德蘇互不侵犯條約》揮軍入侵蘇聯，蘇聯和波蘭從敵對轉爲同病相憐，於英國倫敦與波蘭流亡政府簽署西科爾斯基—麥斯基協定，釋放所逮捕的波蘭人，於其中招募數萬人由波蘭流亡政府的安德斯將軍率領，是爲安德斯部隊，稍後改名爲波蘭第二軍。

比金獲釋加入波蘭第二軍，經由伊朗來到巴勒斯坦，這時他面對了人生的重要選擇：是要隨著安德斯部隊前往歐洲對抗納粹德國？還是乾脆留下來爲猶太建國奮戰？比金的家人都在納粹大屠殺中罹難，他一開始選擇對抗納粹，但是與以色列國家軍接觸後改變主意，一九四二年底，比金離開波蘭第二軍，加入以色列國家軍。

比金很快在以色列國家軍中嶄露頭角，一九四三年起成爲領袖，他的想法相較於以色列國家軍，還更像是以色列自由戰士：只有趕走擋路的英國，才能建立猶太國！這與魏茲曼、本古里安的路線相反，這兩位領導的主流猶太人，認爲應在二次世界大戰中協助英國，英國在戰後將會協助猶太建國。

比金決定跟主流組織分道揚鑣，改和恐怖組織以色列自由戰士結盟，他研究愛爾蘭獨立戰爭、印度獨立運動，從中吸取經驗，與以色列國家軍成員們計畫趕走英國的辦法：發動一系列的游擊作戰，羞辱英國，傷害其威望，迫使英國採取高壓手段，因而激起猶太人的反抗，他打算將猶太故地化爲衝突中心，吸引國際媒體大肆報導，成爲世界關注的「玻璃屋」，讓英國扮

Władys aw Albert Anders

Sikorski–Mayski agreement

Theodor "Teddy" Kollek

Walter Guinness

Jewish Resistance Movement

演壓迫者的形象，引來全球的同情，最終支持以色列國民軍，到此英國將選擇離開。爲了避免影響英國對抗德國，比金只選擇攻擊英國政治目標，至於英國軍事目標，將等到二次世界大戰結束後才開始攻擊。

一九四四年，比金領導的以色列國民軍與以色列自由戰士同步出擊，槍殺英國殖民地事務大臣暨中東事務大臣莫因男爵，主流的猶太民防軍大爲驚嚇，擔憂英國震怒轉而反猶太，於是與英國合作，派出旗下猶太民防軍突擊隊以及反情報單位全面追殺，以色列自由戰士見風轉舵得以倖免，比金則拒絕停止反英作戰，於是猶太民防軍大舉追捕以色列國民軍，綁架其成員交給英國或抓到祕密監獄，並提供情報給英國，稱之爲「大追捕」。

大追捕的主持人之一科勒克，日後成爲耶路撒冷市長，曾經接待李遠哲。當年科勒克擔任猶太事務局的對外聯絡官，負責與英國軍情五處聯繫，提供許多以色列國家軍、以色列自由戰士成員的情報給英國，導致多人被英國逮捕。以色列建國後，科勒克仍繼續情報聯絡的重任，負責莫薩德與美國中情局之間的聯繫。

比金爲了避免猶太人自相殘殺，命令部下不得報復也不得抵抗，束手就擒，這使得以色列國民軍一度無法運作，但是，二戰結束時美國杜魯門總統請求英國允許大屠殺倖存者十萬人移居巴勒斯坦，英國竟然端出《一九三九白皮書》拒絕，主流猶太領袖逐漸理解比金的想法才是正確的，猶太民防軍終究必須轉而與比金合作。

曾經分裂的猶太軍事組織因而一度大一統，猶太民防軍、以色列國民軍、以色列自由戰士三方成立對抗英國的統一戰線「猶太反抗運動」，大肆攻擊英國單位與設施，一九四六年七

Saison

Palmach

King David Hotel bombing

月，英軍搜索猶太事務局取得猶太民防軍參與恐怖攻擊的情報，資料帶往耶路撒冷大衛王飯店的祕書處，爲銷毀相關文件，以色列國民軍決定炸毀飯店，雖然事前發布攻擊警告以利疏散飯店人員，英方卻未收到，使得大衛王飯店炸彈攻擊案釀成九十一死四十六傷慘劇。

這起慘案驚動了魏茲曼，他請求各單位停止軍事行動，本古里安接受魏茲曼的請求，下令解散猶太反抗運動，此後猶太民防軍主要專注在協助非法猶太歸國。但以色列國民軍、以色列自由戰士仍然持續恐怖攻擊行動。尤其比金領導下，以色列國民軍持續出擊，其中三大攻擊行動讓英國大受打擊，分別是「鞭打之夜」「阿卡大越獄」以及「士官長處決案」。

鞭打之夜發生於一九四六年，以色列國民軍搶銀行三人被捕，遭判決處以鞭刑，以色列國民軍表示不能容忍如此羞辱性的處刑，若是英國眞的執行，必定予以報復，英國照樣執行，於是以色列國民軍四處綁架英國軍士官兵，將之處以鞭刑，消息傳回英國國內引起軒然大波，使得英國放棄鞭刑，改爲處死。事後英國大舉搜捕，抓獲五名以色列國民軍，一人當場擊斃，四人宣判處以絞刑，送往阿卡監獄行刑，成爲猶太建國首批烈士。

阿卡監獄當時關押九十名猶太人，主要是猶太民防軍、以色列國民軍、以色列自由戰士的成員，他們研判沒有外援無法越獄，因此聯繫以色列國民軍，找到當初設計興建阿卡監獄的猶太人工程師，取得詳細藍圖，準備車輛、炸藥和僞裝裝備，裡應外合，炸毀監獄牆壁後接應越獄，與趕來的英軍激烈駁火，最終救出二十七名以色列國民軍與以色列自由戰士，也有兩百多名阿拉伯囚犯順便逃脫，七名行動人員與兩名越獄者陣亡，五人被捕。

被捕的五人中有兩人未成年，其他三人遭英國軍事法庭宣判死刑，以色列國民軍決定綁

Night of the Beatings
Acre Prison break
The Sergeants affair

架英軍士官兵威脅英國。第一次綁架行動遭英國救出人質，此後英軍採取密不透風的反綁架措施，軍士官兵都待在嚴密防衛的安全區，出入需四人爲一組，以色列國民軍兩次試圖綁人卻都讓人質逃走；雪上加霜的是，以色列自由戰士爲了報復英軍殺害成員，正打算大舉出擊，以色列國民軍請求暫緩一週，一週後，以色列自由戰士出擊造成英軍二死五傷，使得英軍的安全措施更爲嚴密，綁架更是難上加難。

最後以色列國民軍終於盯上兩個負責探查以色列反對運動的情報士官長，由於他們不需遵守四人出入規定，時常微服出巡，甚至不帶武器，成爲容易綁架的對象，兩人遭綁後，本古里安領導的猶太事務局與猶太民防軍擔憂觸怒英國，急忙與英國合作找尋人質，但功虧一簣沒能救出人質。英國不顧人質照樣處死三人，以色列國民軍也報復處死兩名士官長，還在懸掛屍體處設置地雷陷阱。是爲「士官長處決案」。

日後，比金回憶士官長處決案，表示下令殺害兩名士官長，是他作爲以色列國民軍指揮官所做過最困難的決定，但是他認爲如此殘忍的暴行在戰略上是有必要的，自此之後，就再也沒有猶太人遭絞刑。英國原本採用「升級」策略，鞭刑遭報復，就升級到絞刑，但當英軍士官兵也會遭絞刑報復，英國必須再升級，但是再升級就會演變爲全面衝突，正如比金所想的賽局結論，英國無法繼續升級衝突，在巴勒斯坦玩完了。

處決士官長的殘暴行動，在公關宣傳上是一場大災難，與比金最初希望博取世人同情的計畫達成完全相反的效果，即使原本同情猶太人者，也全面譴責以色列國民軍的暴行，巴勒斯坦英國軍警暴動報復，英國也大舉逮捕猶太政治領袖，更引發英國各地反猶太暴動。

戰後的英國百廢待舉，還要在巴勒斯坦託管區維持秩序，耗費大量財力與兵力，比金的暴力反抗使英軍必須駐軍高達十萬人，而猶太人與阿拉伯人的要求水火不容，無論如何都不可能有雙方滿意的解決方案，比金主導的三大案，成爲壓垮駱駝最後一根稻草，英國終於決定巴勒斯坦食之無味，該撤退了。

大局觀

比金的「玻璃屋」策略，巴勒斯坦人的恐怖攻擊照樣學習，但為何效果卻全然相反呢？

這是因為英國統治巴勒斯坦只是「食之無味，棄之可惜」，因此比金施加一定的壓力，就能讓英國巴不得趕緊撤軍回英國去。可是，猶太人好不容易建國，別無他處可去，巴勒斯坦人想把以色列趕走，以色列只能全力作戰到底。這是基本戰略情況就完全不同。

比金與英國當年彼此不斷升級衝突，最後無法繼續升級者落敗。如今巴勒斯坦人恐怖攻擊與以色列也是一樣不斷升級，但是當年無法升級到全面戰爭的是英國，所以英國落敗。現在升級到最終進入全面戰爭時，只有以色列有能力打全面戰爭，巴勒斯坦勢力只有騷擾游擊的能耐，也就是不能升級的是巴勒斯坦方，比不斷升級當然也是

Resolution 181 (II)

United Nations Partition Plan for Palestine

巴勒斯坦方一定落敗。這是從基本策略上的制定就錯誤。

別人成功的方程式，不是照抄就會有用，要了解自身所處的戰略環境，還有成功策略的基本原理，融會貫通後化為己用，調整為適合自己的辦法以應用在自己的賽局中，否則畫虎不成反類犬，只是必然的結局。

英國緩衝墊不再，以阿戰雲密布

英國離開前，把巴勒斯坦問題這顆燙手山芋丟給新成立的聯合國來處理，經過一連串考察與討論，做出聯合國大會一八一號決議，也就是《聯合國巴勒斯坦託管地分割方案》，將巴勒斯坦劃分爲犬牙交錯的以色列與巴勒斯坦兩個國家。

以色列如今的領土已經是狹長難以防衛，當初的分割方案更是支離破碎，雙方領土還有瓶頸彼此穿插，隨時會被對方截斷，根本不是可存活的國家領土，不過，一開始主流猶太人對於能有一個國家都感到興奮，即使領土支離破碎也好，本古里安還認爲這是「在猶太成爲民族起的漫長歷史中，我所知的猶太民族最偉大的成就」。

比金可不這麼想，他馬上察覺這樣的領土國不成國、無法生存，他領導的以色列國民軍，以及盟友以色列自由戰士，都一起反對分割方案，比金警告阿拉伯人會立即發動攻擊，而且在即將到來的戰爭中，以色列人只能靠自己。另一方面，阿拉伯人與阿拉伯國家同樣強烈反對分割案。

一八一號決議一出，阿拉伯人就發起大罷工，全國到處掀起暴力風潮，猶太與阿拉伯互相仇殺掀起腥風血雨，歸心似箭的英國軍警不願介入，衝突越演越烈。以色列國民軍、以色列自由戰士不斷使用丟炸彈到阿拉伯群眾中的恐怖攻擊手段，引起阿拉伯族群眾怒，報復性屠殺猶太人，猶太民防軍突擊隊再報復攻擊阿拉伯村莊，阿拉伯人狙擊猶太住宅、行人與車輛，在道路上安置炸彈與地雷，猶太人也冤冤相報。

一開始雙方的行動還僅是恐怖攻擊規模，隨著衝突快速升高，雙方的對抗越來越軍事化。阿拉伯人聚集數千人，發動封鎖耶路撒冷，猶太民防軍組織百輛裝甲車隊試圖突破封鎖送入補

聯合國巴勒斯坦託管地分割方案

給，卻中了「圍點打援」戰術，車隊身陷險境遭阿拉伯人襲擊，猶太民防軍車輛遭摧毀殆盡，數百人員陣亡。不僅耶路撒冷，內蓋夫沙漠與加利利的猶太社群也危在旦夕。衝突加劇更對國際情勢造成不利影響，美國見狀縮手對分割方案的支持，阿拉伯聯盟則更加堅信阿拉伯人能趕走猶太人。

猶太領袖們至此理解到，接下來將是全面戰爭，而他們短缺兵力、裝備、資金，更缺少準備的時間，幾個月內，他們就必須徹底備戰，否則比金趕走英國的策略，將成爲快速自殺。因爲英國袖手旁觀，美國也見風轉舵，而阿拉伯國家磨刀霍霍，還有許多前軸心國老兵前來爲阿拉伯勢力助陣，包括來自德意志國防軍、惡名昭彰的黨衛軍，以及波士尼亞等。

蘇聯的態度此時成爲及時雨，日後以色列在冷戰時代成爲蘇聯的敵人，但是在建國初期，史達林認爲以色列建國將加速英國於中東霸權的崩潰，使蘇聯有機可乘；且以色列建國先賢大多是幾近共產主義的社會主義者，可望建設爲社會主義國家，拉入親蘇陣營。這樣的算計使得原本一貫反猶的史達林，在以色列建國前後的短暫期間一度轉向支持以色列。

史達林大開方便之門，大量蘇聯猶太人得以來到以色列補充兵力，更允許捷克斯洛伐克出口武器給以色列，成爲及時雨，還不吝伸出外交援手，一九四八年五月以色列宣布建國時，蘇聯是第一個予以法理承認的國家。

本古里安發布徵召令，所有猶太人不分男女都要接受軍事訓練，同時想盡辦法從各管道取得武器，當時猶太民防軍武器裝備捉襟見肘，戰鬥員三人才有一把槍，即使是突擊隊也只是三人有兩把槍。爲此猶太事務局籌出兩千八百萬美元預算，先前猶太民防軍一年的預算才僅僅兩百多萬，可見其急迫，但是資金仍然嚴重不足，富有的美國猶太人是募資最可行的目標，但是猶太事務局原本估計僅能募到七到八百萬美元之間。

另一位建國先賢，也是日後第四任總理，以色列「鐵娘子」梅爾夫人，此時挺身而出。

梅爾夫人芝加哥演講：捐款就是現在！

梅爾夫人出生於基輔，當年屬於俄羅斯帝國，從小經歷俄國大排猶，父親先赴美之後將全家接到美國，十五歲時前往科羅拉多州借住已婚的姊姊家，姊姊在家中辦讀書會，她在這個時期接觸到猶太建國主義、文學、女性主義、工會等等思潮。隔年加入錫安工人黨青年組織。

一九一七年梅爾夫人結婚，原本希望立即歸國前往巴勒斯坦，因美國加入第一次世界大戰使得計畫延後，一九二一年總算如願歸國，她的領導能力很快嶄露頭角，在總工會中平步青雲，成爲執行委員會一員，再升任政治部門領袖，並於猶太事務局歷任要職。

梅爾夫人在回憶錄中曾經抱怨建國初期一度不被重用，不過她的貢獻極爲關鍵，一九四八年一月，她帶著重要的募款任務前往美國，於芝加哥發表著名的演說，闡述爲何要於建國戰爭中奮戰「不是因爲我們想要戰爭，要是我們有選擇的餘地，我們寧可選擇在和平之中建國。」但是「我們除了巴勒斯坦別無選擇。」梅爾夫人向美國猶太大眾訴說，猶太年輕男女們搭乘前往耶路撒冷的車隊上戰場，車輛甚至不是裝甲車，沿途隨時有阿拉伯人突襲，但是他們仍大無畏的接受這樣危險的任務，梅爾夫人要求全世界的猶太人把以色列視爲最前線，她所要求的只有「給我們一個繼續奮戰下去的機會。」

兩萬年輕男女志願從軍，已經動員其中九千人，以色列必須提供他們基本裝備：毛毯、軍床、制服。彈藥極度短缺，梅爾夫人敘述年輕戰士因爲沒有車輛，步行前往戰場，與阿拉伯人交戰打到最後一顆子彈，無一生還，臨死前手中握著石頭，因彈盡援絕只能用石頭跟阿拉伯人拚命。梅爾夫人誓言：「巴勒斯坦猶太社群將會戰到最後一兵一卒，如果有武器，我們會用武器抗戰，如果沒有，我們只能手拿石頭拚了。」

梅爾夫人警示埃及政府、敘利亞政府都將投入資源與以色列爲敵，而以色列只能仰賴美國猶太人，她來到美國身負如此重任，提醒二次大戰中六百萬猶太人的喪生，如今巴勒斯坦有七十萬猶太人危在旦夕，如果這七十萬人慘遭殲滅，那麼猶太國的願景將成爲泡影，但是，七十萬猶太人都堅信必將獲勝。

她催促美國猶太人捐款，「不要等到太遲，不要三個月後因爲今天沒有捐款而痛苦後悔，就是現在！」

梅爾夫人巡迴全美演說，取得關鍵的超過三千萬美元捐款。五月以色列宣布獨立，隔日，阿拉伯國家聯軍大舉入侵，危在旦夕，梅爾夫人再度飛往美國，募款達五千萬美元，最終梅爾夫人一個人募得高達九千萬美元，貢獻卓著。建國戰爭期間以色列總計取得一億兩千九百萬美元捐款，其中七千八百萬美元用於武器採購。相較之下，一九四八年美國國會給予蔣介石的援助爲七千五百萬美元，這還是政府經費，美國猶太人靠民間慷慨解囊，竟遠遠超越，這一方面顯示美國猶太人財力雄厚，也可見梅爾夫人所激發的強烈愛國心。

大局觀

梅爾夫人有一次募款演講結束，台下猶太人報以如雷的掌聲，但是梅爾夫人並不滿意，她要看到的是捐款箱爆滿，而不是空有掌聲，她向台下聽眾說：「以色列不能靠掌聲生存，也不能透過演講獲勝。」

沒錢，一切都免談！要建國成功，就是只有錢、錢、錢。

本古里安改革軍事與《D計畫》

確保了資金，另一項刻不容緩的要務，就是將原本猶太民防軍的鬆散民兵組織編組為中央一條鞭管控的正式軍隊組織，本古里安規劃以英軍編制完全重新建軍，打破過去突擊隊的革命軍傳統，如此才能在即將到來的大戰中救亡圖存。本古里安的改革對猶太民防軍領袖來說卻是太過前衛。

本古里安的軍事改革還帶有政治目標，他本身是以色列地工人黨成員，國家衛隊指揮官以色列加利利則為聯合工人黨成員。聯合工人黨與本古里安的主流相左，主張猶太與阿拉伯人和平共處，反對破壞阿拉伯人房產、反對於阿拉伯土地建立屯墾區、反對迫遷。在以阿雙方開戰

Yisrael Galili
Mapam
Mapai

時刻，還抱持這樣的想法可說不切實際，因此本古里安試圖把聯合工人黨成員都從指揮核心中驅逐。

本古里安的粗暴作法引起極大反彈，資深高階軍官們遞上最後通牒，要求恢復原樣，否則將不再履行職務，本古里安妥協，雖然未將指揮官恢復原職，不過仍列於總參謀部之列，軍官們也撤下辭職威脅。本古里安鍥而不捨，不久再度提出重組猶太民防軍成爲統一領導的軍事力量，基於四個戰區規劃，其目標之一又是藉機掃除指揮核心中的聯合工人黨員，將軍們群起反對，雙方劍拔弩張，本古里安一度威脅辭職，最終雙方妥協，開除以色列加利利所有職位，本古里安維持爲最高軍事領袖。這場衝突本古里安稱之爲「將軍叛亂」。

The Generals' Revolt

儘管高層發生這樣的動盪，自一九四八年三月起，從捷克斯洛伐克購買的軍火陸續到貨；三月時大約有一萬五千兵力，並且正在快速增加中，至五月大約有三萬較佳裝備訓練人員。四月起，猶太民防軍轉守爲攻。

猶太社區四散各地很容易遭隔離截斷，原本處於相當不利的戰略形勢。主動出擊的第一個任務，就是解除耶路撒冷圍城的「拿順行動」，派兵一千五百人掃蕩台拉維夫到耶路撒冷沿線阿拉伯村莊，成功打通道路，不過阿拉伯人也重新阻截，導致後續發動連續多次打通作戰。拿順行動後，主要參與的猶太民防軍突擊隊正式改組以色列國民軍哈雷爾旅，至今爲以色列國民軍後備旅。

Harel Brigade

Operation Nachshon
取名來自摩西分紅海時最先踏入紅海的拿順。

四、五月的行動還包括成功奪下海法、雅法兩重要城市，掃蕩阿卡與加利利，以及鞏固內蓋夫沙漠北部，至此四處分散的猶太社區大體上獲得連結，過程中也顯示巴勒斯坦阿拉伯人不論裝備、訓練、組織、後勤上都不堪一擊，幾乎無法在遠離基地作戰。不過，對手即將改變，戰爭將從巴勒斯坦內戰，演變爲以色列對抗阿拉伯聯軍的國際戰爭。

以色列建國戰爭

英屬巴勒斯坦託管地只到一九四八年五月十五日爲止，前一日，本古里安宣布以色列建國，隔日，阿拉伯聯盟立即宣布將介入巴勒斯坦，敘利亞、伊拉克、約旦、埃及從三方出兵入侵以色列。黎巴嫩由於基督徒勢力反對以及猶太人的遊說，最初並未出兵，但稍後也加入。

阿拉伯聯軍正規軍擁有重裝備重火力與空軍支援，新生的以色列國民軍在裝備上完全無法比擬，儘管陸續自捷克斯洛伐克運來武器，但主要以輕武器爲主，重武器嚴重短缺，更別說是裝甲車輛，以色列想辦法在英國離開時透過偷拐搶騙與賄賂取得部分武器，從廢鐵堆中找材料組裝成三輛雪曼戰車。兩名同情以色列的英國士兵，偷走兩輛克倫威爾戰車開來加入以色列國民軍，這兩輛戰車就成爲以色列國民軍裝甲部隊的骨幹。

M4 Sherman

Tank, Cruiser, Mk VIII, Cromwell（A27M）

空中戰力方面，從捷克斯洛伐克採購二十三架阿維亞式螺旋槳戰機，其中三架在運送過程中迷航到希臘遭扣留，以色列初期就只能用這樣微小的空軍戰力與阿拉伯聯軍抗衡，幸運的是阿拉伯聯軍雖然表面上有數十架戰機，但許多年久失修無法使用，飛行員也沒有空戰經驗。戰爭過程中，以色列持續自捷克斯洛伐克取得戰機，不只阿維亞式，還包括六十二架英國噴火式戰機，大多數飛行員爲外國志願兵或傭兵。

Avia S-199

即使初期在戰力上嚴重不利，以色列士兵卻以必死決心阻擋聯軍攻勢，在南面戰場，僅僅只靠百名步槍兵，阻擋有裝甲火砲的埃及大軍五天，又靠四架阿維亞戰機打亂埃及隊列，損失其中兩架，爭取到時間阻止埃及攻陷台拉維夫。在東北面僅憑步兵對伊拉克部隊發動猛烈攻擊，雖然無力逐走伊拉克部隊，卻讓伊拉克部隊停止前進，到戰爭末期都無所作爲。

在北面戰場，敘利亞裝甲大軍搭配飛機空地協同入侵，狂言要徹底毀滅猶太人，本古里安向內閣表示缺乏重武器，連步槍都缺乏，情勢十分嚴峻。但地方民兵以汽油彈、手榴彈對抗戰車，竟能擋下攻勢，之後增援四門山砲，逐退敘利亞軍，敘利亞軍在攻擊受挫後逐漸轉爲被動。

在東面戰場，約旦部隊成功占據可封鎖耶路撒冷的要地，以色列多次攻擊都敗退，耶路撒

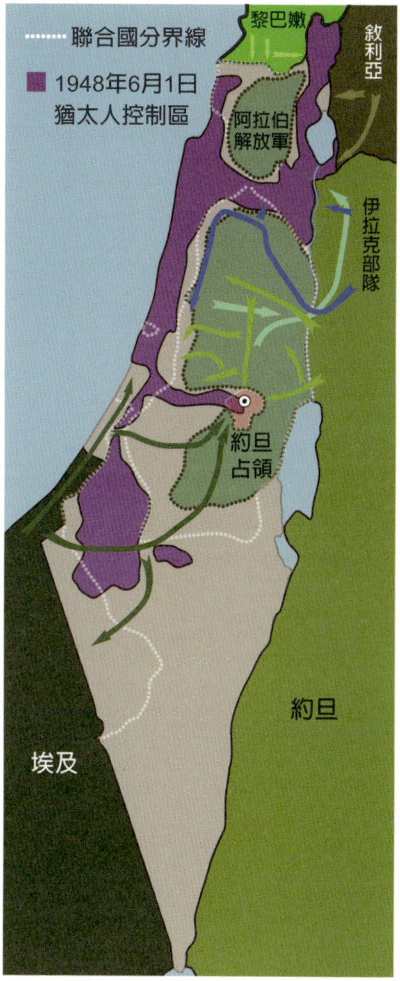

以色列建國戰爭初期，阿拉伯聯軍進攻，猶太人居住地全線作戰，毫無任何後方可言

冷一度只能靠空投補給，直到打通替代道路才轉危爲安。

阿拉伯聯軍入侵在以色列的奮力反抗下，未能達到事先所預想的快速消滅以色列的結果，聯合國於五月底介入，雙方暫時停火，雖然聯合國宣布武器禁運，但雙方各自偷渡武器，以色列在沒有英國掣肘之後也大舉引進移民從中招募戰力，阿拉伯聯軍雖然也有增加，但增加幅度遠少於以色列。

停火期間，聯合國派出佛克伯納多爲調停特使，領導比利時、美國、瑞典、法國四國觀察團，伯納多提出新的分割方案，將耶路撒冷完全劃歸阿拉伯人，以色列當然無法接受。停火期間結束，埃及試圖重新推進，以色列則在耶路撒冷以及加利利展開猛烈反攻，戰火激烈，驚動聯合國立即又宣布二度停火。

Folke Bernadotte 為瑞典王室伯納多家族成員。

佛克伯納多再度提出新分割計畫：耶路撒冷國際化、海法成爲自由港，盧德國際機場也就是日後的本古里安機場成爲自由機場，聯合國將管制猶太移民。由於以色列軍事力量正在持續上升，準備以武力解決問題，只是以停火爲喘息，本來就不考慮和談條件，但是以色列自由戰士不曉得政府立場，害怕以色列政府會接受新分割條件，竟然暗殺了佛克伯納多。

一九四八年九月，以色列已經對本身的軍力有足夠信心，臨時議會通過：只要戰爭中所打下來的任何領土，都自動併入以色列領土之中。十月戰爭重啓，以色列於北面逐走黎巴嫩部隊並殲滅敘利亞部隊，不僅占領整個加利利，逐走五萬巴勒斯坦人，還推進到黎巴嫩境內。在南面一路逐退埃及軍拿下整個內蓋夫沙漠。以色列此時考量先兼併阿拉伯人較少的地區，約旦河西岸阿拉伯人口眾多，若攻占兼併將很難治理，因此暫且放棄。

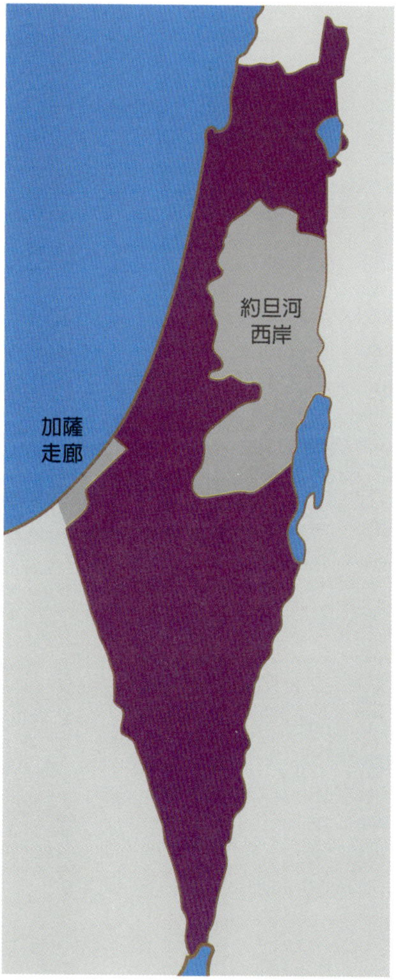

以色列建國戰爭後的領土

以色列於一九四九年二月與埃及、三月與黎巴嫩、四月與約旦、七月與敘利亞分別簽署和約，至此占有原本英屬巴勒斯坦託管地將近八成的土地，於艱辛的建國戰爭中，獨力對抗多國聯軍，卻仍成功存活，還開疆拓土，但也付出沉重代價，將近六千四百人在戰爭中喪生，約相當於當時百分之一人口。

美國猶太人對以色列建國過程的重要性

如今美國猶太人掌握美國政、經、學界，是以色列的後盾，雖然最後美國猶太人的支持相當重要，但最初美國猶太人對猶太復國興趣缺缺。

赫茨爾舉辦第一次猶太復國主義代表大會時，主要參加者爲俄國猶太人，美國猶太人不僅不熱中，還嚴厲批評：「不贊同建立猶太國家的企圖。這種企圖，有害無益。」美國猶太人好不容易找到一個雖仍有反猶聲浪，但至少保障個人人權，不至於遭到人身迫害的國度，歷經艱辛奮鬥成家立業，可不希望自找麻煩。甚至連一九三三年德國納粹上台後大舉排猶，美國猶太人也大多認爲事不關己。

美國律師路易布蘭迪斯是少數熱中猶太復國的美國猶太人，他也是美國總統威爾遜的重要支持者，創造「調控下的競爭」一詞，成爲威爾遜競選主軸，威爾遜當選後任命他爲最高法院大法官，布蘭迪斯便利用與威爾遜的關係，遊說威爾遜支持《貝爾福宣言》。

這樣的重要關鍵人士，卻跟魏茲曼鬧翻，魏茲曼派於一九二一年於美國猶太復國組織選舉中擊敗布蘭迪斯派，使得布蘭迪斯與親信一同辭職離開美國猶太復國組織，結果該組織成員從布蘭迪斯時代的高峰二十萬人，一口氣跌至只剩一萬八千人。自第一次世界大戰以來，由於歐洲陷入不同陣營交戰，猶太復國運動以美國猶太人爲主要支持資金來源，魏茲曼與布蘭迪斯交惡後，募款成效一落千丈，沒錢萬萬不能，魏茲曼的漸進主義受到批評，一度自世界猶太復國主義組織總裁之位下台。

隨著猶太復國的先驅在英屬巴勒斯坦託管地逐漸站穩腳根，原來反對猶太復國運動的美國改革派猶太人逐漸轉而認同，一九三七年在俄亥俄州哥倫布召開大會，以壓倒性票數通過《哥倫布綱領》，支持猶太民族在巴勒斯坦建立家園。一九四一年美國進一步限制猶太移民，以及德國屠殺猶太人的前奏「水晶事件」逐漸爲人所知，促成美國猶太人凝聚力進一步強化，隔年

Louis Dembitz Brandeis

Kristallnacht

Zionist Organization of America

The Columbus Platform

Abraham Feinberg | Rudolf Sonneborn | Bitmore Program |

猶太復國運動領導人在紐約比特爾摩旅館通過《比特摩綱領》支持猶太建國，發動四十幾位州長、議員上書羅斯福總統，要求允許猶太難民進入巴勒斯坦。改革派猶太宗師大會也通過支持在巴勒斯坦建立猶太人軍隊，並支持《比特摩綱領》。

一九四五年，納粹大屠殺猶太人細節揭櫫於世，美國猶太人大爲驚恐，終於深切體會猶太人是「生命共同體」，不論美國正統派、改革派、保守派，空前團結。同年，本古里安來到紐約成立地下組織，負責人魯道夫宋本正是美國猶太金融巨擘席夫的孫女婿，席夫資助日本打贏日俄戰爭懲治帝俄，孫女婿協助猶太建國運動購買武器、收集情報、提供資金。支援宋本組織的企業家亞伯拉罕范伯格，是美國杜魯門、甘迺迪、詹森總統的密友，魏茲曼第一次見杜魯門，就是由他陪伴。

另一名直通杜魯門的管道，是杜魯門的軍中同僚艾迪雅各生。以色列建國戰爭期間，猶太人總動員遊說，杜魯門收到四萬八千六百封電報、七十九萬封明信片、八萬一千兩百封信件，國會與國務院也收到八萬六千封信函，可見美國猶太人支持建國的焦急。魏茲曼求見杜魯門總統被拒，只好透過管道找到艾迪雅各生，看在同儕老友的面子上，杜魯門終於接見魏茲曼。

美國猶太人還動用其他管道關說杜魯門的母親與妹妹。正如同本古里安爲了取得武器，無所不用其極，利用商人、學生、律師、工程師、化學家、傳教士、碼頭工人等，黑道組織也不放過。

這一切的努力，促成於五月時，當以色列宣布獨立，杜魯門在十一分鐘之內即予以實質承認。雖然，法理承認要等到六個月後的一九四九年一月三十一日。以色列能建國成功，不是只

| Eddie Jacobson

有領導戰爭的本古里安，或是募款的梅爾夫人，無數美國猶太人在自己的崗位上盡自己所能，都是建國的重要功臣。

大局觀

以色列的經驗告訴我們，獨立建國成功的三大要件是「國人強烈的意識、全民的奉獻努力、國際大國的支持」。

美國猶太人本來以為他們已經找到安身立命的天堂，最初非常排斥猶太復國主義，認為如果推動建國，只怕會激起另一番反猶風潮，導致失去美國這個立足之處，只想「維持現狀」就好。但後來醒悟，當時美國猶太人的社經地位尚未像如今這樣普遍富裕，仍拚命擠乾口袋，全力支持猶太復國。

猶太人本來對建國不痛不癢，在多國慘遭種族滅絕後，才終於痛定思痛，了解到必須下定決心建立自己的國家，否則在地球上無可生存之處。猶太人在建國過程竭盡所能、盡其所有，不管合法、非法，出錢賣命，不惜一切，為自己爭取到在地球上存活的一席之地，可說臥薪嘗膽絕地重生，其奮鬥精神十分可佩。

但足以提供台灣人借鏡的是：與其像猶太人燕雀苟安，等到大難臨頭才驚險萬分的拚命，何不在有餘裕的時候就全力準備呢？

中場休息 ⑧

猶太人決定了現代中國的命運

蘇聯創建過程中猶太人參與甚深，紅軍創建人托洛斯基以下，蘇聯共黨組織中猶太人要職多不勝數，第一屆中央政治局委員二十四人之中有十六位猶太人。連列寧本人也有部分猶太血統：他的外祖父是猶太人。

蘇聯成立後積極推動共產國際，派人前來中國扶植共產勢力，由於蘇聯內部猶太人之多，使得猶太人因此跟中國的命運有了緊密關聯，甚至可說改寫了中國近代史。

一九二〇年，共產國際遠東局海參崴支部負責人，俄國猶太人吳廷康，訪北京聯繫李大釗，再經李大釗安排至上海會見陳獨秀，集結李漢俊、沈玄廬、俞秀松、施存統等人共同組建第三國際中國分支、推動組建中國共產黨。日後維金斯基因此成為蘇聯的中國學專家。

同年，荷蘭猶太人亨克斯內福列，化名馬林，身為印尼共產黨代表，前往莫斯科出席共產國際第二次代表大會，會議上列寧對他印象深刻，於是派他前往中國協助推動成立中國共產黨。

Henk Sneevliet ㊻

Maring ㊻

Zarkhin / Grigori Voitinsky ㊾

原名札爾金，後改名格列高里維金斯基，漢名吳廷康，亦曾使用魏琴。

Никольский

Adolf Abramovich Joffe㊺

一九二一年，馬林輾轉化名抵達上海，在租界警方嚴密監視下，馬林提出中國各地共產主義小組派代表至上海召開全國代表大會，七地響應派出十二名代表，毛澤東即爲其中的長沙代表，再加上陳獨秀指派的包惠僧、馬林本人，以及共產國際遠東局書記處兼赤色職工國際代表尼克爾斯基，共計十五人召開第一次中國共產黨代表大會，中國共產黨就此成立。尼克爾斯基也是俄國猶太人，中共成立的兩個共產國際見證人，都是猶太人。

馬林主張應該跟中國國民黨合作，也積極和國民黨方面接觸，中共成立的同年年底，馬林前往桂林密會孫文。

當時孫文因陳炯明逐走滇桂軍才得以回到廣州，孫文卻不顧陳炯明反對硬是於五月時自封「非常大總統」，還任命陳炯明爲陸軍部長兼內政部長，陳炯明拒不受任，孫文的非常大總統全然是個空招牌，令不出總統府。

馬林這時來聯絡孫文，有如救命稻草，孫文提出創辦軍官學校建軍，想要擁有自己的武力。隔年孫文因堅持北伐與陳炯明決裂，灰溜溜的逃到上海。此時，蘇聯正派馬林與駐中國全權代表越飛聯繫中國各勢力尋求合作夥伴，首先還是找北洋政府，但顧維鈞堅持蘇聯紅軍要先自外蒙古撤軍，談判破裂後找上吳佩孚，也遭拒絕。只有孫文正窮途末路，看來什麼條件都會同意。

馬林與越飛分頭進行，馬林前往杭州下令中共要配合蘇聯政策聯合國民黨，越飛則往上海會晤孫文，孫文果然同意不要求紅軍撤離外蒙古，雙方於一九二三年一月二十六日發表《孫越宣言》，開啓「聯俄容共」。同年年底，蘇聯派共產國際駐中國代表鮑羅廷爲駐廣州政府全權

Mikhail Borodin㊼

代表，鮑羅廷告訴孫文，他的中國國民黨只是烏合之眾，毫無組織架構規範可言，根本黨不成黨，孫文深以為然，委任鮑羅廷為國民黨組織教練員，按照蘇共模式改組國民黨。

一九二四年中國國民黨第一次代表大會，黨綱黨章都是鮑羅廷參考布爾什維克組織架構起草，在鮑羅廷的建構下，中國國民黨才成為一個有實質作用的黨組織，可說鮑羅廷是中國國民黨的結構建立者。

台灣受黨國教育的世代都聽過越飛、鮑羅廷，不過很少人知道兩人都是猶太人。越飛出身克里米亞，鮑羅廷出身拉脫維亞。

鮑羅廷之後推動蘇聯援助軍械、資金、軍事顧問團與教官，協助成立黃埔軍校，開辦費兩百萬盧布、第一批軍械八千長槍四百多萬發子彈，全數來自蘇聯，由鮑羅廷張羅而來。之後陸續支援多批軍械、數架飛機，蘇聯派來教官前後上千人，依照紅軍組織打造軍校，鮑羅廷也親自到黃埔軍校說明蘇聯紅軍組織。

這對身為校長的蔣介石有極大幫助，可說鮑羅廷一手促成了蔣介石起家的基礎，也因此蔣介石本來相當尊敬鮑羅廷。聯俄容共期間，黃埔軍校訓練大量共產黨員，周恩來曾任政治部主任，葉劍英任教授部副主任兼講授兵器學，中共十大元帥中，林彪、聶榮臻、徐向前、陳毅都出自黃埔，因此可以說黃埔軍校也是中共起家的基礎。未來國共相爭的兩個集團，都是由鮑羅廷一手扶立。

從吳廷康、馬林、越飛到鮑羅廷，整個中國的現代史，都由猶太人決定。但是，猶太人雖然能決定他人國家的命運，卻無法挽救自己的命運，其中只有吳廷康回蘇聯後任教職善終。

馬林在第二次世界大戰中，組織荷蘭反抗納粹的游擊戰，遭納粹逮捕槍決。

尼克爾斯基在史達林的大清洗中遭羅織罪名槍決。

越飛在托洛斯基遭蘇共開除後，自知難逃清洗，於莫斯科醫院自殺。

孫文臨終時，鮑羅廷與宋慶齡一同在側，孫文彌留之際交代汪精衛、何香凝「師事鮑羅廷」，然而孫文死後，蔣介石北伐過程中發生寧漢分裂、清黨，蔣介石對鮑羅廷恩將仇報加以通緝，鮑羅廷只好逃回蘇聯。戰後於一九四九年受美國女記者安娜路薏絲史壯 Anna Louise Strong 間諜案牽連被捕，流放西伯利亞，一九五一年死於勞改營。

孫文另一位信任的猶太人：交付性命的保鑣「雙槍將」馬坤 Morris Cohen[50]，選擇力挺以色列建國，以色列建國戰爭時，他想登記入伍遭拒，因爲當年他已經六十歲，不過馬坤還是有爲以色列貢獻，這來自他與孫文的關係。

馬坤出身波蘭，全家爲躲避俄國排猶逃到英國，之後被父母送往加拿大，在加拿大認識洪門致公堂，因而結識孫文，擔任孫文保鑣，漢名馬坤是宋慶齡取的，馬坤總是高調亮出腰間雙槍，因此得到雙槍將的綽號。他除了實際護衛，更利用猶太人脈爲孫文洽購軍火。孫文死後馬坤仍受蔣介石禮遇，升任將軍並領有終身俸。

孫文臨終時感念他的付出，交給他手書表示支持猶太復國主義，日後以色列建國時，中國駐聯合國代表郭泰祺反對以色列建國，猶太人多方遊說仍然碰釘子，最後是馬坤到舊金山見郭泰祺，展示孫文信件，郭泰祺於是棄權，沒有否決以色列建國案。

孫文一輩子革命，包含清末與民國的二次、三次革命，其實全數失敗，辛亥年孫文的努力是悲慘的黃花崗之役，成功的武昌起義與孫文體系毫無關聯。但是孫文的確協助了一個國家的建國過程，就是他的那封信，幫助了以色列。

第九章

機敏如蛇
永無止境的持續進化，
可畏的猶太人

影視作品中強盜攔路打劫，總是劈頭就問：
要錢還是要命！
錢與命，是最重要的兩要件，沒命，就萬事休矣；沒錢，也活不了多久。
猶太人顛沛流離千年的歷練，使他們比別的民族更懂得賺錢才能保命。
USA
尤其是美國猶太人最為成功，就像第一章說的，一整天下來，都離不開猶太人。
美國猶太人如此強大，有這樣的支持，難怪以色列能建國。
不不，其實美國猶太人也並不是一開始就很強大。

猶太人都不是咬著金湯匙出生或懷著萬貫來到美國的。
歷史上一批批移民到來時，絕大多數貧困又目不識丁。
啊？
美國一九二〇年代起反猶運動越演越烈，一九二九到一九四一年最為嚴重。
NO JEWS
STOP JEWISH THREAT
JEWS GET OUT OF AMERICA
NO TRUST
美國猶太人是從被歧視的邊緣人，努力改變自己的命運，才成為可以呼風喚雨的主人。

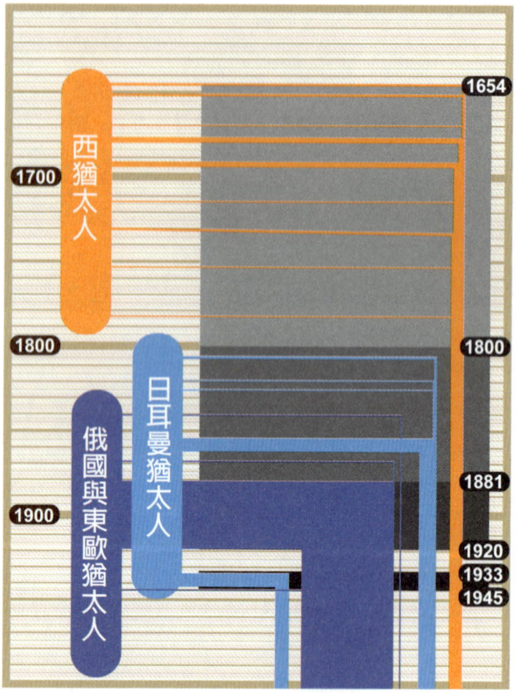

美國四波猶太人移民年表

美國猶太人移民前來的過程，大體上可以分爲四波。

第一波時間是一六五四年到一八〇〇年的一個半世紀間，這波人數很少，主要是零零星星抵達的西猶太人。

第二波時間是一八〇〇年到一八八一年的八十年，大多是拿破崙戰爭解放風潮引發日耳曼地區排猶，以及歐洲民族之春所造成的移民，約有二十五萬人，主要是來自日後德國的東猶太人，來到美國以後大多從事小商販，許多住在紐約曼哈頓下東區。

第三波時間是一八八一年到一九二〇年的四十年，因爲波蘭瓜分、俄國大排猶，而有三百萬猶太人前仆後繼湧來美國，大多是俄國與東歐猶太人，其中絕大多數都是大字不識的貧困文盲。

第四波時間是一九三三年到一九四五年，也就是自希特勒在德國執政到二次世界大戰結束的十二年間逃離的德國猶太人，約有二十多萬人，其中許多是各領域的菁英。

大局觀

美國的猶太人如何改造並創造他們的命運，可以由三個層面來剖析：一是美國猶太人移民史，二是美國猶太人崛起史，三是美國猶太人組織。

第三點，我們在第一章已經略窺一二，猶太人移民的歷史在先前章節也多有著墨，接著簡單了解一下美國猶太人如何從一窮二白無人聞問中崛起。

美國猶太人從一文不名備受歧視中起家

即使是最後一波的德國猶太人菁英，也只有其中最優秀的極少數人，例如愛因斯坦，能夠一抵達美國就有與其學術成就相對應的待遇。大多數第四波猶太人在德國時明明是高知識分子、專業人士，來到美國語言不通、人生地不熟，竟然得從幫傭、洗盤子做起，十分艱困。

前幾波移民就更不用說了，抵達時絕大多數一貧如洗、目不識丁，美國是個移民國家，其他族群移民來到美國時身上平均有十五美元，相較之下，猶太移民抵達美國時平均只有九美元，爲求生存，任何微小工作機會都不放過。第一代往往以小生意從赤貧中求取生存，有能力養育第二代後，特別重視教育，使得許多猶太第二代成爲醫師、律師、金融、學界等專業人士，或是在第一代的基礎上將家族企業發揚光大。

美國猶太人藉著第一代的艱苦犧牲，憑著教育改變下一代人的命運。但是隨著猶太人群體收入提高、社會地位提升，猶太企業與美國本土白人企業相競爭，尤其是在投資銀行業界，猶太專業人士也擠壓美國本土白人就業機會，第三波猶太移民湧入三百萬之後，自一九二〇年代引發越演越烈的美國反猶風潮。

整個二十世紀前半，美國猶太人在美國社會備受歧視，就業、居住，甚至住旅館、上餐廳都受到排擠，各種俱樂部、民間組織往往排除猶太人參與，猶太人入學大學院校受嚴苛的配額限制，想爭取教職更是難如登天。種族歧視甚至是由官方單位帶動，美國陸軍徵兵手冊稱「外來族群，尤其是猶太人，比本土美國人更會詐病」，猶太維權組織反誹謗聯盟因而一狀告上威爾遜總統，才全面回收該手冊。

蘇聯崛起也成爲美國猶太人的陰影，布爾什維克組織之中有大量猶太人參與的事實，成爲陰謀論藉以歧視美國猶太人的理由，認爲美國猶太人是布爾什維克滲透的一部分，下自一九二〇年代起逐漸興起的三K黨，上至創立美國聯邦調查局的胡佛都這麼認爲，他對猶太人嚴加看管，積極驅逐非法移民猶太人，讓猶太底層移民的日子如坐針氈。美國政府也不斷緊縮限制移民。猶太人在各種公共場合遭遇「禮貌性」排猶，到一九三〇年代更是如火如荼。

更有社會名人登高一呼領導美國排猶，其中的代表性人物就是亨利福特，身爲和平主義者，堅信猶太金融家挑起戰爭的陰謀論，雖然戰亂明明就對猶太企業與家產造成重大損害與風險，但亨利福特完全認同陰謀論的說法，疾呼「猶太人是威脅」，更認定猶太金融家沒有實際生產，對社會無眞正價值。

John Edgar Hoover

Anti-Defamation League

Henry Ford

深信陰謀論的亨利福特指責猶太人是第一次世界大戰的幕後黑手，大力反對他想像中「沒有國家」卻「能夠下令所有國家的年輕人赴死」的「每場戰爭中都有的猶太資金」。亨利福特更對假造文件《錫安長老會紀要》深信不疑，該假造文件內容是猶太長老會陰謀推動各種邪惡手段，最終目標是統治全世界，內容可說歐洲反猶謠言的集大成，亨利福特因為立場而立即相信，還在自家報紙《迪爾伯恩獨立報》刊登部分內容。亨利福特也相信其中猶太人掌握了聯邦準備理事會的謬論。直到一九二九年他才因為該文章遭痛批排猶而發表道歉。

一九二九年起的大蕭條讓美國排猶更是甚囂塵上，羅斯福總統施行新政有猶太人參與其中的事實，遭陰謀論利用，打為「猶政」，稱羅斯福遭猶太人控制造成大蕭條，把美國拖入第二次世界大戰。

紐約街頭的正統派猶太人

紐約猶太人所經營的藝廊

當時反猶急先鋒正是第一位成功飛越大西洋的飛行英雄林白，他因爲喜愛日耳曼民族導致崇拜納粹，竟然認爲美國不敵納粹，極力反對美國與納粹德國開戰，鼓吹猶太人控制羅斯福想將美國拖入戰爭的陰謀論。直到日本偷襲珍珠港，納粹德國對美國宣戰，林白才終於醒悟。

由此可知，直到第二次世界大戰前夕，美國猶太人在美國社會都還是備受排斥，一九三八年的民調顯示，將近六成美國人對猶太人有負面觀感，認爲猶太人「貪婪」「狡詐」「咄咄逼人」，百分之四十一的受訪者認爲猶太人在美國擁有太大權力；到一九四五年，受到「猶政」陰謀論影響，更上升到百分之五十八；一九四〇到一九四六年的多次民調顯示各族群之中，猶太人被視爲是美國福祉的最大威脅。

大局觀

從林白在第二次世界大戰前還是反猶的急先鋒，就能理解美國猶太人在以色列獨立前夕的總體社會處境仍然相當艱困，並不如後來的全面性強大。

但是，這個時代的猶太人也的確已經經過代代不懈的努力，在經濟地位以及培育猶太人才上有相當的成就，成果就是金融界、法界、學界等各領域，猶太人才濟濟，因而成為羅斯福仰賴的對象。在羅斯福時期猶太人才引領新政，大量進入智庫、內閣，正是因此才有「猶政」陰謀論，但是也的確是自羅斯福時代開始，猶太人對美國政界的掌握有了長足的進展，可說是美國猶太人改變自己命運的第一個轉捩點。

猶太人備受歧視，但他們不抱怨，用努力、實力與貢獻來改變人們的想法，累積了經濟實力，又以宗教熱忱投入政治來影響政局。就是靠這樣的孜孜不倦，成功改變他們的命運。

以色列獨立過程中，美國猶太人無孔不入

羅斯福大力重用猶太人，引入猶太人的政治力量爲新政聯盟，用以打破先前共和黨長期執政，換得一九四四年九成猶太選票集中投給羅斯福；但是面對猶太人殷殷企盼建國，羅斯福爲了選舉做出承諾，實際上卻是空口說白話。羅斯福政府對干預中東沒有興趣，更不想得罪阿拉伯國家，當美國眾議院否決支持猶太人建國，羅斯福還私下向議長道謝，這使得因羅斯福任內去世接任上台的杜魯門不以爲然：「原來那麼多漂亮的承諾，都是花言巧語。」

杜魯門本身接觸猶太人議題始於參議員任內，協助選區猶太難民取得簽證的選民服務，當時美國猶太人已經懂得團結組成強勢的政治遊說團體，其中鼓吹建國的美國巴勒斯坦議會於國會經營相當成功，杜魯門也入會，曾要求英國開放猶太人移民巴勒斯坦的限制，但這不代表杜魯門全心全意力挺猶太人建國。事實上，他本來認爲那是英國的問題，美國才不可能爲此出錢

American Palestine Commitiee

出兵，直到英國撒手不管，才心不甘情不願的被迫出面。

杜魯門的態度仍遠比美國國務院官僚友善得多，國務院認爲美國取代英國成爲國際霸權後，在石油戰略、航運安全等方面勢必與阿拉伯國家合作，因此非常反對支持猶太人建國。杜魯門對於國務院屢次陽奉陰違非常反感，國務院也對美國猶太政治遊說力量進行反制，由於當時美國猶太團體中有支持、不關心、反對建國的不同意見，國務院於其中挑撥分化。直到以色列建國，美國猶太人才全數統一支持。

猶太人的強力遊說也差點弄巧成拙，由於說客對杜魯門出言不遜，氣得杜魯門在內閣會議痛批「連耶穌基督都無法讓他們（猶太人）滿意，我何德何能能做到！」猶太領袖眼見美國遲遲沒有動作心生焦急，竟然在聯合國指控美國討好阿拉伯人，更讓杜魯門痛罵猶太人忘恩負義。

國務院許多官僚認爲杜魯門力挺猶太人都是爲了猶太選票考量，其實並不然，因爲杜魯門在選舉中很乾脆的放棄了紐約州，大選前也堅持對以色列武器禁運，顯示杜魯門並未因選舉扭曲決策。杜魯門身邊支持猶太建國的關鍵幕僚是相當於日後國家安全顧問的克拉克克里福，主要考量美國未來戰略布局；另一方面，杜魯門也相當倚重的馬歇爾則堅決反對。兩方角力下，推動杜魯門最終決策的關鍵，仍然是猶太人自身的努力。

Clark Clifford

George Marshall

延伸閱讀

美國黑幫教父也是以色列建國功臣

美國猶太人在所有領域努力協助推動以色列建國，連黑道也參與重要任務。猶太黑手黨教父邁爾蘭斯基是第三波猶太人移民，一九一一年與母親、弟弟從當年俄羅斯帝國的格羅德諾（今白俄羅斯）來到紐約，初來乍到貧無立錐之地，只能住到小義大利城旁的下東區，因而認識義大利西西里島出生的黑手黨創始人「現代組織犯罪之父」盧西安諾，蘭斯基受其提拔，成爲「黑手黨會計師」，以及黑手黨的大腦，訂定管理制度，使黑手黨得以企業化並擴展爲世界性的賭博集團，橫跨邁阿密、芝加哥、拉斯維加斯、古巴、巴拿馬、倫敦等地。他的傳奇故事多次被搬上銀幕，最有名即爲《教父Ⅱ》。

蘭斯基認爲發展幫派不只原本的愛爾蘭、義大利人基底，也應招募猶太人，他錄取的第一人巴格西西格爾，日後也成爲一方之霸，同樣是黑幫電影的原型，以他爲靈感的電影即是《教父》第一集。

蘭斯基等黑道大老對以色列建國非常熱心，不但金援更幫忙購買並走私武器，突破當時美國對以色列的武器禁運，對以色列建國戰爭獲勝居功匪淺。

Charles Luciano

Meyer Lansky(55)

Benjamin "Bugsy" Siegel(60)

Max Lowenthal

克拉克克里福之所以認定以色列建國將會是美國的中東戰略支柱，源於杜魯門參議員時代就啓用的猶太人顧問馬克斯羅文索，他成爲克里福對巴勒斯坦問題的首席顧問，羅文索本人是猶太復國主義的信徒，他以細膩的手段、資料和觀點來影響克里福與總統杜魯門的決策。

另一位重要猶太人是杜魯門唯一自羅斯福幕僚中留任的大衛奈爾斯，任務是政治組織經營，包括聯繫猶太意見領袖安排晉見總統事宜，國務院懷疑他以幕僚身分，對國務院呈報總統巴勒斯坦的問題資料從中先攔截、篩選，加上註解之後才送給杜魯門，使得國務院對總統的資訊操作失敗，是推動以色列建國眞正有暗中影響力的人。

David Niles

兩位杜魯門親信不只是使用政治手段，也動之以情，杜魯門每次談到巴勒斯坦問題，兩人就淚眼婆娑，讓他不知該如何是好。猶太人對杜魯門的人情作戰最重要的「武器」是艾迪雅各生，這位軍中同袍從年輕時就看出杜魯門「奇貨可居」積極結交；退伍後，杜魯門新婚之際兩人合開男裝裁縫店，雖然於一九二一年不景氣中倒閉，兩人軍中、開店兩度共患難的深厚感情一直持續到杜魯門當上總統。儘管日理萬機，只要艾迪雅各生一通電話，總是立即接見。

杜魯門面臨中東局勢紛亂如麻，勒令不接見任何猶太人代表，國務院則處心積慮反對以色列建國，猶太組織得知情報急如熱鍋上的螞蟻卻無力反制，最終手段就是艾迪雅各生，在老友出面懇求下，杜魯門鐵石心腸軟化，願意接見魏茲曼，起了臨門一腳作用，讓杜魯門最終接受克里福的「生米煮成熟飯」建議：既然以色列建國，就順水推舟予以承認。

但這不代表杜魯門無條件支持以色列，不如說杜魯門其實是「坐高山看馬相踢」，第一時間只先給予實質承認，不給予法理承認；最終，以色列的命運，不是只靠著艾迪雅各生的交情，不是靠猶太幕僚影響總統，不是靠猶太政治遊說。眞正底定一切的，還是以色列以奮戰證實了克里福的主張：以色列可戰勝阿拉伯人。杜魯門在見識到以色列的能耐後，終於放心的給予法理承認。

大局觀

由杜魯門承認以色列的曲折過程，我們見到美國猶太人孜孜不倦、無孔不入，為了建國拚命努力的氣魄，但是有時太過粗暴會造成反效果；也見識到美國猶太人以自身專業滲透政界，說之以理、動之以情，以細膩手法讓政策對以色列有利；更見識到大膽長期投資人脈，最終得到關鍵回報的遠見。

但是真正改變猶太人與以色列命運的轉捩點，還是浴血奮戰守住家園。以色列建國成功，不僅說服了杜魯門，也說服了部分還不支持建國的美國猶太人，此後美國猶太組織全數全心支持以色列生存。

以色列建國後，艱辛的工作才剛開始

以色列建國獲得實質，接著法理承認，從此「王子與公主過著幸福快樂的生活」？遠遠不是，接下來是一連串的艱難挑戰。

爲了在強敵環伺的環境下生存，以色列必須快速增加人口才有足夠兵源自衛，建國之初就採取極爲激進的吸收移民政策，這在建國戰爭期間就大舉進行。難民一下船，手上就塞了把槍，還不知道怎麼用，就上了戰場，剛從納粹集中營逃出生天，還沒登記姓名，就在建國戰爭中犧牲，這樣的悲劇並不少見。

戰後以色列更是拚命吸收人口，其中最出名的是「魔毯行動」空運撤離四萬九千葉門猶太人到以色列，這還只是以色列引進人口的九牛一毛，以色列建國兩年內，人口從戰前的八十萬將近倍增到一百五十八萬，再七年，突破兩百萬，如此驚人的人口增速，勢必帶來嚴重的生活條件問題。

這使得以色列建國初期有濃厚的共產主義人民公社色彩，因爲萬事萬物皆缺，只能發下一本糧票簿，一切都要配給，一個禮拜只配給一顆雞蛋，人們爲了排隊領配給糧食大排長龍，簡直有如中國在大躍進之後經濟崩潰的「藍螞蟻」時代。

以色列要趕緊種植糧食，卻連水源都沒有，得推動規模宏大的以色列國家水道計畫，總水道長一百三十公里，每天輸送水量達一百七十萬立方公尺，才讓以色列的糧食、民生、經濟發展站穩腳跟。

Operation Magic Carpet

National Water Carrier of Israel

以色列還要對付戰爭的餘緒，開國戰爭與各國停火後，巴勒斯坦民兵仍然頻繁滲透入侵騷擾攻擊，一九五三年指派夏隆成立專責的一〇一部隊，發起報復攻擊行動，只要民兵滲透攻擊，就對民兵的來處進行報復攻擊。建國戰爭後約旦河西岸在約旦控制下，以色列進行報復攻擊後，約旦總算加強巡邏，大爲減少民兵越境攻擊。可是，以色列的報復行動，也使得以色列受到高度國際譴責壓力。

敘利亞與埃及邊界也總是不寧靜，以色列與敘利亞隔著加利利海相望，敘利亞持續騷擾攻擊以色列軍警船隻，對此於一九五五年發動橄欖葉行動摧毀加利利海東北岸敘利亞砲台。雖然戰術成功，卻馬上在聯合國成爲衆矢之的，甚至造成美國高度不滿，軍事援助計畫因而停擺。

大局觀

從這些事件一葉知秋，可以明白以色列建國之初面臨的情勢有多艱難，戰爭看似結束，卻仍隨時受到威脅襲擊，一旦動武反應，馬上受到國際譴責與打壓。但是展示武力仍然是正確的，隔年第二次中東戰爭，敘利亞不敢行動，正是因為在橄欖葉作戰中學乖了。

蘇伊士運河危機，奠定美國新霸主地位

Gamal Abdel Nasser

約旦、敘利亞先後降服於以色列的重拳打擊，但是醉心於成為阿拉伯國家領袖的埃及強人納瑟仍持續與以色列角力，暗助巴勒斯坦民兵穿過加薩邊界騷擾以色列，並積極整軍經武，想藉由擊潰以色列，來取得夢想中的阿拉伯領袖地位。

一九五五年，納瑟與蘇聯簽下《埃及捷克斯洛伐克軍購條約》，經由捷克斯洛伐克購買總價八千三百萬美元新式蘇聯武器，包含各式戰車與米格十五戰機，取得這筆現代化軍火後，納瑟底氣大增，以色列也緊急自法國軍購強化軍備因應，納瑟因而下令封鎖通往阿卡巴灣的蒂朗海峽以及蘇伊士運河，不讓以色列船運通過，雙方劍拔弩張。

歐美陣營對埃及與蘇聯暗通款曲大為震怒，撤銷原本援助建造亞斯文大壩的資金，埃及有了武器惡向膽邊生，宣布沒收英法的蘇伊士運河股權，打算用運河收入自行興建亞斯文水壩，權益受損的英法兩國極度不滿，使得以色列有從中挑撥的大好機會，以色列與英法私下祕密結盟，雙方擬定「黑白臉」策略：以色列扮黑臉，扮演挑起戰端的侵略者角色，開戰之後，英法再扮演出兵恢復和平的和事佬角色。

一九五六年十月底，以色列依計畫不宣而戰，襲擊西奈半島，接著英法按照事先講好的劇本，出來發表最後通牒，要求以色列跟埃及兩國停火，驕傲的納瑟反應與英法以三國預期的一樣，悍然拒絕英法介入。納瑟配合演出下，英法順利取得出兵的藉口，埃及當然無法招架英法以三國聯軍，損失大量戰機、戰車與兵力，以色列一口氣攻占整個西奈半島，英法聯軍則搶奪

Egyptian–Czechoslovak arms deal

蘇伊士運河。

軍事行動上十分順利，但是英法演技太過拙劣，任誰都看出這只是黑白臉把戲，不僅埃及新進結交的蘇聯暗示動用核子武器威懾，連英法以的盟友美國也大動肝火。因爲英法身爲北約國家，擅自行動沒有事先通知美國，而美國正在拉攏第三世界國家，希望他們不要加入蘇聯陣營，英法卻鬧出這等大事，提醒第三世界國家十九世紀英法帝國主義的過往，讓美國外交努力全盤白費，更給了蘇聯介入中東的藉口。結果，連美國也威懾英法，一方面金融打擊大賣英鎊，一方面威脅停止供應石油。

國際雙強同時打壓下，英法只得停戰退兵，平白損失蘇伊士運河，兩國國際威信一落千丈，大英帝國加速解體，英國首相黯然下台，法國也加速放棄殖民地，改爲擁抱核子武器自保。整起事件是爲第二次中東戰爭，又稱爲蘇伊士危機。以色列則擔任興風作浪的角色，加速兩大舊時代強權退出國際舞台，此後正式奠定美蘇爭霸的兩強格局。

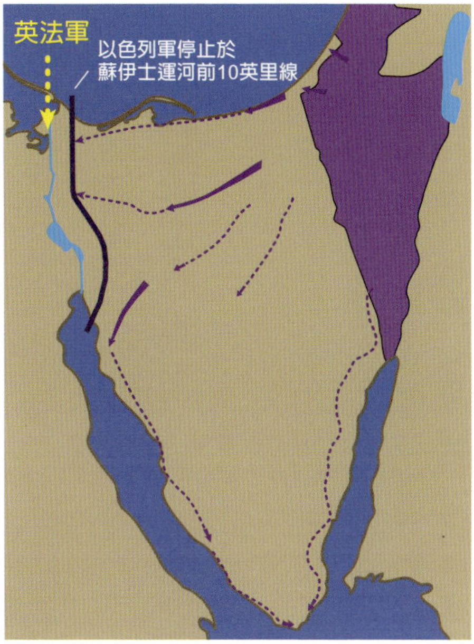

蘇伊士危機戰爭過程

延伸閱讀

蘇伊士危機與八二三砲戰

台灣人熟知的八二三砲戰，其起因是一九五八年中東危機，很少台灣人知道八二三砲戰的遠因跟以色列有關。

蘇伊士危機後，黎巴嫩執政基督教勢力總統夏蒙不願聽從埃及要求與西方陣營斷交，激怒納瑟。一九五八年納瑟推動埃及與敘利亞合併爲阿拉伯聯合共和國，煽動黎巴嫩的穆斯林加入，七月，伊拉克發生革命，國王倒台，成爲伊斯蘭專政。夏蒙免死狐悲，擔憂下一個遭推翻的就是自己，於是向美國求援，美國總統艾森豪批准藍蝙蝠行動出兵黎巴嫩，同時英國也出兵協防約旦。

毛澤東見英美忙於中東危機，想趁機測試美國底線、挑戰蘇聯盟主地位，因此於一九五八年八月二十三日發動砲擊金門，即八二三炮戰，國際上則稱爲第二次台海危機。

夏蒙：Camille Nimr Chamoun

六日戰爭技驚四座，成為美國掌上明珠

蘇伊士危機讓納瑟顏面盡失，他時時想要扳回一城，危機後，西奈半島由聯合國緊急部隊進駐維持和平。納瑟經十年生聚，逐漸恢復先前損失的軍力，更開始外交運作，埃及原本與敘利亞於一九五八年起合組阿拉伯聯合共和國，但是合併過程中敘利亞人認爲遭受不平等待遇，一九六一年政變後退出，一九六六年，納瑟重新與敘利亞修好，簽署雙方共同防衛協定。

隔年一九六七年，納瑟從蘇聯得到錯誤情報，誤以爲以色列在敘利亞邊界集結大軍，由於先前約旦與以色列發生衝突時，痛罵埃及不聞不問只會「躲在聯合國緊急部隊的裙底」，讓納瑟顏面掛不住。這回認定敘利亞受威脅，就根據共同防衛協定出兵進軍西奈半島，逐走西奈與加薩的聯合國部隊占據其據點，因而又能控制蒂朗海峽，納瑟故技重施，宣布要對以色列封鎖蒂朗海峽。

埃及也積極向盟邦招手，約旦本來不想淌這塘渾水，納瑟自稱兵強馬壯、保證獲勝，誘惑約旦與埃及簽署共同防衛協定，隨後約旦邀請伊拉克出兵進駐約旦，此時埃及完成對以色列的大包圍，周邊戰雲密布。

納瑟沒想到的是，以色列早就料到埃及必會挑起復仇戰，十年來枕戈待旦，日日爲了這天而準備，以色列空軍進行高強度訓練，徹底熟練出擊準備與重新出擊的速度。相對於阿拉伯各國空軍一天可出擊兩次，以色列空軍一天可出擊四次，等於倍增了空軍戰力；以色列情報單位也早就取得各重要空襲目標情報，飛行員在戰前許久就已經分配好目標，對自己要攻擊的對象

United Nations Emergency Force，UNEF

Operation Focus

細節記得滾瓜爛熟。以色列準備好專門破壞機場跑道的特製反跑道炸彈，還極機密的建造模擬假機場目標供練習轟炸。

由於埃及隨時都會發動戰爭，以色列決定先下手爲強，一九六七年六月五日，以色列發起焦點行動，只不過一個上午，埃及、約旦、敘利亞空軍總計四百五十架戰機毀於一旦，埃及十八座機場均無法作業，使得以色列在之後的戰爭中掌握完全空優。此行動被公認爲人類軍事史上最成功的一次奇襲。

陸戰方面，埃及認爲以色列陸軍會從主要道路前來，也會像蘇伊士危機時一樣從西奈半島南部進攻，以此假想設下重點防禦；以色列早已知道埃及的部署，選擇不經道路直接穿過沙漠，並且主攻西奈半島北部，出乎埃及軍意料之外。以色列遇上重度防禦據點也能冒著傷亡在幾小時內攻陷，不過兩三天時間，以色列軍已經攻占整個西奈半島直逼蘇伊士運河。

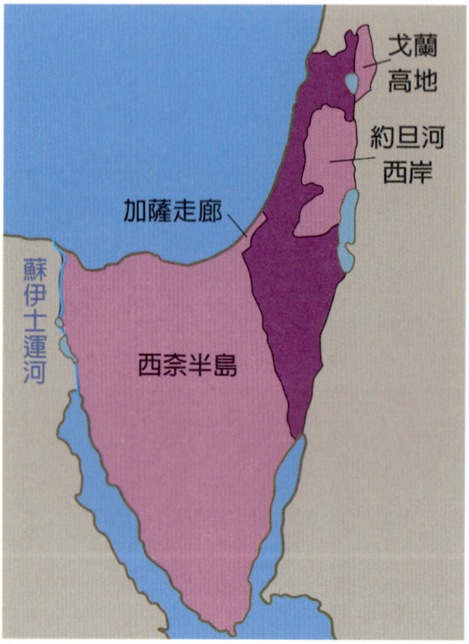

六日戰爭後以色列占領土地

the die was cast

以色列最後時刻還試圖透過聯合國部隊轉達約旦，只要置身事外，以色列就不攻擊約旦，但是約旦國王胡笙表示「擲骰無回」，約旦軍參戰。以色列奪取空優下，僅在最初進攻耶路撒冷時承受較大傷亡，兩天內就占據整個約旦河西岸，從此實質控制至今。

敘利亞在開戰前四天置身事外，但在收到埃及軍獲勝的假消息後決定進軍，以色列空軍立即攻擊敘利亞機場，殲滅其大部分空軍機隊，殘餘的敘利亞空軍遠遠的撤到敘利亞北部，再也不敢參戰；缺乏空軍保護的敘利亞陸軍成爲活靶，而敘利亞陸軍本身也有步兵與戰車間無線通訊嚴重不足、軍紀不佳等嚴重問題，以色列不僅擊退敘利亞軍，還反過來入侵，攻占戈蘭高地。

到第六天，以色列攻占加薩、西奈半島、約旦河西岸、戈蘭高地，埃及爲首的聯軍一敗塗地，只能求和。經此一役，以色列軍的戰鬥力威震天下，徹底改變了美國對以色列的態度，此後美國金援軍援以色列金額大增，以色列成爲美國中東戰略的核心。

以色列在六日戰爭的表現讓美國猶太人揚眉吐氣，自信心大增，從此走路都有風。過去不支持或是只敢隱性支持以色列的美國猶太人，此後都敢大聲說話，由過去隱諱的只說自己支持自由主義，轉爲張揚的擁護以色列國族主義。以色列自此走向美國親密戰友、世人欣羨的區域強權，猶太人也受世人刮目相看，不再受到鄙視，而是受人豔羨。

大局觀

美國猶太人命運的轉折點有兩個。一是羅斯福新政時期，二是一九六七年六日戰爭，六日戰爭的成就可說空前，但是以色列並非從此無憂無慮，下一次，輪到以色列差一點大意失荊州。

差點大意失荊州，贖罪日戰爭快速挽回敗局

納瑟在六日戰爭慘敗後萬念俱灰，一度想要辭職，身體狀況也快速惡化，一九七〇年因心臟病發去世。繼承者沙達特從納瑟的失敗中學習，這次輪到埃及生聚教訓，積極設想戰術戰略，向以色列討回失去的領土。失去戈蘭高地的敘利亞，也同樣整軍經武，想以武力奪回失土。只有約旦對此意興闌珊。

納瑟生前對以色列不斷進行騷擾行動，是爲「消耗戰爭」，雖然沒有達成任何戰略或戰術目標，但是納瑟有別的盤算。相對於美國軍售以色列一線攻擊武器，埃及卻只能從蘇聯得到過時的防禦性武器，納瑟威脅要倒戈美國，蘇聯也不爲所動，因此納瑟認爲唯一說服蘇聯的辦法，就是故意把這些武器投入實戰，讓蘇聯明白這些武器不堪一擊。

納瑟的犧牲讓沙達特得以自蘇聯取得較佳武器，包括米格二十三戰鬥機、T六二戰車、嬰兒式反戰車飛彈等等，除了充實軍事裝備，沙達特也對軍方人事進行改革，開除六日戰爭中造成失敗的無能指揮官，升遷有才能的軍事將領取代，並研究改良軍事戰術。

沙達特整軍經武的同時採取「狼來了」方式欺敵，屢次故意威脅要發動戰爭、舉行大規模軍事演習，一開始以色列嚴陣以對，屢次都是雷聲大雨點小，以色列開始認定沙達特只是虛張聲勢，包括建軍準備在內，都不是眞正想打仗，只是想要用嚇唬的方式平白得到好處。

以色列的高度情報能力也被沙達特間接利用，以色列滲透到沙達特身邊心腹參謀總長取得情報，以爲埃及正在等待取得蘇聯最先進轟炸機以及飛毛腿飛彈，才要對以色列發動攻擊。

沙達特也特別進行多方怪異行動，對以色列的情報進行「認知作戰」，由於蘇聯不贊成沙達特向以色列開戰，爲了避免蘇聯軍事顧問察覺沙達特的計畫，沙達特故意全面驅逐蘇聯軍事顧問，以色列和美國情報分析認爲沙達特自毀長城。沒有蘇聯指導，將嚴重損害埃及戰力，沙達特基於這樣的錯誤想像，繼續放出各種軍方的後勤嚴重脫節、根本沒有操作高科技武器的專業人員，甚至連零件都缺等等負面消息，讓以色列認定埃及沒有開戰能力。

以色列受到這些先入爲主的成見影響，結果把所有取得埃及將開戰的鐵證都視而不見，而把所有情資都解讀爲埃及只是在虛張聲勢，這樣的「睜眼瞎」，造成以色列付出慘痛代價。

開戰前一週，埃及於蘇伊士運河進行大規模演習，軍力大舉集結完全在以色列軍情單位的監控下，但是以色列卻認定又是演習嚇唬人，掉以輕心。約旦國王胡笙得知老戰友埃及與敘利亞打算無謀開戰，特別飛抵台拉維夫，直接向當時的以色列總理梅爾夫人警告，以色列情報單位受到成見影響，認爲胡笙只是杞人憂天。

直到戰爭前一天，埃及情報來源告知即將開戰，以色列才終於醒悟，下令緊急動員後備軍人，離埃及發起攻擊只剩下一個小時。

以色列由於國土狹小，沒有緩衝空間，在六日戰爭以來設想的防衛方式是採用「緩衝時間」：發展高度情報能力，在敵人發動攻擊至少兩天前就能察覺，並在敵人還沒攻入以色列時，就予以先制打擊，讓敵人無法攻入以色列國土。這個基本戰略，因爲情報嚴重失敗，察覺時只剩一小時，面臨空前危機。但是眞的完全破壞先制打擊的戰略構想的，卻是以色列開國元勳梅爾夫人，她認定國際形象比實際上的戰爭力量更能保衛以色列，在最後一刻決定不要先制攻擊。

這個高度爭議性的決策，在日後引起無數國際關係、戰略學者以及以色列人的激烈辯論，支持梅爾夫人論點者認爲，以色列若先制攻擊，可能導致美國不像史實般提供「五分錢行動」軍需支援，而彈盡援絕敗戰。季辛吉的事後觀點也是如此，或許可作爲這種看法的一種佐證。

反對梅爾夫人決策者認爲，梅爾夫人臨時扭轉整個建軍仰賴的思維，導致贖罪日戰爭初期大敗，以及軍武裝備損失、彈藥消耗遠遠超乎預期，才會面臨危機，需要五分錢行動的救援；若是及時採取先制打擊，根本不會導致彈盡援絕的窘境。

其實仰賴五分錢行動也十分凶險，尼克森直到最後一刻才拍板定案，進行時困難重重，因爲大部分國家不願得罪阿拉伯國家，不提供機場中轉，最後只有葡萄牙勉爲其難配合，若是葡萄牙不願配合，犧牲先制攻擊的結果是一無所獲。

尼克森政府其實一開始對五分錢行動猶豫不決，隨著戰況快速惡化以及美國猶太遊說力量的苦苦哀求，拖了五天，尼克森才下令美國空軍「所有能飛的東西都飛去以色列」送去軍需。以此觀之，即使以色列採取先制攻擊，由於以色列已經是美國中東不可或缺的戰略支點，一旦面臨危亡關頭，尼克森仍會下令「所有能飛的東西都飛去以色列」。

歷史沒有如果，這些假想狀況到底會如何，無人能知。我們只知道，梅爾夫人的等待被動挨打決策，讓以色列前線於開戰初期面臨極大困境。梅爾夫人這樣的決策，或許一部分也是基於輕敵，以及對以色列戰力的自信，以色列在西奈半島早已築起巴列夫防線，梅爾夫人認爲埃及不容易一下攻破。

但是，由於動員不及，戈蘭高地的戰略危險性較高，因此動員的後備部隊都先送往戈蘭高地戰場，導致巴列夫防線的守備人員不足。反觀埃及則做足了讓戰術上更有利的準備。

六日戰爭領教過以色列空軍的威力後，埃及想出反制辦法，就是在國界上部署密密麻麻的防空飛彈，使以色列空軍不敢太接近國界

贖罪日戰爭初期埃及進攻

處作戰；埃及知道以色列裝甲部隊的厲害，所以準備了大量步兵反戰車火力，包括反戰車火箭彈、反戰車飛彈；埃及也早就將蘇伊士運河己方一側的坡岸築高，有居高臨下的地形優勢。

在埃及有備而來，以色列措手不及的情況下，埃及軍很快突破巴列夫防線幾乎所有要塞，以色列還有第二道防線，以沙堆掩體保護部隊，殊不知埃及也早想好應對方案，以高壓水柱沖垮沙堆，暴露出來的以色列部隊慘遭猛烈火力攻擊。

六日戰爭時埃及方有很多指揮官「將帥無能，害死三軍」，這次輪到以色列，剛接替夏隆的新任南方戰線指揮官發動無謀的反攻，結果大量戰車遭埃及步兵反戰車飛彈擊毀，以色列讓夏隆緊急復職率領援軍，才擋下埃及軍的趁勢進攻。

在戈蘭高地方面，以色列軍以極懸殊的數量劣勢，與來襲的敘利亞軍拚死血戰，幸而戈蘭高地的崎嶇地形，使得步兵反戰車武器的效果較差，否則以色列可能會失去戈蘭高地而亡國。在初期的血腥戰鬥中，以色列軍有許多以小部隊阻擋大軍，甚至只有單一一輛戰車抵擋大量敵軍的可歌可泣故事，可說梅爾夫人犯下的嚴重錯誤，由一個個無名的血性青年彌補了。

敘利亞低估了以色列的動員效率，以爲要一天後以色列後備部隊才能趕上，實際上十五小時就抵達，在援軍抵達前，以色列裝甲部隊已經打到指揮官陣亡、即將崩潰，援軍及時抵達逆轉情勢。以色列先前在六日戰爭中占領戈蘭高地此一防禦地形可說至爲關鍵，地勢使得守軍能撐到援軍及時趕到挽回局面，若非如此恐怕已經滅亡。

此時輪到埃及犯下嚴重錯誤，由於敘利亞進攻失利，埃及爲減輕敘利亞的壓力，在西奈戰場發動主動進攻。這次換埃及因爲進攻設防陣地而承受重大損失，一天失去兩百輛戰車，戰局逆轉，隔日以色列趁勢發動大反擊，以步兵苦戰打穿埃及陣地，渡過蘇伊士運河，摧毀埃及防空飛彈陣地。此後空軍終於可以前來支援，以色列大舉反攻，直逼開羅附近，更包圍埃及第三軍團。美蘇雙方開始介入高度施壓，雙方停火。

贖罪日戰爭可說以色列建國以來最離奇轉折，才在六日戰爭中威震八方，卻因為輕敵大意以及戰略判斷失誤，而瀕臨滅亡。事後以色列對此進行徹底反省檢討，梅爾夫人因此下台，也標誌著以色列工黨衰敗的開始。但贖罪日戰爭也再度證明以色列的機敏如蛇，幾天之內從極度凶險中轉危為安，甚至反攻兵臨對方首都。

重複贖罪日戰爭錯誤？以哈戰爭的慘痛教訓

哈瑪斯於二〇二三年十月七日大舉襲擊以色列，以色列軍民與外國人犧牲一千兩百人，更有兩百四十人遭擄走為人質。這起慘劇不僅讓受害人與家屬悲痛不已，以色列對事前無數情報的輕忽，初期的反應不及，以至於受害規模可觀，更打破了以色列過去情報能力無所不能、軍事備戰完善形象。世人不禁驚問：以色列怎麼了？以色列各界更深深檢討，紛紛認為是重蹈贖罪日戰爭的覆轍。

這樣的比較可說相當貼切，更根本的，以色列會有哈瑪斯問題，本質上也是贖罪日戰爭梅爾夫人代表的重視國際觀感多於實際戰略，以及贖罪日戰爭後給以色列帶來的和談思潮的後遺症。

二〇〇五年，以色列戰爭英雄夏隆擔任總理，他以強力掃蕩行動大體平定第二次巴勒斯坦大起義，但是這時他卻做出一個當下正確，之後卻出錯導致禍延至今的決策。夏隆的二把手歐麥特，主張無條件單方面從加薩、約旦河西岸的占領地撤出軍力，一開始夏隆嗤之以鼻，然而歐麥特卻提出軍事以外的額外考量：

當夏隆徹底抹消巴勒斯坦反抗的可能性，巴勒斯坦人可能根本上放棄建國，改為爭取平權，願意加入以色列當以色列公民。如果巴勒斯坦人跟國際上這樣主張，以色列沒有理由拒絕，雖然這樣就解決了以色列國家安全的心腹大患，可是對以色列想要作為一個盡可能純猶太人的民族國家卻會造成大問題。因為大量巴勒斯坦人入籍，生育率又高，戰場上輸給猶太人，卻用孕婦的肚子打敗猶太人，未來阿拉伯裔公民比猶太人還多，以色列直接變成巴勒斯坦國。

歐麥特主張，單方面撤軍，可以讓巴勒斯坦成為半死不活的半自治狀態，雖沒機會卻有希望，不放棄建國，就不會想到要爭取成為以色列公民；外交上，可以跟國際和平主義者交代；實際戰術上也有好處，撤離後減少以巴雙方接觸的易受攻擊點，以後巴人只能在邊界關卡哨點攻擊軍警，這樣可有效保護平民。

夏隆受到歐麥特的影響，想以「巧計」而非戰備換取和平，殊不知，人類歷史上這樣的想法，都只會帶來更多的戰爭。二〇〇五年夏隆執行單方面撤離，在約旦河西岸尚無太大影響，因為以色列長期築牆設據點切割約旦河西岸，但是加薩都市化程度較高，難以這樣進行。

以軍一撤出，造成加薩真空，二〇〇六年哈瑪斯就開始從加薩綁架以色列士兵、射火箭，導致以色列發動夏雨行動前往清剿，二〇〇七年爆發加薩戰爭，哈瑪斯逐走法塔奪權。

以色列並非就此束手無策，事實上以色列當時馬上封鎖加薩，短暫準備後，二〇〇八年十一月先掃蕩地道，十二月正式發起鑄鉛行動，地面部隊攻入加薩市。然而，就在以色列試圖徹底剿滅哈瑪斯的關頭，適逢美國總統換屆，歐巴馬於二〇〇九年一月就任，身爲國際和平主義者的歐巴馬，給予以色列莫大壓力，以色列只能自行停火。從此加薩成爲哈瑪斯完全控制、長期經營的基地，後患無窮直到現在，這可說是夏隆的失策。

以哈戰爭的近因，則是二〇二一年加薩衝突，哈瑪斯發動火箭飽和攻擊，結果遭到以色列全面壓制，隨後以色列對付火箭的裝備從鐵穹升級到鐵射線，對付地道的鐵壁也完工，以色列誤以爲哈瑪斯已經沒戲唱了，再度犯下心理上輕敵導致「睜眼瞎」的錯誤。

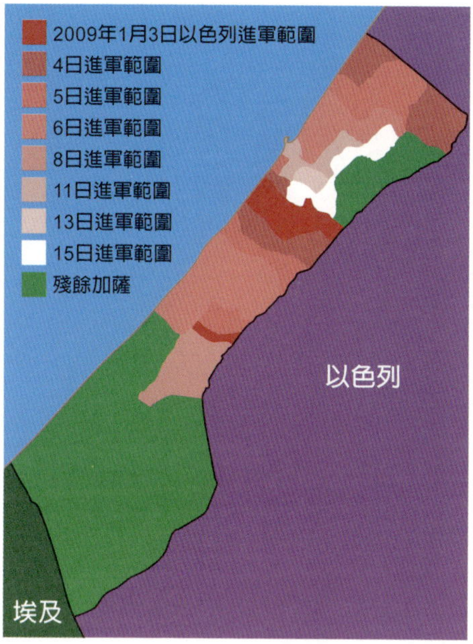

鑄鉛行動攻入加薩範圍

如同贖罪日戰爭前的情況，以色列明明獲得大量情報得知哈瑪斯正在準備攻擊，甚至哈瑪斯就在邊界處、以色列眼皮子底下演練，以色列卻認爲那只是哈瑪斯虛張聲勢想換取更多談判籌碼而掉以輕心。

結果就如贖罪日戰爭，以色列因此付出沉重代價，但接下來的反應，也如同贖罪日戰爭，以色列快速回神過來，以各種早就備妥的戰術與科技，輕易化解哈瑪斯挖掘十數年的地道戰。

大局觀

以色列與猶太人並非不會犯錯，有時還犯下相當嚴重的錯誤，但是每次犯錯總能迅速改進，展現機敏如蛇、永無止境的持續進化，這就是以色列與猶太人之所以強大、讓人敬畏的主因。

以色列強大後，反過來對巴勒斯坦人絕不容情，在拉賓和談的嘗試失敗後，了解到巴勒斯坦人永不接受以色列的存在，結論就只有消滅對方一途，為了國家生存戰略需求立下長期戰略，有耐心忍受國際壓力，一點一點圍困斷水斷絕經濟外交窒息，緩緩絞殺巴勒斯坦。

反觀巴勒斯坦內部分裂貪汙腐敗，只想依賴伊斯蘭世界無條件的援助，卻不自立自強，面對強敵，鼓動普通人民當烈士犧牲，用來當博取國際同情的祭品，結果越來越衰弱，眾叛親離，日漸消滅。

以色列的臥薪嚐膽路線跟巴勒斯坦的盲動路線，形成強烈對比，也成為兩國成功與失敗的天壤之別。台灣務必學習以色列，再難的目標也能達成。千萬不能走巴勒斯坦路線，否則恐怕亡國滅種的日子不遠了。

第十章

台灣比起猶太人的歷史，實在「三生有幸」

台灣是一塊福地，眞正是寶島，在歷史上能「絕處逢生」，有緣透過世界歷史上引領風騷的主流國家，搭上世界歷史進展主流，得以飛躍發展，成爲「海洋台灣」；而且不只一次，而是三次，可說「三生有幸」，這關鍵的三次「天佑台灣」，分別是：荷蘭的接軌、日本的再造與美國的提升。

哥倫布一四九二年揭開大航海時代的序幕時，台灣處於歐亞大陸的另一端，自外於驚天動地的世界變革。直到一六二四年荷蘭因緣際會來台灣經營據點，才引領台灣由原始漁獵社會進入初級農業社會。

荷蘭也影響了日本，兩百多年「蘭學」薰陶，奠定日本接觸近代知識的基礎，一八六八年明治維新後，勵精圖治、殖產興業，於甲午戰爭擊敗滿清以《馬關條約》取得台灣，台灣自此進入新的里程，於日本建設下由初級農業社會蛻變高級農業社會與初級工業社會，直到日本捲入第二次世界大戰，最終戰敗而放棄台灣。

台灣因此在戰後滿目瘡痍之中，雪上加霜捲入中國的國共內戰，因而激發二二八事件的抗暴，緊接著蔣介石棄守中國來台灣建立「復興基地」，原本美國宣布不再支持貪腐無能的國民黨。風雨飄搖中韓戰爆發，美國改弦易轍，大力軍援、經援台灣，台灣受惠於成爲美國冷戰防共合作夥伴，又躍入一個新的階段，由初級工業社會轉化成高級工業社會，發展出高科技產業。

大局觀

回顧這三段歷史，原本懵懂無知的部落時代、文明落伍的邊陲社會、滿目瘡痍的戰後經濟，竟然都趾上當時的世界強國，好像毛蟲化蛹為蝶一再蛻變。一五四二年葡萄牙人經過台灣海峽時高呼福爾摩沙，今日真正成為實實在在的美麗島，這不是三生有幸嗎？這不是絕處逢生嗎？真是天佑台灣！

猶太人推動大航海，間接開啓台灣的荷蘭時代

一四〇五到一四三三年，大明帝國永樂皇帝朱棣疑心建文帝朱允炆行蹤不明可能逃亡海外，也爲了「耀兵異域」，派遣穆斯林鄭和——原名馬和，馬即穆罕默德，因靖難之變中有戰功而賜姓鄭——組織龐大艦隊海上遠征，是爲鄭和下西洋。永樂年間共計六次，宣德皇帝朱瞻基期間又進行第七次，歷次航線各有不同，但不論哪一次，都完全繞過台灣。因爲當時台灣受海流隔絕，航行前往風險高，明帝國也認爲台灣「自古不屬中國」，化外之地、瘴癘橫行、無物可取、不値一顧。

明帝國對台灣當時的印象，其實與事實相去不遠，台灣孤懸在歐亞大陸的海外，可說天涯海角，整個歐亞大陸的文明進展，幾乎都尚未影響台灣。那時的台灣原住民，主要以採集漁獵

為生，僅有簡陋的小鍬與小刀，甚至未能進入鋤耕，生活原始，社會結構也還在部落時代。

歐亞大陸的另一端，人類歷史悄悄開始掀開波瀾萬丈的下一頁，「地圖猶太人」傑米大師教導葡萄牙人航行知識，使得葡萄牙恩理克王子開啓海上冒險，猶太天文學家亞伯拉罕札庫托建立南半球航行的海事天文表格，使達伽馬能順利航行繞過非洲抵達印度，更對哥倫布助益良多。猶太人的知識，幫助歐洲開啓了大航海時代。

大航海翻轉了世界與歐洲，環地中海沒落，大西洋岸興起，荷蘭也因而崛起，很快與宗主國西班牙發生衝突，打響荷蘭獨立戰爭，猶太人於其中扮演重要角色，為荷蘭取得資金、戰爭物資，更作為外交調人。

為了打擊西班牙，荷蘭定下破壞全球西班牙海上貿易的戰略，針對西班牙的東南亞基地菲律賓，荷蘭要在馬尼拉與明帝國的貿易航線間設立據點。一六〇二年時直接攻擊澳門失敗，轉而於一六〇四年占領澎湖，想透過賄賂建立與明帝國的貿易，但封閉的大明只嫌他們麻煩，都司沈有容領兵船五十艘前來驅逐荷蘭人，立下「沈有容諭退紅毛番韋麻郎等」碑，現保存於澎湖天后宮。

一六二二年，荷蘭捲土重來，與英國聯軍組織八艘船艦共計一千多人兵力，試圖攻打澳門再度失敗，轉而選擇占據澎湖在風櫃港築城，隔年，與明帝國談判聯繫間，一度分兵到台灣大員海灣出口沙洲建立簡易據點。明帝國撤換商周祚，由南居益接任福建巡撫，政策轉為軍事驅逐，一六二四年六月起三面包圍風櫃尾，不斷增兵，八月中增加到兵力一萬人、戰船兩百艘，荷蘭於是同意拆毀並撤出風櫃尾城，交換明帝國指引前往台灣，許以貿易，於是荷蘭前往大員建城，從此開啓台灣的荷蘭時代。

荷蘭以拆除風櫃尾城的材料，在大員海灣出口沙洲先前曾一度建立據點處補強建城，以荷蘭獨立戰爭中的元勛奧蘭治親王命名爲奧蘭治城；同於一六二四年，荷蘭西印度公司也登陸紐約曼哈頓島，隔年興建堡壘，以荷蘭首都命名爲新阿姆斯特丹，日後荷蘭將之賣給英國，成爲紐約；台灣的奧蘭治，紐約的新阿姆斯特丹，同時創立，相互輝映。

一六二六年，以荷蘭七省聯盟之一的西蘭省爲名，將奧蘭治城改名爲西蘭城，音轉至中文成爲熱蘭遮城。一六四五年荷蘭人也以西蘭省命名紐西蘭，可說熱蘭遮城與紐西蘭成爲同名姊妹地。

一六四八年荷蘭於三十年戰爭後正式獨立，成爲「海上馬車夫」世界一流強國，台灣正好在荷蘭治下，因此與世界主流接軌。

台灣原本沒有農耕所需的牛，一六〇三年致仕游擊將軍陳第隨都司沈有容追剿倭寇，來到現今的台南高雄沿海，寫下《東番記》中記載當時台灣「無馬、驢、牛、羊、鵝、鴨」。荷蘭人來台以後大力引進，一六四〇年的《巴達維亞城日記》記載：「從澎湖島輸入很多農用牝牛與牡牛，牠們數量大爲增加，公司和個人飼養已超過一千兩百頭至一千三百頭。」之後《熱蘭遮城日誌》記載自澎湖、中國沿海等地每年引進牛隻，最多於一六四八年引進五百一十一頭。

荷蘭人也添購鐮刀耕具，教導農人構築溝渠、埤圳、蓄水池等的水利灌溉工程。台灣因爲荷蘭人的到來，才一口氣進入鋤耕、犁耕、灌溉農業。荷蘭人更引進新作物，包括在來米、豌豆、番茄、玉米（番麥）、菸草、大豆、胡椒、甘藍、芒果、那茇仔（番石榴）、釋迦、番仔薑（辣椒）等。又爲了發展農業所需的大量人力，請巴達維亞隊長蘇鳴崗來台灣，引進大量明帝國沿海移民，提供耕牛、農具、土地，種植水稻和甘蔗。荷蘭統治是台灣大量移入漢人之始，也奠定台灣的糖業基礎，一六三五年生產二百到三百擔黑糖，兩年後達三千到四千擔。一六四〇年起出口到日本、波斯與歐洲，到一六五〇年台灣砂糖輸出約七、八萬擔，主要輸往日本。

最初攔截西班牙貿易的戰略設想因爲獨立成功而不再需要，荷蘭轉而將台灣打造爲貿易路線聚焦點，發展多角貿易，開闢五條貿易線：巴達維亞經台灣到日本，馬尼拉經台灣到日本，明帝國經台灣到日本，台灣到明帝國，台灣到日本。

臺、日、菲、印尼、明，五角貿易的內容是：

台灣砂糖輸往日本、波斯；台灣鹿皮輸往日本；台灣鹿骨、鹿脯、砂糖、米、籐，荷蘭運來的金屬、藥材，來自巴達維亞的香料、胡椒、棉花、鉛、錫等轉運明帝國；明帝國的生絲、陶器、瓷器、黃金、絲織品等，由台灣轉運巴達維亞、荷蘭；台灣的琉璜輸出到明帝國與柬埔寨等地。

台灣成爲荷蘭在東亞的重要轉運站，荷蘭東印度公司在台灣獲利豐厚，在亞洲三十五個商館中高居第二，僅次於日本。荷蘭除了經濟建設與貿易網路的貢獻以外，還有一大創舉，以西拉雅語羅馬拼音創造新港文，使台灣首度與唯一一次擁有自己的文字。荷蘭統治的貢獻留存在如今台語對許多事物的稱呼上：混凝土稱「紅毛土」，火柴稱「番仔火」，煤油稱「番仔油」，因爲都是「紅毛番」荷蘭人帶進台灣的。

大局觀

台灣因為荷蘭，才由原始部落社會步入初級農業社會、與世界經貿網路接軌，台灣躍入了世界版圖。

台灣與紐約，同時由荷蘭占領，台灣荷蘭時代到一六六二年鄭成功逐走荷蘭，共三十八年；紐約的荷蘭時代到一六六四年出售給英國，共四十年。台灣與紐約的荷蘭時代幾乎完全同步，但如今紐約如何？台灣如何？為什麼？是否值得思考？

大清帝國將台灣鎖入封閉大陸，錯過工業革命世界潮流

荷蘭時代台灣經貿網路遍及世界，串聯日本到印尼遠到歐洲，生機勃勃，明帝國的崩潰，卻給台灣帶來無妄之災。支持明帝國殘餘南明的鄭成功，北伐南京大敗損兵折將，灰溜溜的退回廈門，糧草匱乏、危如累卵，由於無法戰勝清軍，只得向海外尋求根據地。

前荷蘭通事何斌，在台灣侵吞荷蘭人鉅款、積欠荷人與漢人大筆債務，正潛逃廈門，他趁機煽動鄭成功，稱「台灣沃野數千里，實霸王之區。若得此地，可以雄其國；使人耕種，可以足其食。上至雞籠、淡水，硝磺有焉。且橫絕大海，肆通外國，置船興販，桅舵銅鐵不憂乏用。」何斌也出賣荷蘭的調度情報，鄭成功極為心動，於廈門戰役擊退清軍後，著手大修船隻

準備出征。

鄭成功兩萬五千大軍大舉來襲，荷軍在台僅一千五百人，鄭軍很快攻下普羅民遮城、大員市街，圍攻熱蘭遮城九個月，至一六六二年二月荷蘭投降離開，從此台灣進入明鄭時代。由於逐走荷蘭，荷蘭轉而與滿清結盟，滿清於廈門戰役後採取徹底焦土戰略的遷界令，沿海居民內遷三十至五十里，焚毀村舍田宅，斷絕明鄭走私貿易的可能性，貿易路線大減，五角貿易只剩下「東連日本，南蹴呂宋」。

明鄭貿易利益遠不如荷蘭時代，加上屢次內部失和，最終降將施琅引清軍征台，於一六八三年明鄭投降滅亡，台灣進入滿清時代。

地球的另一端，荷蘭的威廉，在猶太人羅佩茲蘇阿索家族的法蘭西斯科金援幫助下發起光榮革命，開啓荷蘭海權與金融轉移到英國，奠定英國工業革命的基礎，世界即將進入工業時代，台灣卻鎖在大清帝國與世隔絕。一七五七年，乾隆勒令「一口通商」只許廣州與外國貿易，台灣深深埋入悲慘命運，封閉、落伍而邊陲化，直到清末英法聯軍徹底打破滿清的鎖國，開放台南、淡水、基隆、高雄爲通商口埠，台灣才又呼吸到些許海洋開闊的自由。

日本時代再創台灣新生

甲午戰爭後日本取得台灣，當時日本與世界霸主英國結盟，是爲英日同盟，台灣透過日本再度與世界一流國家接軌。不久，日本更在猶太人席夫的力挺下，於日俄戰爭中擊敗英國頭號對手俄國，技驚歐洲，日本在高度自信下，想展現殖民地治理能力，以躋身世界強權之列，身為日本唯一殖民地的台灣，因而再次脫胎換骨，重登世界舞台。

不妨從三個層面來比較：教育、公共衛生與生活水準。

教育方面，日本時代以前，台灣僅有馬偕、馬雅各少數基督教傳教士設立的西式學堂，此外就是傳統私塾，識字率相當低，大多數台灣人目不識丁，日常事務若需要文字，只能找少數識字的私塾老師「漢學仔仙」代筆。

日本時代開始，伊澤修二接掌台灣教育事務之後，就學比率迅速提高，一九〇四年台灣學童就學率百分之三點八，四十年經營後，一九四四年高達百分之七十一點七，男童百分之八十點八六，女童百分之六十點九四，不下於當時英國、荷蘭等先進國家。

內容方面，自一九二二年起，在台日本人與台灣人所受的教育系統已完全一致，教育內容由四書五經改為日本福澤諭吉所提倡的實學教育，即「脫亞入歐」，重視實驗精神，從倫理學轉向物理學，也就是現代化教育。台灣的現代化教育體系，是由日本人一手建立。

日本統治台灣的最後，一九四五年，台灣學童就學率百分之八十，相較之下，浙江學童就學率僅百分之四十五，福建更只有百分之三十二。

公共衛生方面，可說是日本時代最值得一提的貢獻，台灣在歷史上一貫被嫌棄為瘴癘之地，疾病橫行，直到日本時代。日本明治維新後仿效德國建立公共衛生體制，殖民後將日本公共衛生體系移植到台灣，才建立台灣近代公共衛生體系，從最基本的建設自來水系統，到針對各種傳染疾病的各種預防措施，以及建立台灣醫療體系提升治療疾病能力。

在日本推展台灣公共衛生的努力下，一九二〇年代以後，台灣傳染病、風土病得到有效控制，其成就受到世界公共衛生界的肯定，更爲台灣社會引進「清潔」「衛生」「保健」的重要觀念，使台灣人民生活現代化。其中，包括引進與大力推廣新式馬桶，取代傳統尿桶、茅坑。現代人無法想像未經日本時代的台灣，家家戶戶臥房都放個尿桶的落後情況。

其成就顯現在台灣人的死亡率大幅下降，尤其是嬰兒死亡率，自一九〇六到一九四三年，從百分之三十四大幅降低到百分之十九以下，出生率也增加四成，爲其他世界主要國家的一到三倍，使得台灣平均自然人口增加率是世界主要國家的二至十倍，爲全球之冠，可見日本時代台灣衛生與經濟生活的改善之鉅。

生活水準方面，研究顯示，台灣一九〇八到一九一〇年出生的男性，比起一八八七到一八八九年出生者，平均高了二點六二公分，女性則高了二點四八公分，平均收入用於購買食物的比例也大幅下降，在在顯示出日本時代台灣人民生活水準的提高。

日本有心建設台灣成爲殖民統治櫥窗以及南進基地，在台灣實行小型的明治維新，爲台灣的近代化、工業化奠定基石。從最基本的人口、土地、林野等資源調查，基隆、高雄建港，南北縱貫公路、南北縱貫鐵路通車，建立郵政、電訊等通訊設備，日月潭水利發電、桃園大圳、嘉南大圳等水利灌溉系統，引進新品種，使用肥料，提升農業生產，普建糖廠，發展糖米經濟作物，逐漸引導台灣走向出口導向的經濟形態。

除了硬體與產業建設，還有典章制度，包括建全貨幣，設立銀行，統一度量衡，編制保甲、警察局、法院等司法制度。更重要的是整體社會風氣的革新，培養守時、守法、清潔衛生的觀念。戒除纏足、賭博、偷竊之惡習。

誠然，日本推行所有的硬體建設與軟體革新，終究是爲了殖民統治上的便利、宣揚大日本帝國國威，這點也不需否認；日本殖民時代，日本人與台灣人階級相當不平等，這也是事實。但是，當時台灣人自己不能當家作主，後世以「解殖」意識形態價值，侈談歷史上的日本應該平等對待殖民地，是否過於天眞？拋開這些價值審查，回到實際歷史上的建設與產業經濟社會進步，不妨捫心自問，如果沒有日本時代，台灣能自行取得這些進展嗎？

然而，日本陷入軍國主義的盲動，因而窮兵黷武侵略中國，導致自身陷入中國泥淖，最終慘遭美英中荷包圍網斷絕貿易，台灣因此也跟著被綁入中國戰場，並捲入太平洋戰爭；戰後，日本放棄台灣，由蔣介石軍政集團接手，使得台灣在戰後凋敝之中，又要額外承擔支援國共戰爭帶來的沉重負擔，以及外來軍事統治的混亂與壓迫，從日本太平洋戰爭到蔣軍政集團控制初期，台灣再度短暫陷入綁入中國的黯淡時期。

韓戰改變台灣命運，加入冷戰美國陣營前沿成為「四小龍」

蔣介石在中國的最後時光陷入窮途末路，一九四九年八月美國發表《中國白皮書》宣告不再支持貪腐無能的國民黨，蔣介石宣告下野，蔣軍政集團正灰溜溜的將人員裝備與物資遷徙來台，由李宗仁領導的中華民國國民政府兵敗如山倒，轉眼滅亡，十月一日，中國共產黨建立中華人民共和國。

蔣介石在台灣急得團團轉，以從中國搬遷來的人員、裝備、物資，於台灣從頭重新組建政府組織，這個全新組建的政權，他又稱之爲中華民國，也就是後來李登輝總統所稱的「中華民國在台灣」。原本蔣在台灣也是風雨飄搖，自從中國爲中共所有，美國冷戰大戰略「聯中制蘇」的對象就改爲共產中國，想向毛澤東遞出橄欖枝，一九五〇年一月美國總統杜魯門宣布「不介入台灣海峽爭端」，台灣危在旦夕。

毛澤東的嚴重戰略失誤拯救了台灣，他自認「東風壓倒西風」，無視美國的善意，以共產主義對抗美國的急先鋒自居，當韓戰爆發，中國兵援北韓「抗美援朝」，美國意識到中國無法交往，政策急轉彎，台灣成爲圍堵共產中國的冷戰前沿，立即派遣第七艦隊巡航台灣海峽，阻止中共攻台。

台灣命運自此又一轉折，與世界一流的美國結合，創造一篇脫離中國的美麗傳奇，歷程可說步步驚魂，結果仍是「絕處逢生，天佑台灣」，在美國協助下，台灣由日本時代的初級工業社會進入高級工業社會，一九八〇年代以後更進階到高科技社會。

美國於冷戰時代的戰略布局，東亞的防共戰略樞紐，是麥克阿瑟一手協助重建的日本，與十九世紀英國以日本爲遠東防俄夥伴的歷史遙遙相接，日本身爲美國東亞指揮中心，快速起飛發展成了「恐龍」；而美國亞洲冷戰戰略的四個前線要塞，分別是面對北韓的南韓，面對中國的台灣以及香港，掌握整個東亞運輸命脈的新加坡，則成了「四小龍」。

台灣經歷太平洋戰爭以及資源抽調支應國共會戰，蔣介石軍政集團流亡台灣時軍費龐大、財政空虛、外匯極度短缺、物資匱乏、通貨膨脹一飛衝天、百業蕭條，美援及時到來，使台灣轉危爲安。

美國援助不僅成爲及時雨，彌補國際收支缺口，更成爲持續發展的動力，至一九七二年軍援停止前，台灣共收到四十二點二億美元軍事援助，包括武器設備更新，派遣美軍顧問團協助訓練等。在一九四九至一九六五年間，美國經濟援助十四點八億美元，並提供大量貸款，資助公營事業包括台電、中油的發展，以增加電力供應，修復交通運輸，修築水利灌溉等，使台灣農工生產恢復正常運作，更提供食品、西藥。美援也用來購買機器設備、進口原料，最重要的是紡織業原料棉花；更有技術援助，教導台灣包括土地改革、教育、衛生、文化交流、農工生產，美國顧問更協助戰後台灣快速興建住宅。

同屬美國陣營，加深台灣與日本既有的聯繫，一九五〇年代起台灣重建並深化與日本的貿易，日本成爲台灣外資、機械設備與技術的重要來源，也是關鍵貿易夥伴，台灣取代日本生產三夾板、腳踏車、紡織品等產品，與美日貿易成爲台灣經濟成長的最大支柱，在這樣國際貿易產業結構帶動下，台灣總產值，由一九五二到一九八二的三十年間成長二十六倍。

由於同爲美國陣營，也使得台灣與以色列的命運有著奇妙的交織，以色列挑起蘇伊士危機，導致台灣發生八二三炮戰；以色列於贖罪日戰爭中轉危爲安，台灣承受石油危機；一直到二〇二三年，以色列哈瑪斯戰爭爆發，也一度讓世界擔憂美國「三面作戰」是否影響台灣的安危。這其中，以色列也曾經成爲美國繞道默許台灣取得關鍵軍事科技的管道；然而，以色列也曾祕密出售軍事科技給中國。

一九六五年美援終止，然而隨著越戰的擴大，台灣戰略地位又提升，加工出口區連結美國陣營的歐美日市場；下一階段，美國的半導體產業發展，促成了台灣「護國神山」台積電，以及所有一眾電子業的誕生，再度跟隨美國走向一波繁榮。從過去的玩具雨傘王國，進入科技產業時代成爲科技島。

台灣人比猶太人更幸運，不需自嘆悲情而是應該精進

共同提出「世界體系理論」的經濟學家伊曼紐華勒斯坦，認爲歷史上影響世界經濟的只有三個國家，荷蘭、英國、美國。

台灣何其幸運，「三生有幸」正是接軌這三國，荷蘭時代連結荷蘭，日本時代透過「英日同盟」連結英國，冷戰時代連結美國，三次幸運，都是因爲邁向海洋。期間也有兩次黯淡無光的年代，滿清收編台灣兩百多年，實施海禁，幾乎使台灣自全球海上貿易消失；日本入侵中國，遭國際包圍，捲入太平洋戰爭，戰後放棄台灣，由深陷中國國共內戰的蔣介石得手，被綁在中國而民不聊生。這正是台灣的三次飛躍與兩次黯淡。

三生有幸中，有一次可間接歸功猶太人，因爲猶太人促進了大航海，開啓大航海時代，也協助荷蘭獨立戰爭，使得台灣有了荷蘭時代；另外兩次台灣的幸運，則源於韓國的不幸，甲午戰爭始於韓國東學黨起義引發日本侵略韓國，演變爲滿清和日本開戰，才有《馬關條約》割讓台灣；冷戰時代，台灣的命運扭轉是因爲韓戰爆發。可說「韓戰救台灣」。

過去本土運動回顧台灣歷史，常常主張「台灣人的悲情」，認爲台灣命運坎坷，有如「孤

兒」自生自滅，又如「舞女」迎來一個個外來統治，沒有自己的主體性。同時又比較以色列的建國，認爲以色列昂然自立，甚至橫行霸道，而艷羨不已。

然而，比較台灣人與猶太人的歷史，其實，台灣人遠比猶太人更幸運得太多。猶太人早在所羅門王時代就是一方之霸、世界富裕地區，卻因爲國際情勢變遷以及本身的內鬨，導致一次次亡國，四散流落天涯，寄居他國，飽受歧視、朝不保夕，屢屢遭到屠殺。雖然猶太人在歷史上幫助全人類的經濟、科技，有長足的進步，本身卻沒有享受到，以色列建國時歷經血戰，戰後也還要從滿目瘡痍的一片沙漠中重新建設一切。

相較之下，台灣人在懵懵懂懂之中，荷蘭來，超速進入灌溉農業時代；日本來，超速進入初級工業；蔣介石原本帶來不幸，卻陰錯陽差接軌美國而推動台灣進入高級工業階段，以至於成爲今日的科技島。甚至在這個過程中，由於李登輝先生的運籌帷幄，絕大多數台灣人不知不覺間，台灣就完成了本土化與民主化；比起經濟起飛，「寧靜革命」更是世界歷史上絕無僅有的奇蹟。

但是台灣的幸運也因此造成台灣人與猶太人最大的不同：猶太人重視戰略具有遠見，大膽投資能賺敢花；台灣人傾向安穩度日，養尊處優。這並非民族性有根本上的不同，其實台灣人重視教育，注重務實的本性，跟猶太人非常相像；兩者之間最大的差異，出於「生於憂患，死於安樂」。

大局觀

猶太人歷史上屢次瀕臨滅絕，讓猶太人拋棄所有天真，以最現實的觀點看大部分的事情；即使如此，猶太人也有鬆懈的時候，一旦疏忽，贖罪日戰爭、以哈戰爭又馬上帶給以色列血的教訓。台灣則是「三生有幸」，又加上寧靜革命，一切都坐待有人賜與，並非自身拚搏流血犧牲爭取而來，所以日漸養尊處優。

但是我們不要像猶太人受盡苦楚才學到教訓，台灣人豔羨猶太人，那最好就是從猶太人的歷史來吸取教訓，以之警醒，但是卻不必受猶太人相同的苦。

有人說，台灣人的個性是「見風轉舵」，台灣的地理環境與外來遭遇為求生存不得不如此，否則只能觸礁沈船；但是，若能從猶太人的命運中學習，台灣人能「見風使舵」駕馭自己的命運，那麼必然能成為世人不敢小覷的「猶台人」。

後記——

寫給台灣人的一本勵志書

藍弋丰

台灣人口與澳洲相當，在世界上其實是中型國家，人口規模遠大於荷蘭、比利時等眞正的小型國家，台灣產業界在全球多個領域都有一席之地，然而，台灣人卻常常妄自菲薄，自認是「小國」，每當看向美國、日本的發展，就說那是泱泱大國，台灣學不起。

若看向眞正的小國，例如遠比台灣小的以色列——兩千年時人口六百萬出頭，二〇一三年才突破八百萬，二〇二〇年才突破九百萬——台灣人又會說，猶太人是「上帝選民」，太聰明、太會賺錢、太有戰略眼光、太團結了，以色列受美國關愛有加，是天之驕子，台灣做不到。

一九九六年台海危機後，美國顧問團來台觀察台灣國軍戰力，評語由《紐約時報》刊出，稱「以爲是以色列，沒想到是巴拿馬」，或許這句話坐實了台灣人面對以色列的自卑感。

台灣人對猶太人的了解大多來自華文世界許多財經書籍吹捧各種「猶太致富密碼」，猶太成了會賺錢、精打細算的象徵，以至於一九九二年知名港劇《大時代》，周慧敏飾演的女主角，因爲個性愛錢如命，粵語原本叫「慳妹」，在台灣就翻譯成了「小猶太」。

猶太人、以色列，當然有其優越之處。對猶太人的評價，或許引用邱吉爾的形容最爲恰

Rothschild family⑧
Franklin Delano Roosevelt
Emery Reves
Louis Dembitz Brandeis
Felix Frankfurter

當：「有些人或許喜歡、或許不喜歡猶太人，但不可否認，猶太人絕對是這世界上最可怕、也最傑出的族群。」

邱吉爾家族與猶太人關係密不可分，自邱吉爾的父親藍道爵士起，就結交許多猶太至交，包括著名的羅斯柴爾德家族英國分支領袖，第一代羅斯柴爾德男爵內森羅斯柴爾德，因而從羅斯柴爾德家族得到大量貸款金援；其他友人還有銀行家莫里斯德赫希，及同是銀行家的恩尼斯特卡塞爾，他在藍道爵士過世後，還繼續提攜邱吉爾，並資助其個人研究圖書館。

邱吉爾父子與英國猶太菁英豪門建立的親密友誼與政商人脈，不僅成為邱吉爾父子從政的龐大政治資產，更同時影響了以色列與英國兩國的命運：邱吉爾率領英國撐過二次世界大戰，戰後力挺猶太人建國，是促成以色列誕生的推手之一。除了父親的庇蔭，邱吉爾本身也有許多猶太好友，包括其文學經紀人埃默里里夫斯。

不僅邱吉爾，美國總統羅斯福也同樣有不少猶太友人，包括任命為財政部長的小亨利摩根索，新政顧問路易布蘭迪斯、費利克斯法蘭克福特，羅斯福受猶太友人及顧問影響，因而採取對猶太人有利的政策，讓美國猶太人在「新政」中翻身。二次世界大戰的世界領袖「三巨頭」中，猶太人就攻下了其中兩人。直到如今，不管是川普還是拜登，親信中都有猶太人。猶太人的傑出與可怕可見一般。

猶太人的這些成就，並非理所當然，也非一開始就是如此。以美國而言，在羅斯福時代之前，猶太人是處於社會最下層中的最底層。

美國猶太人最大宗來自一八八〇年代俄國排猶時逃來的俄裔族群，抵達時大多一窮二白，

Lord Randolph Churchill
Nathan Mayer Rothschild⑧
Maurice de Hirsch
Ernest Cassel㉙
Henry Morgenthau Jr.㉚

Kennedy family

Joseph Patrick "Joe" Kennedy, Sr.

聚居在紐約下東區貧民窟，不僅遭美國其他族群瞧不起，連之前先一步移民進來已經站穩腳步的前幾波猶太移民也深怕被他們拖累，竟然不相往來，更不通婚，還各上各的教堂。他們從貧無立錐之地、孤立無援之中拚死奮鬥起家。

一九二〇年代，美國響噹噹的人物，包括福特汽車的亨利福特，首度飛越大西洋的林白，以及甘迺迪家族中日後甘迺迪總統的父親喬甘迺迪，都是反猶大將，哈佛大學校長洛維爾主張限制猶太學生名額，其他長春藤盟校立即跟進。認爲猶太學生占比過高，以希望學生組成符合人口比例爲由，限制猶太學生占入學人數比例，導致猶太新生比例從一九二五年的二十七．六%，到他退休的一九三三年僅剩十五%。醫藥界、高級俱樂部、高級旅館都不歡迎猶太人，政府部門、法院、醫院、大企業、金融業全數拒聘猶太人，房地產交易界也同樣排擠猶太人。

也就是說，猶太人在美國是比「從零開始」還要更糟，可說是從負數開始奮鬥，短短數十年內，卻能翻身從負債變成資產，掌握「鈔票、選票、媒體」三大法寶，在美國政界呼風喚雨，與福特、林白、喬甘迺迪帶頭反猶的一九二〇年代全然相反。

以色列國家的處境也經歷類似的過程，一九四八年建國時，美國考量阿拉伯國家在石油、航運方面的重要性，起初不僅不支持以色列，還施以武器禁運，深怕以色列會引起戰爭造成美國的困擾。當以色列加入英法行列打響第二次中東戰爭，引發蘇伊士運河危機，美國氣得跳腳，與蘇聯一起共同逼令撤軍。

一九六七年以前，法國是以色列最大的武器供應國，直到六日戰爭，法國拒絕提供武器，美國才取而代之，六日戰爭在將士用命下壓倒性勝利，終於改變美國對以色列的態度，讓以色

Henry Ford

Charles Augustus Lindbergh

Abbott Lawrence Lowell

列成爲美國在中東的代理。

台灣人一方面欽羨猶太人，一方面又覺得猶太人神祕莫測，在不了解下，認爲猶太人就是天生優秀，以色列天生優越，但是，其實不論猶太人或是以色列，都是從遠比台灣條件更惡劣的泥淖中奮鬥起家。

台灣人也常認爲以色列能建國，是因爲猶太人極度團結、擁有強烈建國意識，事實也不盡然如此，猶太人在長達千年的大流散過程中，絕大部分時刻都沒有建國意識，更無所謂團結可言，而是隨人顧性命，認爲只要家族會賺錢、結交各國權貴，融入當地社會，就能保命，有一國屠殺猶太人，大不了逃到另一國。直到近現代都還是如此，愛因斯坦最初也認爲自己是德國人，沒有太多猶太認同，也就甭說團結或建國意識。

直到二十世紀初風起雲湧的全球排猶風潮，從歐洲，到拉丁美洲，猶太人無處不被迫害，以至於最終在德國遭納粹屠殺六百萬人，這血淋淋的教訓，終於讓猶太人覺醒：沒有自己的國家，終究在這個世界上沒有立足之地。

台灣人如今大多並不明白建國的重要，有不少台灣人心裡認爲：就算台灣滅亡，反正逃到美國或其他國家去就好了！殊不知沒有自己的國家，到全球各國，都只有遭冷眼相待、慘遭欺凌的分，猶太人的慘痛經驗就是前車之鑑。

俾斯麥曾說：「愚昧的人才從自己的經驗學習教訓，我喜歡從別人的經驗學習，從一開始就避免自己犯下錯誤。」台灣人最好能從猶太人的悲劇中學習，可別等到自己也遭到不幸，那就太遲了。

Gains Julius Caesar

Gnaeus Pompeius Magnus

William III / William of Orange

猶太人不抱怨命運多舛，但也不接受命運擺布。累積實力，運用策略，在最悲慘的際遇下，夾縫中求生存。以色列原本是美國的棄子，靠著不懈奮戰，與全力經營美國關係，綑綁爲利益共同體，一九七三年以後，美國與以色列成爲堅實的盟友，一九八三年，美國正式界定以色列爲「戰略資產」。近三十年，以色列更試圖把兩國打造成「生命共同體」。猶太人改造並創造自己的命運，靠的是累積實力與借力使力。

熟悉猶太人與以色列歷史的本身，就有相當的價值，以色列產業科技發達，猶太人更掌握金融、媒體，要在國際上經營，免不了要與猶太人打交道，了解猶太人與其歷史是必要的。不僅現代，整個人類歷史上，猶太人常常與世界領袖關係匪淺，從波斯帝國的居魯士大帝，到羅馬的凱撒、龐培，英國光榮革命的威廉，以至於現代的多任美國總統，了解猶太史，其實就是了解了整部世界史。

最重要的一點是：猶太人的曲折經歷與以色列的奮鬥過程，告訴台灣人爲何要有自己的國家，如何建立、如何保衛、如何取得強權的信任與支持，以及如何發展爲軍事經濟科技情報均世界一流，令人羨慕又敬畏的國家。而這一切都從遠比台灣更惡劣太多的困苦條件開始，更別說台灣的人口、國土地理條件都遠勝過以色列。

猶太人能，台灣人就能，以色列能，台灣一定能。

猶太人與以色列的歷史，正是寫給台灣人最好的一本勵志書。

Cyrus the Great

推薦——

借鏡猶太人的成功之道

陳時奮

我在二〇二三年底返台時，接受黃文局的邀請，到台灣勵志協會演講，得知他正在進行一本有關猶太人的書，並邀請我寫序。

我未曾爲他人的書寫序，答應黃文局的邀請有特別的理由。有關猶太人的傳說很多，但眞正了解猶太群體的台灣人並不多。對美國的猶太群體，我們都有第一手的觀察與經驗。

黃文局常年在美國經商，住在猶太人聚集的紐約。因爲生意需要，他跟猶太人常有往來。基於個人的知識好奇心，他對猶太歷史也有深入的理解。

美國有兩所猶太人創辦的大學：紐約長島的葉史瓦大學與波士頓近郊的布蘭迪斯大學。前者的創辦者是信奉正教的猶太人；後者則是無教派的猶太人。

Orthodox Jew
Nonsectarian Jew
Yeshiva University
Brandeis University

我在一九九九年加入布蘭迪斯大學，直到二〇〇六年才轉任加拿大毅偉商學院。這七年對我的學術生涯與人生哲學影響至鉅，特別是我對猶太群體的觀察與認識。

Ivey Business School

在分享我對猶太人的觀察之前，先介紹他們的學術成就。從一九〇一到二〇二三期間，共九百六十五位諾貝爾獎得主，其中兩百一十四位是猶太人後裔（父母皆爲猶太人或至少一位是猶太人）。扣除非學術性的和平獎與文學獎，猶太學者的獲獎比例高達二十七%，而猶太人只占世界人口的〇・二%。兩者差距高達一百三十五倍。

多數人將猶太學者的成就歸因於天生的高智商，但我認爲這個解讀過度簡化。沒錯，這些獲頒諾貝爾獎的猶太學者都很聰明，但智商不是獲獎的保證。

根據我的觀察，猶太人的學術成就，甚至在其他領域的成就，背後有三大因素：重視教育、家庭價值與互相提攜。

重視教育：猶太人普遍重視教育，而且有統計爲證。根據一份二〇一六年的報告，全球猶太人的識字率爲九十九%，平均接受十三・四年的教育，高達六十一%擁有高中以上學歷。以美國爲例，擁有高等學歷的猶太人，百分比爲全國平均值的一倍。

家庭價值：猶太人的血緣認定以母系爲準，家庭是道德與倫理的傳承工具。猶太人重視夫妻關係，強調男女皆無法獨居，婚姻的價值在子女的繁衍。猶太人的生活準則就是家庭和諧。

互相提攜：除了培養能力，猶太人更重視爭取機會，因爲有能力的人未必有機會。猶太人重視人際網路的建立，更樂於互相提攜，而且理由充分：成功的關鍵不在你能做什麼，而在你認識了誰。

我在布蘭迪斯任教期間，常與同事討論台灣人與猶太人的類似之處，例如重視教育與家庭價值，但不包括互相提攜。

猶太人常給人「團結一致」的觀感。事實上這個觀感不算精確。猶太人也有很大的內部分歧，但他們不會內鬥。就算猶太人有內部的意見分歧，面對外部威脅時他們仍然可團結一致。

台灣人則給人「勇於內鬥」的觀感，常因個人的利益不同而引發分裂，甚至不惜損及群體利益。不論在政界、商場或其他領域，台灣人爲了私利傷及群體利益的例子不勝枚舉。

就以台灣和以色列的選舉爲例：雖然兩國都面對外在威脅，但選舉的樣態完全不同。台灣的選舉常見附和敵國的候選人，以色列的選舉則看不到幫敵國說話的候選人。

在布蘭迪斯任教期間，我發現一位猶太同事很喜歡台灣菜。我曾告訴他，除了重視教育與家庭價值，猶太人與台灣人還有另一個共同點：喜愛美食。我的猶太同事欣然同意，卻仍對我表達抗議：「猶太人喜歡台灣菜，但台灣人卻不喜歡猶太菜！」我則笑著反駁：「波士頓地區有許多台灣餐廳，卻看不到猶太餐廳。如果有猶太銀行家轉行開餐廳，我一定去捧場！」

猶太人可在紐約華爾街當銀行家，沒必要在波士頓開餐廳。反過來說，如果台灣人可以當銀行家，何必開餐廳爲生呢？

黃文局對這本書有個期待：猶太人能，台灣人也一定能。

我跟他都有相同的期待，但我沒有他的樂觀。缺乏宗教力量的凝聚，台灣人缺乏互相提攜的胸襟，常因私利互鬥而損及集體利益。

希望黃文局這本書的出版，可引發更多台灣人的反思與效仿，讓台灣人的成就媲美猶太人。

（本文作者爲加拿大毅偉商學院榮譽教授、美國西華盛頓大學講座教授）

推薦——

大局作者觀世局，唯造局者能開新局！

楊斯棓

起初，納粹抓共產黨人的時候，
我沉默，因爲我不是共產黨人。
當他們抓社會民主黨人的時候，
我沉默，因爲我不是社民黨員。
當他們抓工會成員的時候，
我沉默，因爲我不是工會成員。
當他們抓猶太人的時候，
我沉默，因爲我不是猶太人。
最後當他們來抓我時，
再也沒有人站起來爲我說話了。

包含「猶太人」一詞的嘉言詩句，可能以這首詩最廣爲人知，在某些艱難時刻總有人會在臉書等社交媒體上引文、轉發，呼籲人們不要對政治漠然。

這首懺悔詩的原作是德國牧師馬丁尼莫拉於二戰後（一九四六年）以德文寫成，對德國知識分子與牧師屈服於納粹，坐視納粹追捕他人發出悲鳴。

一九九五年，這首詩的英文改寫版（與尼莫拉的原本詩句略有出入）被鐫刻在美國麻薩諸塞州波士頓的新英格蘭猶太人大屠殺紀念碑石碑上。英文版的內容如下：

THEY CAME FIRST for the Communists,
and I didn't speak up because I wasn't a Communist.
THEN THEY CAME for the Jews,
and I didn't speak up because I wasn't a Jew.
THEN THEY CAME for the trade unionists,
and I didn't speak up because I wasn't a trade unionist.
THEN THEY CAME for the Catholics,
and I didn't speak up because I was a Protestant.
THEN THEY CAME for me,
and by that time no one was left to speak up.

New England Holocaust Memorial

新英格蘭大屠殺紀念碑是爲了紀念在二戰中被殺害的猶太人而修建。

整個建築群由六個玻璃塔構成，分別代表納粹德國建立的邁丹尼克集中營、切姆諾集中營、索比堡集中營、特雷布林卡集中營、貝爾賽克集中營以及奧斯威辛集中營。六座玻璃塔上一共雕刻了六百萬個數字，表達了對六百萬大屠殺罹難者無盡的思念。

The Diaspora Museum

高希均先生曾分享他二訪以色列時曾參觀台拉維夫的猶太散居博物館，此館是爲了紀念兩千五百年來的猶太民族遭遇而設立。

高先生特別提及，其二樓有一片牆，上面寫著：「一九三三年希特勒掌權，在他指揮下，德國人及其同謀者屠殺了六百萬猶太人，其中一百五十萬是小孩。當他們爲了生存吶喊時，世界各國冷漠地旁觀著。」

然而，台灣某市長出訪以色列返國後曾說：「對猶太人國際上最大的宣傳，還是希特勒時代屠殺六百萬人這件事情」，引起不少批評聲浪。

台北市可巴德猶太協會認爲該市長「輕率誤用詞彙」，並發布新聞稿，呼籲台灣政壇「應避免引用『希特勒』或『大屠殺』之名做出攻擊他人的譬喻」，並「希望任何其他關於納粹屠殺猶太人的言論，都能避免被放大作爲政治利益下的攻擊工具，並且應該被每一個人謹慎提及、愼重對待。」

該協會理事長方恩格解釋：「猶太人透過教育、展覽及其他活動紀念大屠殺，目的不在於『宣傳』，而是『提醒』世人記住歷史教訓，不要重蹈覆轍。」

該市長確實因爲不夠了解、不能同理猶太人的苦難而輕率發言。

當時有記者問這位市長：「政治上，以色列比較親美？」

他說：「這個就不用講了，事實上，猶太人團體在美國的政壇很有力量，我想這大家都曉得，所以事實上不是以色列親美，應該倒過來講，是美國親以色列。」

這位市長雖然不了解猶太人的受難史，但他倒是清楚猶太人之所以可以跟人大小聲的實力，他發言中的兩個關鍵字「團體」「力量」，恰恰就是當今猶太人實力強大的關鍵因素。

眾人皆知猶太人深諳使錢之道，但可能不知道爲何猶太人團體如此強大，本書則有相當篇幅著墨。

《世局》作者黃文局的前作爲《大局》。我受局叔之邀爲《大局》撰序及專題演講而漸爲熟稔。有一次，他邀請我出席一場飯局，在一間以美食聞名的星級飯店的頂樓包廂內，席間有幾位政治人物（有人隱於江湖，也有今日之星、明日之星），還有諸多博士、董事長，局叔跟大家細數「影響世界金融與經濟最重要的機構是美國聯邦儲備局，歷任主席，葉倫、貝南克、葛林斯潘等，全部都是猶太人」，他信口就列舉世界上諸多領域的佼佼者多是猶太人，講了足足十多分鐘，大夥兒對其閱歷及博學佩服不已，聽到連抄筆記都來不及。

Yellen
Bernanke
Greenspan

局叔強調：「他們不是道德的化身，他們是成功的經營者。」

他們律己甚嚴，成功的經營人脈網（成功的人脈經營者常常當giver，失敗的人脈經營者常常當taker），將影響力從企業再跨到世界各國。

局叔說：「由於歷史因由，猶太人千年來，流散世界各地，可是，他們靠著宗教，種族與姻親關係，結合成一個牢不可破的跨國『信任』網絡，連上這個網絡，幾乎可以無遠弗屆。放眼望去，全世界，只有猶太人有這個條件。」

這段話解釋了為何猶太人團體的內聚力有別於其他團體。

局叔素來倚重《橡皮推翻了滿清》一書作者藍弋丰，弋丰跟我有幾飯之緣，有一次我跟他吐露心聲，述及飯局，他見我因無法盡知局叔口中的人名而落寞，出聲安慰我：「放心，這一整段，都會出書」，讓我喜出望外。

原來局叔早有撰書計畫，讓更多台灣人了解猶太人的優點，內化之，讓「台灣人」這個團體變得更強大。

弋丰點出：世局總不斷改變。

我們若錯解「西瓜偎大邊」一詞，就會把心力總花在思考：該選哪一邊。「拍開電火揣希望，希望原來就是咱」，當今誰能否定台積電就是「大邊」，舉世各國，紛紛都想「偎大邊」。過去我們可能內建「選邊思維」，如今我們應當更新為「大邊思維」，「大邊思維」就是「猶太人思維」。

對猶太人亦有相當深入研究的陳時奮教授點出台灣人與猶太人的相同與不同，相同的是重視教育與家庭價值，但論及「互相提攜」，台灣人稍遜（甚至遠遜？）猶太人。

陳教授沉痛地寫下：「台灣人為了私利傷及群體利益的例子不勝枚舉。」

許多台灣人在與人往來時，並不一定總是把「互相」放在心上。而那些把「互相」放在心上的長期主義者，往往願意創造或釋出機會以牽成他人，如此格局，往往又能贏得更多機會，與此同時，卻又願意繼續釋出機會，牽成他人，成爲強大的正循環。

當台灣人愈來愈多人成爲長期主義者時，把國家利益放在個人利益之前時，我們就不會選出「愈選愈有錢的政治人物」。

除了檢視政治人物是giver還是taker，我們也該自我檢視自己是giver還是taker。選民的平均素質，終究會決定政治人物的「長相」如何。

近日弋丰來訊，他告知編輯排版完的感想是：「覺得眞是了不起的書」。我愼重地以弋丰的這段話，當作本篇推薦序的結語：「這本書就是完全體現楊醫師《要有一個人》，總要有人做出這樣一本書給台灣人，那就是我們了，包含最初研究猶太人的局叔、說服他應該出書的蔡致中跟瑪法達，介紹編輯的您，我跟圓神的團隊以及漫畫的林老師。」

諸多台灣人團體當中，最像猶太人的，我認爲是台美人。

眾多台美人當中，最像猶太人的那個人，毫無疑問就是局叔。

局叔一生催生過許多英雄，幫助他們打贏沒人看好的選舉戰役。

這次他出書，我覺得他很有可能在有生之年會親眼見到：台灣遍地是英雄！

（本文作者爲家醫科醫師，著有《人生路引》《要有一個人》）

推薦——

一個獨行的「猶台人」壯大台灣的藍圖

鄭政秉

誰知黃文局壯大台灣的藍圖？

台派多知道黃文局將他事業有成的上億資金豪擲在提升台美關係上，但少有人清楚他的「猶台人」壯大台灣的藍圖？

黃文局言必稱猶太，但是他到底對猶太人了解多少？黃文局師法猶太，但他的作爲跟功業到底有多猶太？他宣稱猶太是否只是沽名釣譽？還是眞的以猶太人的理念努力提升台灣？他的新書是否充分掌握猶太人滄桑的歷史跟逆境求生的精髓？他成功的商業經驗和獨特的助台模式，是否爲本書添加了特殊的視角跟深度的觀察？

這本卓越、細膩又充滿使命感的「猶台人之書」，將會帶給你折服的解答。

交集在對台灣的憂心

黃文局已經名滿台派，爲什麼還要一位名不見經傳的學者爲他的書寫序？

二〇二三年夏天，我從烏克蘭探險回來，黃就請我在ＴＩＡ發表看法，但我的評論也波及到各方，他居然容得下挑戰的言論，開始佩服他的氣度。今夏我又花了十九天在以色列觀察戰時社會。這個行動又是率先得到黃的肯定，並邀請我爲他的新書寫序。

二〇一六年，黃在華府成立全球台灣研究中心時，中共還只是遙遠的威脅。二〇二三年在台北成立台灣勵志協會時，兩岸的時局已大不相同。事實上，台海的局勢這幾年急劇惡化，從二〇二〇年中共回收香港、二〇二二年俄羅斯出兵烏克蘭後，中俄等全球專制集團的軍火產業都已全速滿載。但在中國圍台侵台的軍事演練不斷升級下，台灣社會因應戰爭的意識跟作爲仍然是溫吞緩慢，事不關己。

這個共同對台灣未來的憂心可能是我們交集的開始，雖然他的憂心比我溫和許多。對於二〇二五、二〇二七或二〇三二這些不絕於耳的中共入侵訊號，至今對台灣人的警醒有限，必將影響到台灣未來對危機的因應和可能的後果。

如果是以色列人會怎麼看這個局勢？他們在歷史上遭遇了哪些挫敗和殺戮？他們如何被迫流浪世界？又如何寄人籬下，仍在各領域稱雄？但這些成功何以無法阻擋排山倒海的反猶主義，以及不斷擴大的集體屠殺？是這些民族的悲劇使得以色列人對亡國滅種有超強的警覺嗎？何以在強敵們持續圍攻下，以國總能擊潰敵軍，並越打越強大？

《世局》一書的特色

黃文局跟藍弋丰合著的這本《世局》，涵蓋三千多年來猶太人的興衰再起史。它以提升台灣為職志，呈現一位成功企業家四十年來對猶太人細膩的觀察。本書不僅涵蓋上述所有攸關台灣存亡的疑惑，還包含以下幾個深刻的特點：

一、**猶太商人比傳說中的更成功**。黃文局在書中細訴紐約人，如何每日每時都活在猶太人的成功世界中；相同的故事也刻畫在台北人身上。我們都多少知道猶太人很成功，但當意識到原來我們生活的品味都深深地被猶太人所形塑時，還眞的會嚇一大跳。

二、**猶太人不是只有在賺錢上成功，在其他方面也都比我們想像的更卓越**。猶太人勤讀舊約，思辯塔木德；安息日正是他們的集體讀書及思辯眞理的日子。所以早自西歐航海世界的開啓和英國工業革命的發動，都離不開猶太人的貢獻。他們在化學、航海、武器、農業及生技領域上都技冠全球，也難怪猶太人獲得諾貝爾獎的比例會如此之高。

三、**深入了解美國猶太人及更多不同猶太人的成功路徑**。發跡於紐約，對美國猶太人的成功有著獨到的觀察及分析。本書也告訴我們，西猶太人如何在亞洲，例如日本跟香港，也建立了不可一世的功勳。

四、**今日以色列何以能避免再被滅國以及越戰越勇？**經商成功的黃文局在幾十年後，居然也累積了深厚的歷史功力。從西元前十六世紀摩西出埃及起，歷經三次建國又三度亡國，之後一千多年寄人籬下，到猶太人為何又拚死建國等，本書都能根據史實，以台灣人為訴求，鉅細靡遺地鋪陳出精采故事。

五、**三生有幸的台灣新史觀**。本書根據華勒斯坦的現代理論，認為四百年前蠻荒落後的台灣，正是經過荷蘭、日本和美國等三大強國的幸運拉拔，才創造出今日科技進步、社會繁榮的美好台灣。但因爲得之太易，台灣人似乎從未察覺建國、衛國及文明的累積是需要犧牲流血的。台灣人很可能無法像以色列一樣能經得起戰爭的考驗。

「猶台人」的智慧警示

在藍弋丰及出版社的共同協助之下，黃文局的新書呈現了活潑、多元、豐富和精緻的內容。其中值得稱道之一是由其智慧導引所組成的「大局觀」，深刻呈現一個猶台人觀察世局的視角，以及憂國憂民的心境。作者提出的幾個方向很值得台灣人深思。

一、**台灣人並不必然比以色列人遜色**。猶太人流派分歧、好辯好鬥，歷史上多次的亡國都跟內鬥有關。尤其以色列當前的政治對立情勢就比台灣更嚴重。又如在建國之時，以色列的經濟及國防條件樣樣都不如台灣。所以台灣並不必然比以色列遜色，我們不必妄自菲薄。

二、**台灣要借用以色列亡國滅種的經驗，而不必親歷亡國之痛**。猶太人歷經三次滅國，再深嚐一千多年任人宰殺之痛後，才全族凝聚，拚死也要建國及護國。台灣的大挑戰很可能就要到來；台灣人如不誓言衛國，難道是要讓後代子孫們都嚐嚐以色列人所經歷的千年亡國之痛嗎？

三、**台灣人要學習以色列的國際遊說力量，在兩岸衝突中尋求國際更深入、更巨大的資助**。書中點出美國猶太人協助以色列建國及存活的三大要素：選票、鈔票及輿論。這方面台灣人在美歐的組織及力量必須向猶太人大力學習，也必須快速壯大。

四、台灣人必須體悟以色列的戰爭警覺及自我防衛的決心。黃文局早在二〇一三年的演講中就如此陳述：「台灣人如果不積極培養實力，不想為自己的國家付出代價，只想把自己的負擔架在美國人的肩上，而沒有做任何的貢獻，台灣的前途恐不樂觀。」

不可不讀這本睿智之書

黃文局的猶台人使命已獨行四十年，但追隨者稀。現在在藍弋丰的協助之下，長期對猶太人細膩、生動的觀察，已完整地呈現在本書。十年前台灣還說不上有什麼立即的危險，但是如今台海危機已迫在眉睫。所以，凡欲壯台護台者，不可不讀這本猶台人的睿智之書。

（本文作者為國立雲林科技大學財金系教授）

附錄：紐約台灣會館演講講辭

美國猶太人如何改造與創造自己的命運

黃文局

首先，謝謝大家不顧這麼冷的天氣，大老遠跑來聽演講，可見大家愛台灣的心情有多麼強烈。

如果不幸蹺到強盜，強盜第一句話就問，要錢還是要命。可見錢與命是人生存最重要的兩個要件。沒命就死了，沒錢也活不了。

猶太人顛沛流離兩千多年，最懂得這個道理。因此，爲了保命，可以使盡一切手段。而金錢，不只可以活命，也可以買命。他們沒有國家保護他們生命的安全，只好自力救濟，賺錢保命，買生存權，買生活權。千年的歷練，使他們比別的民族更懂得如何保命，也更懂得如何賺錢。

也因此，他們流徙到世界任何地方，不管環境再惡劣，人們對他們如何迫害，他們都有辦法改造並創造他們的命運。尤其是美國的猶太人最爲成功，以色列能夠建國，美國的猶太人應居首功。

我們今天就共同來學習，美國的猶太人如何改造並創造他們的命運。也許有一天，美國的台灣人也可以改造並創造台灣的命運。

我們由三個切面來剖析：一是美國猶太人的移民史，二是美國猶太人的崛起史，三是美國猶太人的組織。由這三個層面的演變，我們對猶太人如何由美國的底層爬到高層、由美國被歧視的邊緣人變成可以呼風喚雨的主人的脈絡，就會有很清晰的了解。

一、美國猶太人移民史

第一波，一六五四年到一八〇〇年，約一百五十年，人數很少，多是塞法迪猶太人。

第二波，一八〇〇年到一八八一年，約八十年，約有二十五萬人，多是德國猶太阿什肯那茲猶太人，多從事小商販，多住在紐約曼哈頓下東區。

第三波，一八八一年到一九二〇年，約四十年，約有三百萬人湧入，多是俄國、東歐猶太人，多是貧窮的文盲。

第四波，一九三三年到一九四五年，約十二年，約有二十多萬人進入，多是猶太菁英。

Ashkenazim | | Sephardim

二、美國猶太人崛起史

猶太人基本上都不是咬著金湯匙出生或懷著萬貫來到美國的。絕大多數貧困又目不識丁。其他民族移民身上平均有十五美元，猶太人只有九美元。但是，他們憑著教育，改變了下一代的命運。收入提高，社會地位提升。

Greenspan
Paul Volcker
Arthur Burns
Bernanke
Yellen

但也因此，擠壓了傳統白人的就業機會，引發了一九二〇年代與一九三〇年代的反猶運動。一九二九年到一九四一年間最爲嚴重。

一九三三年希特勒反猶，歐洲猶太人約有二十多萬菁英移民美國，包括愛因斯坦、馮紐曼、馮卡門等。這批人使美國由學術界的邊陲地位提升爲學術重鎮。也因此，有人建議應該替希特勒立一紀念碑。因爲希特勒造就了今日的美國，其實是那批猶太人造就了今日的美國。

美國諾貝爾獎得主，大約四十%是猶太人，尤其是經濟學獎。一九七〇年，薩繆森，是第一個美國猶太人獲得諾貝爾經濟獎。他是曾任美國哈佛大學校長桑默斯的舅舅。桑默斯是經濟學家，父母也都是賓州大學的經濟學教授。伯父阿羅也是諾貝爾經濟獎得主。

接任伯南克爲聯邦儲備理事會主席的葉倫，也是猶太人，耶魯大學經濟學博士。她的先生是俄國猶太人，諾貝爾經濟獎得主。聯邦儲備理事會可以左右世界經濟，而主席歷來多是猶太人。葉倫、伯南克、格林斯班、沃克、伯恩斯等都是。

財政部長，從羅斯福新政時代的摩根索到卡特的布魯門索、克林頓魯賓、歐巴馬的桑默斯，都是猶太人。

學術界上不說，金融界的高盛、摩根史坦利、庫恩羅夫、雷曼兄弟，哪一家不是猶太人的？企業界、百貨業、鋼鐵業、石油業等，也比比皆是。

物理、化學、醫學、哲學、文學等，猶太人也是人才輩出，如大家耳熟能詳的愛因斯坦、史坦貝克等。但這些離我們生活太遠了。我們談談猶太人如何影響平常人的生活。

一般人早上起床到晚上就寢，生活起居，猶太人如影隨形。

Paul Samuelson
Summers
Arrow
Morgenthau
Blumenthal
Rubin
Kuhn & Loeb

Happy Winston | Alto | Staples

上班前，聽聽氣象預報，三大電視台ABC、CBS、NBC猶太人包辦。翻翻報紙，看看新聞，三大報紙，也是猶太人擁有。到了辦公室，打開電腦，谷歌一下訊息，有沒有朋友在臉書上留言。少了文具，到史泰伯補貨。逛逛梅西百貨公司，買件雷夫羅倫襯衫給自己，買個雅詩蘭黛化妝品給太太。到亞多買雙新鞋。走累了，路上星巴克喝杯咖啡，抓瓶西格拉姆的酒，晚上與朋友同樂。週末到好市多買菜，家得寶補些家用工具，晚上全家看場史匹柏執導的或是寇克道格拉斯演的電影。品味高尚的，就到林肯中心聽伯恩斯坦指揮的孟德爾頌的古典音樂，或者參觀古根漢博物館。輕鬆一下，聽聽芭芭拉史翠珊的情歌也不錯。長假帶小孩去迪士尼樂園，小孩結婚買個溫斯頓的鑽戒祝賀。

上面提到的所有公司，全部都是猶太老闆或猶太人經營的。

Home Deport | Seagram

三、美國猶太人的影響力

美國猶太人的影響力幾乎涵蓋所有行業、各個層面。學術界、金融界、企業界、娛樂界、醫藥界、電視業、媒體業、印刷業、百貨業、餐飲業、服飾業、化工業……但最重要的是在經濟界與政治界。

這又回歸到我們開頭的主題，強盜的問話，要錢還是要命？錢就是經濟力，可買命。命就是要靠政治力來保命。爲了買命、保命，非掌握經濟力與政治力不可。爲提升經濟力，首先由教育著手。有了高等教育，智能技巧提高，收入提升，地位也不同。尤其是常春藤盟校畢業生，更是進階上層社會的保證書。近年的總統不是哈佛就是耶魯畢業生。

因此，猶太人拚死拚活，都要把他們的子女送進常春藤盟校，尤其是哈佛大學。因爲，只有這樣才能出人頭地，不受歧視。猶太人備受歧視，但他們不抱怨，用努力、實力與貢獻改變人們的想法，改變他們的命運。

累積了經濟實力，又以宗教熱忱投入政治。千年來，猶太人備受迫害，沒有生存權、生活權，更別提政治權了。美國這片沃土，提供他們「千載難逢」的機會，當然緊抓不放。

美國大選，投票率不會超過五十%。猶太人投票率卻高達九十%。因此，人口不多，卻能發揮關鍵影響力。尤其是勢均力敵的搖擺州，兩黨對他們都極爲重視。

除了選票之外，他們最重要的力量來自金錢。民主黨基金會大約六十%來自猶太人，共和黨大約二十五%來自猶太人。一九六七年，韓福瑞選總統時，二十一個捐款超過十萬的人，猶太人占十五個。二〇〇〇年的統計，最大的捐款者，前五名有四名猶太人。

美國以色列公共事務委員會前主管迪恩說，影響選舉結果最大的因素，不是猶太人的選票，而是鈔票。美國人說「Money Talks」「No Money, No Honey」。沒有蜂蜜，怎麼製造美酒？所以，台灣人說「空嘴咬舌」（台語），發揮不了任何作用。

AIPAC
Dine

除了選票、鈔票兩項利器之外，猶太人又有第三項利器：輿論。一般人不可能直接接觸候選人，只能由電視或報紙得到印象。而三大電視台ABC、CBS、NBC全部控制在猶太人手中。三大最有影響力的報紙，紐約時報、華盛頓郵報、華爾街日報也都是猶太人擁有。

支持以色列的，他們大力吹捧。反對以色列的，他們大加撻伐。

Charles Percy

Paul Findley

猶太人把三樣利器，鈔票、選票、輿論，當作蘿蔔與棍棒交叉運用。支持猶太人，鈔票、選票大放送；反對猶太人，棍棒官司大力槓。最慘的是連任十屆的眾議員芬利以及資深參議員帕西，只因沒有全力支持以色列，就被動員全美猶太人的力量，硬生生拉下馬。

因此，兩黨總統、參眾兩院，都不敢批評以色列。歷任總統對阿拉伯人最好的歐巴馬，猶太人對他「恨之入骨」，因他不完全偏坦以色列。其實，二〇〇八年，歐巴馬當選第一天即宣布有「第二總統」之稱的伊曼紐任白宮幕僚長。他是柯林頓的競選功臣，替柯林頓募了七千兩百萬美金，歐巴馬也需要他。後來選上芝加哥市市長，是芝加哥第一個猶太人任市長。其實，伊曼紐是極端以色列捍衛者。他的叔叔死於與阿拉伯人在耶路撒冷的衝突。一九九一年，他加入以色列軍隊與伊拉克作戰。

其實，在柯林頓、布希等內閣、國防部、情報局，充滿鷹派與極端捍衛以色列的猶太人。柯林頓四十二%的一級主管、閣員，包括國務卿等，有六個都是猶太人，其他就不用說了。

小布希的父親被猶太人拉下馬，此仇不報非君子，但是，識時務者爲俊傑，布希內閣的猶太人不比柯林頓少。

美國猶太人命運的轉折點有兩個。一是羅斯福新政時期，二是一九六七年的六日戰爭。

前者是猶太人由社會底層躍入社會高層的關鍵時期。猶太人因「新政」而大量進入美國內閣。

後者令美國人對猶太人刮目相看。美國人本來也看衰以色列的前途，想不到，一九六七年，以色列在多國圍攻之下，竟能虎口逃生，自此，美國大力援助以色列。也因此，美國猶太人信心大增，由過去隱諱的支持「自由主義」轉爲張揚的擁護「民族主義」。

四、美國猶太人的遊說組織：美國以色列公共事務委員會AIPAC

猶太人的組織，有同鄉的、社區的、宗教的、商業的、專業的，而最重要的是政治的，尤其是AIPAC。台灣人公共事務協會FAPA就是學AIPAC的。

美國猶太人認爲最重要的工作只有兩個，捐款與遊說。有錢才能幫助以色列的強大；遊說才能保障以色列的安全。

AIPAC的影響力大到什麼程度，簡單講，幾乎到了「予取予求」的地步。連老布希總統都被拉下馬，卡特總統被批得體無完膚。等而之下，參議員、眾議員更不用說了。連最不受外力影響的學術界也噤若寒蟬。

幾乎所有智庫都親以色列，因爲猶太人是最大的財務資助者。比較中立的布魯金斯研究所（Brookings Institute）在二〇〇二年，猶太人沙班（Saban）捐了一千三百萬美元，現在也抹上親以色彩。

五、我們可以向美國猶太人學到什麼？

幾乎所有功成名就的猶太人都有兩個特色：一是強烈支援以色列，二是投入慈善事業。

公元一三五年，他們的國家被滅，卻能在將近約兩千年後復國。這種熊熊烈火的國家意識竟能支撐兩千年不滅，是人類史上的特例，可能與宗教信仰有關。

猶太人是投入慈善事業最多的民族，也是投入金額最多的民族。這一點，也與猶太教義有關。不管如何，上述兩點，都值得台灣人學習。

台灣與以色列的處境極爲相近。

一九四九年，蔣介石退守台灣，與中國對峙七十多年。

一九四八年，以色列建國，迄今也七十多年。

台灣面對要併呑台灣的中國，以色列被要以色列消失的阿拉伯國家包圍。

一九五〇年，美國爲了防堵共產國家的擴張，積極防衛台灣。把台灣打造成「不沉的航空母艦」。五十年後的今天，國際情勢有了重大變化，尤其是中國崛起。中國變成世界第二大經濟體，又握有最多美國國債，美國台灣關係有了深層的變化。中國企圖以經濟力切除美國與台灣的臍帶，尤其是軍售。因爲，沒有武裝的航空母艦，就好像沒有利爪的老虎，只能任人宰割。

另外，以經濟交流、文化交流、觀光交流等消弭台灣人的敵我意識，以達不戰而屈人之兵。台灣如果沒有美國的支持，無法存活。以色列如果沒有美國的支援，也無法存在。

因此，已故以色列總理說，以色列與美國的關係是重中之重。但是，猶太人了解，人與人之間的交往都是「拿與給」的關係；國際情勢也一樣，權與錢是最高準則。所以美國猶太人一再強調他們對美國的「貢獻」，全力打造兩國「利益共同體」的關係，還進一步打造「生命共同體」的關係。由戰略、外交、經濟的利益結合，拓展到宗教、法治、民主等意識型態的契合。

沒有美國猶太人的經濟與政治實力的支持，以色列無法建國，也無法存活。

一九四八年以色列建國初期，經濟衰敗，岌岌可危，美國對以色列保持距離。一九六七年後，猶太人展現實力，兩國關係緊密結合。

台灣人如果不積極培植「實力」，不想爲自己的國家付出代價，只想把自己的負擔架在美國人的肩上，而沒有做任何「貢獻」，台灣的前途，恐不樂觀。

日本明治維新的最偉大學者福澤喻吉說：個人獨立，國家才能獨立。

同理，個人能夠改造並創造個人的命運，才能改造並創造國家的命運。

台灣能不能改造並創造新的命運，就由在座的各位開始。

最後，我要以以色列前總理梅爾夫人的話作結尾。梅爾夫人告訴美國猶太人「以色列不能靠掌聲生存，也不能透過演講獲勝」。事實上，再多的掌聲與演講也幫不了台灣。讓我們一起以實際的行動，金援與遊說來「愛台灣」吧。

謝謝，謝謝各位。

二〇一三年十一月十二日

致謝

一本書能完美呈現在讀者面前，不只是作者的努力，更是集眾人之力的成果，在此特別感謝：

兩位出版與媒體前輩，蔡致中、鄒明珊，是兩位孜孜不倦的勸說與規劃，發起了製作本書的計畫。

楊斯棓醫師的大方牽線，讓本書能交付給圓神出版社的慧心巧手。

簡社長，不僅一開始就特別重視這本書，還親自定案書名。

主編眞眞，爲這本書規劃許多最棒的創新特色，同時又保持以簡馭繁。

刊頭漫畫與人物插畫林政賢老師，巧妙爲本書提供畫龍點睛的沉浸感。

責任編輯蕙婷，爲了我許多無理的要求受苦受難，最終卻又能使命必達。美編益健、排版易蓉，跟蕙婷一起完成艱辛的版面創新任務，給了本書清晰的數據圖表。

兩位行銷企畫禹伶、雅雯，以及印務、書店業務、經銷通路的所有人員，把這本書介紹給最多的人。

當然最感謝的是買下這本書的你，來自你的肯定讓我們所有人的努力都有無比的意義，你的喜愛就是最高的獎項！

由衷感謝，有你們眞好！

塔木德有言：「行動勝於雄辯。」
台灣人，不管你做什麼，看完此書，都該捲起袖子，開始行動了！

——《世局》

國家圖書館出版品預行編目資料

世局：借鏡猶太史，走出台灣自己的路 ／黃文局，
藍弋丰 著. -- 初版 -- 臺北市：圓神，2024.11
512面；17×23公分 --（天際系列；27）

ISBN 978-986-133-939-9（精裝）

1.CST：猶太民族　2.CST：民族性
3.CST：民族文化　4.CST：歷史

536.87　　113013840

Eurasian Publishing Group
圓神出版事業機構
用心與你對話・網野無限寬廣
圓神出版社
Eurasian Press

www.booklife.com.tw　　reader@mail.eurasian.com.tw

天際系列 027

世局：借鏡猶太史，走出台灣自己的路

作　　者／黃文局・藍弋丰
內頁漫畫／林政賢（Max Lin Art）
內頁照片／黃文局
地圖繪製／藍弋丰
發 行 人／簡志忠
出 版 者／圓神出版社有限公司
地　　址／臺北市南京東路四段50號6樓之1
電　　話／（02）2579-6600・2579-8800・2570-3939
傳　　真／（02）2579-0338・2577-3220・2570-3636
副 社 長／陳秋月
主　　編／賴真真
專案企畫／沈蕙婷
責任編輯／沈蕙婷
校　　對／沈蕙婷・賴真真・藍弋丰
美術編輯／金益健
行銷企畫／陳禹伶・林雅雯
印務統籌／劉鳳剛・高榮祥
監　　印／高榮祥
排　　版／杜易蓉
經 銷 商／叩應股份有限公司
郵撥帳號／18707239
法律顧問／圓神出版事業機構法律顧問　蕭雄淋律師
印　　刷／國碩有限公司
2024年11月　初版

定價690元　　ISBN 978-986-133-939-9

猶太人物誌

①羅佩茲蘇阿索家族

安東尼奧羅佩茲蘇阿索 Antonio Lopes Suasso 1614～1685

法蘭西斯科羅佩茲蘇阿索 Francisco Lopes Suasso 1657～1710

羅佩茲蘇阿索家族在葡萄牙驅逐猶太人時被迫改宗信天主教，之後逃往荷蘭，於阿姆斯特丹恢復猶太信仰，發展成爲阿姆斯特丹最強大的西猶太人金融家族勢力。

安東尼奧出生於法國波爾多，在阿姆斯特丹經營與西班牙馬拉加、北德漢堡的貿易網路，本身就是阿姆斯特丹西猶太人中最具實力的金融巨擘，又迎娶另一個著名西猶太人富裕家族德品托家出身的妻子，兩家結合後實力倍增。

安東尼奧長袖善舞，雖然身在荷蘭仍與西班牙王室維持良好關係，1676年西班牙國王還因他的外交貢獻封他爲男爵；又同時和荷蘭省督關係密切，旗下銀行向省督提供金援。1685年，安東尼奧過世，法蘭西斯科繼承父親半數財產，其中大多數爲荷蘭東印度公司股權。

法蘭西斯科於1682年於漢堡迎娶特西拉家族的茱蒂特西拉（Judith Francisco Teixeira），特西拉家族是繼羅佩茲蘇阿索家族、德品托家族以下，第三大葡裔猶太金融家族。1688年法蘭西斯科資助荷蘭的威廉200萬荷蘭盾以發起光榮革命，同時也協助安排運送兵力，就是透過在漢堡的岳父。不過1689年茱蒂過世無子，使得三大家族的結合破滅。法蘭西斯科再婚後生有十個子女。

②**摩西莫卡塔** Moses Mocatta ?～1693

莫卡塔家族是西猶太人，西葡大驅逐之後一開始前往阿姆斯特丹與威尼斯，1650年代移民英國，是克倫威爾時代引進的第一批猶太人之一。

摩西於1671年於倫敦成立莫卡塔公司，成爲世界經營貴金屬交易的先鋒，

於1676年交易網擴及印度孟買，1720年代擴及上海，由於當時的印度與大清帝國以銀爲主要通貨，英國則採取金本位，使銀價在孟買與上海高於倫敦，金價則相反，因此莫卡塔大舉將銀送往孟買、上海套利。

1684年起莫卡塔公司成爲英格蘭銀行與東印度公司的貴金屬交易商，持續到18、19世紀。1787年以薩高斯密加入成爲合夥人，1799年公司改名爲莫卡塔高斯密。此後公司持續由莫卡塔、高斯密兩家族控制長達286年，直到1957年出售給漢布羅斯銀行（Hambros Bank）。

---

③山謬歐本海默 Samuel Oppenheimer 1630～1703

東猶太人銀行家，在巴登侯爵路德維希（Margrave Ludwig of Baden）推薦下，成爲神聖羅馬帝國皇帝李奧波德一世（Leopold I）的御用宮廷猶太人。

正逢神聖羅馬帝國召集神聖聯盟，與鄂圖曼土耳其打起大土耳其戰爭，山謬提供可觀軍事費用資助名將歐根親王（Prince Eugene of Savoy）的部隊，在戰爭期間得以提供士兵戰傷醫療，歐根親王特別從土耳其帶回大量無價之寶：希伯來手稿，做爲回禮，這些手稿日後成爲大衛歐本海默（David Oppenheim）圖書館的館藏核心，現藏於英國牛津大學博德利圖書館。

因這樣的功績，李奧波德一世讓山謬豁免於1670年維也納猶太人驅逐令，得以自由行動，和親友家族居住於維也納，皇帝還賦予他特權，可在維也納市中心興建宅邸。然而皇室爲了逼迫山謬歐本海默減免債務，暗中煽動1700年排猶暴動，暴民入侵洗劫山謬歐本海默宅邸。事後絞死一人、逮捕其他人草草交代。當他於1703年過世，政府立即拒絕履行債務，使得他的繼承人與公司破產，宅邸也於1763年遭拍賣。神聖羅馬帝國殺雞取卵的結果，在山謬過世後也陷入財政危機。

兒子西門沃夫歐本海默（Simon Wolf Oppenheimer）前往漢諾威重起爐灶，開辦銀行繼續家族傳承，日後，羅斯柴爾德家族創始人邁爾羅斯柴爾德（Mayer Amschel Rothschild）進入這家銀行實習。

④參孫維特海默 Samson Wertheimer 1658～1724

出生於萊茵河西岸的沃姆斯，1684年來到維也納，結識山謬歐本海默，以山謬親友的特許權住在維也納。當山謬不在時，代表山謬與奧地利政府交涉。經由山謬取得神聖羅馬帝國皇帝李奧波德一世的信任。於西班牙王位繼承戰爭中，參孫與山謬共同確保帝國軍隊裝備與後勤補給資金。

山謬過世後，歐本海默家遭帝國倒帳破產，參孫維特海默接手服務帝國，約瑟夫一世（Joseph I）繼位後延長給予參孫的宗教自由權、居住權以及免稅權，繼續委以參孫國家金融重任，包括在土耳其戰爭中大筆借款給政府。參孫在維也納擁有多處宮殿與花園，宅邸前有十名帝國衛兵護衛，人稱「猶太皇帝」。

參孫安排子女與最強大的猶太家族結合，如長子沃夫（Wolf Wertheimer）聯姻歐本海默家族，即使如此，仍無法保障子孫的事業，參孫死後，沃夫將大部分資金投入借貸巴伐利亞政府，遭違約欠債不還而破產。

⑤維特爾海涅以法蓮 Veitel Heine Ephraim 1703～1775

父親從漢堡遷至柏林，母親則來自維也納。腓特烈大帝的宮廷猶太人，腓特烈自王儲時代就已經向以法蓮貸款。

1755年起以法蓮與親族逐一租下鑄幣廠，利用猶太貿易人脈，自漢堡與荷蘭阿姆斯特丹交易所進口鑄幣所需的金銀，利用《英普公約》英國向盟友普魯士支付的黃金補貼，混入其他金屬後轉發劣幣，獲利超過英國對普魯士的補貼。腓特烈大帝下令以法蓮與其合作對象丹尼爾伊齊格必須把從普魯士經濟體中賺來的錢用於投資普魯士。

⑥以薩德品托 Isaac de Pinto 1717～1787

出身荷蘭西猶太人金融世家德品托家。奧地利王位繼承戰爭中，法軍大破英荷聯軍攻占法蘭德斯，荷蘭全國驚恐，以薩貸款給奧蘭治親王威廉四世（William IV of Orange），助他於1748年擊退法軍，因此功勞爭取荷蘭廢除對猶太人諸多歧視措施，解除先前禁止猶太人在街上銷售衣服、小黃瓜、魚的禁令。

1750年時，以薩獲任荷蘭東印度公司總裁，1755年腓特烈大地來訪荷蘭時，特別前來會見。如此人才卻從荷蘭轉而為英國服務，建議英國如何強化在印度的影響力，並大量貸款給英國政府，竟占22%英國公共債務。以薩與亞倫兄弟倆在1760年破產，主因就是貸款給英國政府。之後輾轉至巴黎、海牙。於1763年協助英國談判七年戰爭戰勝後的《巴黎和約》有功，1767年前往倫敦，由英國東印度公司支付終生年金。

⑦丹尼爾伊齊格 Daniel Itzig 1723～1799

出生於柏林猶太商人家庭，與維特爾海涅以法蓮共同為腓特烈大帝鑄幣，負責薩克森與普魯士所有鑄幣廠，於七年戰爭期間協助腓特烈大帝貶值薩克森貨幣，發行貶值的以法蓮幣，因而能支應戰爭開支。以此功勳成為普魯士少數可取得完整公民權的猶太人。

與女婿一同解除許多對猶太人的限制迫害。腓特烈大帝過世後，繼位的腓特烈威廉二世繼續任命伊齊格為宮廷銀行家。伊齊格有13名兒女，後代開枝散葉，許多人成為德國社會與文藝名人。

⑧羅斯柴爾德家族

邁爾羅斯柴爾德 Mayer Amschel Rothschild 1744～1812

安謝爾邁爾羅斯柴爾德 Amschel Mayer Rothschild 1773～1855

所羅門邁爾羅斯柴爾德 Salomon Mayer von Rothschild 1774～1855

內森邁爾羅斯柴爾德 Nathan Mayer Rothschild 1777～1836

卡爾邁爾羅斯柴爾德 Carl Mayer von Rothschild 1788～1855

詹姆邁爾羅斯柴爾德 James Mayer de Rothschild 1792～1868

萊昂內爾羅斯柴爾德 Baron Lionel Nathan de Rothschild 1808～1879

愛德蒙詹姆斯羅斯柴爾德男爵 Baron Abraham Edmond Benjamin James de Rothschild 1845～1934

華特羅斯柴爾德男爵 Walter Rothschild, 2nd Baron Rothschild 1868～1937

羅斯柴爾德家族出身於神聖羅馬帝國法蘭克福（今德國）猶太區，家族名稱來自於1577年以來世居紅屋瓦大宅，羅斯柴爾德即德語「紅屋瓦」音轉，後來成為家族姓氏，1644年以後搬遷到新宅，但是家族姓氏已經固定。

邁爾羅斯柴爾德為世人所稱羅斯柴爾德金融王朝之始，他的父親時代，羅斯柴爾德家族已經相當興旺，家族經營貿易與匯兌，是黑森王子的個人貨幣供應商，大宅中住有家族成員超過30人。

邁爾年輕時藉由猶太家族間人脈管道，於1757年進入歐本海默家族於漢諾威所開設的銀行實習，學習外貿與匯兌相關知識，1763年回到法蘭克福老家兄長們經營的銀行，成為稀有貨幣交易商，得到黑森王子威廉的信任，1769年取得宮廷猶太人頭銜。威廉繼位黑森伯爵後，羅斯柴爾德家族事業大為擴展。

法國大革命以及拿破崙戰爭期間，邁爾為黑森進行金融調度，包括處理英國支付黑森傭兵薪金，1806年拿破崙因為黑森支持普魯士而入侵黑森，威廉流亡，邁爾繼續擔任他的銀行家，為他於倫敦投資，同時邁爾利用拿破崙進

行大陸封鎖，安排轉口迴避封鎖從中獲利。

1810年，邁爾與五個兒子將家族事業組建為「邁爾羅斯柴爾德父子公司」（M. A. Rothschild & Söhne），1812年邁爾過世，由長子安謝爾繼承，即羅斯柴爾德法蘭克福分支。

內森為邁爾第三子，1798年受父命前往英國，於曼徹斯特建立紡織與金融事業，不久轉往倫敦，1804起於倫敦股票交易所交易外匯與政府債券，1809年起交易金塊，1811年成立「內森邁爾羅斯柴爾德父子公司」（N M Rothschild & Sons），即羅斯柴爾德英國分支。內森在拿破崙戰爭中負責處理英國金援各盟國的金流，包括支援半島戰爭中的威靈頓公爵，戰後則從投資英國公債大為獲利，1818年安排貸款500萬英鎊給普魯士政府，此後為政府安排貸款與發行債券成為主要業務。英國分支於19世紀發展為全球最大金融機構之一，主導國際債券市場，內森過世後，兒子萊昂內爾繼承英國分支，於1875年資助英國政府買下蘇伊士運河主導股權。

詹姆為邁爾的第五也是最小的兒子，本名雅各，1812年時，因應哥哥內森的英國分支事業採購硬幣與金塊的需求，遷往巴黎，改名為詹姆，於1814～15年成為內森提供威靈頓公爵軍事資金金流的重要關鍵。1817年拿破崙戰爭結束，詹姆於巴黎建立「羅斯柴爾德兄弟公司」（De Rothschild Frères）即羅斯柴爾德法國分支。拿破崙戰爭後資助法國鐵路建設、礦業發展，對建設法國成為工業強權有重大貢獻，也投資茶與酒的進口，1823年時已經發展為法國政府的主要來往銀行、獲頒法國榮譽軍團勳章。1830年革命後，法國分支提供貸款給法國政府穩定財政，1834年再度貸款，為感謝詹姆的貢獻，法王路易腓力將他的法國榮譽軍團勳章提升為大軍官級。不過1848年革命導致路易腓力下台，法國分支度過一段較困難時期。

所羅門為邁爾第二子，1820年家族派他到奧地利進行融資奧地利政府的計畫，同年於維也納成立「所羅門邁爾羅斯柴爾德公司」（S M von Rothschild），即羅斯柴爾德奧地利分支，資助奧地利第一條蒸汽火車鐵路斐迪南皇帝北方鐵路（Emperor Ferdinand Northern Railway），以及奧地利政府

耗資巨大的各種建設，奧地利分支成爲推動奧地利經濟的重要推手。爲感謝他的貢獻，奧地利帝國皇帝法蘭茲一世於1816年將他提升爲貴族身分，1822年，皇帝將所羅門連同所有兄弟加封爲男爵，1843年所羅門成爲首個成爲奧地利榮譽公民的猶太人。然而1848年歐洲民族之春反猶聲浪大起，所羅門蒙受相當的損失，政治影響力也下降，灰心之下將事業傳承給兒子，離開維也納到巴黎退休。

第二次世界大戰中，奧地利分支慘遭納粹沒收，法國分支也一度遭維琪法國沒收，1944年法國解放後才歸還資產，法國與奧地利分支的家族也因二戰而四散，戰後法國於社會黨密特朗總統執政期間還將法國羅斯柴爾德銀行（Banque Rothschild）國有化。羅斯柴爾德家族將發展目標轉向美國，因此英國分支與法國分支進行合併，成爲現今的羅斯柴爾德銀行（Rothschild & Co）。

卡爾爲邁爾的第四子，原名卡爾曼，日後歐洲家族稱呼他爲卡爾，英國家族則稱呼他爲查理，即卡爾的英文化。卡爾從小於父親身邊接受金融方面訓練，1821年奧地利占領那不勒斯開啓羅斯柴爾德家族前往開拓事業的機會，家族派遣卡爾前往成立「卡爾邁爾羅斯柴爾德父子公司」（C M de Rothschild & Figli），即羅斯柴爾德那不勒斯分支，與梅第奇家族的那不勒斯財政部長建立良好關係，很快在那不勒斯風生水起。然而晚年妻子、幼子接連過世，對卡爾造成相當大打擊，卡爾自身於1855年去世，長子邁爾卡爾（Mayer Carl von Rothschild）沒有遵從他的意願，未接班那不勒斯分支，而是與三子威廉卡爾（Wilhelm Carl von Rothschild）一同接手了伯伯安謝爾死後無嗣的法蘭克福分支，由次子接手那不勒斯分支。家族於1861年決定關閉那不勒斯分支，資產合併到法蘭克福分支。

邁爾卡爾於1886年去世後，法蘭克福分支就由威廉卡爾獨自領導，直到1901年過世。邁爾卡爾、威廉卡爾都無嗣，導致法蘭克福分支男性子嗣斷絕，只好進行清算出售資產。

萊昂內爾是羅斯柴爾德英國分支創立者內森邁爾羅斯柴爾德的長子，出生

於倫敦，哥廷根大學畢業後於倫敦、巴黎、法蘭克福的家族企業實習。父輩五兄弟於1822年一同獲奧地利封爲男爵，萊昂內爾也繼承爵位，1838年英國維多利亞女王許可他與後代於英國使用奧地利爵位稱呼。但是維多利亞女王並未給予萊昂內爾英國貴族身分，因此萊昂內爾只能成爲首個進入英國下議院的猶太人。1847年維多利亞女王封萊昂內爾的弟弟安東尼（Sir Anthony Nathan de Rothschild, 1st Baronet）爲男爵，1876年安東尼過世無嗣，萊昂內爾的兒子內森（Nathaniel Mayer Rothschild, 1st Baron Rothschild, GCVO, PC）因繼承叔叔的爵位而取得英國貴族身分，日後才能成爲首個進入英國上議院的猶太人。

1845年起愛爾蘭發生馬鈴薯晚疫病，釀成愛爾蘭大饑荒，萊昂內爾於1847年成立英國賑濟協會（British Relief Association），募資50萬英鎊，成爲愛爾蘭與蘇格蘭馬鈴薯大饑荒的最大民間賑濟機構。

同年，萊昂內爾首度勝選下議員，暴露出議會潛在歧視問題：議員必須以英國國教宣誓就職，1829年時開放天主教宣誓就職，但是猶太人還是第一遭。輝格黨爲萊昂內爾提出猶太人不必以基督宗教宣誓的辦法，下議院於1848年通過，上議院卻否決，導致萊昂內爾辭職，他稍後在補選中勝選回歸，下議院讓他手按猶太聖經宣誓，但誓詞中以基督信仰起誓部分他故意略過，下議院不讓他就職。

1851年萊昂內爾再度勝選，下議院再度提出相關法案，仍遭上議院否決，直到1858年才終於通過下議院能自行決定宣誓方式，解決此一問題，萊昂內爾總算能宣誓就職正式成爲首位英國猶太人下議員。

萊昂內爾對英國的主要貢獻包括爲克里米亞戰爭融資，以及最爲重要的，出資協助迪斯雷利買下蘇伊士運河股權，奠定了英國的戰略利益。

儘管羅斯柴爾德家族創始人邁爾曾經禁止家族四、五等親以內聯姻，但是規定不到一代就被打破，萊昂內爾的妹妹夏洛特（Charlotte Nathan Rothschild）嫁給奧地利分支創辦人所羅門的兒子安謝爾所羅門（Anselm Salomon von Rothschild），兩人是堂兄妹關係。兩人的女兒，茱莉（Caroline

"Julie" Anselm）嫁給那不勒斯分支繼承人阿道夫卡爾（Adolph Carl von Rothschild），漢娜（Mathilde Hannah von Rothschild）嫁給阿道夫卡爾的弟弟、繼承法蘭克福分支的威廉卡爾。

萊昂內爾本身也娶了堂妹，那不勒斯分支創辦人卡爾的女兒，也叫夏洛特（Charlotte von Rothschild）。萊昂內爾與夏洛特的女兒伊芙琳娜（Evelina de Rothschild），又嫁給了安謝爾所羅門的兒子斐迪南（Ferdinand de Rothschild）。

愛德蒙詹姆斯羅斯柴爾德男爵出身羅斯柴爾德法國分支，是法國分支創辦人詹姆的孫子，愛德蒙妻子阿德萊的父母親，即前述威廉卡爾與漢娜。

愛德蒙對家族本業金融事業興趣缺缺，而是投入藝術、學術與慈善，於各國成立許多科學研究機構，也支持成立法國巴黎國家歷史博物館之友（Friends of the Natural History Museum Paris），並成爲法蘭西藝術院（Académie des Beaux-Arts）的會員，還資助許多考古挖掘計畫、收藏大量藝術品。

愛德蒙積極投入猶太復國，成爲早期巴勒斯坦猶太屯墾的主要資助者，是早期屯墾區能成功存活的重要關鍵，1924年建立巴勒斯坦猶太屯墾協會（Palestine Jewish Colonization Association），買下12.5萬英畝土地，設立各項新創事業，奠定屯墾的基礎，更投入屯墾區的電力工程研究以及資助建立發電廠。

華特羅斯柴爾德男爵出身羅斯柴爾德英國分支，是英國首位猶太人上議員內森的長子，留學波昂大學，之後就讀劍橋大學抹大拉學院攻讀動物學。1889年在家族壓力下心不甘情不願離開學校進入家族企業學習金融，華特對金融既無興趣也無才能，直到1908年40歲時，家族才終於允許他放棄家族本業。

華特從小就對動物非常有興趣，不僅收集昆蟲，甚至飼養袋鼠，7歲時立志要經營動物學博物館。成年後家族爲補償要求他進入無興趣的家族事業，資助他成立動物學博物館，也資助全球探險蒐集珍禽異獸的費用。長頸鹿的亞

種烏干達長頸鹿，學名羅氏長頸鹿（Giraffa camelopardalis rothschildi），即以他命名。另有153種昆蟲、58種鳥類、17種哺乳類以他命名。他於全球各處的博物館大量收藏品，於過世後依遺囑捐贈給大英博物館。

華特自1899年起任自由統一黨國會議員，直到1910年宣布於政界退休。他力推猶太復國主義，是魏茲曼的密友，藉由在政治上的影響力，協助魏茲曼推動英國支持猶太人於巴勒斯坦建國。1917年在時任外相的貝爾福要求下，華特與魏茲曼草擬宣言內容，提供給貝爾福，經內閣討論修訂草擬內容後，貝爾福以外相身分，代表英國政府發表公開信給華特，表示「我代表國王陛下的政府，非常樂意的轉達您，下列同情猶太復國主義願望的宣言，已經遞送給內閣，並獲得內閣通過」，信中宣言即《貝爾福宣言》。

---

⑨沙遜家族

沙遜本薩勒 Sassoon ben Saleh 1750～1830

大衛沙遜 David Sassoon 1792～1864

約瑟夫沙遜 Joseph Sassoon 1795～1872

阿布都拉大衛沙遜 Albert Sassoon 1814～1896

伊利亞斯大衛沙遜 Elias David Sassoon 1820～1880

亞瑟沙遜 Arthur Sassoon 1840～1912

所羅門大衛沙遜 Solomon David Sassoon 1841～1894

雅各伊利亞斯沙遜 Sir Jacob Elias Sassoon, 1st Baronet 1844～1916

愛德華伊利亞斯沙遜 Sir Edward Elias Sassoon, 2nd Baronet 1853～1934

愛德華沙遜 Edward Sassoon 1856～1912

維克多沙遜 Victor Sassoon 1881～1961

沙遜家族原本代代世襲巴格達猶太首長，由於猶太人的金融專業，猶太首長除了掌理猶太族群本身事務，還一手打理預算、貸款、稅務，相當於歷任

總督長官們的財務官。

末代埃及奴隸軍總督一改先前歷代總督對猶太人的尊重，開始大舉迫害、逮捕富商勒贖，沙遜家族族長沙遜本薩勒把猶太首長之職交給兒子大衛沙遜，大衛沙遜決定前往君士坦丁堡「告御狀」觸怒大衛總督，逮捕大衛沙遜下獄準備絞死，父親緊急籌錢行賄才救他出獄。大衛與約瑟夫沙遜兩兄弟連忙出逃，約瑟夫前往阿勒坡，此後約瑟夫一脈在中東與埃及發展。大衛沙遜於1828年先逃往位於伊朗波斯灣岸的布什爾，1832年再遷往印度孟買，成爲英國紡織公司與當地物產商的中間人，並投資港口等設施。

《南京條約》開啓大清帝國五口通商，大衛沙遜著手建立三角貿易運轉套利，從印度出口綿紗與鴉片到清國，在清國購買茶絲瓷回銷英國，再自英國買工業紡織品回銷印度。爲此，他派出兒子伊利亞斯前往香港於1844年設立老沙遜洋行分公司，爲抵達香港的第一個猶太商人，身邊環伺著印度波斯裔商人競爭對手。1845年在上海設立分公司。

沙遜家族與印度波斯裔商人之間的競爭，直到美國南北戰爭才終於由沙遜家族勝出，內戰使美國棉紗出口量大減，需求由沙遜家族經銷的印度棉紗填補。滿清於英法聯軍之後，鴉片改稱爲「洋藥」可以自由買賣進口，沙遜家族的棉紗鴉片三角貿易越來越興旺。大衛沙遜以此基礎進軍其他大宗物資產業。雖然大衛沙遜根本不會說英文，仍於1853年取得大英國籍。

1864年大衛沙遜於印度的浦納過世，葬於前一年由他興建的大衛會堂（Ohel David Synagogue），家族企業由長子阿布都拉繼承，1874年於孟買建立沙遜紡織公司（Sassoon Spinning and Weaving Company），1875年建立孟買首座濕碼頭沙遜碼頭（Sassoon Docks），並於1889年協助成立波斯中央銀行波斯帝國銀行（Imperial Bank of Persia）。大衛沙遜在慈善與社會公益方面也不遺餘力，生前捐獻促成1867年浦納成立沙遜醫院（Sassoon General Hospital），1870年於孟買成立大衛沙遜圖書館（David Sassoon Library and Reading Room）。

阿布都拉1875年以後長居英國，改名英國式名字亞伯特，從倫敦指揮整

個家族企業，孟買事業交給弟弟所羅門管理，所羅門於1894年過世，遺孀將家族事業完全帶往英國。阿布都拉於1896年過世，葬於他1892年興建的沙遜陵墓，位於英國布來頓，日後移葬倫敦自由猶太人墓地（Liberal Jewish Cemetery）。阿布都拉的兒子愛德華1887年迎娶羅斯柴爾德家族的阿琳卡洛琳（Aline Caroline de Rothschild），因而使得東西兩大猶太家族成爲直接姻親。

大衛沙遜第五子亞瑟爲匯豐銀行創始董事之一，其妻的妹妹嫁給羅斯柴爾德家族，因此與羅斯柴爾德家族成爲連襟關係，亞瑟居於英國，爲英國國王愛德華七世信任的好友。

伊利亞斯不服家族企業由阿布都拉接班，其他兄弟卻都站在大哥那邊，一氣之下決定自立門戶，1867年成立新沙遜洋行（E.D. Sassoon & Co., Ltd.）和本家互別苗頭，經營上海到孟買之間的貿易線，發展更勝老家，不僅生意規模發展爲老家的兩三倍，還把觸角進一步擴展到日本。

伊利亞斯死後，兩子雅各、愛德華接班，進一步將新沙遜洋行據點擴張至加爾各答、喀拉蚩，然而1907年英國與清國簽約逐步停止鴉片貿易，新沙遜洋行只好自鴉片貿易退出，加碼投資孟買棉紡產業，至第一次世界大戰時成爲印度最大紡織業者，戰後大蕭條使得其他競爭對手破產，新沙遜洋行趁機併購而更爲獨大。

愛德華於1924年去世，新沙遜洋行主要由其子維克多接班，新沙遜洋行的業務成長，使得維克多決定拆除原本擁有的兩棟洋房改建爲企業總部，亦即沙遜大廈，於1929年完工啓用，其中五至九層爲華懋飯店。

維克多時代可說是沙遜家族最顯赫的年代，但第二次世界大戰後的世界局勢變遷卻使沙遜家族轉眼失去兩大據點，因應印度獨立的風險，沙遜家族放棄印度產業，上海遭中國共產黨攻占後，急忙轉移總部到巴哈馬。1952年上海市政府接管沙遜大廈，於1956年改名爲和平飯店。

⑩以薩高斯密 Isaac Goldsmid 1778～1859

出生於倫敦，加入莫卡塔公司成爲合夥人，之後公司改名莫卡塔高斯密，以薩經營公司成爲巨富，資本投入興建英國鐵路與倫敦碼頭，貢獻卓著，也投入社會公益與慈善，參與成立倫敦大學學院、倫敦大學學院醫院。

1841年受封男爵，成爲英國首個得到世襲爵位的猶太人，1846年又因解決葡萄牙與巴西之間的財務糾紛，於葡萄牙封爵。

⑪布萊希羅德家族

山繆布萊希羅德 Samuel Bleichröder 1779～1855
格森馮布萊希羅德 Gerson von Bleichröder 1822～1893
朱利烏斯布萊希羅德 Julius Bleichröder 1828～1907

布萊希羅德家族源於德國圖林根州的布萊謝羅德，家族名由此而來，山謬於柏林發展，1803年建立山繆布萊希羅德銀行（S. Bleichröder），客戶包括普魯士宮廷，與羅斯柴爾德法蘭克福分支關係密切。兩子格森、朱利烏斯都繼承家業成爲銀行家。

格森於柏林出生，1839年加入家族事業，於1855年山謬過世接班，維持與羅斯柴爾德家族的良好關係，布萊希羅德家族形同羅斯柴爾德在柏林的分支機構，由於這層關係，當羅斯柴爾德不便於直接資助普魯士以免得罪奧地利時，布萊希羅德家就成爲最好的白手套。

俾斯麥諮詢羅斯柴爾德那不勒斯分支出身接掌法蘭克福分支的邁爾卡爾，請他介紹爲普魯士服務的銀行家，邁爾卡爾推薦格森，此後格森同時負責俾斯麥的個人金融，與普魯士以及日後整個德意志帝國的信貸業務。

格森包辦建立德意志帝國過程與對外戰爭的金融需求，更成爲俾斯麥重要的非正式溝通與情報管道，例如透過格森與羅斯柴爾德的法國分支之間密切

聯繫了解法國政府動向。

由於對普魯士貢獻巨大，1872年格森成爲第二位受封普魯士貴族的猶太人。前一位是歐本海默家族的亞伯拉罕（Abraham Oppenheim），於1868年受封，主因是歐本海默家族資助德國鐵路建設以及產業發展，也與格森一同建言以政府公債爲普奧戰爭籌資。

---

⑫迪斯雷利 Benjamin Disraeli 1804～1881

迪斯雷利出身義大利裔西猶太商人家族，有部分德國猶太人血統，十二歲時父親爲了子女未來發展讓他們改宗受洗爲基督徒。是歷史上首位也是唯一一位猶太裔英國首相。

迪斯雷利兩度任首相，第一次很快下台，第二次任期6年，其重要施政包括央請萊昂內爾羅斯柴爾德協助買下蘇伊士運河股權，控制英國的重要貿易生命線。迪斯雷利並爲維多利亞女王解決困擾已久的頭銜問題，由於俄國、德國都稱皇帝，大英帝國身爲當時最強大帝國，名銜應該匹配，尤其長公主嫁給德國王儲，王儲繼位後成爲皇后，名銜竟超過母親。迪斯雷利因此推動《王室名銜法令》，讓維多利亞女王增加印度皇帝的頭銜。

1875年巴爾幹發生反鄂圖曼土耳其動亂，俄國於1877年以保護保加利亞人民爲藉口向土耳其宣戰，土耳其戰敗使保加利亞獨立，引發巴爾幹權力失衡，德意志帝國介入調停，1878年召開柏林會議，會議上由俾斯麥與迪斯雷利主導，逼使俄國讓步，簽約後迪斯雷利返國時獲得英雄般歡迎。

俄國發起反制在阿富汗設立大使館，導致英軍於1878年進攻阿富汗開打第二次英阿戰爭，1879年南非又發生祖魯戰爭，英軍一度失利。迪斯雷利此時身體狀況已經不佳，1880年大選失利下台後，於1881年過世。迪斯雷利畢生都進行文學創作，過世前於1880年底完成最後一部作品出版。

⑬史特勞斯家族

拉薩路史特勞斯 Lazarus Straus 1809～1898

以西鐸史特勞斯 Isidor Straus 1845～1912

內森史特勞斯 Nathan Straus 1848～1931

奧斯卡史特勞斯 Oscar Straus 1850～1926

傑西以西鐸史特勞斯 Jesse I. Straus 1872～1936

小內森史特勞斯 Nathan Straus Jr. 1889～1961

出身當時屬於巴伐利亞王國的奧特堡，拉薩路的父親以薩（Isaac Straus），1808年在拿破崙的猶太解放法令下，取了史特勞斯的家族姓氏。拉薩路娶了表親生下一女，妻子過世後又娶了她的妹妹，生了四子，分別是以西鐸、內森、奧斯卡，么子幼年夭折。

拉薩路擁有農地也是穀物貿易商，支持猶太解放，因而同情1848年歐洲民族之春，但反而因此遭起訴涉嫌資助革命，他認為歐洲猶太解放已經成為泡影，於是在1852年移民美國，來到費城，之後再到喬治亞州，做兜售生意同時代傳口信，他把獲利加上變賣德國家產為本錢，開起雜貨店。

1854年，拉薩路的妻子帶著三子一同移民美國與他會合，南北戰爭期間物價騰高，反猶太陰謀論四起，拉薩路於1863年離開原本經營所在的托爾伯頓鎮，前往同在喬治亞州的哥倫布鎮，繞過北方封鎖販賣走私歐洲生活用品，戰爭末期以薩判斷南方將需要很長時間復原，於是於1865年轉往紐約市重起爐灶。

拉薩路與三子在紐約成立販賣玻璃器皿與餐具的小店「拉薩路史特勞斯父子公司」（L. Straus & Sons），銷售品項快速增加，例如奢侈瓷器、時鐘、花瓶、銅器，1873年說服梅西百貨讓他在地下室開設自己的百貨公司，1877年梅西百貨創辦人過世後，1884年拉薩路買下梅西百貨股權，此後史特勞斯家族經營梅西百貨發展為美國最大百貨公司。同時史特勞斯父子公司仍在美

國各地與海外有許多分店。

1888年長子以西鐸、次子內森成為梅西百貨合夥人，1896年後兩兄弟擁有梅西百貨完全所有權。1893年兩兄弟買下溫徹斯特亞伯拉罕百貨（Wechsler & Abraham）的溫徹斯特家股權，改名為亞伯拉罕史特勞斯百貨（Abraham & Straus）。

以西鐸於1894年於補選中勝選成為民主黨眾議員，但未競選連任。1912年以西鐸夫妻搭乘鐵達尼號，事故發生後，以西鐸拒絕在還有婦孺未能登上救生艇時先登上救生艇，而其妻拒絕離開以西鐸登上救生艇，表示生時同生死時同死，於是遣女僕去搭救生艇，把皮草送給她，夫妻倆手挽著手一同赴死。

以西鐸的兒子傑西，為小羅斯福總統的政治盟友與資助者，小羅斯福於1933年任命傑西為美國駐法國大使，直到1936年因健康因素辭職，傑西憂心忡忡的於1930年代警告美國猶太人納粹的危險性。

1904年時內森夫妻在地中海旅遊中決定路過巴勒斯坦，沒想到一到耶路撒冷後，受到聖地的感召，取消了其他所有行程，從此成為堅定的猶太復國主義者，於耶路撒冷進行職業訓練與慈善工作、建立醫療中心。以色列位於台拉維夫與海法之間的納坦雅，就是為了紀念內森的貢獻以他命名，納坦雅即內森的音轉。1912年內森前往巴勒斯坦視察時跌斷腿，因而無法與哥哥以西鐸一同搭上鐵達尼號，逃過一劫。

內森的兒子小內森，加入民主黨從政，於1921～26為紐約州參議員。

奧斯卡則成為外交家，1887～89、1898～99、1909～10三度擔任美國駐鄂圖曼土耳其大使，於小羅斯福總統時代，1906～09年任商務勞動部長。

⑭賽利格曼家族

約瑟夫賽利格曼 Joseph Seligman 1819～1880

威廉賽利格曼 William Seligman 1822～1910

詹姆賽利格曼 James Seligman 1824～1916

傑西賽利格曼 Jesse Seligman 1827～1894

亨利賽利格曼 Henry Seligman 1828～1909

李奧波德賽利格曼 Leopold Seligman 1831～1911

亞伯拉罕賽利格曼 Abraham Seligman 1833～1885

以薩賽利格曼 Isaac Seligman 1834～1928

佛蘿瑞特賽利格曼 Florette Seligman 1870～1937

約瑟夫賽利格曼出生於巴伐利亞的拜爾斯多夫，從小在媽媽的雜貨店工作，當時日耳曼各小邦各自發行自己的貨幣，約瑟夫靠著在媽媽的小店爲旅客換匯賺了一筆錢，父親希望他加入家族羊毛生意，但是生意卻正在萎縮，主因拜爾斯多夫人口流失到大城市，17歲時，約瑟夫毅然於不萊梅搭上前往美國的蒸汽船。

約瑟夫一開始落腳賓州，擔任收銀員與櫃員，年薪400美元，他存下薪水爲本錢，開始在賓州兼做挨家挨戶推銷的生意，主要販售珠寶與小刀以及農民所需的生活小用品，省下他們爲了生活小事就得到大城市採購的麻煩，他賺得500美元之後，寄往巴伐利亞老家，讓兄弟威廉、詹姆也前來一起加入他的兜售生意。

他們發展到阿拉巴馬州經營數家店面，但是對南方蓄奴感到不自在，其他家族成員又已經移民美國落腳紐約，於是前往紐約與家族會合。1846年，約瑟夫、詹姆、威廉，以及其他弟弟們，傑西、亨利、李奧波德，成立賽利格曼兄弟公司（J. & W. Seligman & Co.），不久，另外兩名弟弟，亞伯拉罕、以薩，也跟著加入。1850年威廉、傑西、亨利、李奧波德前往舊金山，隔年

設立分店，8年後，傑西、威廉回到紐約開設雜貨店。

美國南北戰爭期間，威廉爭取到政府合約，供應北軍制服，合約總額高達數百萬美元，但是款項一部分以政府公債形式支付，賽利格曼兄弟得自行尋找公債買家，才能得到營運所需現金，因而誤打誤撞進入公債發行領域，戰爭初期聯邦戰事不利，公債非常難以銷售，賽利格曼兄弟出售公債爲美國聯邦注資，對北軍獲勝居功匪淺。

戰後賽利格曼8兄弟決定跨入金融領域，傑西前往法蘭克福與黑森開設銀行，成爲首家在歐洲銷售美國政府公債的銀行；亞伯拉罕也在紐約開設銀行，不久以薩與李奧波德開設倫敦分行，威廉開設巴黎分行。賽利格曼的各國分支並沒有像羅斯柴爾德家族一樣保持密切聯繫，日後分別獨立。

賽利格曼兄弟公司大舉投入美國南北戰爭後的鐵路熱潮，還投資鐵路上游的鋼鐵、纜線業，更投資到俄羅斯與秘魯，參與標準石油的創立，投資造船、橋梁、自行車、礦業，在美國南北戰爭後的「鍍金時代」可說無所不包。

賽利格曼兄弟公司本來只是銷售鐵路公司債券，但不久公親變事主，爲了確保自身債權只好介入鐵路營運，1873年全球經濟大恐慌後一度想退出鐵路債券生意，1874年卻故態復萌，投入銷售大西洋太平洋鐵路（Atlantic and Pacific Railroad）債券，1875年大西洋太平洋鐵路倒閉，蒙受慘痛損失，賽利格曼兄弟公司在鐵路上的投資整體虧損。

但這無損於約瑟夫在美國金融與產業界的地位，1877年他的好友美國總統海斯，找來紐約金融家們到華盛頓特區詢問如何重整戰時債務，各銀行家都提出自己的建議，最終財政部長接受了約瑟夫的建議，認爲最爲實際。

約瑟夫過世後的賽利格曼兄弟公司，參與推動巴拿馬運河的興建。

詹姆的女兒佛蘿瑞特嫁給古根漢家族，丈夫班傑明古根漢，是1912年鐵達尼船難死者之一，兩人的女兒佩姬古根漢，是義大利威尼斯大運河旁佩姬古根漢美術館的館藏來源。

⑮亞伯拉罕庫恩 Abraham Kuhn 1819～1892

出身黑森大公國緬因茲附近村莊，1840年與兄弟三人一同移民美國紐約做兜售生意，1849年迎娶所羅門羅夫的姊妹蕾吉娜，庫恩的姊妹范妮（Fannie Kuhn）也嫁給所羅門羅夫，1850年庫恩與所羅門羅夫合夥於印第安納州開設貿易公司，1860年於俄亥俄州製造男裝、銷售雜貨，靠賣制服給軍方大賺。

1865年庫恩與羅夫以及另一夥伴山謬沃夫（Samuel Wolff）決定離開服飾業專注於銀行業，1867年在紐約成立庫恩羅夫公司，1869年蕾吉娜過世，庫恩雖然仍是公司合夥人，但不再參與營運，回到德國居於法蘭克福，這期間遇上雅各席夫，推薦席夫前往紐約任職於庫恩羅夫銀行（Kuhn, Loeb & Co.），席夫娶了所羅門羅夫與范妮的女兒泰瑞莎，成爲羅夫的女婿以及庫恩的甥女婿。

⑯馬可斯高曼 Marcus Goldman 1821～1904

高盛的「高」，父母都來自巴伐利亞，家族原本沒有姓氏，拿破崙治下允許猶太人有姓才取了高曼的姓氏。

1848年革命動亂來臨，毅然移民美國，赴美之初，只能駕著馬車當活動攤販，經過一番打拚，稍後才在賓州有了自己的店舖，1869年前往紐約曼哈頓設立馬可斯高曼公司，經營非正式債權仲介。

公司雖然業務不差，但初期比起其他德裔猶太金融家並不突出，1882年高曼決定邀請女婿山謬盛克斯加入，公司改名爲馬高盛（M. Goldman and Sachs.）。

⑰雷曼家族

亨利雷曼 Henry Lehman 1822～1855

艾曼紐雷曼 Emanuel Lehman 1827～1907

梅爾雷曼 Mayer Lehman 1830～1897

赫伯亨利雷曼 Herbert Henry Lehman 1878～1963

雷曼家族原本居於符茲堡附近小鎮，1844年亨利雷曼率先前往美國，在阿拉巴馬州蒙哥馬利開設以自己爲名的雜貨店，站穩腳步後逐一接引弟弟們加入，1847年接來弟弟艾曼紐，1850年再接來小弟梅爾，三兄弟一起經營，公司名稱改成「雷曼兄弟」。

當時美國是世界主要棉花產地，雷曼兄弟初期經營棉花信貸收購與經銷生意起家，1855年亨利過世，1867年兄弟們將公司遷往紐約，才逐漸發展爲後世所知的投資銀行，成爲經營一個半世紀的百年企業，直到2008年引爆全球金融風暴破產。

梅爾雷曼之子，赫伯亨利雷曼，曾任紐約州長、紐約州參議員。

⑱**所羅門羅夫** Solomon Loeb 1828～1903

出身黑森大公國沃姆斯，父親是玉米商與酒商，1849年移民美國，遇上亞伯拉罕庫恩，娶其姊妹范妮，兩人合夥紡織服飾生意，1865年轉行銀行業，1867年在紐約成立庫恩羅夫公司。於女婿雅各席夫加入後漸漸退出公司經營。

女兒泰瑞莎嫁給席夫，另一女兒古妲（Guta Loeb）嫁給賽利格曼家族的約瑟夫賽利格曼之子以薩牛頓。兒子莫里斯（Morris Loeb）則娶了庫恩兄弟山謬的女兒愛德娜（Edna Kuhn）。

⑲古根漢家族

邁爾古根漢 Meyer Guggenheim 1828～1905

以薩古根漢 Isaac Guggenheim 1854～1922

丹尼爾古根漢 Daniel Guggenheim 1856～1930

茂里斯古根漢 Maurice Guggenheim 1858～1939

所羅門羅勃古根漢 Solomon Robert Guggenheim 1861～1949

班傑明古根漢 Benjamin Guggenheim 1865～1912

西蒙古根漢 Simon Guggenheim 1867～1941

威廉古根漢 William Guggenheim 1868～1941

佩姬古根漢 Peggy Guggenheim 1898～1979

邁爾古根漢出身瑞士阿爾高邦的東猶太人家庭，1847年移民美國做進口貿易，之後轉行投入礦業與冶金業致富。他進入礦業與冶金業之始，是於科羅拉多州投資銀礦，之後擴大到礦產冶煉，最初在科羅拉多州，之後擴及全美以及墨西哥北部。

1891年時邁爾將家族旗下十數個礦場整併爲科羅拉多冶煉公司，此後與洛克斐勒家族的美國冶煉公司進行龍爭虎鬥，最終於1901年古根漢取得美國冶煉公司控制權，成爲美國礦業巨擘。

邁爾古根漢總共生了10個子女，其中7個兒子，分別是：長子以薩、次子丹尼爾、三子茂里斯、四子所羅門羅勃、五子班傑明、六子西蒙、七子威廉。

邁爾的長子以薩，其妻子嘉麗宋本（Carrie Sonneborn），是宋本家族的喬納斯（Jonas Sonneborn）與賽利格曼家族的海倫（Helen Seligman）所生。

次子丹尼爾年輕時就派往瑞士，學習蕾絲與刺繡產業，爲家族企業擔任採購。1881年發現科羅拉多銀礦改變了家族企業經營方向，1884年丹尼爾回到美國協助管理家族礦業與冶煉生意，隨後前往協助建立墨西哥分支，1895年

時，古根漢墨西哥礦業與冶煉事業年獲利高達100萬美元。

邁爾過世後，丹尼爾接掌家族企業，於玻利維亞開採錫礦、育空開採金礦、剛果開採鑽石與橡膠、安哥拉開採鑽石、阿拉斯加與猶他州和智利開採銅礦，建立無比雄厚財富，丹尼爾規劃的投資計畫可以影響整個國家，人稱「丹尼爾可以靠一封電報就讓國家發達或破產」。至1918年家族財富估計達2.5～3億美元。

三子茂里斯，原本也是經營蕾絲與刺繡進口業務，1881年改進行礦業與冶煉業的融資業務。

四子所羅門羅勃，曾爲家族在阿拉斯加創辦育空黃金公司，後來退出事業體經營，全心投入藝術，1937年爲了推動現代藝術成立古根漢基金會（Solomon R. Guggenheim Foundation）。所羅門羅勃過世後，1959年基金會完工首座美術館，也就是位於紐約曼哈頓第五大道著名的古根漢美術館。

五子班傑明於1894年迎娶賽利格曼家族的佛蘿瑞特，兩人生下三女，其中包括佩姬。班傑明於1912年搭乘鐵達尼號，事故發生時，班傑明盡貴族義務，協助婦孺登上救生艇，要求「女士優先」，之後發現救生艇數量不足，不求自身逃生，而是盛裝打扮，鈕孔上佩上鮮花、脫下救生衣，以最優雅的姿態從容赴死，要友人轉達遺孀：「我已盡己所能完成一己的義務。」「沒有任何婦女因爲班傑明古根漢是懦夫而被留在船上犧牲。」

由於班傑明早逝，留下遺產遠少於其他家族成員，女兒佩姬早年當書店店員，接觸藝術社群，1920年前往巴黎，結交許多作家與藝術家，許多都一窮二白，1938年起她開始收藏藝術品，一面收集一面展覽，第一年虧損600英鎊，她轉而規劃建立美術館，一開始計畫在倫敦，因預算超支而胎死腹中，之後想規劃在巴黎，因第二次世界大戰爆發德軍攻入巴黎，計畫無疾而終。

戰後她回到歐洲，1949年之後定居威尼斯，最終她決定把畢生收藏連同自宅都捐贈給叔叔所羅門羅勃創立的古根漢基金會，即現今的威尼斯佩姬古根漢博物館。

六子西蒙古根漢，畢業後於家族企業任礦石採購，1907年代表共和黨參

選勝選成爲科羅拉多州參議員。1909年西蒙捐贈科羅拉多大學法學院一棟大樓。1922年其子約翰病逝，西蒙與其妻在1925年設立約翰西蒙古根漢紀念基金會（John Simon Guggenheim Memorial Foundation）以懷念其早逝的兒子。

七子威廉於賓州大學攻讀化學與冶金學，在家族礦業與冶煉業經營很成功，1901年就早早退休，在賓州校友會中非常活躍。

---

⑳李維史特勞斯 Levi Strauss 1829～1902

李維斯牛仔褲（Levi's）品牌名稱的由來，出生於巴伐利亞布滕海姆的猶太家庭，史特勞斯家先由兩個哥哥打頭陣，在紐約市開批發雜貨店，打下基礎後，接來其他家人，李維來美國後在哥哥店內擔任流動商販，販售水壺、毛毯與織品。

家族成員聚集後生意開始開枝散葉，1853年李維取得美國國籍，家族正好決定要到舊金山成立西岸分店以趕上當時加州淘金熱商機，李維代表家族出馬，隔年抵達舊金山開設李維史特勞斯公司，銷售衣服、床單、梳子、錢包、手帕等。李維的客戶之一，正是日後合作牛仔褲生意的裁縫雅各戴維斯。

牛仔褲大獲成功之後，史特勞斯全家遷來舊金山協助李維，李維斯發展成爲牛仔褲代表品牌。

㉑飛利浦家族

弗雷德里克飛利浦 Frederik Philips 1830～1900
傑拉德飛利浦 Gerard Philips 1858～1942
安東飛利浦 Anton Philips 1874～1951

飛利浦家族爲荷蘭猶太家族，約於1710年由德國西部移居荷蘭，最初是賣

菸草起家，1890年代弗雷德里克飛利浦主持飛利浦家族生意經營信貸，弗雷德里克飛利浦是馬克思的親戚，馬克思夫妻流亡倫敦時曾仰賴其資助。1898年提升兒子傑拉德爲合夥人。

傑拉德的興趣卻不在金融而在電子與工程，於是弗雷德里克於1891年資助傑拉德買下工廠大樓，創立飛利浦公司，經營11年後拉進弟弟安東，後續又拉進安東的兒子弗利茲（Frederik Jacques "Frits" Philips）與女婿法蘭斯歐騰（Frans Otten）一同經營，公司改名飛利浦燈泡工廠，於第一次世界大戰時，因協約國對德國禁運，而發了一筆戰爭財。

第二次世界大戰時安東與法蘭斯歐騰和許多家族成員逃往美國，戰後回到荷蘭，弗利茲則在荷蘭遭納粹占領時選擇留下繼續經營公司，並藉由聲稱是重要員工拯救了382位猶太人，但他本人卻因工廠罷工一度遭打入集中營，幸而生還。

㉒雅各戴維斯 Jacob W. Davis 1831～1908

出身拉脫維亞首府里加，在故鄉即以裁縫爲業，23歲就來美國闖天下，將原本拉脫維亞姓改爲美國化姓氏戴維斯，輾轉遷居美國與加拿大各地，換過許多不同工作，最後還是回到裁縫本業，開設裁縫店製作帳篷、馬毯、馬車蓬等等用品。

戴維斯所用布料購買自李維的舊金山分店，兩人因此結識。1870年，有位伐木工的妻子要求戴維斯爲她先生製作耐磨耐用的工作褲，戴維斯以帆布打造加上銅鉚釘強化縫線與口袋，成品果然耐穿好用，口碑在鐵路沿線重勞動工人間傳開，工人們紛紛前來訂購，隔年他改用丹寧布製作，很快大受歡迎，縫製速度完全來不及趕上工人的需求。

戴維斯於是找李維史特勞斯合夥，兩人一起爲工作褲申請專利，即後世聞名的牛仔褲，戴維斯此後爲李維打造牛仔褲，需求大到需建立工廠，戴維斯繼續爲李維工作，監督產品製造，包括牛仔褲以外產品。

㉓庇理羅士家族

艾曼紐庇理羅士 Emanuel Raphael Belilios 1837～1905

以薩庇理羅士 Isaac Raphael Belilios 1846～1910

庇理羅士家族是源於伊比利半島的西猶太人，大驅逐之後家族一部分假裝改宗苟且偷生，拉法葉庇理羅士（Raphael Belilios）逃往威尼斯，一個世紀內於威尼斯重建家族榮景，之後開枝散葉到義大利利佛諾、荷蘭阿姆斯特丹、英國倫敦，以及中東的阿勒坡，與其他猶太家族建立緊密的貿易網路，觸角遠及印度的果阿。

1730年代威尼斯庇理羅士家族面臨財政危機，許多家族成員遷往阿勒坡，隨著阿勒坡也日漸衰退，家族再轉移陣地到巴斯拉，發展印度洋貿易，加入巴格達猶太人的行列，遷居到加爾各答。19世紀時，原本的庇理羅士家族已經四分五裂、各自爲政，不再是一個完整的家族企業勢力。

艾曼紐、以薩兩兄弟出生於印度加爾各答，艾曼紐於1862年前往香港做鴉片生意大獲成功，1870年代任香港上海大酒店董事長；匯豐銀行方面，先成爲董事，1876～1882年任董事長；1888年任港粵澳蒸汽船公司董事長；政治方面，1881年獲任香港立法局議員、1892～1900年任首席非官守議員。

艾曼紐曾想出資爲也是西猶太人出身的英國首相迪斯雷利設立雕像，迪斯雷利本人婉拒，於是他就以這筆資金成立香港華人西醫書院，孫文爲第一屆畢業生，2006年改名爲香港大學李嘉誠醫學院。1893年艾曼紐捐款兩萬五千元協助香港中央女子書院興建三層樓新校舍，學校爲感謝他改名庇理羅士女子中學。

以薩則前往新加坡發展，與巴格達猶太人密切合作主宰牛隻市場，於新加坡留下不少家族姓氏命名的公共場所，包括庇理羅士路、庇理羅士巷、庇理羅士庭。

庇理羅士家族於艾曼紐之子比利（Raphael Emanuel "Billy" Belilios）1922

年過世後家族就失去傳承，不像沙遜、嘉道理家族能代代相傳。原本留在威尼斯的其他庇理羅士家族，則在納粹大屠殺中全數身亡。

㉔羅勃佛萊明 Robert Fleming 1845～1933

出生於蘇格蘭的丹地，13歲開始於地方紡織公司工作，從公司學習到投資相關知識，1873年成立羅勃佛萊明公司（Robert Fleming & Co.），以及共同創辦蘇格蘭美國投資公司（Scottish American Investment Company），爲蘇格蘭首家投資信託公司，之後前往倫敦成爲國際金融家，與雅各席夫關係密切，在大西洋兩岸金融圈都受到尊敬。

羅勃之子瓦倫泰（Valentine Fleming）成爲蘇格蘭保守黨國會議員，於第一次世界大戰中擔任軍官而陣亡，瓦倫泰的兒子之一爲小說家伊恩（Ian Fleming），即《007》詹姆士龐德系列小說的創作者。

㉕普立茲 Joseph Pulitzer 1847～1911

出身匈牙利、羅馬尼亞邊境毛科有名望的猶太商人家庭，家族於十八世紀末從摩拉維亞移民到匈牙利。1853年舉家遷往佩斯，1858年父親過世，生意破產，家道中落，普立茲只能到處尋求從軍的機會餬口，連續遭奧地利、法國外籍兵團、英軍拒絕，最後於德國漢堡終於應徵成功，加入美國南北戰爭爲北軍作戰的德國傭兵團，當年只有17歲，連英語都不會講。

到了美國波士頓，他發現徵兵款項大部分遭中間人中飽私囊，於是離開徵兵站，前往紐約自己應徵，以200美元代價加入林肯騎兵團，同袍大多都是德國移民，結果南北戰爭中普立茲沒能學會多少英語。

戰後普立茲一度進入捕鯨業，很快離職，回到紐約一貧如洗，睡在街道旁篷車裡頭，流浪到密蘇里州聖路易，身上唯一家當是一條手帕，賣了75分錢。聖路易有許多德國移民，使得普立茲能用德語溝通生活，但他找工作四

處碰壁，身體瘦弱無法堪任重勞動，自尊太高無法接受上司頤指氣使，到餐館打工也因爲沒拿好餐盤打翻啤酒灑了客人滿身濕，到酒吧上班客人根本聽不懂他的破英語，很快遭到開除。

普立茲在聖路易期間，於圖書館自學英文、廣泛閱讀，還因此與圖書館員成爲終生好友，於1868年找到適合的畢生志業：新聞業，應徵《西方郵報》（Westliche Post）記者獲聘用，不久普立茲與朋友們遭到求職詐騙，憤而把經過寫爲報導，獲報社採用，成爲他的第一篇報導。普立茲一天工作16小時，到1878年，買下《聖路易快報》（St. Louis Dispatch）與《聖路易郵報》（St. Louis Post），合併成立《聖路易快郵報》（St.Louis Post Dispatch），從此擁有自身的新聞事業。買下時兩報發行量僅4000份，經營到1881年，已經增爲3倍，1882年9月更達22300份。

1883年，普立茲買下當時每年虧損4萬美元的《紐約世界報》（New York World），殺價以34.6萬美元成交，接手後兩週內讀者就增加6000人，3個月內發行量倍增至3.9萬份，主要靠犯罪、災難、醜聞以及強調娛樂新聞，最終發行量成長到6萬份成爲當地最大報，因爲這樣的煽動風格，以及1895年起刊登《黃孩子》（The Yellow Kid）漫畫，使得煽動性新聞此後稱之爲黃色新聞。到晚年，普立茲取消世界報中的黃色新聞，帶頭使美國新聞業回到正軌。普立茲也曾發起迎接自由女神像籌款運動，讓紐約自由女神像能順利完工，因而得到美國人民的尊敬。

晚年因眼盲、憂鬱症以及對噪音敏感，身體狀況快速惡化，1907年正式退休，交班給兒子。1911年去世。先前於1892年，普立茲曾提議捐款哥倫比亞大學，當時遭拒絕；普立茲過世後於遺囑再度捐贈，這次哥倫比亞大學接受。普立茲先前敦促密蘇里大學成立新聞學院，哥倫比亞大學收下捐款後也於1912年成立哥倫比亞大學新聞學院，兩家至今都是美國頂尖新聞學院，哥倫比亞大學新聞學院並主持每年的普立茲獎。

㉖雅各席夫 Jacob Schiff 1847～1920

出身法蘭克福知名猶太宗師家族，父親是羅斯柴爾德旗下交易員。1861年成爲金融業實習生。美國南北戰爭後，席夫移民美國，抵達紐約市，1870年入籍美國。最初與人合夥成立的公司解散，1872年席夫決定回德國，隔年成爲倫敦漢薩銀行漢堡分公司主管，同年父親過世，於是回到法蘭克福。再隔年，美國銀行家亞伯拉罕庫恩邀請他到紐約市加入他與所羅門羅夫的庫恩羅夫銀行，1875年席夫接受邀請，同年更娶了所羅門羅夫的女兒泰瑞莎，老闆成爲岳父，席夫將過去與各國的金融界關係都帶入庫恩羅夫銀行，1885年，成爲庫恩羅夫銀行總裁。

席夫領導下，庫羅銀行對美國的建設與產業影響巨大，包括融資與重整鐵路公司，金援美國冶煉公司、西屋電力公司、西聯電報公司等，一手主導當時火熱的美國經濟，使得當時美國的經濟熱潮年代稱爲「席夫時代」。

席夫因俄國對大排猶不聞不問，憤而協助日本發行戰爭公債籌募日俄戰爭資金，是日俄戰爭日本獲勝不可或缺的重要功臣，因此獲得明治天皇頒授瑞寶勳章、一等旭日勳章，成爲第一個獲頒一等旭日勳章的外國人。

席夫於日俄戰爭後仍持續抵制俄羅斯帝國，但是當俄羅斯帝國倒台，席夫就解除禁令，反過來金援克倫斯基政權，但克倫斯基政權旋即遭共產黨推翻。蘇聯成立後，席夫停止貸款，改爲資助反共團體。

㉗愛德華諾茲林 Edouard Noetzlin 1848～1935

出身瑞士巴賽爾，1872年之前任職巴黎銀行，1875年成爲法國埃及銀行秘書長，1881年共同創辦墨西哥國家銀行，1911～14任巴黎銀行總裁，並爲俄亞銀行常務董事。

㉘山繆盛克斯 Samuel Sachs 1851～1935

即高盛的「盛」，父親喬瑟夫盛克斯（Joseph Sachs）與馬可斯高曼是同窗，兩人在德國符茲堡求學時認識，從此成爲畢生好友。兩人也都前來美國闖天下，高曼在賓州時期租的寄宿屋，前一個租客就是喬瑟夫盛克斯。兩人結爲兒女親家並親上加親，高曼家姊姊蘿莎（Rosa Goldman）先嫁給山謬的哥哥朱利烏斯（Julius Sachs），妹妹路易莎（Louisa Goldman）又嫁給了山謬。

山謬盛克斯的長年摯友飛利浦雷曼（Philip Lehman），正是雷曼兄弟共同創始人艾曼紐雷曼的兒子，飛利浦是最早認知到新創企業可以靠發行股票籌資的金融家，山謬從雷曼家學習到相關金融交易知識，成爲高盛興起的關鍵，山謬加入後，公司崛起成爲一方之霸，並一直在雙方家族中傳承。1894年，正式改名爲如今的名稱高盛。

㉙恩尼斯特卡賽爾 Ernest Cassel 1852～1921

出生於普魯士萊茵省的東猶太人家庭，17歲時遷居英國，於利物浦找到穀物商工作，很快轉職巴黎銀行，但普法戰爭爆發，身爲普魯士出身，只好再回到英國就職倫敦銀行，很快發跡成爲金融巨擘，專長礦業、基礎建設、重工業。初期投資土耳其，很快轉移到瑞典、美國、南美洲、南非與埃及，爲埃及亞斯文水壩工程融資者之一。與英國國王愛德華七世、邱吉爾都爲好友。1919年成立精神醫療機構卡賽爾醫院，專門治療戰場上遭砲彈轟炸倖存卻受驚嚇癡呆的彈震症。

㉚摩根索家族

老亨利摩根索 Henry Morgenthau, Sr. 1856～1946

小亨利摩根索 Henry Morgenthau, Jr. 1891～1967

出身巴登的曼海姆的東猶太人家族，老亨利的父親經營雪茄工廠，原本相當成功，員工有上千人，1862年時卻因美國南北戰爭期間對進口菸草課以重稅而生意崩潰，只好於1866年全家移民紐約，卻無法重起爐灶，多次同生意的嘗試都失敗，最後只能擔任募款員。

老亨利摩根索進入以培養貧窮家庭菁英聞名的紐約市立學院，之後攻讀哥倫比亞法學院，畢業後成爲律師，不過致富是靠投資房地產，1911年結識威爾遜，大力捐助威爾遜1912年的總統選戰，因而踏入政界。威爾遜當選後派任爲駐鄂圖曼土耳其大使，老亨利最初想拒絕，但受到猶太復國主義者友人的鼓勵，最終同意擔任，但第一次世界大戰爆發，土耳其發生亞美尼亞大屠殺，美國政府卻不想捲入國際糾紛，使得老亨利於1916年辭職。

1919年美國政府派任老亨利摩根索前往波蘭調查迫害猶太人事件，其報告書即爲《摩根索報告》。

小亨利摩根索爲老亨利之子，於1913年結識小羅斯福夫妻，1933年小羅斯福任命他爲聯邦農田署長，聯邦農田署是前任總統胡佛創立，希望用以平穩農產品價格的單位，1934年小羅斯福升任他爲財政部長，與聯準會主席一同維持低利率，以降低政府借貸成本，有利於羅斯福新政大舉增加政府開支，隨後二次世界大戰爆發，支應美國重新武裝與參戰。

小亨利相信平衡預算、穩定匯率、減少政府債務、增加民間投資，於羅斯福大舉增加政府開支的新政中，可說是引導財政平衡的重要力量。

二戰末期曾經提出戰後如何處置德國的計畫，對德國極爲苛刻，計畫將德國切割爲三，西部國際共管，東面一小部割讓蘇聯與波蘭，剩餘南北分割，並徹底消除德國國防工業能力，是爲《摩根索計畫》。但戰後國際局勢

改變，美國戰略從壓制德國轉爲圍堵蘇聯，因此廢棄懲罰德國的《摩根索計畫》，改由幫助德國復興成爲冷戰抗蘇前線的《馬歇爾計畫》取代。

㉛阿道夫奧克斯 Adolph Ochs 1858～1935

出生於美國俄亥俄州辛辛那提，父母都是來自巴伐利亞的猶太移民，父親於1846年移民，母親於1848年革命時移民。奧克斯從小送報打工，11歲時成爲報社編輯助手，之後當過雜貨店櫃台店員、藥師學徒，最終回到報社當印刷學徒，19歲時，他向家中借250美元買下《查塔努加時報》（Chattanooga Times）過半股權，之後又創辦《零售商》（The Tradesman）《南方聯合社》（Southern Associated Press）。

1896年，他自《紐約時報》記者處得知《紐約時報》的嚴重財務危機有機會低價購買，於是借了7.5萬美元買下，接掌後降低成本、推動客觀報導，1920年代發行量從9000份成長到78萬份。

㉜彌敦 Matthew Nathan 1862～1939

出生於英國倫敦的猶太家庭，就讀烏烈芝皇家軍事學院，1880年進入皇家工兵部隊，於皇家工兵學校繼續深造，1884年畢業後派往蘇丹、印度，1898年升任上校。之後歷任獅子山、黃金海岸總督，1903～1907年任香港總督。

彌敦1904年赴香港就任後，拓展交通建設，大力發展九龍與中西區，建設九龍廣東鐵路，其用心整頓將原本人人敬而遠之的泥濘九龍，化爲人聲鼎沸、寸土寸金的繁華市區。爲了紀念這偉大成就，九龍黃金大道以他命名爲彌敦道。

之後彌敦任南非納塔爾總督，於此升任中校，1909年回英國任郵政總局秘書，1911年轉任國稅局主席，1914年再轉任愛爾蘭副總督，由於總督大多數時間在倫敦，副總督是實質的愛爾蘭首長，1916年發生復活節起義後辭職。

後續任退撫部長、昆士蘭總督。於南非、澳洲都有以彌敦爲名的地名、街道。

㉝斯坦因 Aurel Stein 1862～1943

出生於布達佩斯，父母親信奉猶太教，但斯坦因改宗爲路德宗，家中講德語和匈牙利語，斯坦因就讀天主教與路德宗學校，攻讀希臘語、拉丁語、法語、英語，前往維也納大學、萊比錫大學，1883年在圖賓根大學取得梵語、波斯語博士學位，隔年前往英國學習東方語言與考古學。

1887年前往印度任職於旁遮普大學，1888～89年成爲旁遮普大學位於拉合爾的東方學院校長。受瑞典探險家斯文赫定（Sven Hedin）啓發，1900～01年、1906～08年、1913～16年以及1930年，進行四次考古探險，第一次探險發掘漢代西域精絕國尼壤城遺址；第二次探險發掘古樓蘭並買下敦煌莫高窟藏經洞文物，公布後轟動全球；第三次探險重返尼壤、樓蘭、敦煌購買文物，更發掘西夏古城黑水城，讓大量文物重現於世。第四次受到當時中國國民政府制定文物保護法令等限制影響，無功而返。

㉞嘉道理家族

埃利斯嘉道理 Ellis Kadoorie 1865～1922

埃利嘉道理 Elly Kadoorie 1867～1944

羅蘭士嘉道理 Lawrence Kadoorie 1899～1993

霍拉斯嘉道理 Horace Kadoorie 1902～1995

邁可嘉道理 Michael Kadoorie 1941～

嘉道理家族本身也是巴格達猶太人，是沙遜家族的遠親，兄弟姊妹共六子一女，老大以西結（Ezekiel Kadoorie）於1870年先前往加爾各答爲老沙遜洋

行工作，之後三個弟弟摩西（Moses Kadoorie）、埃利斯、埃利在往後十年內陸續前來。

埃利最初先在孟買學習貿易知識，1880年埃利自孟買來到沙遜香港總部報到，很快受賞識派到威海衛，當威海衛發生鼠疫，埃利消毒倉庫分送消毒水，卻被追究擅自使用公司資產，他一怒之下辭職自立門戶，向哥哥摩西借500港幣，與兩個合夥人於香港開設利安洋行，經營20年，埃利與哥哥埃利斯將公司改名爲嘉道理父子公司。

1910年橡皮金融泡沫崩潰，嘉道理家融資買進的橡膠股票慘遭貸款銀行全面追繳，由沙遜家族支持的滙豐銀行出手提供貸款拯救，因禍得福，在橡皮泡沫崩潰後大撿便宜，整併橡膠公司，之後橡膠價格回升，橡膠股價恢復，滿清因橡皮金融風暴倒台，嘉道理家卻否極泰來成爲巨富。

嘉道理家族買下香港大酒店、上海大酒店，合併成爲香港上海大酒店公司，即香港半島酒店。二次世界大戰日本占領香港時一度霸占半島酒店爲總部。1942年日本攻占上海，埃利遭日軍於自家中逮捕投入外籍囚犯監獄，1944年於囚禁中過世。

埃利之子羅蘭士、霍拉斯，年輕時爲沙遜家族的維克多沙遜管理華懋飯店。兄弟倆曾協助香港教區數千農民成爲自耕農，因而得到「亞洲諾貝爾獎」拉蒙麥格塞塞獎，兩人也曾獲法國榮譽軍團勳章。霍拉斯曾協助英軍廓爾喀傭兵退役後回歸日常生活，因而獲尼泊爾政府頒發一等廓爾喀右手騎士團勳章。羅蘭士也因於英國與香港諸多慈善貢獻而獲英國封爵。

嘉道理家族爲中華電力大股東，亦即中電控股公司。二次世界大戰日軍占領香港時，羅蘭士自行炸毀中電以免爲日軍所用，觸怒日軍，全家遭拘於集中營。日本戰敗後，羅蘭士成爲香港迅速復興的關鍵人物，家族產業擴大到包括香港天星輪、山頂纜車、紅磡海底隧道、深圳大亞灣核電廠等等。

如今嘉道理家族由羅蘭士的兒子邁可掌管家業，包括上海酒店、半島酒店、香港飛機工程公司、長江和記實業有限公司、太平地毯國際公司、中電等。

㉟卡爾蘭德施泰納 Karl Landsteiner 1868～1943

出身維也納猶太家庭，6歲喪父。高中畢業後先於維也納大學讀醫，1891～1893年前往符茲堡攻讀化學，回維也納後於衛生所任醫學助理，研究免疫學與抗體，1897～1908年於維也納大學病理解剖所擔任助理，期間發表75篇論文，研究血清學、細菌學、病毒學、病理解剖學，10年內解剖3600次。

1900年他發現不同人血液混合會凝結，1901年進一步發現這是血清與血球接觸所造成，因而分析發現人類的A、B、O血型，接著發現同血型的人輸血不會凝結，因此開啓1907年人類第一次成功輸血。

1908～1920年於維也納威廉米妮醫院任解剖師，與奧地利醫師爾文波普（Erwin Popper）分離出小兒麻痺病毒，奠定日後人類能對抗小兒麻痺的基礎。1911年升任病理解剖學副教授。

㊱馬爾托夫 Julius Martov 1873～1923

出身鄂圖曼土耳其首都君士坦丁堡中產階級猶太家庭，在敖德薩長大。1891～92年俄國大饑荒時接觸馬克思主義，此後積極推動猶太人工人運動，1895年與列寧一同成立工人階級解放鬥爭協會（League of Struggle for the Emancipation of the Working Class），之後遭帝俄逮捕流放西伯利亞，與列寧一同前往西歐，同爲俄國社會民主工黨核心分子，1903年卻與列寧產生路線衝突，雙方支持者分裂爲兩大派系，馬爾托夫的「少數派」即孟什維克，列寧的「多數派」即布爾什維克。

1917年2月革命後馬爾托夫回到俄國，卻在10月革命中遭到邊緣化，布爾什維克奪權，馬爾托夫繼續領導孟什維克，1920年獲准離開俄國，隔年孟什維克遭取締，馬爾托夫定居德國，1923年去世。

㊲阿諾荀白克 Arnold Schönberg 1874～1951

出生於維也納利奧波德城區，過去是猶太隔離區，父親本是匈牙利猶太人，遷居到斯洛伐克，再遷居到維也納，經營鞋店，母親則來自布拉格，是鋼琴老師。阿諾荀白克的音樂專業大多來自自學，只曾與奧地利作曲家亞歷山大澤姆林斯基（Alexander Zemlinsky）學習，稍後娶其妹瑪蒂德（Mathilde）爲妻，瑪蒂德於1923年過世後，改娶學生魯道夫柯利希（Rudolf Kolisch）的妹妹葛楚（Gertrud）爲妻。

荀白克開創第二維也納樂派、編寫《和聲學》（Harmonielehre）、提出《十二音列理論》（Twelve-tone technique），深遠影響二十世紀音樂發展。荀白克原本前往柏林發展，1933年納粹掌權時正在法國旅遊，友人警告他身爲猶太人回到德國將有危險。荀白克先前於1898年改宗路德宗以避免社會對猶太人的歧視，1933年受納粹刺激決定於巴黎猶太會堂重回猶太信仰，以明白宣示反納粹的立場，之後全家遷居美國，曾於多所大學任教。

㊳尤金梅耶 Eugene Meyer 1875～1959

父親自法國史特勞斯堡移民美國，母親家族則出身普魯士，上一代就移民美國，尤金本人出生於美國加州，大學畢業後進入父親身爲合夥人的投資銀行拉札德（Lazard Frères），很快便自立門戶。1930年成爲聯準會主席，不過因爲沒能阻止大蕭條而受到抨擊。

1933年《華盛頓郵報》受到經營不善以及大蕭條影響破產拍賣，四年前尤金梅耶曾經出價500萬美元求購遭拒絕，趁破產只以82.5萬美元就買到，此時正值辭去聯準會主席職位，從此跨足媒體，之後20年內投入數百萬美元改善報導品質建立媒體信譽，到1950年代才終於轉虧爲盈。

第二次世界大戰後美國總統杜魯門任命尤金梅耶爲首任世界銀行總裁，不

過六個月後就離職，回到《華盛頓郵報》。《華盛頓郵報》發展成爲美國重要媒體，日後曾揭發水門事件。2013年由亞馬遜創辦人貝佐斯買下。

㊴托洛斯基 Leon Trotsky 1879～1940

出身帝俄亞諾夫卡（今烏克蘭基洛夫格勒州博布里涅茨區）富裕猶太地主家庭，年輕時原本參加刺殺俄國沙皇亞歷山大二世的左翼恐怖組織民意黨（Narodnaya Volya），1896年改信仰馬克思主義，1898年遭逮捕流放西伯利亞，1902逃亡到倫敦，結識列寧。1903年俄國社會民主工黨分裂，托洛斯基本來是站在馬爾托夫的孟什維克一方，但隔年就兩不相幫，1905年回俄國參與革命，旋即被捕流放西伯利亞，再度逃亡倫敦，1917年2月革命後托洛斯基回到俄國，加入布爾什維克。

托洛斯基於列寧政府內先擔任外交部長，之後擔任陸海軍部長，負責組建紅軍，領導紅軍於俄國紅白內戰中獲勝，在列寧時代，托洛斯基是蘇聯的第二把交椅，與列寧緊密結盟；但列寧過世後，於政治鬥爭中敗給史達林，1928年遭流放、1929年驅逐出境，輾轉流亡土耳其、法國、挪威，1937年定居墨西哥。1940年遭蘇聯情報單位內務人民委員部（People's Commissariat for Internal Affairs，即國家安全委員會，也就是格別烏的前身）刺客暗殺。

㊵愛因斯坦 Albert Einstein 1879～1955

出身德意志帝國下巴登符騰堡王國烏姆世俗化的東猶太人家庭，從小上天主教學校，原本並不特別認同自身是猶太人，而是認爲自己是德國人，直到發現猶太人在世界上到處遭到迫害，才驚覺猶太人的處境，開始協助耶路撒冷希伯來大學募款，但並不支持建立猶太國家。1952年以色列開國總統魏茲曼過世，總理本古里安邀請愛因斯坦接任總統，愛因斯坦婉拒。

愛因斯坦17歲入蘇黎世聯邦理工學院學習物理，1900年取得教學文憑，

1901年獲得瑞士國籍，但無法找到教職，1902年只能先成爲伯恩瑞士專利局助理鑑定員，1905年愛因斯坦連續發表光電效應、布朗運動、狹義相對論、質能轉換四篇重要物理學論文。日後以光電效應獲得1921年諾貝爾物理學獎。

愛因斯坦成名後開始有教職，1915年發表廣義相對論，於1919年由日蝕觀測證明其理論，以此成爲家喻戶曉的物理學家，但諾貝爾獎考慮相對論當時仍有爭議，因此以光電效應頒獎。

1933年納粹執政後，愛因斯坦滯留美國，此後再也沒有回到德國。

㊶阿佛烈愛因斯坦 Alfred Einstein 1880～1952

出生於慕尼黑，原本攻讀法律，很快發現興趣是音樂，於慕尼黑大學取得學位，主攻晚期文藝復興到巴洛克時代的樂器音樂。1933年納粹當權後逃離德國，先到倫敦，再到義大利，於1939年到美國，先後在史密斯學院、哥倫比亞大學、普林斯頓大學、密西根大學，以及康乃狄克州哈特音樂學院（Hartt School of Music）等任教。爲《克歇爾目錄》（Köchel catalogue）1936年第一個主要修訂版本的編輯。其他知名作品包括《音樂簡史》（History of Music）和《音樂的偉大》（Greatness in Music）。

㊷華納兄弟

哈利華納 Harry Warner 1881～1958

亞伯華納 Abraham "Albert" Warner 1884～1967

山姆華納 Samuel "Sam" Warner 1887～1927

傑克華納 Jack Leonard Warner 1892～1978

華納兄弟家族老家位於俄國所瓜分的波蘭領土，父親本是鞋匠。在俄國排

猶暴動陰影下，全家輾轉從德國不萊梅乘船前往美國，來到馬里蘭州的巴爾的摩。移民美國時，家族將原本波蘭姓更改為美國化的姓氏華納。

華納家來到美國後輾轉遷徙到處找機會，一度遷居加拿大，又回到巴爾的摩，四兄弟中最小的傑克此時出生。大哥哈利年僅15歲就一肩挑起家業重任，在俄亥俄州楊斯鎮開張鞋店，接引全家一同搬去，三年後哈利又與弟弟亞伯開設腳踏車店，之後再一同開保齡球館，不幸失敗。

山姆是全家最早進入娛樂產業的一人。正值投影式電影放映機崛起取代最初只能一個人從小孔洞看的窺孔式電影放映機（Kinetoscope），讓更多觀眾可同時觀賞電影，電影市場很快蓬勃發展。

山姆看了愛迪生電影工作室（Edison Studios）製片的無聲西部電影《火車大劫案》（The Great Train Robbery），大受啓發，找上哥哥亞伯合夥，於嘉年華活動會場放映《火車大劫案》，山姆負責放映，亞伯負責售票，生意興隆，很快拉大哥哈利入夥，賣掉腳踏車店籌措資金，兄弟們一起買下大樓改裝為電影院，一開張就大發利市，隨後更往上游發展進軍電影通路業，哈利並答應讓小弟傑克也加入。

當時電影製片由愛迪生壟斷市場，為了挑戰愛迪生的霸權，兄弟們決定成立製片公司華納影業（Warner Features Company），之後正式成立華納兄弟公司，初出茅廬的華納兄弟無法與當時的五大影業競爭，虧損累累。山姆主張應引進有聲電影以新技術突圍，哈利卻因投資未能回收而裹足不前，公司情況更加惡化，遭五大影業逼迫到破產邊緣，哈利終於同意死馬當活馬醫，全力投入有聲電影。1927年華納推出首部全片聲畫同步電影《爵士歌王》（The Jazz Singer）大獲成功，開啓有聲電影時代，奠定華納兄弟在電影界的地位。山姆於上映前因牙齦膿腫感染擴散病逝，沒能見到電影的成功。

有聲電影使華納兄弟成為電影界巨擘，之後並成立華納音樂，到首屆奧斯卡獎的年代，華納已經成長為美國第二大影業公司，僅次於米高梅。華納兄弟們苦盡甘來，幾十年的奮鬥，從身無分文的難民，翻身成為電影大亨。

㊸馮卡門 Theodore von Kármán 1881～1963

出生於奧匈帝國布達佩斯猶太家庭，有布拉格猶太人血脈，父親是知名教育家，因此獲得封爵，以所擁有的小葡萄園獲封「葡萄園爵士」。馮卡門6歲就能心算6位數字相乘，1902年大學畢業後入伍奧匈帝國陸軍任砲兵學員一年。1906年遷往德意志帝國，取得博士學位以及教職。第一次世界大戰爆發後於1915～18年入伍奧匈帝國部隊，負責設計直升機。戰後再回德國任教。

1930年因擔憂歐洲納粹反猶，接受美國加州理工學院邀請擔任古根漢航空實驗室主任並移民美國，1944年組織噴氣推進實驗室，並協助成立多個航太相關研究與諮詢組織，奠定次音速、超音速航空以及太空飛行器設計，可說是人類「航太之父」。中國「飛彈之父」錢學森即出自其門下。

㊹哈森菲爾德兄弟

赫曼哈森菲爾德 Herman Hassenfeld 1882～1974
希拉爾哈森菲爾德 Helal Hassenfeld 1885～1943
亨利哈森菲爾德 Henry Hassenfeld 1889～1960

哈森菲爾德家族本是波蘭猶太家庭，在排猶暴動陰影下不斷遷徙，大哥赫曼出生於波蘭中部的羅茲、二哥希拉爾出生在波蘭南部的喀爾巴阡山省，亨利出生時已經遷往奧地利。

哈森菲爾德兄弟在第二波俄國排猶暴動時決定遷往美國，抵達時身無分文，奮鬥20年小有所成，1923年在羅德島創立哈森菲爾德兄弟公司，一開始銷售紡織品碎布，之後擴大到做學校文具，賣鉛筆盒。1935年，由於原本供應鉛筆的供應商竟然自己也開始製作鉛筆盒成爲競爭對手，哈森菲爾德兄弟決定進軍製造鉛筆反制，沒想到鉛筆比鉛筆盒利潤更好，鉛筆事業獲利成爲後續發展的資金來源。

1940年代哈森菲爾德又經歷一次意外轉型，原本只是因爲學校文具主打學童，順便推出小孩喜歡的醫生護士玩具以及造型黏土，沒想到玩具比文具更受歡迎，到1942年，公司已經變成主要銷售玩具，二次世界大戰後，引進塑膠材料應用於玩具。其玩具品牌取「哈森菲爾德」「兄弟」的首三字母成爲「孩之寶」（Hasbro）。

另一位猶太人喬治勒納（George Lerner）的突發奇想，打造出馬鈴薯先生，讓哈森菲爾德一飛沖天，奠定哈森菲爾德成爲玩具巨擘，至1960年亨利過世時，年營收已經達1200萬美元。1968年公司以其玩具品牌爲名，改名爲如今世人耳熟能詳的孩之寶。

㊺越飛 Adolf Abramovich Joffe 1883～1927

出身克里米亞半島卡拉派猶太教家庭，1903年加入俄國社會民主工黨，參與1905年革命，1906年被迫流亡德國，又遭德國驅逐。原本越飛較親近孟什維克，但是1906年遷居維也納後卻與托洛斯基親近。

1912年他前往敖德薩時被捕，流放西伯利亞，直到1917年2月革命才放回，他脫離克里米亞以孟什維克爲主的社會民主工黨，改加入托洛斯基與列寧的激進革命行列。

1919～20年越飛開始外交生涯，與波蘭談判停火、簽署《里加和約》；以及與波海三國談判停火，1922年起派任爲駐中國代表，主導推動國民黨與共產黨合作，與孫文發表《孫越宣言》；1923年前往日本改善日蘇關係，因重病回國，1924年又任蘇聯代表團成員前往英國，1924～26年前往奧地利。

越飛與托洛斯基一直相當友好，他長年重病請求出國治療，遭史達林拒絕，1927年托洛斯基遭史達林鬥爭開除黨籍，越飛決定自殺。

㊻亨克斯内福列/馬林 Henk Sneevliet / Maring 1883～1942

出生於荷蘭鹿特丹，1900年任鐵路員工，加入荷蘭社會民主工黨與鐵路工會，1907年成為社民工黨首位市議員。1911年成為鐵路工會主席，強烈支持國際海員罷工，工會與社民工黨多數成員卻反對，馬林憤而離開，前往荷屬東印度宣傳革命思想。

1913～18年於荷屬東印度煽動工會激進化，1914年共同創立東印度社會民主聯盟，該聯盟的極左激進思想不見容於荷蘭社會民主工黨，於是馬林於1916年退黨，改加入荷蘭共產黨前身荷蘭社會民主黨。

1917年俄國十月革命，荷蘭擔憂激進思想引起印尼革命，1918年逼使馬林離開印尼回到荷蘭，回荷蘭後，馬林繼續推動共產運動，計畫協助發動交通大罷工，1920年馬林代表印尼前往莫斯科參與共產國際第二次代表大會，會議上列寧對他印象深刻，於是派他前往中國協助推動成立中國共產黨。

在馬林推動下，1921年召開第一次中國共產黨代表大會，中國共產黨就此成立。同時孫文也向他招手，1923年邀請他任國民黨全職顧問，但馬林拒絕，1924年回到莫斯科，之後回到荷蘭，但馬林與荷共和蘇聯的歧見很快擴大，1927年與荷共和共產國際斷絕關係，自組新政黨。

二次世界大戰爆發後，馬林解散自己的小黨，投身反抗德國占領荷蘭，1942年遭納粹逮捕處決。

㊼鮑羅廷 Mikhail Borodin 1884～1951

出身今白俄羅斯，1900年加入猶太工人總聯盟，1903年加入布爾什維克，遭逮捕後逃亡美國，建立家庭與事業，於芝加哥創辦教俄國猶太移民英語的學校。

1917年10月革命成功後回到俄國，歷任各職，1919年起擔任共產國際代表

訪問多國，1923年列寧派任鮑羅廷前往中國協助孫文及國民黨，孫文死後，鮑羅廷協助計畫北伐，並成爲寧漢分裂時武漢政府的一員。國民黨進行清黨，鮑羅廷只好於1927年回到蘇聯。

1930年協助於中國時認識的美國女記者安娜路易絲史壯（Anna Louise Strong）成立英文版報紙《莫斯科新聞》（Moscow News），1932年更擔任其總編輯，二戰爆發後又擔任蘇聯資訊局總編輯。1949年因安娜路易絲史壯意圖刊載宣揚中國毛澤東主義成功的文章，加上以色列叛離蘇聯引起的反猶氣氛，兩人雙雙被捕，《莫斯科新聞》遭關閉，鮑羅廷下放勞改於1951年身亡。直到1964年才獲得平反。

㊽波耳 Niels Bohr 1885～1962

出生於丹麥哥本哈根，母親出身自丹麥猶太金融家族阿德勒家族（Adler）。1913年建立「波耳模型」爲解釋原子各種現象的首個模型，但只適用於氫原子，如今已經由更新的理論模型取代，但是仍在各國中學教科書內容中，因爲波耳模型是日後理論模型的基礎。1922年以對原子結構的研究獲諾貝爾物理獎。爲解決原子結構諸多未解之謎，波耳投入發展新興的量子力學。

納粹占領丹麥，波耳經瑞典流亡英國，參與英國於曼哈頓計畫中研究鈽的「合金管工程」。戰後因爲主張和平主義，美國擔憂他有洩漏核技術給蘇聯的傾向而嚴加監視。

戰後回到丹麥獲頒大象勳章。1957年因積極推動核能和平使用以及防止核子武器擴散，獲頒首屆原子和平獎。

㊾埃里希孟德爾頌 Erich Mendelsohn 1887～1953

出身東普魯士阿倫施泰因（今波蘭奧爾什丁）猶太家庭。姓氏與知名19世

紀德國作曲家孟德爾頌發音相同，不過相差一個字母，與該孟德爾頌家族並無親戚關係。

埃里希孟德爾頌中學前往柏林，1906年前往慕尼黑大學攻讀國民經濟，1908年至柏林工業大學攻讀建築，2年後轉至慕尼黑工業大學，優等成績畢業，以獨立建築師於慕尼黑執業。1918年第一次世界大戰後於柏林執業，打造代表作愛因斯坦天文台（Einstein Tower）以及盧肯瓦德帽工廠。

1933年納粹崛起時逃離德國前往英國，家產遭納粹沒收，也遭德國建築師公會、普魯士藝術學院除名，1938年取得英國公民權，改名英式名字艾力克，並接應親戚前來英國。

長年認識以色列開國先賢魏茲曼，1934年起爲其在當時仍於英國統治下的巴勒斯坦規劃一系列建設計畫，1935年前往耶路撒冷開設辦公室，打造許多知名建築，如魏茲曼故居（Weizmann House）、魏茲曼科學研究院（Weizmann Institute of Science）三間實驗室、以色列國民銀行前身盎格魯巴勒斯坦銀行（Anglo-Palestine Bank）的耶路撒冷分行、耶路撒冷希伯來大學，以及多家醫院等等。1941年起前往美國，1945年起居於舊金山，打造美摩尼醫院（Maimonides Hospital），於美國各地打造眾多猶太會堂和社團中心。

㊿馬坤 Morris Abraham Cohen 1887～1970

出身波蘭正統派猶太家庭，1889年全家移民英國居於倫敦，父親於紡織廠工作，將家族姓氏改爲英文化的柯恩。1900年因涉嫌扒竊被捕，送往羅斯柴爾德所設立專門教化誤入歧途猶太青年的海斯工業學校（Hayes Industrial School），1905年感化期滿，父母將他送往加拿大，希望換個環境能改善他的行爲。

馬坤在加拿大西部各省遊蕩，扒竊嫖賭樣樣來，也當房地產仲介，常常被捕入獄，罪名包括與未成年少女性交。於加拿大太平洋鐵路工作時結識洪門

致公堂，曾幫中國餐館趕走搶匪，致公堂邀請他參加孫文的同盟會。馬坤遷居亞伯達省時擔任公證人，藉此協助中國偷渡客取得國籍。

第一次世界大戰爆發使得房地產大跌，馬坤收入無著，只好從軍，因時常違紀惡名昭彰。一戰中馬坤參與加拿大鐵路部隊，工作包括監管中國勞工旅，戰後回到加拿大，但房地產景氣一去不復返，只好於1922年前往中國找機會，找上孫文想談鐵路計畫。

馬坤透過關係找孫文英文祕書陳友仁面試，獲得錄取，但工作與鐵路無關，而是協助訓練孫文的小部隊，不久成爲孫文的貼身侍衛。馬坤不諳漢語，不過孫文身邊受西式教育者眾，包括宋慶齡，都可英文溝通。這期間宋慶齡給他起了馬坤的漢名。

有次馬坤遭子彈擦過，他心想萬一持槍手中彈該怎麼辦？想出的辦法就是雙手都拿槍，於是有了雙槍馬坤的稱號。

孫文過世後，馬坤先是爲孫科工作，之後宋子文，再來是軍閥李濟深、陳濟棠，爲軍閥當保鑣並安排軍火採購。馬坤也聯繫蔣介石，獲得將軍頭銜，但並未實際領軍。

1937年日本入侵，馬坤爲中國取得武器也爲英國情報單位工作。1941年日本進攻香港，馬坤將宋慶齡與宋靄齡送上飛機，自己留下作戰，於香港淪陷後被俘，送往赤柱拘留營，1943年才因換俘獲釋回到加拿大。

以色列建國時，中國駐聯合國代表郭泰祺反對以色列建國，馬坤到舊金山見郭泰祺，展示孫文信件，郭泰祺於是棄權，沒有否決以色列建國案。

因爲與孫文、宋慶齡的關係，馬坤成爲少數在台灣與中國都可自由入境的人士，1966年曾獲周恩來邀請訪問中國。去世時，罕見的有國共雙方代表同時出席。

㉛賽爾曼瓦克斯曼 Selman Waksman 1888～1973

出生於俄羅斯帝國基輔省（今烏克蘭），1910年移民美國，6年後入籍。

於紐澤西州立羅格斯大學攻讀農業，畢業後研究土壤細菌學，之後於美國農業部研究土壤黴菌，1918年取得生化博士學位，加入羅格斯大學生化與微生物學院。

瓦克斯曼團隊發現多種抗生素，最著名的為鏈黴素，為首個能治療肺結核的抗生素，瓦克斯曼因此於1952年獲得諾貝爾醫學獎。其他發現包括放線菌素、新黴素、展青黴素、灰鏈黴素等等。

㊾吳廷康 Zarkhin / Grigori Voitinsky 1893～1953

原名札爾金，後改名格列高里維經斯基，漢名吳廷康，亦曾使用魏琴。出生於俄羅斯的涅韋爾，1918年加入布爾什維克，於紅白內戰中積極參與遠東前線，1920年蘇聯於西伯利亞成立遠東局，任副局長，直接負責督導建立中國共產黨，因此遠東局成立後不久抵達北京，聯絡李大釗，李大釗再為他連繫陳獨秀，開始組建中國共產黨。

吳廷康擔任第三國際代表至1926年，後續於西伯利亞政府任職至1929年，之後遷居莫斯科，歷任各遠東相關部門，1934年於莫斯科國立大學擔任教授，為蘇聯中國學的創始者之一。

㊿包立 Wolfgang Ernst Pauli 1900～1958

出生於維也納，父親家族是來自布拉格的猶太望族，母親為改宗天主教猶太人，包立小時候也是天主教徒，不過最終他與父母都離開天主教會。父親為化學家，教父則是知名物理學家、音速單位由來的馬赫（Ernst Mach），包立的中間名恩斯特即為馬赫之名。

包立獲波耳邀請到波耳研究所工作，研究原子物理學，1925年發表「包立不相容原理」，解釋了多種不同物理、化學現象以及原子的性質。1945年由愛因斯坦提名，以此定理獲得諾貝爾物理獎。

⑭里高佛 Hyman G. Rickover 1900～1986

出身俄羅斯帝國馬佐夫舍地區馬庫夫（今波蘭）猶太家庭，1897年父親先前往美國紐約，受俄國1905年革命排猶風潮影響，母親帶著他與姊妹於1906年逃離前往紐約投靠父親，2年後全家搬到芝加哥。里高佛9歲開始打工，高中畢業後成爲全職送電報員，結識捷克裔猶太人伊利諾斯州眾議員阿道夫薩巴斯（Adolph J. Sabath），獲其推薦進入美國海軍學院，又經海軍研究所於哥倫比亞大學取得電子工程碩士學位。

里高佛心知指揮小型船艦升遷較快，因此主動爭取進入潛艇部隊，果然於二戰期間就獲得成爲艦長的機會。1945年獲任19艦隊監察官，負責與奇異合作開發驅逐艦的核子動力推進器。1946年曼哈頓計畫有子計畫研發核能發電，里高佛了解核子動力對海軍的重要性因而申請加入。

里高佛積極推動核子動力於驅逐艦與潛艦的應用，但一開始其遠見不受長官重視，導致里高佛不得不想辦法越級上報，直達海軍作戰部長尼米茲，由於尼米茲最初是研究潛艦出身，很快理解里高佛所言核子動力的重要性，責令海軍部長約翰蘇利文（John L. Sullivan）打造世界首艘核子動力潛艇鸚鵡螺號，里高佛也因此成爲海軍船艦局新設的核子動力部門長官。

世人稱里高佛爲「海軍核子動力之父」，但里高佛則謙稱約翰蘇利文才是眞正的核子動力之父。鸚鵡螺號於1953年完成，1954年開始服役。里高佛嚴格監督下，美國海軍保持零核子事故的完美安全紀錄；相對的，蘇聯海軍則經常發生嚴重核子事故。1973年里高佛升任四星上將。

⑮邁爾蘭斯基 Meyer Lansky 1902～1983

出身俄羅斯帝國格羅德諾（今白俄羅斯）波蘭裔猶太家庭，家人深受俄國政府排擠與排猶之苦，因此認同的祖國爲波蘭。1909年父親先行前往美國探

路，1911年與母親、哥哥一起自敖德薩乘船移民美國與父親會合，居於紐約曼哈頓下東區。

邁爾蘭斯基從青少年時代起認識日後稱爲「美國現代組織犯罪之父」的黑手黨老大盧西安諾，原本盧西安諾是想向邁爾勒索保護費，邁爾悍拒，不打不相識，盧西安諾欣賞邁爾的骨氣，從此結交。也在同時期認識巴格西西格爾，兩人一同組織巴格西邁爾幫爲盧西安諾效命。

盧西安諾計畫一統義大利、愛爾蘭、猶太等各族群幫派成爲全國性大黑幫，邁爾成爲黑手黨的大腦「黑手黨會計師」，但他不只進行犯罪活動，二次世界大戰時成了愛國先鋒，打擊美國的納粹分子，還協助美國海軍情報局的情報作戰，邁爾蘭斯基也藉由與海軍的合作，交換盧西安諾獲釋。

戰後盧西安諾前往古巴發展賭場生意，蘭斯基因而結交古巴獨裁者巴蒂斯塔，以回扣換取允許開設大規模賭場，蘭斯基還曾出錢賄賂巴蒂斯塔的政治對手自願下台，好讓巴蒂斯塔重新掌權。蘭斯基成爲古巴政府的非正式「賭博部長」，賭場也用來爲幫派的毒品交易洗錢。好日子於1959年到頭，卡斯楚發動古巴革命推翻巴蒂斯塔，蘭斯基只能倉皇逃到巴哈馬，賭場飯店都遭卡斯楚政府國有化。

蘭斯基擁有許多政治人物的緋聞照片，藉此勒索換取自身不被起訴，但到了1970年蘭斯基終於遭美國政府以逃稅起訴，連忙逃亡以色列，蘭斯基一向相當熱中支持以色列建國，但在美國壓力下，以色列仍將他遣送回美國受審，不過宣判無罪。

電影《教父II》中的主要反派角色就是以他爲原型基礎。

㊻維格納 Eugene Wigner 1902～1995

出身奧匈帝國布達佩斯中產猶太家庭，家中經營鞣皮。9歲前由職業教師家教，之後直接自三年級開始上學，對數學產生興趣。

1919年匈牙利一度短暫由共產黨執政，維格納舉家逃離，共黨倒台後才回

國，為了反共改宗路德教派，但維格納本身為無神論者。1926之後前往德國輾轉各學術機構，研究群論與量子力學，於1931年發表《維格納定理》成為量子力學中對稱性的數學基礎，之後研究更深入原子核領域。

普林斯頓大學於1930年同時挖角維格納與馮紐曼，薪資是維格納在歐洲的7倍，1年期滿後又給予5年合約，這可說是及時雨，因為納粹已經崛起掌權。於普林斯頓期間，1934年維格納將妹妹介紹給知名物理學家狄拉克（Paul Dirac），兩人於1937年結婚，同年全家入籍並定居美國。

二戰中促成愛因斯坦寫信給羅斯福總統，本身也參與曼哈頓計畫，期間發現原子遭中子輻射撞擊時會產生位移，導致材料的晶體結構變形的維格納效應。戰後服務許多政府機構，於1963年以對原子核與基本粒子的研究獲諾貝爾物理學獎。

㊿格列高里平克斯 Gregory Goodwin Pincus 1903～1967

出生於美國紐澤西，雙親都是來自俄羅斯帝國拉脫維亞的猶太移民。於康乃爾大學攻讀生物學，於哈佛升任到助理教授，研究荷爾蒙生物學，專研荷爾蒙對哺乳類生殖系統的影響。

1951年在瑪格麗特桑格（Margaret Sanger）協助下，取得美國計畫生育聯合會資助，開始研究荷爾蒙避孕，與張明覺共同發現黃體素有避孕作用。瑪格麗特桑格再引介凱瑟琳麥科密克（Katharine McCormick），於1953年投入50倍資助，最終促成口服避孕藥的出現。格列高里平克斯於1966年獲愛丁堡大學卡梅隆醫療獎（Cameron Prize for Therapeutics of the University of Edinburgh）。

㊽馮紐曼 John von Neumann 1903～1957

出身奧匈帝國布達佩斯富裕猶太家庭。1929年獲普林斯頓大學邀請擔任教

職，同年父親過世，1930年改宗天主教。來到美國後，將匈牙利名字英文化成爲約翰，但姓氏仍用德式的馮紐曼。1937年入籍美國。

馮紐曼從小就是天才，6歲時就能心算8位數除法，能用拉丁和古希臘語交談，8歲時就能計算微積分，12歲時就能讀法國數學家博雷爾的《函數理論》，19歲時就發表2篇數學論文。還熱愛歷史，從小讀透世界史，曾有普林斯頓的拜占庭史教授稱馮紐曼比他還了解拜占庭歷史，並能背誦大部分吉朋的《羅馬帝國衰亡史》。

在同時代爲研究領域最廣的數學家，整合純數學與應用科學，在多個領域貢獻卓著，包括數學、物理學、經濟學、計算機理論、統計學，協助建立量子力學、泛函分析以及賽局理論的數學基礎。二次世界大戰時參與曼哈頓計畫，戰後參與洲際彈道飛彈的研發等計畫，也是美國原子能委員會的成員。一生獎項無數，有月面坑洞以及小行星以他命名。

㊾**歐本海默** J. Robert Oppenheimer 1904～1967

生於紐約市，父親來自普魯士王國黑森拿索省，1888年移民美國，身無分文、未受教育也不懂英文，進入紡織業工作升職到成爲主管致富，母親家族則自1840年代就來到美國，也是來自德國，均是東猶太人。

曾經參與包立的量子力學研究，也研究天文物理學，發表「歐本海默極限」：中子星的質量超過這個上限以後，就會崩潰成爲黑洞，並預測黑洞的存在。

1942年美國陸軍開始曼哈頓計畫，歐本海默擔任祕密武器實驗室主任，建立洛斯阿拉莫實驗室（Los Alamos National Laboratory），1945年成功研發原子彈進行首次試爆，美軍於同年向日本廣島、長崎投下原子彈。戰後擔任美國原子能委員會總顧問委員會主席，因早年曾與共產黨有聯繫以及主張和平主義、限制核武擴散，反對與蘇聯進行核武競賽，1954年遭剝奪所有政治權力。

⑥⓪巴格西西格爾 Benjamin "Bugsy" Siegel 1906～1947

出身紐約市東猶太人家庭，家族自奧匈帝國的加利西亞（今波蘭南部到烏克蘭西部）移民到美國，個性暴躁像臭蟲一樣難纏，所以得到「巴格西」的稱號，即蟲子，表示瘋狂的意思，本人討厭這個稱呼。

青少年時期認識邁爾蘭斯基，蘭斯基當時已經成爲盧西安諾手下，認爲發展幫派不只原本的愛爾蘭、義大利人基底，也應該招募猶太人，他錄取的第一人就是巴格西，兩人組織巴格西邁爾幫。巴格西也與黑幫老大卡彭自青年時期就結識。

在盧西安諾命令下，巴格西邁爾幫謀殺了對手黑幫老大，讓盧西安諾一統黑幫勢力，爲了維護道上秩序，巴格西成立了謀殺公司，謀殺對手以及想告密者。

巴格西也在好萊塢有良好人脈。戰後巴格西想洗白，投資拉斯維加斯賭場，但是卻只是大把燒錢，好不容易轉虧爲盈時，股東們已經相當不滿，決定雇用殺手除掉巴格西，慘遭數槍擊斃。蘭斯基也是大股東，巴格西死後，蘭斯基的部下接管賭場，他日後多次感嘆，要是能由他做主，巴格西就不會死於非命。

巴格西的生平成爲《教父》第一集小說原著與電影故事的靈感來源。

⑥①恩斯特波利斯柴恩 Ernst Boris Chain 1906～1979

出生於柏林，家族爲西猶太人與東猶太人混血後裔，母親是柏林人，父親自俄國移民來德國攻讀化學，家族源自加泰隆尼亞西猶太人，起源可追溯到巴比倫。

納粹掌權後於1933年逃離德國到英國，身上僅有10英鎊，之後陸續取得教職。

1939年與霍華德弗洛里（Howard Florey）共同研究微生物分泌的抗菌成分，兩人因此研究9年前弗萊明（Alexander Fleming）所發現的盤尼西林，發現其療效以及化學組成，共同發現分離萃取盤尼西林的方式，使人類首度擁有抗生素可以對抗細菌感染，兩人因而於1945年獲得諾貝爾醫學獎。

柴恩的母親和妹妹於二戰中在德國慘遭納粹殺害，晚年成爲積極的猶太復國主義者，以猶太信仰教育子女，1965年於世界猶太議會學者論壇（World Jewish Congress Conference of Intellectuals）上發表〈我爲何是猶太人〉演說。

㉒沙賓 Albert Sabin 1906～1993

原名亞伯拉罕賽伯斯汀，出生於俄羅斯帝國的比亞維斯托克（今波蘭），父母親都是波蘭猶太人，1921年舉家乘船經比利時的安特衛普出海移民到美國，1930年入籍美國，改姓爲沙賓。

原本念牙醫但因爲喜愛研究病毒學轉讀醫，二戰時隸屬於美國陸軍醫療部，協助開發日本腦炎疫苗。沙賓解剖小兒麻痺病人發現，病毒是先感染小腸才轉移到中樞神經系統，這表示可以透過非神經組織來培養病毒，使得製造疫苗更容易更便宜，1949年其他學者成功達成以非神經組織培養小兒麻痺病毒。

沙賓選擇可刺激抗體生成，但不會造成麻痺的小兒麻痺病毒株，製成減毒的沙賓疫苗。與沙克一樣，拒絕爲疫苗申請專利。沙賓也開發日本腦炎、登革熱疫苗。

1969～1972年沙賓前往以色列，任魏茲曼科學研究學院院長，之後回到美國。

⑥③愛德華特勒 Edward Teller 1908～2003

出身奧匈帝國布達佩斯猶太家庭，日後成爲猶太無神論者。1926年離開匈牙利前往德國，攻讀數學與化學，取得化工學位，但從學校教授得知量子物理學的新進展之後，決定轉物理學。

1933年希特勒執政，於愛因斯坦推動成立的國際救援委員會幫助下逃離德國，短暫到英國後再到丹麥，爲波耳工作，1934年再到英國，1935年獲邀到美國，1941年入美國籍。

1942年獲邀進入曼哈頓計畫團隊，認爲核分裂的核彈可以用來引爆威力更大的核融合核彈，也就是日後的氫彈。戰後特勒本來退出洛斯阿拉莫實驗室，1949年蘇聯試爆首顆原子彈，美國爲了保持軍事技術領先宣布開發氫彈，1950年洛斯阿拉莫實驗室找回特勒，1952年特勒自立門戶轉至勞倫斯利佛摩國家實驗室（Lawrence Livermore National Laboratory），該年11月進行首次氫彈試爆後媒體稱他「氫彈之父」，不過氫彈其實是由洛斯阿拉莫實驗室打造。

於歐本海默國家安全資格審查聽證會上發表對歐本海默不利的證言，此後受到科學界冷遇，但是在政府與軍方仍相當受歡迎，推動相當多核武與核能計畫。同時特勒也指導以色列如何打造氫彈。1967年以色列即將完成核武時，特勒表示將向中情局報告以色列已經有核能力。1980年代則指導以色列如何打造核電廠。

特勒於1980年代積極推動在太空中攔截洲際彈道飛彈的「星戰計畫」，在當年的技術仍未能實現，但蘇聯情報單位信以爲眞，是蘇聯垮台原因之一。

其生前最後的論文研究熔鹽反應爐，如今是第四代小型模組化核電反應爐的主流技術。

㊿64 雅詩蘭黛 Estée Lauder 1908～2004

雅詩蘭黛的母親於前一段婚姻，丈夫先從匈牙利到美國探路，自己再帶五名子女前往依靠丈夫，兩人在異鄉卻勞燕分飛，離婚後再嫁給雅詩蘭黛的生父，是一位捷克血統匈牙利猶太人，同於1890年代移民美國。

雅詩蘭黛出生時，父母本來決定要用母親最親的姑姑的名字取名爲「雅茲」（Eszti），但是擔憂匈牙利名字會害孩子受歧視，最後一刻還是取美國式名字約瑟芬，不過小名叫「雅詩」，日後雅詩蘭黛創立品牌時，將雅詩加上法文音標符號好讓品牌名看起來有法國風，並使得唸法更類似姑姑的名字，蘭黛則是夫姓。

雅詩蘭黛從小與八個兄弟姊妹在家裡開的五金行幫忙，耳濡目染通路生意，年紀漸大後幫忙化學家伯父約翰休茲（John Schotz）經營新路實驗室（New Way Laboratories），專賣美容產品如面霜等，休茲還教她如何洗臉與面部按摩。雅詩蘭黛對美容產品比起家中的五金生意更有興趣，高中畢業後專心協助伯父的生意，在雅詩蘭黛的行銷才能下，業務很快拓展。日後她與約瑟夫蘭黛（Joseph Lauder）夫妻兩人創辦公司，命名爲雅詩蘭黛，發展爲僅次於萊雅（L'Oréal）的全球第二大美妝企業。

㊿65 哈根達斯創辦人馬圖斯夫婦

魯本馬圖斯 Reuben Mattus 1912～1994

蘿絲馬圖斯 Rose Mattus 1916～2006

波蘭猶太家庭馬圖斯一家先由舅舅打前鋒來到紐約，在布魯克林開了一家冰店，賣義大利檸檬冰。蘇波戰爭結束時，馬圖斯一家毅然決定離開故鄉，前往美國新天地投靠已經小有所成的舅舅，魯本馬圖斯與寡母搭上蒸汽輪船，來到陌生的紐約，魯本年僅10歲，馬上就在舅舅的冰店裡工作，幫母親

擠檸檬。

整個家族一同辛勤奮鬥，家族冰店逐漸擴大經營範圍，先是增加賣冰棒，又從冰棒擴大到賣巧克力外殼雪糕以及三明治，就用一輛馬拉攤販車在紐約布朗士營業，店名叫「元老冰品」（Senator Frozen Products）。元老冰品生意興隆，在1934年冰品工廠請了一位高中畢業生當會計，理所當然的，也是猶太人。

這位年輕會計蘿絲，同是波蘭猶太人後裔，家族從事製作戲服，先是移民到英國，因此蘿絲在英國曼徹斯特出生，又跟著客戶劇院公司一起遷到愛爾蘭的貝爾法斯特，最後一家人也決定到美國闖蕩，搭上蒸汽輪船來到紐約的時間只比魯本馬圖斯晚了5個月，兩人卻一直到蘿絲來到元老冰品上班才認識，近水樓台先得月，2年後，魯本迎娶蘿絲，讓她也成了馬圖斯家人。

家族生意到1950年代遇上重大挑戰，工業化大規模量產冰淇淋低價搶市，讓小商家幾無生存空間，馬圖斯一家決定開發高級冰淇淋，改打高價利基市場，避開量產冰淇淋的削價競爭，為此要想一個新品牌名稱。馬圖斯家沒有太多學問，心想要取個外國風的名字聽起來比較神秘、高級，選擇哪國風格的時候，他們感念在二次世界大戰中，丹麥全國共同幫助7,000名猶太人撤離到瑞典逃脫希特勒的毒手，於是打算取個丹麥風的名字，馬圖斯家其實根本不懂丹麥文，結果加上了丹麥文中沒有的兩點標號，這個新品牌名就是哈根達斯（Häagen-Dazs）。

新品牌由魯本研發口味，蘿絲負責行銷，剛開始營運時工廠發生意外，打入空氣讓冰淇淋蓬鬆的空氣注入幫浦壞掉，製作出的冰淇淋沒什麼空氣而很厚實，意外成為哈根達斯特色。哈根達斯也標榜天然食材風味，以與競爭對手的人工調味料區別。蘿絲為了打進高階市場，絞盡腦汁想出行銷策略，先是身著華服發放免費試吃給附近店家，又想盡辦法攻進大學以及高級餐廳，策略奏效。品牌在1960年代逐步成長，至1973年分店已經遍布全美，1983年以7000萬美元出售給食品大廠品食樂（Pillsbury Company）。夫妻倆在1992年另外創辦馬圖斯冰淇淋公司，銷售低脂冰淇淋。

⑯三一冰淇淋創辦人

伯特巴斯金 Burt "Butch" Baskin 1913～1967

爾文羅賓斯 Irvine Robbins 1917～2008

三一冰淇淋（Baskin-Robbins）的英文品牌名即來自兩人的姓氏合併。

爾文羅賓斯的父親自俄國移民到加拿大，經營乳品業與冰淇淋店，爾文在加拿大出生，從小在父親的店裡爲客人挖冰淇淋，看到客人開心的樣子，認爲冰淇淋是能讓人們開心讓人嚮往的生意。二次世界大戰中入美國陸軍，退伍後決定開設自己的冰淇淋店，於加州創辦雪鳥冰淇淋（Snowbird Ice Cream）。

爾文的妹妹嫁給伯特巴斯金，伯特巴斯金的父親也是俄羅斯猶太人，移民到美國開服飾店，伯特巴斯金延續家業到芝加哥開設男性服飾店。二戰時伯特於海軍服役，退伍後來到加州找妻舅爾文。爾文說服伯特：開冰淇淋店比起開男裝店有趣！伯特幾個月後決定也在加州一起開店，創辦伯特冰淇淋（Burton's Ice Cream）。

兩年後，雪鳥冰淇淋有5家分店，伯特冰淇淋有3家分店，兩人心想應該聯合經營，決定將雪鳥、伯特雙品牌合併爲一個新品牌，取兩人的姓氏爲品牌名，加上兩人當時剛研發出第31種口味：巧克力薄荷口味，於是商標中兩人姓氏英文字母內特別畫出數字「3」與「1」成爲三一冰淇淋。此後分店快速拓展，1960年突破百家，1967年以1200萬美元出售給聯合水果公司（United Fruit Company），當時有約500家分店。如今三一冰淇淋是全球最大冰淇淋連鎖店，橫跨50國，共有超過8000家分店。

⑰**艾狄胥** Paul Erdős 1913～1996

出生於奧匈帝國布達佩斯，雙親均爲猶太人高中數學老師，第一次世界大

戰時，父親入奧匈帝國部隊被俘，囚於塞爾維亞，母親只能一人維持家計。艾狄胥經常獨自在家，研究數學自娛，4歲時就能心算每個人一生活過的秒數。父親在戰俘期間自學英語，發音有許多錯誤，獲釋後父親教艾狄胥英語，造成艾狄胥也跟著有許多發音錯誤。

當時猶太人要進入大學有嚴苛限額，但艾狄胥的才華很快嶄露頭角，21歲就取得博士學位。二戰前匈牙利往軸心國靠攏法西斯化，反猶氣氛高漲，艾狄胥於1934年選擇前往英國曼徹斯特進行博士後研究，1938年移民到美國，未能離開的家族有多人在二戰中死於匈牙利，僅有母親倖存。

艾狄胥是人類史上發表論文最多的數學家，含共同發表在內，總計1525篇論文，遠遠超越第二名瑞士數學泰斗歐拉（Leonhard Euler）的約800篇。艾狄胥在數論、圖論、組合數學、概率論、集合論、近似理論等領域都有廣泛研究，對人類數學理論發展貢獻卓著，有許多以艾狄胥爲名的數學定理、常數、假說。艾狄胥更積極提攜後進，培養一整個世代的新銳數學家，包括澳洲華裔數學家陶哲軒。

由於艾狄胥的成就太偉大，論文發表太多，以至於數學界出現了「艾狄胥數」的趣味計算，用來形容一個數學家與艾狄胥的學術關聯程度：艾迪胥本人的「艾狄胥數」爲0，與艾狄胥合寫過論文的學者則是1，與曾和艾狄胥合寫過論文的學者合寫過論文則是2，依此類推。

㊸沙克 Jonas Edward Salk 1914～1995

出生於美國紐約市，父親是猶太移民第二代；母親出身明斯克，12歲時移民美國。父母都未受過正式教育。沙克連續跳級，15歲就進入專門招收家境貧寒優秀學子有「平民哈佛」之稱的紐約市立學院，先攻讀化學，畢業後入學紐約大學醫學院轉而讀醫。相對於其他名校，紐約大學醫學院沒有猶太人限額規定。

沙克發現自己對臨床執醫沒有興趣，認爲比起只幫助單一病人，幫助全人

類更為重要，全力放在醫學研究，不惜為此休學一年攻讀生化，這使其研究成果遠比同儕突出，之後他專攻細菌學，學士後研究為洛克斐勒基金會工作時，發現B型流感病毒，從此跨入病毒學。

畢業後任職於西奈山醫院，一開始加入密西根大學湯瑪斯法蘭西斯（Thomas Francis Jr.）的實驗室，成功完成軍用流感疫苗，1947年自立門戶，1948年接受委託開始研究小兒痲痺病毒，沙克決定要研發較為安全的死病毒疫苗，1955年正式發表沙克疫苗。沙克放棄疫苗的專利權，於受訪時表示「你能為太陽申請專利嗎？」

---

⑲**費曼** Richard Feynman 1918～1988

出身紐約市皇后區猶太家庭，父親出身明斯克，5歲時移民美國；母親出身波蘭猶太人移民家庭。父母親雖然都是猶太人，但費曼對猶太教信仰淡薄，13歲時改宗不再信奉猶太教；即使如此，仍然曾因身為猶太身分而遭哥倫比亞大學以猶太配額已滿回絕申請入學，只好改透過關係入學麻省理工學院。

二戰時以新銳青年學者身分參與開發原子彈的曼哈頓計畫，因而結識波耳、費米、特勒等一整個世代的傑出物理學家。發明圖解說明次原子粒子的「費曼圖」，初期不受認同，但後來廣為接受，也因而成名，戰後成為美國影響力最大的理論物理學家之一。

1965年以量子動力學與施溫格、朝永振一郎共同獲得諾貝爾物理學獎。1985年出版《別鬧了，費曼先生！》。於1986年參與調查挑戰者號太空梭事故，獨自以橡膠圈零件冰水冷卻實驗給出事故調查結果。

---

⑳普立茲克家族

傑普立茲克 Jay Pritzker 1922～1999

辛蒂普立茲克 Cindy Pritzker 1923～

羅勃普立茲克 Robert Pritzker 1926～2011
唐納普立茲克 Donald Pritzker 1932～1972
潘妮普立茲克 Penny Pritzker 1959～
傑羅勃普立茲克 Jay Robert "J. B." Pritzker 1965～

普立茲克家族原本出身基輔，第一波俄羅斯大排猶時祖父尼古拉普立茲克（Nicholas J. Pritzker）離開基輔前往美國芝加哥，一開始當藥劑師，之後攻讀法學院畢業後成爲律師，並培養第二代的三兄弟也都就讀法學院，畢業後都加入家族法律事務所，哈利（Harry Nicholas Pritzker）專攻刑法、亞伯拉罕（Abram Nicholas Pritzker）專攻企業法、傑克（Jack Nicholas Pritzker）專攻房地產法。亞伯拉罕與傑克於1930年代另行創業投資房地產與小企業，哈利繼續經營法律事務所，但投資事業比法律事務所發展更加興旺，最後法律事務所變成專門處理家族企業法律需求，形同家族企業法務部門。

亞伯拉罕的三個兒子之中，傑與唐納同樣遵循家族傳統攻讀法律，但羅勃則攻讀工業工程，三兄弟繼續家族傳統，一同經營家族企業集團，傑和羅勃1953年買下一家陷入困境的五金製造商，改名爲馬蒙集團（Marmon Group），半個世紀後由巴菲特（Warren Edward Buffett）的波克夏海瑟威（Berkshire Hathaway）買下。傑跟唐納則在1957年買下君悅旅館（Hyatt House），共同創辦君悅酒店集團（Hyatt Hotels Corporation）。

1979年，傑與妻子辛蒂自家族與君悅基金會出資共同創立普立茲克獎（Pritzker Architecture Prize），是世界建築界最高獎項。打造如今遷至南投埔里的鷹取紙教堂的日本建築師坂茂；打造桃園機場捷運台北車站大廳的日本建築師槙文彥；打造台中國家歌劇院的日本建築師伊東豊雄；以清水混凝土聞名的安藤忠雄，都是普立茲克獎得主。

傑普立茲克退休時，原本任命三個下一代普立茲克家族成員爲家族企業三大掌門，共同管理超過200家企業總值150億美元的家族事業體，不過傑過世之後，家族之中對此安排有不同意見，衍生多起家族鬩牆官司，最後決定出

售事業平分給家族成員。家族企業中的馬蒙集團也因此出售。

原本三大掌門之一，唐納的女兒潘妮，在美國總統歐巴馬還是芝加哥大學教授時就與他結識，自參議員時代起一直是歐巴馬的重要資助者，歐巴馬就任後，潘妮擔任其經濟顧問，歐巴馬並於2013年任命潘妮爲商務部長，主要優先推動的政策就是與台灣息息相關的跨太平洋夥伴關係協議（Trans-Pacific Partnership）。

潘妮的弟弟傑羅勃，命名由來即取自父親唐納的兩位兄弟傑以及羅勃，傑羅勃原本是希拉蕊的重要支持者，總統大選時轉而支持歐巴馬，本身也直接參政，於2019年選上伊利諾斯州州長。

---

⑦①李斯威斯納 Les Wexner 1937～

全名李斯利，父母都是俄裔猶太人，父親出生於俄國移民美國，母親則是俄國移民第二代，本身在美國出生。父母開設以他命名的服飾店「李斯利小舖」，他從小在店內幫忙，大學攻讀企業管理，之後一度再攻讀法學院但很快輟學，此時父母要求他接下店面，因爲兩人辛苦奮鬥十年來從未休假，想放個長假。

李斯接手後分析店內的盈虧與毛利，發現店內商品獲利並未最佳化，因爲高價商品雖然毛利高但銷售量少，帶來的架位總體獲利不如中價位商品，他把這個重大發現告訴父親，但父親沒有興趣改變營運方式。

李斯決定自己開店證明自己的理論，向姑姑借了5000美元成立有限公司（The Limited），顧名思義，只賣有限的商品，專注在銷售中等價位、可以快速賣出，以帶來最大化營收的服飾商品，一年後李斯證明自己的店比父母的店更成功。父母把原本的店收掉加入一起經營，很快擴張改名有限品牌（Limited Brands），1969年在紐約證交所上市，1976年擴張到百家分店。

有限品牌1980年代大舉收購許多知名品牌，1982年以100萬美元購併性感內衣品牌維多利亞的祕密（Victoria's Secret），李斯威斯納大手筆行銷，創造

了以超級名模擔任維多利亞的祕密「天使」的時裝秀等知名行銷，引領時尚風潮，1990年代市值成長到10億美元。有限品牌通路集團全盛時期除了維多利亞的祕密，還擁有服裝品牌A&F、衛浴用品連鎖通路品牌浴體用品（Bath & Body Works）等。

有限品牌於2007年出售旗下的有限公司通路，爲避免混淆，改名L Brands。2016年以後市場風潮改變，維多利亞的祕密開始衰退，有限品牌於2020年出售維多利亞的祕密多數股權，旗下通路品牌剩下浴體用品，李斯威斯納也下台。

---

⑫盛智文 Allan Zeman 1949～

出身巴伐利亞雷根斯堡猶太家庭，但於加拿大魁北克長大，7歲喪父，10歲就開始打工，19歲自大學輟學到內衣公司工作，賺得人生第一桶金百萬美元，主要來自於從香港進口服飾。1970年代經常往返香港，1975年遷居香港成立外包中國紡織廠代工之後出口服飾到加拿大的貿易公司，該公司於2000年以2.8億美元出售給競爭對手利豐。

盛智文來港後深深感到香港缺乏他看得上眼的西式餐廳與西式社交場所，1983年在原稱「爛鬼坊」的蘭桂坊開設西餐廳加州餐廳，以蒙特婁新月街爲靈感，購入德仁商業大廈翻新裝潢爲加州大廈，再購入日豐大廈翻新裝潢爲加州娛樂大廈，此後蘭桂坊發展爲香港夜生活的聖地，人稱「蘭桂坊之父」。盛智文本身擁有多家蘭桂坊的餐廳與地產，大體該區65%房地產爲盛智文所有。

◀ 編註：本書特別企畫的「猶太人物誌」，請從封底版權頁前開始閱讀。